U0857745

New History Salon

新史学沙龙

陈启能
王学典
姜芃
主编

# 消解历史的秩序

Lo(o)sing the
Order of History

山东大学出版社

**图书在版编目(CIP)数据**

消解历史的秩序/陈启能,王学典,姜芃主编. —2版. —济南:山东大学出版社,2009.4
(新史学沙龙)
ISBN 978-7-5607-3179-7

Ⅰ. 消...
Ⅱ. ①陈... ②王... ③姜...
Ⅲ. 史学—文集
Ⅳ. K0-53

中国版本图书馆 CIP 数据核字(2006)第 048712 号

---

**出版发行**:山东大学出版社
**地　　址**:山东省济南市山大南路 27 号(250100)
**经　　销**:山东省新华书店
**印　　刷**:山东新华印刷厂
**规　　格**:720×1010 毫米(1/16)
**印　　张**:23.25
**字　　数**:433 千
**版　　次**:2009 年 4 月第 2 版　2009 年 4 月第 2 次印刷
**定　　价**:44.00 元

---

# 《新史学沙龙》编委会

# 总 序

毋庸讳言，眼下的中国史学正经历着一场巨变，这一巨变因同时构成为中国社会巨变的一部分而显得异常深刻。

事实上，这一巨变已延续了近三十年之久。只是，在进入新世纪后，巨变在悄然加速。巨变不要紧，关键是要有个基本的方向。而此时的中国史学，却失去了度量变动的参照本身，如同茫茫大海中的一叶扁舟，正不知该划向何处。

方向不明，且道路崎岖，我们不得不承认，这就是当前的史界情势！

“历史学往何处去?”从“文革”结束后就一直是个问题。最初我们想回到前“文革”时代，很快发现不行。八十年代我们急切地拥抱现代化，“反传统”，向往所谓的“西方文明”。九十年代，“西方”虽未淡出，但“传统”却卷土重来，与传统互为表里的“国学”也随之复兴重光。出于对所谓“国学”的向往，九十年代的知识界集体向民国学术走去。近若干年，我们的学风又在调整之中，回归考据的势头有所减弱，“西学”特别是其中的“西方汉学”或美国中国学重又抬头，乃至有成为“显学”的迹象。但“西方汉学”能成为未来史学界的稳定方向吗？回答显然无法立刻作出。

实际上，史学界仍处在摸索和徘徊之中。

史家的天职让我们懂得，巨变的时代，巨变中的史学，需要一份清楚的历史记录，或者说一份实录。这份记录或实录必须要贴近时代，要同“本土化”与“全球化”交相辉映的学术现实共脉动；要尽可能多地容纳大家对其历史去向的望闻问切，尽可能全面地反映人们特色各异和角度不同的病情诊断与症候分析；还要能引领史学走出当下的迷茫，要竭尽所能地寻找中国史学前行的新航向。其中，富有洞察力、穿透力和概括力的审视和扫描必不可少，而基于不同审视和扫描的批评与专深分析显得尤为重要。当然，第一位的，是必须要有一份对中国史学存续承继的厚重责任感和使命感，这应是人们进行相关思考的起码的心理基础或共识。

我们发现，能同时体现上述追求的期刊和出版物，不是说没有，而是太过其少。对于巨变中的史学而言，这不能不说是一种遗憾！

因此，“新史学沙龙”出焉。

陈启能　王学典　姜　芃

2008 年 4 月

# 目　录

## 前沿探索

**消解历史的秩序**
——现代和后现代交叉处历史研究的几个问题，兼谈记忆的问题
……………………………………………… [德]约恩·吕森著　张永华译(1)
**历史：理论与方法**
……………………………… [荷]克里斯·洛伦兹著　李丽娜　王罴译(20)
**历史理论的回顾**
——兼论跨学科方法论的三个级次
……………………………………………………………………… 李幼蒸(31)
**文学的记忆**
……………………………………………… [德]扬·阿思曼著　曲平梅译(43)

## 当代史学

**世纪之交西方史学的转折点**
……………………………… [美]格奥尔格·伊格尔斯著　张爱红译(61)
**国际历史学会：历史学家如何超越民族史、国别史**
………………… [德]于尔根·科卡著　齐克彬　李红涛　马少甫译(77)
**绅士资本主义理论评介**
……………………………………………………………………… 张顺洪(90)

消解历史的秩序

西方当代史学与“后学”思潮:以启蒙运动为中心的讨论
…… 王晴佳(101)

一个从无到有的独立学门
——近三十年中国大陆史学理论研究
…… 王学典 陈 峰(119)

史学理论研究

西方“公民社会”概念的历史演进和不同解读
…… 陈启能(137)

历史规律三题
…… 张耕华(146)

论历史经验与历史思维
…… 陈 新(165)

人、文明、宗教与历史
——汤因比的世界历史观
…… 姜 芃(175)

社会科学研究的道德审查
…… 王 昺(198)

建议研究跨民族的社会史
…… [德]阿尔伯特·维尔茨著 景德祥译(205)

苏联/俄罗斯史学

俄国史学中的新趋势和研究历史的微观方法与宏观方法的相互关系问题
…… [俄]洛·彼·列宾娜著 陈启能译(215)

珠辉散去归平淡
——苏联史学输入中国及其现代回响
…… 张广智(228)

欧洲当代史中的苏维埃历史
…… [德]施泰凡·普拉根博格著 蒋锐 孙立新译(262)

19、20 世纪之交俄罗斯外省城市居民的日常生活
…… [俄]奥莉加·亚赫诺著 王尊贤译(290)

## 专家访谈

**欧洲中世纪与历史理论**
——访法国历史学家勒高夫
…………………………………………………… 彭友钧(整理并翻译)(305)

## 人物剪影

**史学史拾零:卡尔·奥古斯特·魏特夫**
……………………………………………[俄]Г. Г. 皮洛夫著　陈启能译(324)

## 历史回忆

**一个民族对其过去创伤的重新审视:对 1945～2001 年捷克的总体回顾**
……………………………[美]维尔玛·A·伊格尔斯著　王洪波译(343)

# CONTENTS

## Frontiers of Historiography

Lo (o)sing the Order of History

—Some Aspects of Historical Studies in the Intersection of Modernity, Postmodernity and the Discussion on Memory

…… Jörn Rüsen, tr. by ZHANG Yonghua(1)

History: Theory and Method

…… Chris Lorenz, tr. by LI Lina, WANG Bing(20)

A Reflection on Historical Theory

—On Three Levels of the Interdisciprinary Methodology

…… LI Youzheng(31)

The Literary Memory

…… Jan Assmann, tr. by QU Pingmei(43)

## Contemporary Historiography

Turning Points in Western Historiography at the Turn from the 20th to the 21st Century

…… Georg Iggers, tr. by ZHANG Aihong(61)

The International Committee of Historical Sciences

—How Historians Have Tried to Move beyond National History

…… Jürgen Kocka, tr. by QI Kebing, LI Hongtao, and MA Shaofu(77)

New History Salon

消解历史的秩序


A Theoretical Analysis of Gentlemanly Capitalism
…… ZHANG Shunhong(90)

Why Enlightenment: On the Postmodern/Postcolonial Critique of Modern Historiography
…… WANG Qingjia(101)

An Independent Discipline in Emergence
—Research on Historical Theory of Mainland China in the Recent Three Decades
…… WANG Xuedian, CHEN Feng(119)


## Historiographic Theories


The Historical Evolution and Different Interpretations of the Western Conception of "Civil Society"
…… CHEN Qineng(137)

Three Problems of Historical Law
…… ZHANG Genghua(146)

On Historical Experience and Historical Thought
…… CHEN Xin(165)

Man, Civilization, Religion and History
—On the World History View of Arnold Toynbee
…… JIANG Peng(175)

Ethical Review in Social Science Research
…… WANG Bing(198)

Do Research on Inter-National Social History: A Suggestion
…… Albert Wirz, tr. by JING Dexiang(205)


## Soviet Union/Russian Historiography


The New Tendency of Russian Historiography and the Problem of Relation between Micro- and Macro-Methods
…… L. P. Repina, tr. by CHEN Qineng(215)

The Course of Influx of Soviet Historiography in China and Its Recent Echo
…… ZHANG Guangzhi(228)

Soviet History in Modern European History
…… Stefan Plaggenborg, tr. by JIANG Rui, SUN Lixin(262)

Russian Provincial City Dwellers' Daily Life at the turn from the 19th to the 20th Century

………………………………… Olga Yakhno, tr. by WANG Zunxian(290)

## Interview with Famous Historians

Interview with French Historian Jacques Le Goff about European Middle Age and Historical Theory

………………………………………………………… PENG Youjun(305)

## Profile of Scholars

Karl August Wittfogel

……………………………………… Г. Г. Pilov, tr. by CHEN Qineng(324)

## Historical Memory

A Nation Rethinks the Traumas of Its Past: Czech Collective Memory 1945-2001

………………………………… Wilma Iggers, tr. by WANG Hongbo(343)

# 前沿探索

# 消解历史的秩序①

## ——现代和后现代交叉处历史研究的几个问题 兼谈记忆的问题

[德]约恩·吕森 著
张永华 译

## 一、对历史研究议题的挑战

作为一门学科,历史研究发现它正处于讨论之中。这个讨论涉及它的基础、功能和原则。对于这个讨论,历史学自己感到很满意,同时也感到并不自在。也许,这种满意是因为历史学在人文学科领域所获得的新的关注和重视:在这个方面,最重要的问题之一是记忆(memory)及其在人类文化中

① 原文为 Lo(o)sing the Order of History。原文既指历史秩序正在"丧失",另外也有"使其松垮"之意。

的作用。[①]“记忆”包含了过去的全部范围,包括将历史作为一个主体的领域和作为一种在人类行为的文化框架里对过去的再现。在另外一个方面,这种历史再现的意识又可能使职业历史学家感到不自在,因为它很随便地就

本文作者,德国埃森人文科学前沿研究所所长约恩·吕森教授

超越甚至忽视那些对待过去的方法。正是这些方法组成了作为一门学科或者作为一门“科学”和历史学家的职业:有关记忆的话语不仅仅重视认知过程(这种过程用理性因素装饰历史知识,给有关过去的看法以客观的有效性

---

① 参阅 Metz, Karl Heinz: Einforderung der Erinnerung: Ein Versuch über das Antlitz des Meschen in der Geschichte, in: *Saeculum* 39 (1988), pp. 360-368; Nora, Pierre: *Zwischen Geschichte und Gedächtnis*. Berlin 1990; Cancik, Hubert; Mohr, Hubert: Erinnerung/Gedächtnis, in: Cancik, Hubert; Gladigow, Burkhard; Laubscher, Mathias (Eds): *Handbuch religionswissenschaftlicher Grundbegriffe*, Stuttgart, Berlin, Cologne 1990, Bd. 2, pp. 299-323; Assmann, Aleida; Harth, Dietrich (Eds): *Mnemosyne. Formen und Funktionen der kulturellen Erinnerung*. Franfurt am Main 1991; Assmann, Jan: *Das kulturelle Gedächtnis. Schrift, Erinnerung und politische Identität in Frühen Hochkulturen*. Munich 1992; Le Goff, Jacques: *Geschichte und Gedächtnis*. Frankfurt am Main 1992; Straub, Jürgen: Collective Memory and Collective Past as Constituents of Culture: An Action-Theoretical and Culture-Psychological Perspective, in: *Schweizerische Zeitschrift für Psychologie* 52(1993), pp. 114-121; Platt, Kristin; Dabag, Mihran (Eds): *Generation und Gedächtnis. Erinnerungen und kollektive Identitäten*. Opladen 1995; Ricoeur, Paul: Gedächtnis-Vergessen-Geschichte, in: Müller, Klaus E.; Rüsen, Jörn (Eds): *Historische Sinnbildug-Problemstellungen, Zeitkonzepte, Wahrnehmungshorizonte, Darstellungsstrategien*. Reinbek 1997, pp. 433-454; idem: *Das Rätsel der Vergangenheit. Eirnnern-Vergessen-Verzeihen*. Göttingen 1998; Assmann, Aleida: *Erinnerungsräume. Formen und Wandlungen des kulturellen Gedächtnisses*. Munich 1999. 和这个相类似,遗忘也成了一个研究的议题。见 Smith, Gary; Emrich, Hinderk M. (Eds): *Vom Nutzen des Vergessens*. Berlin 1996; Weinrich, Harald: *Lethe. Kunst und Kritik des Vergessens*. Munich 1997; Flaig, Egon: Soziale Bedingungen des kulturellen Vergessens, in: *Vortrage aus dem Warburg-Haus*, Band 3. Berlin 1999, pp. 31-100.

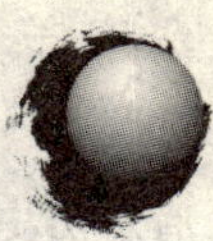



和合法的职业特性，而这种职业宣称自己掌握了真理），而且在研究过去时，它似乎抛弃了历史研究是一种对待过去的并且有着内部文化领域的观点；相反，却把历史当作个人、群体、国家和整个文化生活中变动的、活跃的动力，跟过去发生的事情的学术关系似乎成了一个不受重视的领域。现实的重要性并没有对它的研究工作投射光明。历史在记忆深处（lieux de memoire）①，它似乎是从学术研究和职业历史编撰的领域移民到了符号再现的广大范围之内。它不受具体化和分化方法（reifying and alienating methodical procedures）的限制。

后现代主义的话语为历史研究这个令人不快的境遇做了准备。这个准备已经很长时间了。在其历史研究的特别“现代的”形式里，后现代主义在历史思维和历史编撰学的认识论原则方面引起了激烈的怀疑态度。② 一种将后现代主义看作是对人文科学的挑战的讨论现在已经变得比较微弱了，但是它对历史学研究发起挑战的意图仍然很强烈：它的“学科”结构和所使用的工具——在历史研究和历史学家（包括历史教师）的职业化过程中仍然有效——已经失去了自己的声音。③ 它不限于创造历史知识的职业化学术实践；相反，重新将过去说成是历史，并且以文化生活（cultural life）里的符号秩序和取向力（orienting forces）将它再现出来，折衷做法已经获得了巨大的成就。这不仅仅发生在人文学科里，而且在公共生活领域更是这样。在公共生活领域，纪念物、遗迹、周年纪念还有其他集体记忆的制度和仪式扮演了重要角色。

作为一种学术规范和历史学家的职业，历史研究现在发现自己正处于一种境地之中：先前，历史研究取得了认识论上的成就，但是现在，这些成就正在消失。因为有了记忆，历史研究似乎丧失了它基本的认识论原则。记忆在形成人类对自己的认知和为自己的行为进行取向方面起着重要作用。

---

① Nora, Pierre (Ed.): *Les Lieux de mémoire*. 7 Bde. Paris 1984-1992; ders: Between memory and history: Les Lieux de Mémoire, in: *Representations* 26 (1989), pp. 7-25; cf. Unfried, Berthold: Gedächtnis und Geschichte. Pierre Nora und die Lieu de Mémoire, in: *Österreichische Zeitschrift für Geschichtswissenschaft* 2. Jg., H. 4 (1991), pp. 79-98; François, Etienne (Ed.): *Lieux de Memoire: Erinnerungsorte*. Berlin 1996.

② 参阅“Herausforderungen durch die Postmoderne”，载 Küttler, Wolfgang, Rüsen, Jörn, Schulin, Ernst (Eds): *Geschichtsdiskurs* Band 1: *Grundlagen und Methoden der Historiographiegeschichte*. Frankfurt am Main 1993, pp. 17-96.

③ 当考虑对文化研究的许多部门进行制度化的时候，可以看到这个。在这些文化研究中，所涉及学科的学术范型正面临消亡的危险（至少就学生的跨学科的能力而言是如此）。

这个作用能够简单地应用于作为一门学科和广泛意义上作为一门“科学”的历史研究吗？如果在记忆的话语里历史研究的作用被认识到了，它似乎也不过是意识形态中的一个因素，按照精英阶层的兴趣和需要陈述历史，把它当作一种争夺权力的工具，为在建构、解构和重构集体身份方面有权力为专有名词进行语义界定者所使用。有一种诗意的和修辞学的方法，就是拿人类现时的活动来妆扮作为历史的过去。

这种方法好像是科学理性和文学的两性结合(hermaphrodite)，是一种暧昧的形态，结合了科学理论和文学的背景。不客气地说，这是一种非常值得怀疑的文化功能的失败(一种中断)。

## 二、作为一种问答话语的元历史学

有一些观点，它们忽视了历史研究独特的认知过程，或者批评历史研究的意识形态的功能。这种观点威胁到了历史研究。这些观点的大多数处于一个被称为“元历史”(metahistory)的话语层次。它反映了历史和它对待过去的许多不同的模式；它不是这个对待过去的模式自身，而是某种关于它的理论。即使这种反映不是直接或者明显地和历史研究相关联，它也不能被忽视。因为至少它的一些问题将目标对准了历史研究的中心：主要的是意向标准(以往，它被用于赋予过去特别的历史意义和现在的影响)和在历史研究中人类面对过去时需要及利益因素所起到的基本作用，以及记忆在为人类行为取向与组成所有种类的身份时所发挥的作用，都具有无可争议的重要性。

所以，历史研究必须面对这个反映论的问题——在使用关于过去的具体的(solid)知识的时候，同时在进行职业的历史编撰的时候，不得不与它建立关系。这么做，它就继续了一个反思自身的传统与在记忆、回忆及再现过去时建立元理论(metatheory)的传统。这个传统比它取得一个学术门类身份的时间甚至更长。[①] 在历史编撰的修辞学传统中，这个反思已经建立了。在促成历史学作为一个学科门类和将其合法化的过程中，它扮演了重要的角色；同时，它特别宣称，自己具有科学理性和相应的解释的有效性。比如

① 参阅 Blanke, Horst Walter; Fleischer, Dirk; Rüsen, Jörn: Theory of history in historical lectures: the German tradition of Historik 1750-1900，载 *History and Theory* 23(1984), pp. 331-356.

在德国，历史编撰的职业化和"科学化"最初在元理论(metatheory)的层次比如实对待过去的层面所得到的推动力更大。① 作为历史研究的一种反省自身过程，元历史是这个学科发展中的一个传统。② 在历史上全部的变化、危机、滞胀、革命和争议(有关它作为一个学科门类的地位、它和其他学科之间的关系、它的认识论前提、它的文化功能和它的认知论作用的原则)发生时，它伴随着历史研究及历史写作的发展。③ 在德国，甚至存在一个词表明了这种历史研究特别的自省：Historik。这里，我们发现了一个传统。它对历史理论问题进行争论。这是一种学科内部的既定的话语(pre-established discourse)。这个传统使历史研究把它的特别性带进了关于过去的大概的基本问题的话语之中。

现在，历史研究遇到了来自后现代主义的批评。后现代主义挑战研究历史的现代主义方法。它对现代历史研究的"科学的"形象予以强烈怀疑。另外，历史研究也受到有关记忆话语的挑战。这种记忆的话语使学科结构消解。在这种情况下，历史研究不得不动员和修改自己的反思传统。它必须再次对自身进行反思，来解释、证实，同时也批评它的认识论地位和它对某种有效性(产生于研究的方法过程)的宣称。在保持既定的模式和作为一门学科话语的元史学的成果方面，它可以这么做。

为了这么做，首先必须详细分析和说明它的认知结构。这样，它就在广大的文化领域获得了特别的形态。在文化领域里很多研究历史的方式有很大不同，有记忆、回忆和再现(同时也有遗忘和压制)过去。

---

① 这是兰克的主要观点之一，参见 Horst Walter; Fleischer, Dirk (Eds): *Theoretiker der deutschen Aufkläraungshistorie*. 2 vols (*Fundamenta Historica*, Bd. 1). Stuttgart-Bad Cannstatt 1990；参见 id.: *Aufklärung und Historik. Aufsätze zur Entwicklung der Geschichtswissenschaft, Kirchengeschichte und Geschichtstheorie in der deutschen Aufklärung*. Waltrop 1991；也参阅 Rüsen, Jörn: *Konfigurationen des Historismus. Studien zur deutschen Wissenschaftskultur*. Frankfurt am Main 1993, pp. 29 sqq.

② 德语传统中经典的文本是：Droysen, Johann Gustav: *Historik, historisch-kritische Ausgabe*, ed. Peter Leyh, Bd. 1. Stuttgart-Bad Cannstatt 1977. 英译本是 *Outline of the Principles of History*. Boston 1893, reprint New York 1967.

③ 参阅 Blanke, Horst-Walter; Fleischer, Dirk: Rüsen, Jörn: Theory of History in Historical Lectures: The German Tradition of Historik 1750-1900, in: *History and Theory* 23 (1984), pp. 331-356, also in: Rüsen, Jörn: *Studies in Metahistory*. Pretoria (Human Science Research Council) 1993, pp. 97-128.

## 三、怎样理解历史研究——一种学科模式

如果没有系统考虑它的组成和它在实际生活中的功能，这种历史思维的认知结构不能得到详细说明。因为，它的特别逻辑是由它和人的行为需要之间的关系构成的。关于历史记忆议题讨论的最重要好处之一，就是生动地说明了这一点：历史思维在记忆的领域产生，并且受到了它的思维过程的制约。通过这个过程，对过去的回忆和再现有助于人们生活的文化取向。对过去的回忆建立在过去经验的基础之上，这是用某种文化取向的框架来装饰人类生活所必要的。这种取向框架开启了一个面向将来的视角。[①] 在另一方面，如果历史思维，并且与之相伴，历史研究的全部工作只是被人类生活的现实需要所强调的话，那么，它就有可能是误导的；它也有自己的“逻辑”——这个逻辑的特征是在对待有关过去的实证证据时所采用的方法论理性。这样两个方面，对现实需要和功能的关系以及认知方法论，必须被一并看待。

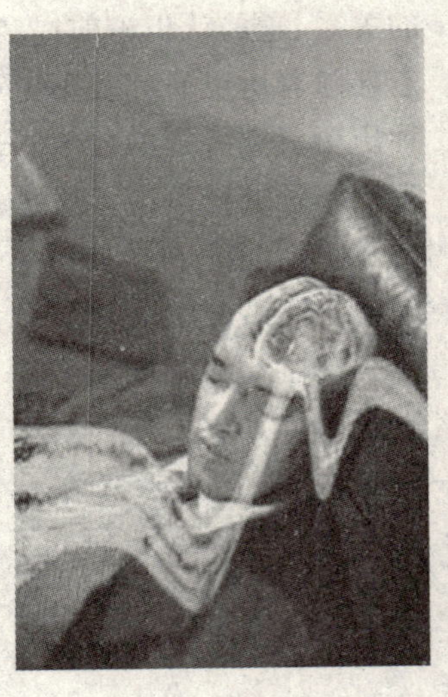

人类大脑的回忆

这可以通过某种图解的形式达到。这个图解详细说明了历史思维的五个原则和它的系统的关系(见图 1)。我们可以使用托马斯·库恩(Thomas S. Kuhn)的术语，谈谈历史研究的“学科范型”(并不认同他关于科学发展的观点，也不认同他的不可能把关于科学的观念应用于人文学科的观点)[②]。这五个原则是：(1)对认知论的兴趣，这种兴趣因在现时世界的时间性变化(temporal change)中进行取向的需要而产生；(2)事件影响的概念和时间性变化的角度(从这个角度看来，过去获得了作为“历史”的特征)；(3)实证研究的方法论规则；(4)再现，另外还有在这个再现过程中关于过去的证据也

---

① Rüsen, Jörn: Die Zukunft der Vergangenheit, in: idem: *Zerbrechende Zeit. Über den Sinn der Geschichte*. Cologne 2001.

② Kuhn, Thomas S.: *The structure of scientific revolutions*. The University of Chicago Press 1962.

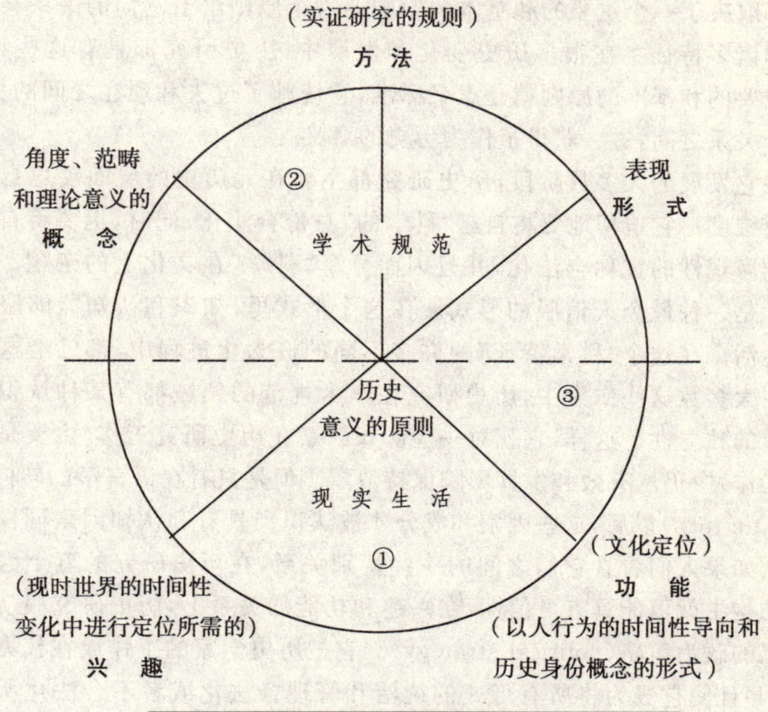


图 1 历史研究的学科范型图解

是如此，它们产生于对意义概念的阐释，并且以叙述的形式出现；(5)最后是文化取向的诸多功能，这种文化取向以人的行为的时间性导向(temporal direction)和历史身份概念的形式而出现。

这样五个因素中的每一个都是必要的；并且，它们在一起足够组成作为一种历史记忆的详细形式的历史思维。这种历史思维是合乎理性的(也许强调指出如下的看法是有用的：不是每个记忆自身都是一个历史的记忆，只有当这个记忆超越了这个人或者群体的人生阶段的限制，才应该说有某种"历史的"记忆。"历史的"表明了过去和现在之间的某种因素，这就使对二者进行调和具有必要性)。这样五个因素可能在时间的过程中，比如普遍的历史思维和具体的历史研究发展过程中得到改变；但是它们的关系和这个系统的秩序(它们在其中互相依赖)将保持原样。在这个系统的关系中，它们全都取决于一个主要的和基本的原则。这个原则给予它们的关系某种一致性和诸多特征。在很多历史变化和发展中，历史研究都具有这些特征。这个主要的和基本的原则就是意义标准，它统帅了过去和现在之间的关系。在这个关系之间，过去获得了作为历史的意义。

在它发展的大多数阶段，历史研究都主要在元历史的层面反思自身的认识论维度。它迫切地要将自己“科学的”身份合法化；同时，也要将自己对真理和客观性的宣称合法化，并且因而分享“科学”在文化上的荣耀。它认为科学是一种最令人信服的形式。在这个形式里，知识和认知能够服务于人类生活。在这个“科学特征”的许多不同的概念化过程中，都已经这么做了。在大多数这些作为中，历史研究在学术规范的领域都有某种认识论和方法论的独立性。这样，它就对一些认知因素在历史研究工作（主要是历史著述工作）中仍然有效和发挥影响保持清醒。但是只有在语言学的转向（the linguistic turn）以后，这些因素和成分才被认识到具有和认知因素同样的重要性。如果人们看看它们之间的一些特别关系，在历史研究的五个因素之间的结构中就可能具有可信性：在兴趣和功能的关系上，历史研究服从于集体记忆的政治策略（political strategy）。它把历史学家的工作放在权力争斗之中，并且使它成为将所有形式的统治和管理合法化或者不合法化所必要的形式。在概念和方法之间，它主要服从于产生历史知识的认知论的方法（strategy）。这个方法组成了历史研究的科学特点。它把历史话语置于方法论、概念的规则之下，受控于经验，通过理性方法取得一致和同意。另外在形式和功能的关系中，它服从于一个历史再现中的诗意的和修辞的美学方法。这个方法把关于过去的知识放进现今生活的特征之中；并且，用通过文化定向的方法改变心智的力量来对它进行装饰。把所有的这些方法放在一起，历史研究可以被看作一个复杂的组合体，用来在三个不同的维度处理过去：美学、政治和认知。这个组合代表了历史的一种秩序。历史是文化的一个自成一体的部分。

以上提出的历史研究构成图解表明，历史学家的工作是什么样的：一方面，它受到现实生活的影响，并且和现实生活相关联；另外一方面，它也有在人生取向的现实目标之外获取知识的自己的领域。这就使以下问题显得似乎合理：为什么历史总是要（根据人类生活中历史知识的兴趣和作用的改变）不断地重写；同时，为什么用于从过去的残余中获取确定知识的认知方法，有某种连续和发展，甚至有了进步。有了这个图解，就可能在现代性和后现代性之间看到这个紧张关系，看到记忆问题讨论的挑战和对把这种讨

论带进历史研究学科的内部自省，这样就使它走向一种更加深刻的和更加时新的（up-to-date）自我意识。

我的出发点是对给人误导的冲突进行改正。大多数有关历史和历史研究的后现代观点都给人一种印象，就是在历史思维的现代和后现代因素里，有某种强烈的矛盾。根据这个图解的设计，这种冲突至少能够缓和（relativised），甚至可能被改变成一种理论的方法。这个方法将打开一个历史研究发展的角度。其中，现代和后现代的特征都可以结合起来。[①]

在记忆和历史的差别方面，这个同样也适用：记忆的生动和关切性（relevance）经常被认为与历史知识的力量和理性矛盾。这种历史知识是通过方法论的研究（methodological studies）获得的。在下面二者之间似乎有某种矛盾性：一方面，为人生服务，甚至于成为它的一个因素；另外一方面，把记忆放进累计起来的知识的笼子里，而不在现实生活中直接起作用。这个矛盾使我们忘记在记忆和历史之间的基本联系。它导致了人们对作为一个认知过程的历史研究予以错误的认识。以下的观点目的在于解决这种观点的冲突，赞成一种话语。这个话语表明历史研究怎样能够发展和根据它的新角度和工作的方法获取某种新的自我意识。每个图解都说明了复杂的现象；同时，我们没有意识到，它也加入这个现象之中。和这个一样，必须简要地指出，在把过去当作历史的过程中，有些因素是这些原则所组成的图解所没有涉及到的：在兴趣（interests）的领域，总有一种关于来自过去的经验。它和实证研究领域在方法论上所特殊处理的经验是根本不同的。历史思维由对历史记忆的需要和兴趣所发动。当历史思维从问题开始的时候，过去总是在场。它在形成这些兴趣和需要的过程中扮演了重要角色。在很多不同的形式下，事情也都是这样：作为某种有效的传统，作为某种对他性（alterity）的痴迷，作为某种心灵的压力甚至可遗忘之事（forgetfulness）。当然，这个可遗忘也以压制过去的形式，保持过去的活力。

---

① 参阅 Rüsen，Jörn：Historical englightenment in the age of postmodernism：history in the age of the new “unintelligibility”，in：idem：*Studies in Metahistory*. Pretoria 1993，pp. 221-239；Rüsen，Jörn：Historical studies between modernity and postmodernity，in：*South African Journal of Philosophy* 13（1994），pp. 183-189；在本文的后面，我将要使用这篇文章的一些部分。

## 四、历史的秩序——现代化进程中的历史研究

根据历史意义的原则所产生的现代化，同时也意味着一个新的历史概念和处理有关过去的实证证据时所使用的新方法。这个新概念由一个新的范畴组成。通过一个“历史”(the history)观念，表明了广泛的内部联系。这个范畴揭示了在过去、现在和将来之间的时间性联系。① 作为人类和世界的时间性变化的总体，历史为“进步”或者“发展”的观念所界定。这个新方法为认知的理性方法所界定。它使历史学家能够揭示人类世界时间性变化的诸多动力。正是这些时间性的变化，构成了“历史”的整个存在。

历史思维中的现代性产生了历史本体(the history)的观念。在18世纪中期之前，人们不可能谈论一个类似历史本体的东西。当时，没有这种由过去、现在和将来所构成的整体，或者时间性的全部。只有历史书、故事、历史编撰作品，但是没有某种观念说，有某种现象是*历史本体*。历史本体指的是时间性变化的某种事实的存在(a factual entity)，它内在地将过去、现在和将来连接成一个时间性的全部。后来的启蒙运动用进步的历史范畴将这个存在概念化。历史主义(Historicism)坚持了它，并且把它的概念的形式变成“发展”的观念。现代历史研究用结构变化的不同概念详细地对它予以说明。② 历史研究的发展可以被描述为在对这种叫做历史本体的存在予以概念化过程中所发生的发展。历史主义认为历史本体是由人类行为的智力和精神的力量所构成。在德语中，这种力量被叫做“Geist”。德语中人文学科叫做“Geisteswissenschaften”正是根据这个而来。③ 年鉴派、马克思主义和现代历史研究的不同概念都是社会史或者结构史。它们已经产生了这个存在(我们将它们叫做“历史本体”)的不同的和更加复杂的概念。在反对历史主义者理想的历史观念的批判性的转型中，他们懂得了，历史是由物质和心

---

① 参阅 Rüsen, Jörn: Der Teil des Ganzen-über historische Kategorien, in: idem: *Historische Orientierung. Über die Arbeit des Geschichtsbewußtseins, sich in der Zeit zurechtzufinden*. Cologne 1994, pp. 159-167.

② 参阅 Rothermund, Dietmar: *Geschichte als Prozeß und als Aussage. Eine Einführung in Theorien des historischen Wandels und der Geschichtsschreibung*. Munich 1995; also: Faber, Karl-Georg; Meier, Christian (Eds): *Historische Prozesse*. Munich 1978.

③ Droysen, Johann Gustav: *Historik, historisch-kritische Ausgabe*, ed. Peter Leyh, Bd. 1. Stuttgart-Bad Cannstatt 1977.

智力量之间的非常复杂的关系所构成的。

历史意义的第二个基本方面是方法。在现代化过程中历史思维的所有表述中，这个意义是很普通的。职业历史学家都或多或少地相信，有一个理性的方法，使他们能够通过研究，找到（用兰克的话来说就是）“事情的本来面目”[1]。使用这些研究方法将把一些洞察力带进被叫做历史本体的存在之中。将历史方法概念化的第一步为启蒙运动所采用。当时，资料批评的程序得以系统化。第二步由历史主义运动所采用。历史主义第一次把历史解释的观念作为基本的研究过程[2]（即使是今天，还有很多历史学家认为，历史研究的基本方法是资料批评——这就意味着，他们还没有从历史主义的方法论教训中吸取营养）。解释把纯粹事实和资料批评的成果变成了历史的事实，其方法是沿着历史的线索将它们放在一起。在这里，历史被看成过去、现在和将来的一种有意义的时间性关系。解释将实证证据变成了历史。

历史方法发展的最后一步是上面已经提到的理论化运动。[3] 在年鉴派的研究里，理论化主要是含蓄的（implicit），然而在马克思主义和社会史或者社会的历史中，它是明确的（explicit）。这一点为马克斯·韦伯（Max Weber）所提出，韦伯并且将其确定为具有典范性。

---

① “... wie es eigentlich gewesen”, Ranke, Leopold von: *Geschichten der romanischen und germanischen Völker von* 1494 *bis* 1514, 2. ed. (*Sämtliche Werke* 33/34). Leipzig 1874, p. VII.

② 参阅 Jaeger, Friedrich; Rüsen, Jörn: *Geschichte des Historismus. Eine Einführung*. Munich 1992.

③ 参阅 Rüsen, Jörn: Theorie der Geschichte, in: idem: *Historische Orientierung. Über die Arbeit des Geschichtsbewusstseins, sich in der Zeit zurechtzufinden*. Cologne 1994 (英文见 Rüsen: *Studies in Metahistory* footnote 8).

# 五、历史秩序的断裂——后现代主义的难以理解的历史研究

后现代主义首先是对现代历史思维原则的批评。① 在历史意义的构成原则层次，这个批评认为，现代的历史观念除了是一种没有任何事实证据的欧洲中心的意识形态以外，就什么也不是。因为它摧毁了文化本体的所有其他形式，它根本就不是主要由理性观点（理性方法和理论）所指导的某种历史思想；相反，它被一种希望，也就是欧洲国家统治世界上其他地方的愿望所指引。因而它是具有意识形态的，是破坏性的，并且它根本就没有开启某种将来的视角。这个历史概念建立在进步和发展的观念之上。它的唯一将来的角度是一种灾难的角度。

后现代主义的历史概念激烈地并且完全否定了如下的观念，即：有某种东西就像一个整体一样，并且构成了人类发展的历史过程。历史根本就不是一个事实存在，它除了是一个虚构的形象以外就什么也不是了。根据这个想法，后现代主义的元历史（postmodern metahistory）采取完全不同的方法描述历史思维的原则：它并不以理性讨论和实证研究规则的形式强调方法；相反，它强调叙述的诗性和修辞。这样，后现代历史思维概念就与现代历史研究完全相反。

在现代形式中，历史思维用为时间性变化取向的观念美化人类行为。这种时间性变化可以被用做一个指导方针，用于改变这个世界和同时提出

---

① 同时，要忽视在这个论题上的大量作品几乎是不可能的。这里我只列出其中的一部分：Conrad, Christoph; Kessel, Martina (Eds): *Geschichte schreiben in der Postmoderne. Beiträge zur aktuellen Diskussion*. Stuttgart 1994; Iggers, Georg G.: Geschichtstheorie zwischen postmoderner Philosophie und geschichtswissenschaftlicher Praxis, in: *Geschichte und Gesellschaft* 26 (2000), pp. 335-346; Bialas, Wolfgang: Postmoderne und Posthistoire, in: *Deutsche Zeitschrift für Philosophie* 40 (1992), pp. 1419-1439; Lorenz, Chris: Postmoderne Herausforderungen an die Gesellschaftsgeschichte? in: *Geschichte und Gesellschaft* 24 (1998), pp. 617-632; MacHardy, Karin J.: Geschichtsschreibung im Brennpunkt postmoderner Kritik, in: *Österreichische Zeitschrift für Geschichtswissenschaft* 4 (1993), pp. 337-369; Reinalter, Helmut; Benedikter, Roland (Eds): *Die Geisteswissenschaften im Spannungsfeld zwischen Moderne und Postmoderne*. Wien 1998; Tholfsen, Trygve: Postmodern theory of History: A critique, in: *Memoria y civilizacion*, *Anuario de Historia* II (1999), pp. 203-222; Ankersmit, F. R.: Historiography and Postmodernism, in: *History and Theory* 28 (1989), pp. 137-153.

一个集体的身份。后现代主义摧毁了这种取向功能的可信性，用想象取代了取向。因为根本就没有被称为历史的实际的存在，这个历史的想象由虚构所组成。所以，在原则上，它不能成为实际行为取向（一个由虚构取向的现实的行为将导致彻底的灾难）。尽管如此，根据我所提出的历史认识的五个原则，应该有某种取向功能。历史中的后现代性提供了一种取向功能，但是这个功能非常具体：它是对人类生活进行取向的一种方式，与梦境形成对照。心理分析师告诉我们，为了接受现实，我们需要梦境。但是对我来说，这就好像是后现代主义历史编撰和历史理论的取向功能。在某种方面，它是对现代化否定性结果的某种补偿。在进步观念的危机和灾难的威胁方面，它是由历史记忆带来的一种美学的安慰。在现代主义的观念里，现代化进程的简单持续将主导这个世界。

历史研究中的后现代主义给历史思想带来了哪些新的因素？有一个基本点是，它对历史思想的后现代形式和现代形式之间的区别进行了界定。历史思想的现代形式认识到了过去和现代之间通过时间性变化概念所建立的发展过程上的联系（genetic connection）。历史思维给人的印象是，过去朝向现在移动。这个过去和现在之间的发展过程上的联系完全被后现代的历史编撰学所摧毁和否定。通过这么做，后现代主义声称要归还过去自己的身份。在德语中有一个单词，它描述了通过切断过去现在之间的发展过程上的联系而赢得的这个身份："Eigensinn"①。它的意思结合了自身的意义及固执、执拗的因素。它的固执是反对把人类生活的过去形式结合成一个过程。这个过程直接导向我们自己的生活形式。"Eigensinn"意味着反对这种结合。那些不愿意服从自己父母的小孩子是"eigensinnig"。他们通过自己某些固执的行为反对父母的意愿。这就是后现代主义历史学表现历史的方法。利奥波德·冯·兰克是德国历史主义的主要代表人。我们不应该忘记，兰克就曾归纳出了一个原则，这就是："Jede Epoche istunmittelbar zu Gott."②但是同时，兰克总是接受一个观念，也就是在历史本体的总体性里，

---

① 参阅关于这个词的思考，参见 Lüdtke，Alf：*Eigen-Sinn. Fabrikalltag*，*Arbeitserfahrungen und Politik vom Kaiserreich bis in den Faschismus*. Hamburg 1993，especially p. 9 sqq.

② 意思是"每个时代都直接和上帝相联"，见 Ranke，Leopold von：*Über die Epochen der neueren Geschichte*，ed. Th. Schieder and H. Berding（*Aus Werk und Nachlaß*，vol. 2）. Munich 1971，p. 59.

把过去、现在和未来联系起来，组成一个时间性的变化。[①] 在后现代的历史概念和历史学里，这个观念受到彻底抨击。这样，后现代的历史学和发展的概念进行了激烈的斗争。对发展观念进行的最激烈的否定可以在瓦尔特·本雅明(Walter Benjamin)的后期历史理论中找到。[②] 在这里，他谈论了历史记忆受到时间概念的限制。他用一个比方的说法表示："老虎的瞬间跳跃。"[③]在这个比方中，过去的不同现象之间的时间性联系被切断，用来显示一个独特事件的发生。这个事件就这样取得了某种重要的历史意义。在时间凝聚的意义上，现实生活中的历史记忆就像是一只老虎，它跳进了我们的大脑(minds)里，并且给我们生活中有关时间性变化知识方面的意识予以刺激。这就是还没有定型的后现代主义。在这里，我们可以看到最有意思的反对发展的概念和反对演进的历史观念。[④]

德国思想家瓦尔特·本雅明

所以，后现代主义产生了和现今社会情况相反的印象。这些相反的印象用新的历史编撰学的形式表现出来。习惯上，我们把它们叫做叙述。但这是个容易误导的说法，因为文本的每个历史编撰的形式都是叙述。[⑤] 除了这个逻辑的或者认识论的意义，叙述意味着历史表述的一个特别的形式，它与其他的形式区别开来。"叙述"意味着一个历史表述的形式，它看重事件和事件之间的互相作用。如果我们将娜塔莉·戴维斯(Natalie Davis)关于

---

① 和上面的引文同一出处，我们发现了下面一段文字："In der Herbeiziehung der verschiedenen Nationen und der Individuen zur Idee der Menschheit und der Kultur ist der Fortschritt ein unbedingter."(同上，p. 80)(有一个无条件的进步的观念，把不同的国家和个人都吸引到了人类和文化的概念里)

② Benjamin, Walter: *Über den Begriff der Geschichte*, in: *Gesammelte Schriften*, Bd. I,2. Frankfurt am Main 1991, pp. 691-704.

③ Ibidem p. 701, 694.

④ 参阅 Lutz Niethammer 对 Benjamin 的历史理论进行的非常有启发性的解释：*Posthistore. Ist die Geschichte zu Ende*? Reinbek 1989, p. 116 sqq. (Niethammer, Lutz: *Posthistoire: has history come to an end*? London 1992.)

⑤ 参阅 Rüsen, Jörn: *Zerbrechende Zeit. Über den Sinn der Geschichte*. Cologne 2001.

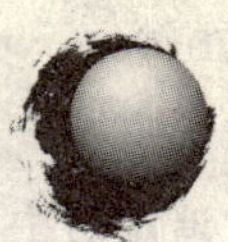



马丁·盖尔(Martin Guèrre)还乡的故事和充满了脚注、统计数字及图表的社会史和经济史的一般的学术形式所产生的作品进行比较的话，就可以理解一个“叙述的”历史编撰学的质量。① 叙述反对解释②；生动的描述反对抽象的归纳；或者，用一个重新被大家所使用的二分法的说法就是，温暖的移情反对冰冷的理论。

后现代史学的另外一个特征是微观史。作为表述历史的一种特别的形式，它反对宏观史。后现代史学处理的问题是单个人比如梅诺齐奥(Menocchio)③或者马丁·盖尔，而不是一个社会或者一个阶级；是一个人的生活历程或者甚至是几天，而不是一个时代，或者一个长时段的发展；是一天，而不是一个世纪；是一个小的村庄，而不是一个国家或者一个王国。这就是后现代史学的题材。

倡导“厚描述”方法的
美国人类学家吉尔兹

后现代史学宣称已经发展了某种新的、不同的研究方法。它反对发展和使用理论概念。为了赋予它研究过去的新方法以鲜明特征，后现代主义的历史学家喜欢引用文化人类学家克里弗德·吉尔兹(Clifford Geertz)的著作。吉尔兹倡导的是“厚描述”(thick description)，而不是理论建构。④ “厚描述”是一个方法。通过它，过去应该获得自己的意义，它的“Eigensinn”(固执)。过去不应该再服从于演进的结构。通过这个演进的结构，现代历史思维沿着历史发展的线索把它和现在的情形结合起来。

这种对演进理论(genetic theories)的反对与一种探究过去人们生活的新的阐释学方法有着重要联系。历史学家已经对重建过去

---

① Davis, Natalie Zemon: *The return of Martin Guèrre. Die wahrhaftige Geschichte von der Wiederkehr des Martin Guèrre*. Munich 1984.

② Stone, Lawrence: The Revival of Narrative: Reflections on a New Old History, in: *Past and Present* 85 (1979), pp. 3-24.

③ Ginzburg, Carlo: *Der Käse und die Würmer. Die Welt eines Müllers um* 1600. Frankfurt am Main 1983.

④ Geertz, Clifford: Thick Desription: Toward an Interpretative Theory of Culture, in: idem: *The Interpretation of Cultures. Selected Essays*. New York 1973, pp. 3-30.

人类生活的结构条件越来越没有兴趣。相反,他们强调人们经历和解释他们自己世界的方法。他们通过所讨论的人探究他们对生活条件的认识,这样就试图给他们某种文化上的自主性,使他们用自己特别的方式(这个方式和我们的不同)处理自己世界上的事情。这个处理人们自己的意识和理解的新方法是口述史学。它已经成为一种研究的范型。[①]

关于历史记忆的内容,人们可以认为,后现代主义史学站在现代化运动的牺牲者一边,主要是下层阶级、少数人;另外,不要忘记了还有女人。虽然不是全部,但是在很多方面,女性史学、性别史学与后现代的历史研究概念紧密相联系。在将历史体验予以概念化的过程中,后现代的史学从文化人类学和人种学得到灵感。[②] 在历史纪念物(historical commemoration)的取向作用方面,后现代史学在历史体验的美学品质上表现了越来越强烈的兴趣。历史必须产生某种图画,某种有着美学品质的关于过去的形象。

## 六、通过记忆建立历史秩序吗?

历史记忆的主题化(thematisation)与史学中后现代主义的态度相伴。它可以被理解为是为历史意义的产生开启新的来源。它揭示了新的可信性。这些可信性建立在记忆的基本及普遍的文化功能之上。记忆是身份建设和现实生活取向的一种方法。实际上,元史学应该通过对作为历史思维根基的记忆的分析,开始它对历史研究的原则进行反思、批评和证明其合法的工作。这么做的话,在人的大脑具有创造出意义的创造能力的观点上,它将支持后现代的态度。这种态度体现在那些为了今天的生活而回忆和再现过去的工作中。它证实了想象和人大脑中的其他非认知的力量(比如政治)是重要的,可以用来回忆过去,并且通过记忆而把过去排列在现今生活的诸多心理促动力之中。

---

① 参阅 Niethammer, Lutz: Fragen-Antworten-Fragen. Methodische Erfahrungen und Erwägungen zur Oral History, in: Niethammer, Lutz; Plato, Alexander von (Eds): "*Wir kriegen jetzt andere Zeiten.*" *Auf der Suche nach der Erfahrung des Volkes in nachfaschistischen Ländern* (*Lebensgeschichte und Sozialstruktur im Ruhrgebiet* 1930-1960. Bd. 3) Berlin 1985, pp. 392-445.

② 参阅 Rüsen, Jörn: Vom Nutzen und Nachteil der Ethnologie für die Historie. Überlegungen im Anschluβ an Klaus E. Müller, in: Schomburg-Scherff, Sylvia u. a. (Eds): *Die offenen Grenzen der Ethnologie. Schlaglichter auf ein sich wandelndes Fach. Festschrift Klaus E. Müller.* Frankfurt am Main 2000, pp. 291-309.

在元史学的传统形式中，现实生活中历史认知的根源及其对这个根源的依靠主要作为一个立场或者角度的问题来讨论，并且根据真理和客观性来解决。有了这个真理和客观性的概念，历史研究把为现实目的而对历史的使用变成了关于过去的坚实的和有效的知识。[①] 通过对记忆主题化，历史研究对记忆和当代现实生活的关系有了更加广阔和更加深入的洞察。历史研究揭示了自己的统领性的意义原则的心理力量。如果仅仅进行实证研究，来要求真理和客观性的话，历史研究是不能意识到这种力量的。它必须认识到，从过去的实证证据中提出坚实的和有效的知识的认识过程，总是与美学的再现原则，同时也与在今天人类行为的文化框架中使用过去的政治原则相联系的。这样，因为认识到记忆是重要的意义标准的一个来源，所以，历史研究就可以把后现代对美学与修辞的强调，作为它的抽象的自我理解的某种贡献予以接受。

另外一方面，元史学仍然受到认知的制约。认知是认识历史意义的一个因素，根本就不可能被忽视（只要认知是为人类生活取向的一个必要因素）。这么做，元史学就通过把认知放进记忆的深处，再次证实了历史思维方法上的理性。没有一种记忆不声称自己是可信的。这个声称建立在两个因素之上：经验的超主观因素和通过话语表示的同意行为（consent）的主体间因素（intersubjective element）。记忆基本上是与经验联系在一起的。只有后现代批评论的片面性才忽视了这些基本的东西。相反，过去的几十年的元历史话语中，记忆可能被当作一个有说服力的论点，支持某种不受限制的主观论。有一个词对这种主观论予以概念化，就是"虚构"（fiction）。这个词应该表明历史的主体地位问题为记忆和再现的问题。强调记忆对经验的基本关联，因而元历史可能重新把历史研究的方法规则看作对经验的特殊对待。这么一来，史学方法的理性不再被看作是与历史分离的和把历史崇高化，或者是剥夺它对人类生活的用处。在回忆和再现过去方面，人脑的创造力所带来的历史的秩序恢复了建立在经验之上的坚实性。

主观之间的相互作用（intersubjectivity）是历史意义的另外一个因素。在通过人类记忆回忆和再现过去的过程中，这个因素不能被忽视。历史不能在未取得它的读者对象同意的情况下扮演一种文化的角色。如果被认识到纯粹是虚构的话，它将立刻失去其文化的力量。但是它的可信性不仅仅

---

① 参阅 Koselleck, Reinhart; Mommsen, Wolfgang; Rüsen, Jörn (Eds): *Objektivität und Parteilichkeit* (*Theorie der Geschichte*, *Beiträge zur Historik*, vol. 1). Munich 1977.

在于它与经验的关系。它建立在它与诸多因素的关系上:它跟习惯与价值的关系,同时还有它与历史意义诸多因素的关系。这些习惯和价值是这个社会所共有的东西;另外,历史著作的读者对象也是这个社会。在这个方面,元历史不得不思考话语的规则。这些规则带来了作为历史认知的方法论因素的主观间的同意。这就又把它带回了现代性,因为现代性可以被解释为一种对待习惯和价值的方法:普遍有效性本身的正式结构是历史认知领域的一个意义建设理论(principle)。这个理论建立在对历史记忆的基本认可之上。这种认可是基本的和必要的。这么做以后,历史获得了一个标准的秩序。有了它,历史就可以发挥自己的文化功能。

## 七、通过调和现代性和后现代性来重获历史的秩序吗?

元历史只尝试过几次,试图用记忆的某种原则来调和、综合现代和后现代的历史思维的特征,以此引起这种新的自我意识。关于历史意义的必要的原则,所剩下的主要问题是:这种现代性的普遍主义的方法是怎样和意识形态的批评及后现代的特殊主义的方法相调和的?

后现代对历史本体概念的批评必须得到仔细考虑。我认为,我们必须接受这种批评,只要它能指出一种历史,从而对这种历史的意识形态进行概括。从启蒙时代到今天的现代化进程中,一直是这样的。所以我认为,我们实在不得不承认:只有很多的历史著作,而没有作为一个实际存在的历史本体。尽管如此,但是(这个说法是我的现代主义的观点),我们需要一个统一的历史经验的观念;否则,历史思维将会导致彻底的相对主义。而相对主义的代价太高了。我们仍然需要通过逻辑理性得到的历史范畴;没有它们,我们不能历史地思考。[①] 另外,我们需要一个历史的概念,这个概念正视了关于这个日益增长的世界的最新的体验(强调微观历史同时生活在宏观历史过程之中。这听起来就像是回避一个挑战性的体验,而不是用历史解释来面对)。

但是,我们怎么能提出一个历史发展的普遍性的概念,同时又接受只有

---

① 参阅 Rüsen, Jörn: Der Teil des Ganzen. Über historische Kategorien, in: ders.: *Historische Orientierung. Über die Arbeit des Geschichtsbewußtseins. sich in der Zeit zurechtzufinden Cologne*. 1994, pp. 150-167.

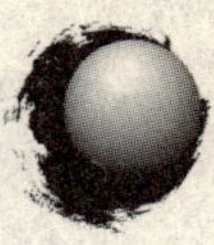

大量不同的历史，或者历史思维的多角度性？在历史角度的多样性里，只有历史解释的方法论操作中的普遍价值才能提出历史的整体性。问题是，我们需要一个主导的价值系统，一个普遍的价值系统。它承认文化之间的差别。我认为有一个基本的价值，它可以被带进历史解释的某种方法中。这个价值是两方面的：普遍性的，同时使多角度和多样性合法化。我想起了文化中某种对差别互相认可的标准原则。这个原则可以在一个认知结构里得以详细说明。它将会加强历史方法的阐释论因素；另外，这个结构可以给历史体验带来一个新的方法。这个方法一方面综合了人类的统一性和时间性的发展；另外一方面，也综合了文化的多样性和广大性。

基于这样一个历史意义的原则，历史研究可以发展一种抽象理论的自我理解。通过这种自我理解，它不仅仅在第三个千年开始的时候正视了它的时间的变化，而且有助于向第三个千年前进。在这第三个千年里，人性仍然是历史秩序的一个问题。

# 历史:理论与方法

[荷]克里斯·洛伦兹　著
李丽娜　王　昺　译

本文作者,荷兰阿姆斯特丹自由大学教授克里斯·洛伦兹

19 世纪,历史被列为学术学科,历史学家为其研究方法以及非专业的研究方法争取有利的认知地位。自此,历史研究中对其理论和方法作用的争论呈现一定的趋合特点。历史能否成为独特的学术学科的相对不稳定和危机时期时——如西方在 1880～1920 年以及 1965～1985 年期间——很多历史学家参与了这些争论。当时,这种争论大多集中且显而易见;历史研究进入相对稳定并且获得学术认可时,争论方式大多很隐蔽了。因此,从历史的角度看,对历史方法和理论的思考从某种意义上讲也是危机的一个症状。这至少在少数作为历史哲学家的历史学家和哲学家之外是如此。他们持之以恒地思考历史问题。专业历史学家的"反思态度"与专业不确定性直接相联系是有道理的。因为,正如下文所述,方法和/或理论通常是学科研究的认识基础。尤其该学科力争"客观"阐述过去的知识。由此,对历史方法和理论的怀疑和争论总是出于对其认知地位、学术可信度以及客观性的质疑和辩论。

从社会学角度观察,关于历史研究方法和理论作用的争论,通常与一定

的论战相联系。他们的发起者是支持历史学术正当性及权威性，即学术认可及声望观点的拥护者。不同的竞争群体在同一“学术范围”，对“智力资本”(布尔迪厄，Bourdieu)展开激烈的论战。此间，关于历史方法与理论的辩论很激烈。不但历史，其他社会科学，如社会学、经济学、心理学等都呈现多元性与多模式的学科特点。

对理论和方法不断感兴趣也是指对该学科历史感兴趣，这无论是在知识还是结构角度都有所体现。努力寻找学科历史理论和方法中较可取的概念的根源，并且通过对学科体系中这些概念的创始人的研究来促进学科的可信性，这些热情激发学科历史的兴趣。因此，在历史中，对历史写作或历史传记兴趣的增加，通常也体现为对理论与方法研究兴趣的增加。理论与方法的研究，通常也伴有对传记根源、本质和多样性的研究。

从哲学角度观察，对历史研究理论和方法作用的辩论，通常具有模糊性，这是受哲学中理论和方法的主要概念模糊所影响。自历史成为学术学科以来，历史的理论和方法成为辩论的中心话题。要解答这个问题的原因有必要明确一些基本概念的划分。

## 一、历史理论与方法：一些初步划分

谈及历史理论与方法的作用，有必要介绍一些基础的划分。由于历史的双重意义：res gestae 和 historia res gestae(见《历史：综观》)，历史的理论既指历史过程又指历史过程的知识，所以，最基本的划分即 a 理论与 b 理论。a 理论研究历史过程的特征(例如马克思的历史理论之一——阶级斗争)，b 理论研究历史知识的特征(如历史科学知识具有如同法律知识或具体细节的形式)。a 类型的理论可称为历史实质或唯物理论，b 理论可称为历史认识论，也就是历史认知的理论。认识论可进一步划分为认知论理论与方法论理论。历史实质理论还可以分为更小的子集(见《历史：陈述、语篇和功能的形式》)。

实质论与认识理论通常相互联系，因为了解历史和如何了解历史是相关联的。例如，实质主义认为历史过程的特点是与传统机械主义相似的内部机械主义和规则。这与认识理论的观点相联系，即真正的知识是包含一般规律的知识(见《历史实证主义》)。并且，唯物主义认为历史过程的特点是杂乱的和偶然的，而不存在隐性的规则或是“动力”。这一观点与认识理论也有相似之处，即历史的真正知识是指特殊事件的知识而不是一般规律（见《历史主义》）。

实质理论对方法论和认知论都有重要的作用。实质主义持有的观点，即了解历史认识主观和客观的某种亲和性甚至认同性与自然相对（如黑格尔，Hegel）的理想主义以及后来的历史主义（如德罗伊森[Droysen]和狄尔泰[Dilthey]的历史主义观点），通常与方法论的理论相连，并为人文科学树立的一个独特的研究方法——如理解（verstehen）或解释——与自然科学的方法形成对比（通常定义为因果或法律模式的解释形式）。同样，这些独特的方法论又与独特的认识论相连。理解的方法与知识的解释论及现象论相连，知识解释论和经验论相连。在综观全景之前，有必要区分理论和方法的重要概念及其相互关系。当进一步剖析历史中的方法和理论时就会呈现更广泛的意义。

## 二、历史方法：概念与历史

当分析历史中"方法"的意义时，有必要从其他学科中定义的"方法"入手（Meran，1985）。在数学中，这通常指的是公理推论、微数、归纳法以及解决某一特定领域中问题的一套正式的技术程序。除数学外，其他学科很少定义方法。如在哲学中，方法有多种定义，从笛卡儿（Descartes）关于方法的篇章到康德（Kant）的超验方法，从马克思（Marx）的二元论到胡塞尔（Husserl）的现象学以及索绪尔（De Saussure）的结构论。哲学中的这些方法不包括解决特定领域中的正式规则，而仅涉及如何分析特定领域的观点、概念和规律。如：

(a)科学知识；

(b)人的意识；

(c)人类历史；

(d)概念的意义；

(e)语言使用的意义；

(f)作为符号系统的语言。

因此，哲学中的"方法"，不是指一套正规的手法，而是指松散的研究方案。这些松散的和不正规的方法正代表了人文科学的特点。

历史中，历史方法这一术语是在16世纪由让·博丹（Jean Bodin）在他

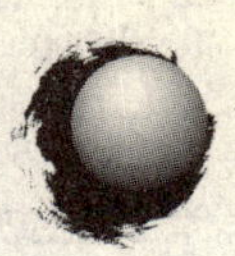



的关于资料来源批判的论文(Methodus ad facilem historiarium cognitionem,1566)中首次系统提出的。博丹的意图是为了建立一种能够获得可靠知识的模式,其做法是对比资料来源和评价资料来源传递信息的可靠性,并把它们与内部蕴藏的价值相连。历史方法同时会通过证明过去知识的可能性来击败怀疑主义的质疑。怀疑主义源于大量作为原创历史文献的经文。最初,这些历史文献是由历史上鼎盛的教会和富绅所创,目的是为了维护他们的权利和财富。因此,传统上称历史学家的公正、真实、可信在追溯到古代时已不可信,现已被客观的、客观间的方法所取代。

虽然方法的意义随时间而变,但关于历史真实性和方法的直接关系的论述代表了以后历史方法文献的特点。18 世纪启蒙运动时期的历史学家如施洛塞尔(Schlozer)不仅指出起源批判方法作为历史方法(Forschung),而且将历史研究结果的方法汇总成集(Darstellung)呈现给读者。方法的更广泛概念可追溯到古典修辞传统并且直到最近才重新发现其根源,这已是 20 世纪 70 年代以后的事了。德国历史学家和历史理论家乔恩·古斯塔夫·德罗伊森 (Johann Gustav Droysen,1977)成为文本和历史修辞范围"重新发现"之后的重要历史学家之一。因为他的 *Historik* 之前之后的版本在历史方法处理方面蕴涵着从广义到狭义的转变(Meier 和 Rusen,1988)。

历史学家,如利奥波德·兰克(Leopold Ranke)和巴特霍尔德·尼布尔(Barthold Niebuhr)领导了所谓德国历史学派。他们的面向研究的历史方法在 19 世纪和 20 世纪的大部分时间里占统治地位。他们的历史观念时常被称为现代"科学"历史的开端,源于历史方法的"狭义"概念,将历史研究的特点限于起源批判主义。历史著作和陈述(the Darstellung)不再视为历史方法论而是文学、艺术或美学的组成部分。因此,历史属于艺术还是科学的问题能够并确实在 19 世纪被提出。这个问题成为后来所谓"方法之争"(Methodenstreit)的一部分(Stern,

19 世纪德国历史学家德罗伊森

1970;Fay等,1998)。

在19世纪学科分化和学术机构化迅速发展的过程中,人们习惯采用一种具体的方法确定人文科学的规则。这一方法成为学科“真实性”和“客观性”的保证。此间,社会学以社会学方法为标志,历史以历史方法为特征。关于历史方法权威的解释出现在伊·伯伦汉(E. Bernheim)的*Lehrbuch der historischen methode*(1889)或克·朗格多瓦(Ch. Langlois)和克·塞诺博斯(Ch. Seignobos)的*Introduction anx etudes*(1897)之中。

19世纪的历史方法通常指如何从事文字材料(即所谓的资料)的研究方法。这些方法通常分为三部分,这三部分与三个连续步骤相对应。这些方法是:

(a)探索法,即如何寻找相关起源的方法;

(b)起源批判法,即确定资料的时空根源以及可靠性的方法;

(c)解释,即将从资料中得到的信息“理顺”后汇总,并通过解释的方法推断“所发生的事情”。

文字材料通常划分为主要资料和辅助材料。主要资料指与研究对象几乎同时发生的书写材料,目击者的记录(如:议会讨论的官方记录)。主要资料与其代表的事件时间差越短越好。因为时间差是判定调查信息不可靠性的主要依据。辅助资料是指事件发生之后一段时间或不是目击者记录的材料(如谣言)。由于辅助资料基于其他来源,也就是“二手”,因此,没有主要资料可靠。19世纪以来,根据西方权威观点,严肃的学术历史只能建立于主要资料之上,因为那是历史信息的最可靠来源。据此,档案处(见《档案和历史数据》)通常被认为是专业历史学家的工作室。同样,据19世纪的西方观点,没有经文或“低”文化在定义上与“高文化”相比等于没有历史。这种以经文、资料为基础的历史方法的观点局限了“高文化”历史的学术历史研究对象。这种现象在西方历史研究中尤为突出。这一观点一直延续到20世纪50年代,直到这种偏见遭到严厉的批判——尤其是源于后殖民理论的批判(见*Subaltern History*)。

另一种传统划分是指是对内部还是外部资料的批判。内部资料批判,实际上是文本批判主义,也就是重建文本(文本以不完整形式或不同版本流传下来)成为一个整体的解释过程。在此过程中,调查起源以及文本的真实性并确定其意义。外部资料批判是指一个资料通过源于其他材料、文本的信息来检查的过程,也是所谓的辅助学科,如考古学、年代学、讽刺文学、地形学、货币学和外交学。当历史学家研究久远的历史阶段时,这些学科就起了重要的作用。当代历史学家考察口述文化或具有很少或没有文书线索的文化时，考古学和人类学便充当了辅助学科。某一学科有不同的方法并成为一种规律来研究是在20世纪所发生的，由此再次引发了学科真实性和客观性的问题并激起了怀疑主义的又一浪潮。因为，如果一种方法不能作为这一学科真实性和客观性的程序保证，如何保证其真实性和可靠性呢？由此，一场有影响力的论战展开了（Berstein，1983；Megill，1994）。因此，某一学科中认可多种方法通常是该学科学术可信性的威胁。

自从20世纪60年代以来，所有人文学科的方法论的划分进程，以前所未有的进度加快并导致多数学科领域的暂时分裂，以及对多数传统学科界限及自我定义产生了质疑。重要的是，同时多数人认为“多模式”形式是学科的危机。就是历史也不例外。20世纪六七十年代，许多人认为历史是社会科学之一（Novick，1988）。

历史学家肯定的研究方法有：定量法（见《历史定量》）、传记法（见《传记：历史的》）、对比法（见《比较历史》）、理想典型法、理解法（Verstehen）、因果法（Erkarung）、话语分析法（见《历史语言转换和话语分析》）、微观历史法和历史心理分析法（见《心理历史学》）。很多历史学家认为历史方法的概念过于宽泛。众所周知的方法实际上是研究历史的知识理论，只能通过资料批判法来鉴别。由此，有必要进一步研究历史方法和理论的关系。

## 三、历史认知的理论

### （一）经验论和反经验论

历史方法和历史理论在认知论和方法论层面上都有联系。认知论是认知的理论，因此，历史认识论是研究历史知识的理论，也就是指历史产生的可能性、领域、起源和基础的条件。自19世纪起，形成了两种认知理论：经验论和反经验理想主义。

能否及如何获得他人思维，也就是他人头脑的状态（如思维和意图）与认识主体在时空上的分离——是历史学家的典型问题——自19世纪中期以来已成为基础问题。经验主义认为，只有当意识状态与经验中可观察的现象相联系，才能获得其知识。经验主义认为，他人思维和表述是进入他人头脑的唯一途径（Hempel，1966）。

相反，现象论和解释论（解释论是解释的理论，最初源于文本解释）的拥护者坚持认为非经验理论了解人脑现象的可能性。现象论认为，可以通过自我反思进入人脑空间；历史理论中的解释法比现象法更有影响力，甚至认为“解读”他人的思想如同解读文章一样。

在所有解释理论中最基本的认识行为是解读有意义的符号和符号结构现象（如行为和文化客体）。然而，所有经验理论都把观察客体行为作为基本的认知行动。正如通过阅读和解析有可能理解文章的思想，历史学家重新制定和解释，从观察到的表述中推出观察不到的思想，从而有可能了解行为中和人造客体中反映的思想。

随着历史后现代主义及其他学派的迅速崛起，到20世纪80年代，解释理论中的一元预设遭到严厉的批评。西方（白人）男性不再是人类的典型。在多样性的基础上，人们重视学科中如历史、认识主体及认识论和方法论的关系（Scott，1991。见《性别历史：辅助历史及历史的语言顺序和话语分析》）。

（二）一元论和二元论方法

1850年至1970年间，认识论领域的主要划分基本上与历史方法论的基本划分相对应。也就是说，在赞成科学理论方法和赞成人文科学、自然科学二元论的两者之间进行基本划分。这一方法论的目的在于逐渐合理制定某一学科发展的标准和规范。与历史重建相对，合理的重建预设学科的开设和发展能够在逻辑和经验方面得到建设；当然，这一预设是真正学科开设合理性的理想化。因为除了合理性，在现实中，权力和特权同样起作用。方法论是从那些学科中不合理的现象中抽象出来的，旨在重建认知标准和目标。学科的实现是通过这些标准和目标来衡量彼此的成果及评估价值。因此，研究方法预设某一学科中实现者在认识上基本的统一性和合理性。当然，这一阶段在自然和人文学科方面都受到批评（Goodman，1978；Rorty，1986；Novick，1988）。

除了真实性基本理论之外，对于一个学科的其他认识理想是由方法论所重新构成的，如学科的解释、理想目标及发展标准。一元论和二元论的拥护者在基本理论方面必须明确，因为这一划分围绕一个问题，即对于所有学科是否有一个解释理想目标的存在。自1850年起，这个问题作为方法论辩论的中心问题持续一个多世纪，被称为解释和理解的矛盾（Gardiner，1959；Hausmann，1991）。根据科学的一元论（也称为实证主义），所有的经验学科只存在一种解释和发展的模式和逻辑。19世纪，古典机械论通常被公认为其他学科（包括人文学科，如历史）的模式。各学科的唯一区别是发展阶段的不同。发展中的学科（如历史）与牛顿的机械主义相差甚远，而成熟的学科会与其有很多相似之处。不成熟的学科仅产生“解释的概况”（Hempel，1966），其必须发展成为理想的解释。学科间的唯一差别实际上是学科的成熟程度，而不是解释的逻辑问题。

真正的科学简言为依据一定规律解释某一事件。因此，解释的事件多是在指定条件（所谓的先决条件）下从一般规律中逻辑地推导出来的。同时，在规律和先决条件已知的情况下，可以预测事件。依据科学解释的逻辑观点，在一级模式中同样受用。常用逻辑推理模式，或解释的整体法律模式，科学中的解释和预测基本上都是相同的；解释就是对过去的预测，即后叙。在这方面，科学的解释表明过去发生的原因——在已知规律和条件下——预测注定发生的事件：解释发生的事件在逻辑上是有必要的。假设，通常（而非绝对）一般规律被认为是因果规律，在因与果之间建立普遍的不变的联系，那么，科学的解释通常也就被认为是因果的联系。科学解释视为因果解释，而解释必然性视为因果必然性。科学的解释通过规范决定因素，可以明确导致事件发生的因素。

目前，虽然科学解释的一元理论不断得到补充和修改，旨在确立自然科学中解释的统计和盖然论模式，其地位是建立在预设上，即“实证主义”至少为自然科学提供合理的结构。然而，这一预设在20世纪60～70年代逐步被后经验主义和后实证主义所打破。主要规律模式的经验基础及逻辑主张的经验基础被历史例证所打破。其观点认为科学历史的假象模式不适合哲学的基本逻辑模式。因此，哲学的这次“转变”通常也称为历史的转变。因为，历史是受解释逻辑所激发的（Lakatos和Musgrave，1970）。在考察哲学科学中后经验主义和后实证主义对传统一元方法论和二元方法论的启示之前，有必要纵览二元理论的立场的论证方法。

### （三）历史的自主性

哲学对历史解释自主性及自然科学解释模式的辩护通常从二元论批判开始。从德罗伊森到狄尔泰到文德尔班（Windelband）、李凯尔特（Rickert）、韦伯（Weber）、柯林武德（Collingwood）、伽达默尔（Gadamer）、怀特（White）和利科（Ricoeur），都认为历史解释不仅在经验方面，而且在逻辑方面也与总体规律不同。自主学说传统上分为三种学说：本体论学说、认知论学说和方法论学说。

方法二元论的本体论学说是由德罗伊森及后来的柯林武德和他的学派提出和发展的。这种学说通常要追溯到维柯(Vico)和黑格尔。因为该观点是建立在主客观认同观基础之上的:历史中人类面临自身,而历史是人类自传史。根据这一观点,历史本质上是人类以不同文化方式表达和发展自身的过程;因为人类创造了历史,人类就能通过正确的方式了解历史,正如自传作家能正确地了解历史。历史学家试图重建文化和重建通过文化实践(如宗教和仪式)及其文化遗物(如庙宇和宗教物品)所表达的特殊思想。当历史学家解释历史时,基于对资料的调查,他们对文化本身以及文化与其所表达的思想之间建立了清晰的近似合理的联系。完成这一任务之后,他们对现象提出某种理解。理解历史如同理解一篇文章,主要的区别在于历史的文章多少已消失且必须通过调查,对线索进行重建。这种可知性是可能的,因为在历史中,人类面临自身,因此,主观的理解是能做到的。在自然科学中,认知主体面临的是客体。

历史学家追求的可知性——历史的理解——是围绕连接思想和特定时空环境,并在所谓解释圈或螺旋中部分地和整体地向前或向后发展。因此,历史解释逻辑上与科学解释不同。这种历史学家提供的连接模式不是由一般规律因果决定和演变而来的。历史联系不是必然,而是偶然的联系,与实际形式不同。

两者都不是建立在经验观察之上,而是近似合理的推论,建立在资料批判调查及类比分析上。历史理解最多产生合理的大概的知识,而不是如同科学解释的肯定的或基础知识,科学解释是建立于感官经验和逻辑行为的推测基础上的。历史学家的理性解释行为是培训而不是能规范的。因此历史解释存在主观性,也就是说,源于历史学家存在文化、时间和地方之中。基于这一论断,伽达默尔在他的《真实和方法》(1972)一文中将历史理解历史化。

维护方法二元论的第二种论断不是本体论,而是认知论。首先由威廉姆·狄尔泰(Wilhelm Dilthey)系统阐述且与德罗伊森的观点相似。因为该观点同样参照黑格尔的主客体认同观点。历史蕴涵的意义是人类模式的自传史。然而,狄尔泰没有直接在历史过程的主客观结构中建立历史方法,而是建立在历史事实即“思维事实”(geistige Fakten)的“内部经验”(innere Erfahrung)之上。历史及其他 Geistenswissenschaften 中的思维事实包括生活在过去的人类的感受、思维和奋斗历程。这可以通过历史学家的思维和

"内部经验"得以体现。如同德罗伊森和狄尔泰认为把过去的思维作为观点的表述和理解。历史学家把思维事实放入特定时空环境及 Lebenszusammonbang 使过去的思维能理解。德罗伊森通过反对历史因果式规律式的理解,对比历史理解和科学理解。但与德罗伊森不同的是,狄尔泰强调把奖励史学家的内部经验及科学家的外部经验进行比较,作为方法二元论的基础。

第三种论断是指方法特征。它不是基于本体论的观点,即历史是研究本质上与自然不同的客体;也不是建立在认知理论上的,即历史事件与自然时间不同,能够进入认知的"内部"方式。根据方法论的论述,如文德尔班、李凯尔特所说,认知的两种方法及途径截然不同,且通过不同的目的或认知兴趣连接。研究目标的第一个途径是概括方法,通过抽象目标知识的特殊性并试图解释其一般特征。根据文德尔班的观点,这一概括方法特别适用于立法学科(希腊语中:nomos=法律,titlemi=立法),如自然科学。

第二种基本方法是特殊性方法:从客体的一般特征中抽象并描述其基本特征。根据文德尔班的观点,这种特殊性方法首先适用于文字学科(希腊语中: ideos=特殊,graphem=描述),如历史。然而,概括和特殊法在知识事实上是独特的;自然学科可以通过文字方法考察(如地理),历史学科可以立法方法研究(如发展心理学)。采取某一方法完全取决于对某一方法的兴趣。李凯尔特和韦伯通过介绍自然学科(Naturwissenschaften)和文化学科 (Kulturwissenschaften)二分法来发展文德尔班的基本观点。李凯尔特介绍的观点是由价值背后的知识兴趣指导的(werbezogenheit)。韦伯指出价值通常随时间而变。文化科学之后的指导价值观的变化能够解释其他学科不能像自然学科那样按照传统方式积累知识的原因以及他们看似"永驻的青春"的原因(Weber,1973)。韦伯认为文化科学最好能在个性化描述和普遍解释的中间阶段以理想的方式积累知识,并建议在此阶段采取比较的方法。(Lubbe,1977;Veyne,1978;Mink,1987)

总之,历史方法的不同概念与历史知识的不同理论相连。由于历史知识的特征通常与科学知识形成对比,并成为主要的"对比阶级"。自然科学的理论同样也预测于历史知识。自然科学理论的根本性改变也间接影响历史知识的理论。后经验主义、后实证主义的崛起以及哲学在自然科学中的历史性转变,通过颠覆古典科学一元模式间接地打破对方法二元论的传统古典的维护,已无须赘言。

后经验主义有效地打破了这一预测,即科学知识在一定条件下,建立于感官经验中。对立观点的一面是基础的和确定的知识(传统上归因于自然科学)，另一面是推理的和不确定的知识(传统上归因于人文科学)——这种对立已经渐逝。所有感官经验由概念和理论所指导和规约的见解代替了这种对立。由于它是“理论建筑的”，所以所有的经验知识都建立于认知主体的解释行为。所有知识都会对过去进行重新的审视。后经验主义因此打破了“主观化”的知识和客观化的知识的鲜明对比。“主观化”的知识的基础是解释，其特点即历史科学；“客观化”知识的基础是经验和试验而不需要解释。后经验主义使理论知识和经验知识以及解释知识和经验知识的区别相对化。因此，概念化和解释成为所有学科的中心问题。后经验主义打破科学和人文方法观念和科学的“客观性”和人类“主观性”的传统基础。两个科学领域的目的都为经验论和主观互动性(Megill，1994；Oexle，1998)。

基于后经验主义的后实证主义反过来有效地打破了如下论断，即所有的科学解释能简化为一个基本的模式，也就是解释的概括模式。通过否认这一模式在自然科学中的作用(Salmon，1990)，后实证主义否认概括理论对人文科学的作用。另外，非思维事实无法解释思维的事实，也同样否认了一元论的观点。

历史理论中，受文学理论的激发，后经验主义和后实证主义引导在后现代主义和新的方法兴趣研究中，对历史知识的本质产生新的思考(见《历史和文学》)。如今，古典的科学模式已被否认，并重新定义修辞和文学中的历史的根源，且引发对代表历史的语言形式的兴趣。后现代主义先锋通常代表语言传递(见《历史语言传递和语篇分析》)。在美学修辞学和政治的高台上，将理论和方法推到后台，使历史代表超出认知论和方法论的范畴(White，1973；Ankersmit 和 Kellner，1995；Fay 等，1998)。

实际上，这一举动回归到了历史方法论和学科论之前，与其论断(即建构寻找真理和提供客观知识的学科)相悖(Rüsen，1983-1989；Lorenz，1997)。在 20、21 世纪之交，历史学科中方法和理论的研究走完了一圈的历程。然而，钟摆正在摆回，并将引发更广泛的研究，这些研究建立在调查和创作的基础上，同时，综合历史文学和实践的知识与认识理论保持同步。

# 历史理论的回顾

## ——兼论跨学科方法论的三个级次

李幼蒸

## 一、中国的历史理论发展

我有一篇论文《略论中国符号学的意义》论述中国符号学与中国人文科学的关系。本文则专门讨论符号学和中国历史理论研究之间可能有的关系。大体而言，两篇文章共同讨论人文科学、符号学和历史理论这三个领域之间的联系问题。此外，我也打算在本文中回顾一下我与历史理论研究的渊源，以及结合我历年来在西方的相关学术体验来谈一下跨学科历史理论实践中可能遇到的各种问题。自从1979年《世界历史》编辑部约我撰写法国结构主义和年鉴派史学理论思想以来，我与中国史学理论界的学术联系延续至今。有趣的是，我与中国电影理论界的学术联系也大约建立于此时。史学界和电影界同时与我联系，因为二者都与法国结构主义和符号学的研究有关；而我当时自己也正在哲学专业内设法促进符号学和哲学的互动。我的符号学研究一开始就与哲学、历史和电影等不同学科领域交叉，从而反映出符号学本身就是典型的跨学科研究领域。结果，我在国内任过编委的学科领域竟然就是历史理论和电影理论。这种偶然性的必然方面是，两个领域都广泛地涉及中西学术交流间变动迅速的人文学际关系和人文科学整体情势的问题。它们与我的符号学理论研究广泛重叠，同时，也成为我在其中考察跨学科理论实践的具体“场地”。符号学方向的电影理论关系到美学和文艺理论的全局；符号学的历史理论不仅直接关系到中国历史理论的发展，而且也间接关系到人文科学全局的发展。早在20世纪70年代末我就得以开始跨学科理论探讨工作（与美国引进法国潮流文献相差不过几年），今日回想起来，反映了一种幸运的“历史辩证法”作用：恰恰在百废待举的“文革”之后，在学科制度尚未严格建立之际，中国学者突然获得了充分的思考自由（在两个意义上：政治的意义上和学术规范约束的意义上），一切可仅凭借个人兴趣探求，而无须顾及教育、职业和学术权威的任何限制。这一难得的历史机遇有力地启动了中国人文科学中的跨学科研究活动，而且首先就实行于历史和电影两个新兴学科领域中。“历史”和“电影”这两个词有一种共同性：人类生活的直接再现。一个以文字，另一个以画面，虽然表现生活

本文作者与已故法国哲学家保罗·利科合影，
后者对当代符号学和解释学的发展做出了重要贡献

的媒介不同，二者所表现的内容却具有同质性：人的事件系列或“故事”（叙事）。法文的“历史”一词本身即包括“故事”的意思。在考察被表现对象的性质时，因真实和虚构的差异，历史和电影当然是不同的现象。但在考察“作品”本身时，二者（史事编叙和故事片）都企图“全面地”，也就是“直观地”，再现一段时空区间内的“生活故事”。因此，这两个词总直接意指社会现实本身，虽然对其再现的方式不同。从读者和观众角度看，二者都是最接近以及最应当接近生活的。在现实生活中，人们接触最多的也是作为最近历史的新闻报道和影视故事片。所以，历史和电影应该是最通俗的文化品。另一方面，现代理论思维却偏要在这两个直观性对象领域内“做文章”，使与

其相关的研究越来越抽象化。于是,历史理论和电影理论这两个新兴学科领域在方法论背景上的共同性是:最广泛的跨学科研究方向。

二十多年来,我的符号学研究均与人文科学跨学科认识论和方法论相关,这种学术实践背景自然使我的历史理论研究经验不同于史学专业的类似研究。按照我的理解,这种不同学科间探讨共同课题的做法正好可以促进合作,取长补短。今日作为中国和国际学术舞台上的新学科的"中国符号学"和"中国历史理论",不仅开始成为中国人文科学现代化中重要的认识论、方法论基础领域,而且即将成为世界人文科学现代化的重要驱动力之一。于是,我们在新世纪之初再次经历着上述特殊的学术发展辩证法:本来是学术理论方法较封闭的地区,经过二十年来的中西学术广泛交流后,中国学者突然显示出有在世界学术舞台上担任人文学术理论突破性重任的机会。其原因在于当代的中西人文学术交流过程,使三千年西方学术传统和三千年中国学术传统之间已经发生了一种有机的"化合作用"。这种化合作用可能发生的条件就是跨学科方向的科研策略革新。这种化合作用才刚刚开始,不可避免地会面临着学科职业制度内观念上和技术上的各种障碍。学科制度的常规,专业竞争的方式,理论需要的幅度和学术地位的追求等等,都是跨学科、跨文化学术理论交流中的困难所在。例如,就"中国历史理论"这个新学科而言,就既涉及"中国学术"范围的问题,又涉及"历史理论"范围的问题。然而,这个新世纪的新学科偏偏又有机会成为世界人文科学理论探索的核心之一。在此情况下,它却须首先面对着一种"反讽的"处境:作为对象的"中国材料"本来是最保守的,在海外至今仍是由国际汉学主持着的研究领域,它又如何能与人文科学中最前端的历史理论相结合呢?如果"中国历史理论"新学科已获得越来越多人的关注,以至于也引起汉学界的职业性关注,这是否意味着汉学界可以在原有的知识准备和工作方式的基础上顺利地参与此领域内的理论创新工作呢?这是我们在国际范围内促进中国历史理论学术对话时面临的实际问题之一。

## 二、历史理论构成的三个级次

历史理论首先是指对常规史学(史学编纂和考据学等)进行分析并从史学以外其他学科借取理论以丰富常规史学方法论的研究。史学史即为历史理论的雏形。但是随着现代社会人文科学的发展,"历史理论"的内容也不断丰富，其结构和运作也日趋复杂。为了本文说明的方便，将历史理论划分为三种类型，标记以 B1、B2 和 B3。B1 是常规史学（A）通常使用的方法工具，其内容随着历史发展不断有所增加。B2 以 A 和 B1 为研究对象，并更广泛地借取其他学科中的理论工具来改善传统史学。至于 B3，它虽以 A、B1、B2 等为研究对象，但关注范围已不限于史学，而是以史学及其理论为“基地”来研究包括历史学科在内的社会人文科学的理论性问题。至于其中与历史学科和与其他学科关系的程度也可以有种种差异。上述 A、B1、B2、B3 四者之间存在着多方面的关系。当涉及不同文明的史学传统时，这种学术关系将更为复杂。

在今日史学理论专业内最重要的课题是中西比较史学方法论问题。为了在两个非常不同的历史话语传统间进行有效的比较，必须先解决“理论分析工具”的问题。中西比较史学必须超出中西史学本身的知识领域，进入与其他学科间的跨学科理论探讨，否则史学家不可能在传统史学内部独立地解决这个问题。于是，一方面中西史学中各有种种历经数十年、数百年、上千年的传统研究方式，这些有具体经验基础的传统类型的研究必然要延续下去，并始终构成史学专业的主干；另一方面，在各门专业边缘已聚集起各种不同形式的跨学科研究课题，它们反映出了与史学相关的新科研方向，其中包括较高层次的理论性研究。这是人类知识发展中的正常现象。“实际”和“理论”两大类思考方式不仅不能互相否定，反而正应相互合作，相辅相成。史学专业“本身”的价值，一般没有疑问，当然是历史遗产的“继承者”，编史和考据工作会永远延续下去。但是，这里有两个重要的问题值得专业史学家注意。第一个是服务于传统史学专业的方法论工具问题。这些研究课题往往会超越传统知识范围，不是只熟读古代典籍就会自然而然地知道该如何解决的。因此之故，许多传统型的国学大师的学术成就都须经受现代理论的检验，其历史贡献为一事，其现代学术价值为另一事。圣化古典不是学术分内的事。这一情况与勒高夫批评米歇尔史学大师很相似。其理由之一，即米歇尔没有掌握许多现代科学知识，因此其历史分析效能必然有局限。许多过去的“史学大师”所处理的通史、断代史和专门史，今日仍需不断重新加以考察、批评和改善。其中一个重要的原因即相关学术方法论的进展，促使史学家必须不断补充相关知识，如现代的语言学、社会学、人类学、考古学、心理学、政治学、文学理论、艺术理论，甚至现代哲学等知识。B2 和 B3 类的历史理论研究的存在有其自身道理。文化学术界需要有人处理专业史家很少处理的大历史、微历史和“元历史”一类理论层次较高的问题，包括

处理史学和整个人文社会科学的关系问题。这个问题既涉及实践层次，也涉及理论层次。

## 三、历史理论和人文科学

以上提出的三级历史理论模型(B1,B2,B3)在对象范围和研究目标上均有“质”(层次和方面)的不同，而它们均与“历史”有关。不言而喻，在这里“历史”也应按不同的意涵幅度来理解。关于B1，史学家中最无异议，任何现代常规历史研究都须借助其他学科提供的方法技术，甚至包括数学和生物学。关于B2，半个世纪以来在西方史学界争议不绝，特别是围绕着法国“新史学”。但是“新史学”仍然是发生于“史学学科领域”内的学术实践，是在史学“行业”内的学术革新，虽然方法新颖，却以维持学科领域主导权为职志。八十年来，年鉴派史学的历史是法国史学家经受“职业性和认识论张力”的历史。到了勒高夫一代，这种双重张力的强度进一步增加：既要在“行业”内维持专业性主导地位，又要雄心勃勃地面对其他学科中的理论前沿的压力。至于B3型历史理论类往往趋向于“超越”严格的“行业”范围，而直接在诸学科之间进行运作，其幅度和方式自然与人文科学整体理论研究广泛重叠。那么为什么还要称其为历史理论呢？在这里我们又遇到一个学术思考辩证法的问题：运作“场地”和视野范围的相互调节关系。人类思考活动不仅实现于具体个人，也实现于具体的“运作程序”。就最广泛的跨学科研究策略而言，存在有两个平行的运作领域：历史领域中最广泛的跨学科方法论领域和人文科学整体中跨学科方法论研究领域。由于史学本身构成的特殊性，两个对象域广泛重叠，而运作“场地”有所不同。对于B3的“存在性”，应当说尚处在B2的边缘和“寄存”于其他领域，如解释学、符号学、认知科学等普遍方法论系统中。在这里，我们也许应当区分实际的(也即职业的)场地和“抽象的”(即纯理论的)场地。即B3的存在除越来越明显地显示在B2的领域(如新史学对社会科学全局的不断介入)中和上述普遍方法论领域中外，也已逐渐显示在跨文化的历史研究中。

这样，我们也许需要进一步明确史学理论运作之“场地”、“行业”、“学科”和“理论”诸范畴的准确意义，并首先须对职业性和学术性的“场地”加以分辨。前者是有关社会实践和习惯的方面，比较清楚，它们直接与教学、会议、出版、职称等学术生活中较实际的和具体的方面相联系。后者主要涉及理智运作的知识性基础方面,即研究者以哪些学科内的知识或理论成分作为本身研究计划中理论的来源,这里所说的“场地”是指理论运作的知识性“立场”。职业性场地和学术性场地彼此之间有不同程度的重叠和分离关系。学科职场中习常的理论类型和跨学科计划中选择的理论类型二者之间的“张力”,就是我们前面所说的法国新史学承受的那种理论性“冲突”。现在当涉及中西比较史学时,这类理论策略方面的冲突将进一步增加和复杂化。其中学术性的张力关系也会自然地影响到职业性“场地”方面。

虽然历史理论中存在着级次区别,但诸级次之间是有联系的。简单说,就方法论而言,A 以 B1 为基础,B1 以 B2 为基础,B2 以 B3 为基础。这一“上升”方向的联系表明理论性策略渐增的关系。同理,四者之间在“下降”方向上的联系(基础性关系)是实际性的,即在后者以在前者为史学实践性基础。游存于各学科之间而仍以历史理论为工作场地的 B3,已成为解决 B2 内问题(所谓当代历史理论危机)的关键。此处讨论的问题与当前“电影理论危机”面临的问题非常相似。一般电影理论(B2)的危机不可能在内部解决,而须“提高”理论思维的层次(B3)。换言之,B3 的进展直接关系着各学科理论今日面临的“危机”。这些专业领域内的理论困境只有在人文科学全局内设问和思考才可望进一步得以解决。

第三级次历史理论研究类型的任务首先是考察和认识新学术形势下各种问题系统。问题的解决是一个长期过程,而问题的提出和确定其研究的方向才是一个更具现实性的任务。正是新形势下的社会人文科学理论性探讨提出了一批又一批的跨越学科边界的问题系列。这些新的问题系列,不仅关系到学术整体的构成,也关系到每一个调整后的学科的新“边界”问题,亦即与诸相关学科的互动关系问题。在个别学科和学术整体之间的辩证关系中,应当说是“历史理论”占据着最突出的地位。首先,现代“历史理论”本身就是跨学科研究的产物,是传统史学和语言学、文学、社会学、人类学、考古学、哲学等等相结合的产物。其次,跨学科的历史理论本身又成为考察研究学术整体的“基地”,因为没有任何其他学术领域包含了如此全面的组成成分。“历史理论”,既包含“历史”,又包含“理论”,前者涉及一切知觉的人类时空存在现象,后者涉及一切人文科学理论性实践,包括前沿性理论。“历史理论”成为对人文社会知识全域进行“鸟瞰”、“解剖”、“综合”、“地界重划”的最佳场地,即可以从“历史理论”基地“瞭望”社会人文科学全域。“历史理论”在各种理论性基地中占据着“瞭望”范围最宽广的“位置”,此时“历史理论”的内涵和外延当然比前两级类型的研究扩大很多。此外,存在有许多宏观的方法论系统，包括哲学系统，如解释学、分析哲学、符号学、实用主义，等等。但它们是“方法论”的名称，其“领域”所指的也是理论性话语对象。而“历史理论”则兼含“事实”和“理论”，因而体现了人类生存中最全面的对象构成范畴。如前所述，B3 影响到 B2，而 B2 影响到 B1。三者理论运作的层次不同，但彼此具有逻辑性和因果性关系。当涉及跨文化或非西方文化中的历史理论问题时，高层次的理论分析有时更成为极其必要的学术准备。

## 四、“中国历史理论”学科的形成

中国学者研究的历史理论和中国历史理论新学科是两回事。如果从 B1 级次考察，中国历史理论从王国维、梁启超、顾颉刚等清华研究院一代已经开始。与此同时，马克思主义史学理论显示了在更高层次上认识历史规律的企图。改革开放时期，中国史学界的理论探讨表现了空前宽阔的理论视野，他们用了整整二十年时间了解世界史学理论的新进展。从一开始，中国的历史理论专业工作者就把眼光直接投向全世界史学领域，以充沛的热情探索过去二三十年世界历史理论的进展，并在此基础上逐渐出现了对中国传统史学方法论进行更为科学地探讨的要求。这种愿望部分地也与参加国际中国史学交流活动有关。于是在以下三个领域之间逐渐出现了互动：中国历史学、国际汉学和中国的历史理论。结果出现了有关中国传统史学现代化的新学科领域，即“中国历史理论”。一方面，新建立的历史理论学科努力把握国外的相应学术进展以充实自身；另一方面，中国历史理论事业按照社会人文科学整体发展的趋向关注着一切与历史学术有关的理论探讨，所关心的理论幅度在某些方面甚至超越了西方相应的进展。这种有利于中国学者的特殊的不平衡发展有着两种主要原因：学术制度尚未严格化的中国学界享受着较多的学术规划自由（起码没有那么多“大师”的权势集团和职业竞争制度对研究课题加以精心限制），即还未充分形成的学术市场尚未对课题选择产生严格的约制作用。因此，在变化最称快速的历史理论领域研究中，研究者得以按纯粹理智兴趣形成有时可以较国外学界更宽阔的跨学科眼光。另外，也许更为根本的原因在于，从现代理论角度对中国传统史学特殊结构加以重新解释的结果，使其在与现代西方历史理论接触后产生了一种特殊的理论化激荡作用。其结果是，一方面中国传统史学研究不得不开始吸收现代理论方法，这正是过去二十年中中国史学界随处可见的现象；另一方面，更具有戏剧性效果的是，对中国传统史学的理论化反省有利于对人类全部历史话语全体重新进行合理的组织，从而形成一种全局观。在与中国传统历史话语结构有效对比时，西方史学理论构成本身也发生了加以再调整和重组的必要。其原因在于，各文明地区的史学，与一切其他人文学术相比，应该具有最大限度的一致性。因为各民族所表现的外在社会世界应该具有人类行为实践方面的极大共同性。但实际上，各文明地区的历史话语的组织方式与差异尤其表现在中国文明和西方文明之间。这种不同历史社会生存之间的类似性和差异性之间的张力关系，可以直接刺激比较史学理论的发展。后一研究领域要求对西方现代理论和中国古典史学同时有深入的把握，其可能的世界学术影响实在难以估量。同时，这一以历史理论为基础的中西比较学的特点，不仅表现在一方的古典学术实践与另一方的现代理论实践的异质性比较分析方面，而且表现在本来在理论性方面较弱的中国一方突然承担了较重的理论探索任务的方面。因为，中国研究者在语言上和学理上较易掌握中西学术比较研究计划中双方面的内容，从而在国际中西历史理论比较学中担负不可替代的任务。另一方面，在此第三级次的跨学科历史理论中，中国研究者还将在扩大的领域内介入社会人文科学学术全局的结构性重组的任务，并通过与以其他文理学科为基础的跨学科研究者的共同合作来探讨人类学术整体发展的问题。因此，由于中国历史理论的介入，人类历史理论整体的构成即将发生较大的变化，这种变化一方面会影响汉学的学术结构，另一方面也会影响西方历史理论的结构。自此以后，我们就不必甚至不能固守西方本位的历史理论框架，而须在跨学科、跨文化的方向上，来探索人类全体的历史理论新格局。换言之，中国历史理论学科的形成可强化一般的B3型理论的构成和功能，使历史理论研究在人文科学整体内的地位获得实质性提升。

## 五、学术制度和历史理论的发展

笔者多次强调，密切与西方理论交流是一事，以西方学术制度和潮流为标准是另一事。而后一倾向正在日益影响非西方地区的学术制度发展，因为越来越多的留学生自然地将西方学术内容和方式带入非西方地区，以形成学术互惠国际共同体。然而，今日跨学科跨文化理论实践为此学术功利主义趋向提出了批评检讨的机会。首先,在西方人文学界,跨学科学术(特别是方法上而非对象上的跨学科学术活动)仍然只占从属地位。其次,中西人文学术比较学本身即属显著的跨学科研究领域,特别是其中强调对传统史料进行理论分析的部分。于是,中西理论比较研究在中国和国外进一步促进了跨学科意识,从而与西方传统的中西比较研究,如汉学研究,拉大了方向和方法上的差距。西方学术制度和方式不是放之四海皆准的另一原因在于,高度制度化和竞争化的西方学术系统在学术内容、方向、方法和动机等方面越来越趋于齐一化的功利主义。制度内按规则运作的效率关切,渐渐高于对理智兴趣和学术真理的关切,这种情况过去十年中又有进一步发展。因此,中国学者如果想按同一动机和方式在世界学术市场上追求"利益",西方当前行之有效的学术方式就较为现成可取。然而,如果为了朝向真理探讨的纯学术目标,就须警惕和排除各种消极的功利主义因素。此外,当代西方教育制度虽然在运作效能上较前大为提升,但其目标、动机和方式是功利主义定向的,职业出路成为大多数人的第一考虑,学位获得则成为职业保障的前提。这种学术性质与此处所说的跨学科理论探求的精神颇有抵触之处。因为跨学科探索,特别是中西跨文化类型的探索,包含着较大的理智冒险性和失败可能性(对此布罗代尔早已提到过)。这就会使学术真理探求与职业保障追求之间形成一种或显或隐的对立关系。职业上的成就一向就与真理探索是两回事,中国历史上的功名制度早有先例(因此,历史上存在着两个中国精神传统:理想主义和功利主义;违反孔孟原则的"荣华富贵"思想是封建主义极力鼓励的大多数人全力追求的人生目标,而孔孟却被选择为封建主义名义上的"导师")。西方文科博士制度有利有弊,中国20世纪文科大学者中之所以博士甚少,是有其内在道理的。西方博士制度中绝对出不来梁启超和陈寅恪这类中国大史学家。学术探讨贵在"自得",博士制度也许可以提供起步的基点,但积极有为的学者的主动选择精神难以避免地很早就会与处身其间的教育制度之死板规定发生冲突,从而在学术目标和研究策略方面被迫作出独立选择。西方的布鲁诺、笛卡尔、马克思、尼采、弗洛伊德、胡塞尔等等,不都是这一类人吗?这些过去的大学者在学问成就上有得有失,但其动机是非功利主义的。为什么这一类以求真理为职志者在今日西方越来越少了呢?固然这主要是源于我们已多次指出的功利主义制度本身的强大限制性,同时也与在同一环境中当代西方"智者派"类型学者有意无意宣导配合有关。他们颠覆理性精神的学术方向实为一种"另类"功利主义,卒至配合唯物质主义潮流以共同瓦解学者求真的主体意志,使其在全面的社会压力下屈从于职业竞争制度中的名利目标。

上述动机和目标问题还与跨学科理论探索所面对的另一重要困境有关。按照跨学科研究方向，原学科内部按传统制度形成的各级学术权威的“利益”是与传统学科制度的稳定性一致的。因此，学术资历和利益与跨学科研究努力往往对立，跨学科研究的“新生事物”难免遭受“论资排辈”惯力的阻碍。真理问题与利益问题就这样在“职场”上逻辑地对立起来。在西方，情况也完全如是。在今日中西学术交流中，从社会上和学术上说都是西方占尽上风。在此状态下，如果按功利主义安排学术生涯，自然会按留学国导师的“利益结构”来顺势安排在本国的事业进取。长久以往才会真的出现前述“学术殖民地”的前景。这正是今日教育较发达的非西方地区内普遍滋生的隐忧。之所以称之为“殖民地”，因为本国西方化学术必定永远低于西方留学国，并因此永远受后者学术力势方向的支配。历史理论是跨学科学术发展的结果，跨学科方向与学科本位主义有相互冲突的方面，二者的学术目标和动机非常不同。当然在一定的条件下，一定方式和某种程度的跨学科科研运作可以在传统学术格局内因技术性的“标新立异”而有助于达成功利目标。但在此动机驱动下进行的跨学科计划很快会再次趋向于凝结为另一个新“学科”制度，以便将其作为维护利益的新基地。所以，同一个“跨学科”名目下各种学术活动的实质含义也可以十分不同。

## 六、符号学和历史理论

符号学在前述三个级次上都与历史理论有关联。在直接的层次上，现代符号学、语言学、语义学在性质和功用上都与西方历史解释学和中国历史考据学一脉相承。如果说符号学是中国传统考据学（“古史辨”一代实为现代考据学）的最新方向也不为过。没有考据学就没有史学，即不先研究史料就谈不到研究历史。现代符号学的主要部分之一即是“文本研究”，其中各种相关技术对于中国史学文本研究极有用处。在史学本位的跨学科理论中，历史理论和各门符号学学科同为社会人文科学跨学科研究的“同路人”（即同为 B3 型的研究），史学涉及的跨学科范围和符号学涉及的各学科范围相当。因为史学从对象领域来说，符号学从方法论领域来说，所包括的对象范围都是最广阔的。

今日符号学的最前端进展是人文科学诸学科之内外构成的结构分析，

亦即人文学术全体合理性重组的研究。作为记号系统意指方式研究的符号学注意到，文本意义构成的问题是与学科制度结构分不开的。作为学术制度分析的符号学，在跨文化人文科学理论问题受到关注后，有了进一步发展。第三级次的跨学科历史理论在此与符号学更密切地结合起来，或者说，符号学正在此突显为历史理论领域中最重要的方法论工具。应当说，这一级次的历史理论研究尚未受到美国史学界的注意。同理，人文学术制度分析的符号学研究在美国也还未受到重视。因为实用主义的学术策略，倾向于强化现存学科结构以便于不失时效地谋求现实性成就，这种"外在主义"策略思考方式不会关心带有较大理智探索风险的真正创造性的理论工作。

在这里，我们再次遇到有关学术策略"辩证法"的问题："较具体的"(中国非理论性话语材料)更需要"较抽象的"(西方高理论性分析方法)；前现代学科的传统材料更需要跨学科前沿性理论。今日西方的"理论危机"呼喊于各个领域，包括典型现代学科，如社会学。在我看来，当前普遍存在的各学科的理论危机正是表明现代诸学科的传统结构已到了应加以彻底调整的时候。就史学而言，新史学本身的矛盾表现在，既想超越本学科理论的限制，又要经营本学科的"地盘"，而其基本的理论基础之一——150 年来的西方各种社会学理论，已到了须相对于其他学科的进展而彻底改造之时。从某一方面说，符号学思维所针对的正是这一类问题。再以新史学为例，我们可以发现一个它们本身永远解释不清的奇特现象：为什么新史学方法不能顺利应用于现代历史研究？为什么它只胜任于中世纪历史和近代历史？换言之，在它们反对事件史和它们避免资料更充分的现代史(这一条件本来正好有利于事件史的构造)二者之间有无联系？这一现象深刻地表明，依靠较强方法论(社会学思想)成功的史学也往往不久即受其限制。而且，新史学的一个更为内在的矛盾在于，一方面它们依赖社会学方法；另一方面，它们所运用的过往历史材料又难以用社会学方法验证(这是否是它们反对"实证主义"的原因之一)。一般来说，古代史的社会对象均已不可验证(除了少量考古资料)，而社会学的对象应该属于"可验证"一类。这样我们就遇到了另一个重要历史理论认识论问题，一个由于中国史学的介入而强化了的问题：与社会学和人类学不同，中外古代史的对象(与档案收集和保存制度完善的现代时期完全不同)既不是社会现实本身，也不是其可靠的"复制品"，而是"文字话语系统"。这样我们会自然地理解，为什么最前沿的符号学理论会最适合于处理中国传统史学资料了。而且，中国文明中特有的文本规则系统为其他文明中的历史文本规则系统，提供了进行比较研究的基础。在人类文明整体中，中国历史话语系统占据着一半数量，其重要性不言而喻。同时，由于中外史学中绝大部分的资料和课题均属前现代史，致使其直接研究对象均为各种“文本话语系统”，符号学作为文本意义分析方法也就当然与其具有最直接的关系。在传统史学研究中，历史话语大多被视为“透明的”，即直接代表客观现实的；而符号学原则将文本世界和其表现的古代现实世界加以区分，并仅以前者为研究对象。在此意义上，符号学方法只是历史理论的阶段性研究工具之一，它不可能处理一切史学问题，也不应当超越其运作层次。在符号学分析之后，其他史学相关学科自然会被一一引入以处理下一阶段的各种史学课题。

# 文学的记忆

［德］扬·阿思曼　著
曲平梅　译

文学即记忆。人们最初一般是借助词法的记忆功能和统一性功能来解释这个题目，后来更倾向于用一种固定语言作为例子来阐释。基于埃利希（K. Ehlich）的文本概念，文本作为“不断再创作的沟通交流”在一种“延伸情景”的范围内起支配作用。文学被理解为所有延伸情景的总概念，其中的“文学文本”总是在“不断再创作”，并且为一种几千年来令人惊讶的“延伸情景”奠定了基础。因此形成了一种特殊的时代理解力，这种时代理解力被诸多社会宣布为自己的过去，并成为回忆。这种文学记忆随着不断增长的文学而变得复杂，因为涉及文学文本的储存问题时，可以说，现在更应该做的是储存那些被保存下来免受灭绝的文本，而不是旧的文本。因此，一种在遗忘与记忆之间的动力就形成了。当社会抛弃它的过去，并且将与其有关的文学文本不是“忘记”而是“排除”的时候，这种动力就会不断上升。正如在西方基督国家形成过程中抛弃了异教的时候所发生的情景一样。

本文作者，德国海德堡大学教授扬·阿思曼

## 一、作为记忆方法的形式与准确性

我们把人类假设为一种生物，这种生物像动物一样生活、成长、成熟、衰老，不断地在生活中扮演着角色，作出各种反应；但是他又跟动物不同，他形成了意识和记忆。这种意识和记忆将他的行为和反应嵌入一种更广泛的理解力中去，这个理解力由回忆、期望、知识和计划组成。我们进一步设想，如果把这种当时不断蔓延的意识和记忆的内部世界，与其他的事物联系起来，与其社会化以及沟通交流联系起来，那么这个内部世界也同样是一个社会的中性世界，就像属于个人的内部世界的东西一样。然后我们就会明白，不论作为个体或者作为团体，所有的事情，即稳定这种精神的内部世界和中性世界，都是应该由人类负责。恰好是这种不明确的回忆、期望、知识以及经验空间在他看来是最易逝的，在这种空间里他既作为个体又作为团体。他要首先把这种空间确定，并且长久保存。就我们所追踪到的，此后人类就生活在一个充满符号的世界里，他们所生活的这个团体、组织、社会越大越复杂，这些符号就越丰富越复杂。这些符号具有开创、象征的意义，并且使人回忆起这个“世界”。他的“环境”就被嵌入这个世界里，这个世界使他成为生物。这种生物不是像动物那样被“链子锁在栓子上”，而是能够辨别更多的内在联系，甚至能想到自己的死亡。我们可以把这个符号世界称作“文学”，我们甚至可以把它理解为一种“记忆法”，只要它着眼于赋予这个精神的内部世界和中性世界以稳定性和持久性，并且从易逝性和倏忽性中夺回这个世界。

在人类生活的这个物质世界里，对于稳定化的欲望表现为对形式化的意愿。工具、武器、仪器、瓷器、图片以及建筑物——这些东西作为人类行为的痕迹可以被追溯到几千年、几万年前——的形式化世界，被一种严格的规律性支配着，这种规律性使这种痕迹可以仅仅作为一种词法分析的自然的构词世界。这种规律性使这种痕迹更加明显地成为它的所有时间和空间从属当中唯一的客体。这种客体的明确性归功于它词法的精确性。另一方面，这种明确性也表达了对形式化的愿望，我们已经把这种形式化确定为对记忆效率和传统教育的表达。这种形式不会经常更新，而是遵循一种传统，这种传统以它为前提，并且接纳了它，即使当这种传统故意改变或者变换这种形式的时候。

对于形式化的意愿不仅影响到客体，而且还影响到行为的本身。这些行为越多地被看作符号，它表现得就越强烈。通过把某些情况长期的相互联系，通过制定一个对于所有情况都生效的规则，通过确保长期的期待，这些符号在其实施过程中就可以始终保持有效。这种形式化的行为我们称作礼俗。它们一定程度上超越了旧的繁文缛节，这种形式不是直接减轻行为的负担，而是应该按照符号功能的含义将真理固定下来，这种真理没有转变成行为的最原始目标。比如说，收割庄稼是一种行为，在整个操作过程中形式化很强，却不是一种礼俗。它的目标无非在于跟庄稼收割相关的一个重要步骤。但比如说，当第一个麦穗被收割下来的时候，带着明确的目标，即要确保接下来的所有的收割圆满成功，正如古埃及的 minfest 一般，这个时候我们可以说这是礼俗。在客观世界中，尽管语义精确，但是旧石器时代的石斧、箭头、锅、房子都没有其他的目标，而分别是用于一些日常的功能，是一种工具、武器、器皿、简陋的住处而已。与此不同，根据定义，礼俗超越了日常生活的标准和日常行为的目标，而用于更高层次的、更普遍范围的、更高级别的范围当中，这一范围在礼俗当中以象征符号的形式出现。考虑到这些礼俗以及其愿望的鲜明表达，我们可以分两个层次：一个实际的，一个象征性的。实际的这一层次涉及到吃的喝的，如面包、葡萄酒；相反，象征性的这一层次涉及到纪念耶稣被钉在十字架上以及合股经营的功效等。这种礼俗用这样的语句表达“这样的东西跟我的记忆有关”，即使当记忆的功能没有被明确地突出强调的时候，我们也把它跟符号(希伯来语的 Zikkaron)联系在一起。每种礼俗都是一种 Zikkaron，或者是一个历史性的事件或者意味着历史性的事件，比如从埃及迁出以及耶稣被钉在十字架上，或者一个秘密事件，如伊希斯[①]的出生以及第七个创造日。

基督教的十字架

为了突出它的稳定的符号功能以及将它从日常生活目标的范围中解脱

① Isis，古埃及主要女神之一。——译者注

出来，行为还有其他的补充，这跟客体的情况不同。如果我们带着这种观察回到客体的范围内，我们很快就会确定，即使客体范围内也有需要补充的。如果茶壶用图案或者图形来装饰的话，它就不能更好地实现其日常用途。它增强了形式上的精确性。对于考古学家来说，就是从时间的、空间的、社会的、功能性的角度不断增强符号的明确性。这个经过装饰的客体拥有这些符号不仅作为标志，而且作为传授信息的象征。这跟礼俗相似。

如果我们现在研究一下语言的行为与客体，则语用学与语义学在另一种意义上变得重要起来。我们把语言叫做标志意义单位的音节的结果。“象征性”这个层次已经是高级的，是不能降低的。语言是符号的结果。语言的象征性不仅仅归功于形式，而是归功于发音。这既不适合于客体，也不适合于行为。因此，有别于所有的特殊的构成形式，语言总归是记忆，也就是说，一种集体经验与判断力的储存器，这个储存器是在学习的过程中形成的，语言是建立在双重发音原则的基础上的。在产生音节的层面上，语言在区别音位的封闭的相对少量的清楚发音；在指示意义的层面上，则按照 Semen 和 Semenen 的一定界限内灵活变动的数量清楚发音。双重发音的原则是语言特有的，对于人类客体和行为的其他形式不生效。人们可以在其他的媒介中模仿语言，比如说哑剧，音乐节目，或者图片小说；但只是说，把这种媒介作为语言的一个种类使用，正如我们谈及手势语言、形式化语言、有声谈话（Harnoncourt）。发音跟构成是有一些不同的。语言的发音是强一些还是弱一些，这对语言行为的易逝性和过去性没有影响；这有助于语言行为的完整性，也就是它的交流功能。如果语言行为要保持原状，继续发挥作用，也就是说成为符号，那么，语言行为就必须超越单纯的发音而被形式化。只有规范的精确性才能赋予语言行为以文学符号的稳定性。一种语言表达只有通过形式化才能获得符号，这些符号一方面把语言行为列入语言形式化的传统，并且借此使它们成为一种记忆载体，另一方面使它们更容易记忆，以至于语言行为把记忆作为先决条件，同时不断充实记忆。

这样我们发现两个在客体与行为方面不同的层次，语用学与语义学，在语言方面也是。我们在这里必须对它们另作解释，因为基于双重发音的原因，语义学已经被归入到语用学当中。没有语义学，语言就不能起作用，也就不成为语言。在这里语言已经是发音的载体，而不仅仅只是形式。对于形式有什么补充的呢？形式在这里的作用相当于稳定剂。它没有其他的意义，只是使语义学更加容易保存。埃里克·哈夫洛克（Eric Havelock）把它称作“保存下来的交流”，尼克拉斯·卢曼（Niklas Luhmann）参照埃里克·

哈夫洛克的说法，为此创造了“保管很好的语义学”这个概念。在我们的术语中，语言表达加上形式就成为“文本”。按照最初的通常的理解，也按照一定的语言学的理解——这种理解也正是我要着手研究的——文本意味着“形式化的语言表达”，但是如果考虑到记忆、流传、再创作，语言又意味着形式化的语言表达。文本是以符号状态出现的语言，在我们的术语中，通过这种形式化我们超越了在交流记忆和集体记忆、文学记忆之间的界限。

因此，语言的词法规则也适用于其他的人类物质世界的“符号”。在这些被指定为符号的表述中也流露出对于形式化的意愿。这种意愿尝试使得某个单词通过形式化而变得稳定，超越了这个词最初产生的时刻。韵、押韵、对句法（Membrorum）、头韵法、格律、韵律、乐曲的旋律线条都是使其稳定的方法。这种稳定化应该赋予这种易逝性以持续性，并且使受过词法教育的人对这种易逝性更加明确：在空间上和时间上，对于创作以及“生命中的位置”、功能和传统。

## 二、文本与“延伸情景”

什么是文本？这个问题可以从两个方面回答。第一，人们可以追寻这个词的根源，以便从它最初的含义中推理出它现在的含义；第二，人们可以探讨这个词现在的日常用法，以便确定它所标志现象的范围。涉及到根源，我们可以参照拉丁词语“textus”，这个词是从“weben”派生出来的，并且含义为“细胞组织”。从这个比喻出发，昆蒂利安（Quintilian）使用这个概念“textus”来表示词与词之间的内在联系（verborum），以及谈话之间的结构、关联。我们想要把这个文本概念叫做修辞概念。

修辞学分为信息、消息、真相以及“语言行为”四种。这种修辞对于旧的文学来说，到那个时候为止还是陌生的。埃及的 mdt 和希伯来的 dabar 没有区别，都是指的这个词以及这个由词到语言的东西：Angelegenheit（事务）。如果有人说些什么的话，那么他也不是很清楚他自己指的是自己说话的形式还是内容。在谈话和客观事实之间（根据尼·卢曼的术语应该是“通知”和“信息”）不存在区别。对于修辞学来说重要的恰恰就是这个区别，正是出于这个利益方面的原因，修辞学发展了文本这个概念，非常精确地，这个概念就是指语言行为，而不是指客观事实。

后来语文学接受了修辞学中的 textus 这一概念，并用其意指它的论文的客体。这里，textus 可作为 commentarius 的对立体。人们把 textus 称作一种语言表达，就是人们以 commentarius 的形式所进行的语言表达，相反 commentarius 是一种表达形式，这种表达形式使得 textus 有了载体。对于文本来说，会有一种语言表达作为语言学论文的客体：文本批评，文本制作，编辑，评论以及翻译。按照语言交流的高级理解，文本这个概念首先当然具有显著性。人们一般按照语言学注释文学的初级理解来谈论文本。因此对于大多数旧的语言来说，这个概念是陌生的。它只有在修辞学与语言学相互联系时，也就是说进行反文本的思考的时候，才出现。换句话说，“文本”是纯理语言的一个概念，而不是客体语言的一个概念。

在日常用法中我们一般把文本理解为作品。在语言学中，特别是在文本语言学中，这个概念被理解为写作形式。这里人们一方面把“文本”叫做句子之上的最高级别的语言单位，另一方面把“文本”称作语言表达的自然的具体的形式。正如语言学家彼得·哈特曼(Peter Hartmann)——现代文本语言学之父之一——所说的：“如果要说什么的话，那么就以文本的形式来说。”文本是一种形式，在这种形式中语言自然地出现，所有其他的单位，比如句子、句子成分、单词、音节都是人为的剖析和分析性的结构。

这一文本概念跟日常语言用法是相反的，在日常语言用法中还掺杂着一些 textus 最初的含义。这是语言学家康拉德·埃利希(Konrad Ehlich)的功劳，他在这个新总结的语言科学的文本概念中保留了这一重要的语义学的元素。埃利希把文本定义为“再创作的通知”。对于他来说，文本的最初形式不是被评论了的作品，而是被传达的信息；但是一个通用的称谓是很明显的：再创作。对于文本的起源重要的是，从直接的语言情景中剥离。根据埃利希的理论，这样一方面说话者与听众缺少内在的联系，另一方面作为表达行为的传播介质的声音的范围也是有问题的。如果说话者为了达到听众，必须克服空间的、时间的距离的话，那么从直接的语言情景中剥离就会是无法避免的。如果要把它传递到第二个谈话情景当中去的话，这一谈话行为就必须超越直接的情景而被保存。埃利希举了一个信使的例子来解释这个事情。信使先将信息背诵下来，为了能在另外一个地方告诉听众——这里我们有充分的理由说信息的“文本”——重要的不是文字形式，而是储存行为和流传行为。这两种情景，说话人和信使以及信使和听众，在时间和空间上是分离的，只是通过文本和它流传的过程相互联系。“延伸情景”进入到内在联系的直接的情景中，这种“延伸情景”可以展开为两个或者许多个别的情景，这些情景之间的界限只是通过文本或者流传的过程来确定。

textus 与 commentarius 这两个概念的最初关联，现在已经变成了 text（文本）和 Überlieferung（流传）的关联。文本是与延伸情景关联的谈话行为。这个文本概念有两个优点：首先它是从日常语言的、理论上没有期望的联系出发到达书面形式，并且包含口头文本这个概念；另一方面，通过它跟流传这个概念的联系，它又采纳语言学传统的一个中央的意义因素。文本不是指每一个语言表达，而是那些从说话者的一面看来要求流传，而从听众的一面看来要求再创作的语言表达；是那些目的在于超越时间和空间的距离而起作用的语言表达；是那些人们可以超越距离追溯到以前的语言表达。其中还掺杂着 adelstitel（叙爵标题）的一些东西，textus 这个词曾经指示 adelstitel（叙爵标题）。这里的作品中的联系力量，不仅是把每一个单词联系成文本的"细胞组织"，而是能够把说话者和听众超越时间和空间的距离相互联系起来，因此这种力量可以用"联系性"这个概念来标志。文本是对不断提升的联系性的表达。

"延伸情景"这一概念既包含文本的口头流传又包含文本的不断再创作。在自然界没有"延伸情景"这一概念，必须以文学的方法获得。没有制度化的支持和限制，延伸情景就不可能发展和保存。这对于信使学校也是有效的。必须确定：信使能够准确地记忆信息，信使能够到达他的目的地，收信人承认信使是寄信人的代表："信使就是他所派遣的人"，正如犹太的信使学校所确定的那样。

"延伸情景"被理解为问题的最初解决办法，我们以这一方法为出发点：在一个易逝的世界里对于稳定化的需求。正如托马斯·马乔（Thomas Macho）曾经在一个广播采访中说的，如果文学是"遗忘海洋中的岛屿"的话，那么"延伸情景"就是文学的最初情景。一些东西将会从交流的易逝性和遗忘的海洋中被抢夺回来，为了保存它用于以后的再创作当中。

## 三、理解力的形成

文学被理解为所有延伸的情景中最广泛的，也被理解为所有再创作信息和所有机构的典范。它使表述、流传、循环、再创作这些过程稳定化。作为"延伸情景"，文学创造了一种延伸到过去很远的时代理解力。在这一时代中过去的事情依然存在，并且充斥着一种特有的同时性的形式，以至于荷马、莎士比亚、柏拉图、维吉尔和歌德能够并列在一起，并且我们可以感觉自己作为他们信息的接收者。

通过文学记忆展示出几千年的回忆空间，文字在此过程中起着十分重要的作用。在古代时期就可以观察到这一点。在公元前1世纪，紧接着青铜时代的标准文学的衰败之后，在古老世界的各个地区，发展了一种回忆文学。在第二十五至二十六王朝的埃及，大约在公元前8世纪末期，发展了一种明显的考古学。这个考古学涉及到文学的所有领域。过去的所有时期，从古代帝国一直到十八王朝（公元前1400年），特别是中期帝国时期，当时都被视为权威的典范。公元前7世纪的一位墓主在埃及中部参观了一位同名人的一个半世纪以前的墓穴，并且在自己的墓穴中复制了他墓穴的一堵墙。在罗马时期的一个古代用莎草纸缮写的文稿中有一个墓穴正面的复制图，这个墓穴正面来自于3世纪末期。通过文献可以了解它的时间段，同时也有对文学的同时性的想象。这种想象使其成为可能，即跟一个世纪之前的过去的表达形式保持一致，以至于对于我们来说，正确考证以后时期的文本和艺术作品变得很困难。

在晚期的美索不达米亚出现了另外一种与过去相关的回忆文学。当埃及人从过去各个不同时期搜集自己的典范的时候，亚述和巴比伦的国王却以萨尔贡王朝(Sargoniden，公元前2334～前2154)的时代作为自己的标准。萨尔贡王朝在以后时期的回忆中被赞扬为标准的过去，所有的行为都可以从这种标准的过去中找到自己的合法证明。涉及到过去，美索不达米亚的文学经历了危机仍然存在下来：苏美尔①文学的衰败，各种不同的迁徙潮流以及外来的入侵，在亚述人②和巴比伦人之间的严重冲突，以及波斯人的占领。在公元前1世纪，美索不达米亚作为萨尔贡时代的遗迹，仿佛消失一般，变成为一个“潜在的社会”，为了能够接近标准的过去痕迹，这个“潜在的社会”真的使往事复活。这种文学记忆接受了一种“研究传说”的形式，正如社会学家莫里斯·哈布瓦克斯(Maurice Halachs)对古典时期后期和中世纪早期的巴勒斯坦所指出的那样。

与希腊相关的，我们只需要回忆一下荷马史诗里众所周知的事件。这些荷马史诗不仅超越“黑暗时期”的根源，从四五百年前追溯到青铜时代，并且把特洛伊战争赞扬为标准的过去，而且在5～6世纪，特别是伊利亚斯(Ilias)，这些荷马史诗赢得了一种核心的、拥有牢固统一性的“集体”回忆的重要

① 公元前4世纪至前1世纪居住在美索不达米亚的古老民族。——译者注

② 公元前2000年到公元前600年，生活在美索不达米亚平原上的古老民族。——译者注

意义。它是一种超越了国界的息息相关意识的统一性，在“泛希腊化”共同反对东方的敌人的历史中，这种意识得以反映、加强，并在每一次吟诵中得以更新。

荷马史诗《伊利亚特》英文版封面

毫无疑问，在早期的这种有文字支持的，可以追溯到深远的回忆空间的文学记忆的现象中，很多为“集体记忆”(Aleida Assmann)服务的回忆策略起了作用。但是现在这种回忆储量，在文字的介质下，挣脱了直接使用的过去知识的理解力，并且通过一种扩展很远的“形成记忆”形成了“联系记忆”。标准的文本，正如以色列的犹太教律法(Tora)、埃及的讣告、美索不达米亚的埃奴马·埃里什(Enuma Elisch)和吉尔伽美什[①]史诗、希腊的荷马史诗，形成了一个核心，围绕这一核心形成了藏书。尼尼微(Ninive)的宫廷藏书是最早的例子，藏书相当广泛。藏书需要搜集现在和过去的所有知识，在这方面，五百年后亚历山大的藏书就是最著名的例子。超文学的古希腊文化的文学记忆是复杂的、多元论的、辑合的。它包含了大量的不同时间和空间的联系记忆和共同统一性，并且从这种矛盾和冲突中获取自己的动力。

文学记忆还有一个知识储量的外部标准。关于知识储量，“记忆”这个概念本身是无能为力的。这样看来显示出一种记忆观点，即文学记忆形式。有很多位于文学记忆之外的东西，一些我们感觉已经是过去的，不再具有上述意义的东西，在内与外之间存在一个虽然变动但是却清晰的界限。

1996年耶路撒冷的3000年庆典对于这一点来说是一个很有说服力的例子。因为应该是大卫在3000年前建立了这个城市，所以得出这个日期。

① 传说中的苏美尔国王。——译者注

虽然现在的圣经中写道，这个城市不是大卫建立的，而是被耶布斯人占领的，但是耶路撒冷的在此事件以前，耶布斯人和迦南人占领时期的发展情况，却被作为不重要的事情而置之不理，人们更加相信是大卫占领，而不是建立了这座城市。整个事情对于历史学家来说却是完全另外一回事，耶路撒冷作为城市，后退 800 年回到中期青铜器时代。那时它已经被用城墙加固，面积有大约 4 公顷，居民约 2500 人。根据当时的标准，它已经是一座真正的，绝对重要的城市。在所谓的青铜器时代后期，大约在建城之前 350 年，耶路撒冷还是一个名字叫做“Uru-salima”的城市，有一个国王和一个公正的军事管理机构。它跟当时的大国特别是埃及进行贸易活动并且建立外交关系，在埃及还保存了六封 Abdicheba 国王的信。所有的这一切长期以来就众所周知。但它只是“古老的历史”，而不是确凿的过去。今天生活在耶路撒冷的或者对耶路撒冷有争议的人们当中，犹太人、阿拉伯人、基督徒没有人把耶路撒冷的过去当作自己的。只有历史学家对此感兴趣。换句话说，耶路撒冷的迦南在此事件之前的 800 年发展情况位于文学回忆的理解力之外，在这种情况下，人们曾估计这种理解力持续了 3000 年。

对于这件事，3000 年后歌德在东西方诗集中曾提到。

歌德也知道，这段历史还要继续向前追溯。在他的时代，人们有时也根据创世纪元(anno mundi)来计算年代，比如维科(Vico)。据此，特洛伊战争发生在创世纪元 2800 年，根据当时的年表，准确地说应该是在撰写东西方诗集的 3000 年前。然而对于歌德来说——不是对于人类史——西方国家的文学记忆开始于那段时间，也就是传统上人们确定特洛伊战争和古代以色列人出埃及的那段时间。这两个事件构成了欧洲文学记忆的界限标志，都属于迁徙或者说脱离东方的案例。因此，人们当然会以《埃涅阿斯纪》[①]的视角，而不是伊利亚斯(Ilias)的视角回顾整个中世纪直到 18 世纪这段历史。摩西和埃涅阿斯这两个迁徙者，是创建西方国家的英雄。

## 四、口头文学文本与书面文学文本

因此这种“文学记忆”并不是跟历史或者历史意识同等重要，而是过去

① 古罗马诗人维吉尔(Virgil)用拉丁文写的一部史诗，共 12 册，叙述特洛伊战争中的英雄埃涅阿斯在特洛伊陷落以后的经历。——译者注

事件特有的一种形式。它通过理解力和精确性作出明显标记。它不是随处可以找到源泉和痕迹的，而是文学文本决定了它的理解力的作用所能达到的范围；并且，通过它的语义学的塑造世界的功能，赋予了它具有稳固统一性的精确性。因此，文学文本是所有语义学的或者象征性的发音，这种发音在某个社会中在"延伸情景"的范围中被交流。如果超越单纯语言范畴，那么，其中还应包括图片、手势、舞蹈、礼俗、风俗、习惯、建筑纪念物、城市雕像，甚至风景，比如澳大利亚的"歌词"，只要它们被理解为语义学的而不仅仅地理学的单位，只要它们在社会生活中被作为"再创作的通知"进行再创作并且被赋予现实意义。按照双重性意义，这些文本是作为有约束力的有联系的结构的。按照标准的以及形式化的意义，它们对团体施加约束作用。标准的文学文本表述了共同生活的规则，范围很广，从俗语到教育书籍和行为理论，到宗教法规的和古典的文本，如律法书籍托拉①。形式化的文本表述了团体的自我形象，范围很广，从神话和原始传说到文学作品的创作，如荷马、维吉尔、但丁、莎士比亚、弥尔顿和歌德。通过在"延伸情景"范围内对文学文本的再创作，这个社会或者文学也通过世代更替，对本身进行了再创作，成为统一的至少是容易辨别的形式。

在文学记忆总的功能范围内——在这个功能范围内，口头的、书面的、语言的和语言之外的交流都同样作为文学文本——文字的使用意味着原则性的深刻转折。一方面这涉及到"延伸情景"的时间结构，另一方面涉及到人们如何称呼文学记忆的空间结构。这种文学记忆随着不断增长的文字记载划分为：可以达到的领域，偏僻遥远的领域，不可以达到的领域。

延伸情景的所有非文字的制度化取决于时间和空间。为了参加到信息的交流当中去，人们必须等待一个节日或者碰面的再次到来，或者远游到一幅图画、一个纪念碑或者一个神圣的地方去。但是，书面的文本就不同了：人们只需要去读它就可以了，随时随处都可以。对此只需要两个前提条件：手中有文本，文本可读。第一个前提条件很容易满足，第二个要求要高一些。文学文本的书面交流只有在集中的制度化的确保范围下才能发挥功效。这些文本为了能够通过时间和人物的变换，释放出自身的标准化的和形式化的推动力，就必须适应不断变化的理解范围。最初，通过替换，扩编，改写，续写，因此在几个世纪的流传中，吉尔伽美什史诗也发生了变化，从一个或多或少有些不严密的神话到一个严肃的谱曲的十二章节的诗歌。这些

① Torah，希伯来语的准确含义是"训诲"，其中也有为人们提供律法的含义。——译者注

文本在规模和结构上不固定，而是显示出一种波动性的扩大，这种扩大更接近于口头的流传形式。中世纪学者保罗·朱姆索(Paul Zumthor)制造了一个概念“变化”，阿思曼(A. Assmann)则把这种流传形式描述为“书面的风俗习惯”。

在列入圣徒录的过程中，彻底结束了这种变化或者说灵活性。现在的文学文本，原文内容严格固定，就好像圣经中的宗教仪式一样。圣经和文学文本的区别在于，对于圣经来说重要的是具体的吟诵；而对于文学文本重要的是，能够从内心对某人的想法、设想、行为等设身处地地理解领会。圣经不一定要被理解，它在吟诵的过程中让人回忆起神圣的事情，像一座语言寺院。相反，文学文本在理解的基础上，传播它的标准的、格式化的推动力。因此它必须通过缩写、扩写、改写被传播并保留下来。在列入圣徒录的案卷过程中，人们像对待圣经那样对待文学文本。不需要对它的原文进行修改、添加或者删除。这样，这些文学文本就变得像圣经一样晦涩，没有注释是无法理解的。

通过对文学文本原文的记录，我们同时也观察到一种注释文学的繁荣，首先在巴比伦，然后在以色列和亚历山大(埃及)。人们写评论，确定注释原则(注释学)，建立教室，在这些教室中人们对列入圣徒录的文学文本进行注释，那些受过教育的书写者也晋级为精神的领导者。文学意义的传播和参与的重点从礼俗和节日转移到教室和词语礼拜(Wortgottesdienst)上。

不论是在口头流传方面，还是在书面流传方面，这些制度都显示出高度的专业化。在口头方面，记忆专家既担任保存的媒介，也充当流传和引证的媒介。他们必须记忆圣经和文学文本，必须教授他们的学徒和助手，必须在相应的引证情景中，向观众逐词地引用，或者创造性地应用。他们既是记忆学家，又是仪式主义者。

在书面方面，被委托负责流传文学文本的包括语文学家、评论家、教师、牧师，他们的任务不仅在于抄写文本，他们还要通过释放其规范赖以形成的推动力，将这些文本在不断变换的现实背景下进行解释。

更高层次的延伸情景的制度化在口语方面要求形式化，这一点跟在书面方面不同。借此首先可以解释，为什么记忆载体在职业划分方面的程度要高得多；其次也可以解释，为什么在没有文字的社会中，礼俗如此丰富，其地位如此重要。在早期的文字文学中，如美索不达米亚和埃及，没有专门的教师或注释人员这种职业，这些功能都被各种各样的抄写官员在各自的职业范围内同时完成了。在文学文本流传的过程中，专业人员的职业区分开

始于录入圣徒录。相反，在记忆文学方面，仪式主义者和记忆学家被当时的社会清楚地划分开来：通常说来，萨满教中的巫师、医学人员、宫廷诗人以及其他人员的任务就是，致力于圣经和文学文本的流传。早在公元1世纪，当犹太历史学家约瑟福斯(Josephus Flavius)把犹太教和古希腊文化进行对照比较的时候，他就准确地提到过记忆文学和书本文学之间的区别，或者说"礼俗的"和"文本的关联"之间的区别：

> 在哪里可以找到一个值得尊敬的国家管理机构呢？哪里有一个跟对上帝的敬畏保持一致的国家管理机构？当所有的民众阶层都被教育得十分虔诚时，当可以把对弱者的照管放心地托付给神甫的时候，这看起来难道不是好像整个公众生活只是唯一一个神圣的节日庆祝？这就是在神秘和神圣的名义下，在几天后，异教徒会发生的事，但它却不能够在他们的心中长久地保留，这一点我们时刻铭记。

异教徒必须等待下一次宗教仪式，但是犹太人却一直拥有文学文本，因为他们已经在"公开的课堂上"被神职人员教授过了。他们的"神秘"是永恒的和持续不断的。这些神秘存在于这些圣经和文学文本的读物中，这些读物由神职人员的解释所导向。

这种情况逐渐普遍化。文学文本构成了社会的支柱，这种支柱通过一代又一代人的更替确保了社会的统一性和关联性。这种关联性原理能够以礼俗的形式实现，或者以文本的形式实现。当这些文学文本以那种被约瑟福斯归入异教徒的形式进行交流的时候，礼俗的关联就构成了文学再创作的原则。当文学文本以讲授、学习、阅读、解释的形式进行交流的时候，文本的关联就占优势地位，正如约瑟福斯对异教的报道那样。一个社会越多地通过文字来决定，那么在这个社会中，礼俗的作用就越小。按照这一观点，引起重要变化的不是文字的发明，而是印刷术的发明。

## 五、文化记忆的边缘区域：存放东西用的顶楼、档案馆和殉教者的墓穴(尤指墓窖或存放棺柩的教堂地下室)

文学记忆的空间结构中的转折与时间结构中的转折同样重要。在没有文字的社会中是这样的规则：只有被需要的东西，才能在文化记忆中生动地存在。文学记忆的理解力和精确性，总是受到当前时代的实际情况和必要条件的支配和影响。相反，在文字文学中——从那种意义已经发生转移的象征性形式的角度来说——流传载体增长为大量的档案馆。在一段时期内，在这些档案馆中，只有或多或少限制性地处于中心位置的部分领域真正地被需要、被使用、被管理，然而其他不被需要的领域只是储存在那里，这些领域在模棱两可的情况下相当于消失或者被遗忘。因此阿莱达·阿思曼(Aleida Assamann)提出如下建议：区别功能记忆和斯派克(Speicher)记忆。斯派克记忆这个概念在无意识的文学记忆的方向上，开创了可能性。这种文学是一种古时候刮去旧字后重新使用的羊皮纸，如同个体的记忆。针对这一个体记忆，西格蒙·弗洛伊德(Sigmund Freud)使用罗马这个城市作为最喜欢的比喻。罗马不仅由一个庞大的露天博物馆(在发掘原址保存和展出发掘出来的古代居民点遗迹)组成，过去的事情在这个露天博物馆中得以保存和展出，而且罗马也是由一种无法解开的互在其中组成：新旧互在其中，新建和掩埋互在其中，重新使用和排除在外互在其中。因此，在审查过的和未审查过的之间，在正典和伪经之间，在正统教派和异教之间，在中央的和介于两者之间的之间形成了紧张状态，拒绝和对抗，这些都是为了文学的推动力。功能记忆和斯派克记忆之间的区别总是在变动。阿莱达·阿斯曼在这其中看到了“变动与更新的可能性的条件”。因此即使是传统，至少按照传统的意义，这个概念对于这一现象也是不充分的。传统认为流传和吟诵的事务就如同被流传内容的存在一样。在这一概念下，没有其他的推动力可以考虑，只有在这样的文学论文中有意识的控制性的展开的推动力。每一个带有这种统一性推动力的交互性和每一个回忆都被剪断。传统这个概念没有给无意识留下空间。

奥地利心理学家弗洛伊德

如果把斯派克记忆跟文学无意识相提并论一定相差甚远。斯派克记忆是没有界限的，无定形的，功能的，结构性的；构成形式和理解力的原则在这里被取消，好像这些原则是根据统一性、标准化和判断力，从团体的需求中产生的。这样，这种存在只向周边区域延伸，但不是完全的不可到达、被排斥、被烧毁或者不可支配。但显然这些也是存在的。因此，在文学记忆和斯派克记忆的层次上张望等待着相似之处，这正是弗洛伊德在个体记忆的层次上认为应该排斥的。正是在他的排斥理论中弗洛伊德用一种直到今天看来还是非常有争议的方式，把大众心理学和个体心理学联合在一起。历史学家约瑟夫·哈伊姆·耶鲁萨尔米（Yosef Hayim Yerushalmi）把宗教传统的问题——弗洛伊德认为这一宗教传统的问题是被排斥的东西又重新出现——放在他的弗洛伊德注释的中心位置，耶鲁萨尔米并且把这一宗教传统的问题集中到生物—基因遗传和有意识的文化传播的区别上。根据强制性选择的观点，耶鲁萨尔米抨击弗洛伊德的生物—基因遗传方面的题目。当用阉割术威胁儿子的父亲被儿子——儿子在精神上具有强烈的“远古的继承”的意识并且产生恋母情结冲突——打死时，这不仅涉及到原始部落（Urhorde）中的系统发育的回忆痕迹，而且也涉及到弗洛伊德的谋杀摩西（Mose）的题目。这种谋杀特别地将犹太人的灵魂理想化，这种谋杀也应该将犹太人的灵魂安排到路途中，就是被排斥的东西又重新返回到一神论的记录和保存的路途中。耶鲁萨尔米把这个作为“拉马克心理进化论”（Psycho-Lamarckismus）而断然拒绝。在 19 世纪初期，拉马克（Jean Baptiste de Monet de Lamarck）宣布后天特质可以遗传，借此对于种族理论的形成也做出了不少贡献。

针对耶鲁萨尔米对于心理—拉马克进化论的批判，雅克·德里达（Jacques Derrida）于 1994 年 6 月 5 日在伦敦所作的报告中为弗洛伊德辩护。他打破了只有继承和无意识的传播两种必然选择的说法，引入了第三种方法，他称它为“档案馆”。建立在此基础上，理查德·伯恩斯坦（Richard J. Bernstein）发展了一种扩展的传统概念。这一概念包含了传播的无意识观点和世代相传的转录。在弗洛伊德的眼中，通常的传统概念没有包含宗教传统的推动力（弗洛伊德把“传统”理解为口头的流传，他把口头流传跟书面的抄写相互对立，这种推动力通过间断、不持续性、掩埋、回归、打断以及其他的手段而得以标记）。这种推动力从来没有被单独归因于意识的传播事务。这种推动力只有在跟一种个人的神经官能症比较时才能被公正对待：神经官能症早期的精神（心灵）创伤——拒绝和排斥——潜伏——爆发——被排斥东西的部分回归。这种宗教信仰的历史以逐渐波动的方式在运行。伯恩斯坦的扩展的传统概念接受了弗洛伊德的批评，并且恰当地考虑了无意识的流传，追溯到了伽达默尔（Hans Georg Gadamer）的“实体学的”传统概念。

对于伯恩斯坦来说，伽达默尔的立场树立了一个针对拉马克生物立场的对立极。在海德格尔(Heidegger)真理与方法(1960)中，伽达默尔对人类存在的语言的创作性作了深入思考，按照“文本”的方向——也就是说，按照内容上明确的、语言方面发音清楚的和固定的传统的方向——这些传统组成了每一个当时，又通过每一个当时稳固预见，每一个看法都是由预见提供的。没有不包含回忆的预见，没有不包括传统的存在。德里达的思想恰恰来源于海德格尔的文章，把“档案馆”这个概念以相应的方式发扬光大，把它作为一种在语言的但却在语言之外的、推理的但却在推理之外的象征的媒介当中，现在看来稳固的而将来看来也是可能的一种记忆形式——他按照“档案馆”这个词的词源学联想的线索超越了伽达默尔——受到权力和统治的政治结构的限制。

文学记忆这个概念与德里达的档案(Archiv)和伯恩斯坦的传统(Tradition)吻合，并且知道，它应该怎样在文学流传中的心理历史学的范围和活力中约束弗洛伊德的观点。跟交流记忆不同，文学记忆包括古老的、偏远的、意义已转移的，跟集体记忆或者联系记忆相比，文学记忆包括非工具化的(das Nichtinstrumentalisierbar)、异教的、颠覆的、分裂的。

弗洛伊德的《摩西》一书引发了一场关于文学无意识传播可能性的争论并非偶然。一神论宗教信仰的形成是一个过程，人们试图把这个过程在弗洛伊德式分析的继续传播中作为“文学的墓穴”(Krypta)的形成。随着一神论的实现，被排除在外的既有其他的宗教信仰，也有自己的传统。这样文化流传的广泛领域就被压制，被介于两者之间，被驱逐为次文化风俗习惯或者直接被指为犯罪。这种受到一神论影响的文学记忆变得复杂；被排除的、被禁止的(“墓穴”)《次经》变得偏僻、无用和老化(“斯派克”)，但同时却以禁止的形式和反记忆的形式保留下来，以至于阿诺德(Gottfried Arnold)能够写他的“异教徒史”(unpartheyische Ketzergeschichte)，并且歌德成为他的一个兴奋的读者。异教从来没有从西方国家的文学记忆中消失，尤其是通过无数希腊的和拉丁语的文本传播下来的埃及文学，在其中起了一种能产生矛盾心理的和非常潜在的作用。

随着电子和网络作为新的存储交流媒介的革命性的发展，在文学记忆的结构中发生了深刻的变化。对此我们只能进行一定程度的推测。这些推测首先会涉及到两个界限：交流记忆和文学记忆之间的界限，功能记忆和斯派克记忆之间的界限，档案馆和墓穴。跟在现实世界里不同，在网络潜在的空间里，可以同时进行书面的、交互性的、世界范围的、同时性的交流。跟通

常的交流不同，这里形成了文本，作为可以被转移的储存量这些文本可以保留（至少一定的时间内如此），在有问题的时候，在这个范围内，文本概念还可以使用。这样交流记忆和文学记忆之间的明显区分标志就消失了。即使最不重要的和最短暂的东西也凝固在文本里，文本也溶解成为不同形式的、无定形的、由每一个改造和创新决定的数据库。

随着计算机存储能力的飞速提高，由物质储存媒介的经济学和管理学支配的界限和选择机械学逐渐实效。可以储存的体积增长成为无边无际，导致了一种相应的传统理解力形式的溶解。同时，有效率的搜索器跟得上发展的步伐，并且使看起来最遥远的信息变得可以支配。因此，社会化的预先确定的有价值的具有重大意义的观点就消失了，这一观点相对于斯派克记忆更加突出强调功能记忆；这种观点用不重要的替换下重要的东西；这种观点将结构和判断力带入到文化记忆的错综复杂之中。搜索仪器帮助个人，通过信息一热带丛林开创自己的道路，并且发展其个人的重要观点。中心和周边区域不再受到社会预先设定的标准和过滤器的影响，而是分别受到个人的好奇、兴趣、品位的支配。

网络促进了两大相对的过程，即全球化和区域化。同时，随着全球化交流空间的开创，也形成了交流和回忆的微型交流平台，即所谓的聊天室。在这些聊天室里，共同的兴趣小组通过交互性的数据交换媒介聚在一起，因此能够在一段时间内形成好像自己的小组记忆，即使交流、记忆、统一性之间的内在联系也发生了变化。这种交流形式的参与者大多使用一种潜在的、自由组成的统一性。在跟他们的现实世界的统一性的竞争中，这种统一性作为面具或者“化身”[①]，在这种情况下，这个面具随时都能掉落，而参与到现实的统一性当中。

网络提供了延伸情景的一种新的制度化，在这种制度化中占据优势地位的不再是时间而是空间。迄今为止，这种“延伸”最先涉及到的是时间；在文学记忆的形成过程中最重要的起因是经验的稳定化和超越生存年代的时代理解力的开创。网络使其能够超越空间的限制；它并非意味着不会死亡，而是意味着世界范围的交流。时间不会“延伸”，相反，通过有文字支持的远距离交流弱化为口头交互性的“真实性”，时间却会消失。

根据所有事物的可交流性，可存储性，可感知性，在文学记忆中不可能形成壁龛和殉教者的墓穴（尤指墓窖或存放棺柩的教堂地下室），也不能形

---

① 印度神话中尤指印度教主神之一比湿奴下凡化作人形或兽形。——译者注

成一种文学无意识的教育。对外国的崇拜，最凶恶的邪教，最荒谬的特殊信息同时存在，在那些迄今为止还被认为是重要的、神圣的或者古典的东西附近。网络不允许排斥。

这种变化对于文学记忆的未来意味着什么，现在还无法预测。只要这个潜在的世界是在传统的现实世界附近，而不是占据了传统现实世界的位置，传统现实世界的结构几乎不可能不受影响而继续存在。

# 当代史学

# 世纪之交西方史学的转折点

[美]格奥尔格·伊格尔斯　著
张爱红　译

## 一、绪　论

本文作者，美国纽约大学布法罗分校教授格奥尔格·伊格尔斯

在20世纪最后30年里，西方及西方以外的历史思考和历史写作出现了根本性变化。尽管没有与研究历史的旧模式完全割裂，牢固地建立于19世纪的方法程序继续为学术研究提供指导，但是，在哪些方面值得进行历史的思考以及这些方面怎样得到历史学家最好的处理等却有了明显的再定位。

人们应当避免过分简单化。从来没有一种审视过去和撰写历史的套路可循。历史是多样性的。然而在某一特定时期，存在着一定的趋向，允许我们谈论占支配地位的一种或多种风格。因此，谈到通向历史的现代途径时，人们一定要有相当的理由，这一观点首先出现于18世纪的著述中，然后直到20世纪下半期才被历史学家广泛接受。

20世纪上半叶的先驱们对主要史学传统的基本设想提出质疑，为撰写历史的新方法铺平了道路。亨利·波尔和卢西恩·费布伍雷即是这些先驱中的人，不过他们采纳了许多传统设想。在1932年出版的《社会科学百科全书》中的一篇重要文章《历史》中，他们把现代历史概念的两个特征看作现代历史观和实践的基础：建立"事实"和把历史事件置于"世界历史"之中。此外，他们把历史研究的转变引入一个专业学科。他们辩论到，旧的古代人文史学把历史视为一种为政治和道德服务的理论形式和一种艺术形式。"正如现在所理解的那样"，他们指出，"历史可以发展成为艺术；可以被冠之以哲学；但从根本上说，它必须牢固地建立在事实基础之上"[①]。而这可能正是困难所在。这种想法的前提是在把历史看作文学和看作科学之间划一道明显的界限。即使它通向科学的途径重视偶然因素，尤其是使历史与普通自然科学相区分的因素；但它认为，基于牢固事实基础的历史事件应当叙述反映历史事实的连贯的发展过程。

然而，这种"现代历史概念"的描述是不完全的。因为波尔和费布伍雷，甚至当时大多数历史学科的实践家都没有充分理解指导他们工作的前提的含义。"事实"和"世界历史"的概念是相互联系，不可分割的。西方的犹太教、基督教和伊斯兰教宗教传统都赞成把整个人类历史看成是走向终结的目的论的观点。[②] 但是这种先验的终结仰赖于对超自然启示的信心——尽管可能有人争辩说，希伯来先知们就设想在地球上存在着和平和正义的领域。然而，现代历史学家确信：历史是连续的、片面的过程；坚持自己科学性权利的学术研究会把来源于客观学术研究的历史叙述置于世界历史的框架之中。

但是，正如18世纪下半叶到20世纪下半叶的历史学家的现代传统所理解的那样，世界历史决不像它自我吹嘘的那样具有世界性。创刊于1736年的英文《世界历史》试图讲述所有人的文化，不但是欧洲人的，而且还有亚洲人和非洲黑人的。然而，评论家（如爱德华·菲特在他的现代史学史中[③]）却认为它是前现代的，不但因为它仍然受旧宗教观的约束，而且因为它讲述了许多不能形成连续的人类史的一部分，只能构成独立历史的人的历史。相

---

① 亨利·波尔、卢西恩·费布伍雷：《社会科学百科全书》第7卷，纽约1932年版，第358页。

② 参见卡尔·罗维特《历史的含义》，芝加哥1949年版。

③ 参见爱德华·菲特《近现代史学史》，柏林1936年版，第322、323页。

反，出现于18～19世纪的现代历史风格主要研究西方，或专注于欧洲，甚至把斯拉夫人排除在外的更狭隘的西方和中欧。兰克的《拉丁语和日耳曼语人的历史》定义了世界的外缘。对于黑格尔、兰克来说，只有西方人有历史。兰克指出，中国和印度只有自然的历史而没有严格意义上的历史。[①] 但是，在这个符合兰克的“每个时代对上帝来说都是直接的”[②]这句与他所写的历史相矛盾的格言的历史中，过去的社会和文明只是后来社会和文明的垫脚石。这实际上就是被汤普森批评为“后代的巨大恩赐”的东西。[③]

世界历史学认为，过去存在与历史相关的事件和人物，比如J. G. 德罗伊森创立了历史学。而其余的围绕普通人的日常生活发生的事则是与历史不相关的。与之相似，只有优等国家才与历史相关。甚至在成功地建立民族国家之前的德国、意大利、波希米亚、塞尔维亚或挪威等国，国家都居于现代历史写作的中心。[④] 国家建立的一个主要特征是这个国家作为一个统一的政治实体为它在强国中的地位进行外交和军事斗争。另外，那些与国家的决策大事密切相关的人和阶级被认为是值得进行历史思考的。历史上的重要参与者集中于国家，这不仅是西方国家史学的特征，而且是那些面临着进行现代化的非西方世界史学的特征。一个最好的例子就是在20世纪早期结束王朝历史，开始国家历史的中国。[⑤]

部分史学现代化过程已经在历史研究的专业化中提到，这种专业化目前主要集中在大学和学术机构。专业化意在保证客观性，避免偏见。事实上，专业历史学家不是一个自由流动的知识分子，而是这样的人：比如在德国、法国和意大利等国，他与由国家提供资金的机构相联系；在美国，则与基金会或宗教派别资助的机构相联系，但他反映的是现状。[⑥] 这也反映出了历史学家扩大阵容的方式。因此尽管原则上存在观点自由这一事实，但实际上专业文章为这种自由设置了种种限制，这是不足为怪的。[⑦]

---

① 参见利奥波特·冯·兰克《关于历史科学的性质》，见格奥尔格·伊格尔斯和康拉德·冯·莫尔特克编《历史理论和实践》，印第安纳波利斯1973年版，第46页。

② 兰克：《关于历史的进展》，出处同上，第53页。

③ 参见爱德华·P·汤普森《英国工人阶级的形成》，纽约1996年版，第12页。

④ 比较的观点，见埃菲·盖兹的《“科学的历史”：以比较的观点看希腊个案(1850～1920)》，纽约2000年版。

⑤ 参见王晴佳《通过历史发现中国》，奥尔巴尼2001年版。

⑥ 参见格尔奥格·伊格尔斯《德国人的历史观念，从赫尔德到目前历史思想的民族传统》，米德尔顿1968年版；彼得·诺维克《崇高的梦想：“客观问题”和美国历史信念》，坎布莱奇1988年版。

⑦ 参见弗里茨·马格《德国名流的没落：1890～1933年的德国学术界》，剑桥1969年版。

而且，这一专业借以发挥功能的社会预设了一种等级秩序。在这一秩序中，女人从属于男人，并被排除于扮演积极的历史角色之外。构成所谓下层等级、种族或宗教少数派的人民群众面临同样的命运。后面我们将进行详细阐述的马克思主义，可能是对当时的史学提出疑问的最重要的政治和理性思潮的代表。但是，正如我们将要看到的那样，它本身也接受了这一主要历史观的许多基本设想。

## 二、史学的社会科学角色

历史思想的这种模式在19世纪后半期和20世纪上半期遇到了包括更多地强调社会结构和过程的马克思主义在内的各种研究的挑战。它们日益取代早期的有时被称为“历史主义”的定位，这种定位在19世纪大部分时间占主导地位并沿用至20世纪。它认为，作为一种文化科学的历史，需要一种不同于硬科学的调查逻辑，也就是说，历史应该重视那些不能被简化为抽象概括的人类生活的目的因素。20世纪，这些把历史看作“人文科学”的一种特殊类型的历史研究观逐渐被把历史看作一种“社会科学”的历史观所代替。

这种新的社会科学定位贯穿于以下讨论的几个方面，但是它们支持某些特定的设想。它们批评旧史学主要叙述关于政治的历史事件，兴趣集中于掌权的领导人物；它们提倡进行解析的历史，试图研究事件发生的社会背景。旧史学主要依赖于把文献学作为一种探索人类目的的研究和理解背景的工具；而新史学则转向相邻的社会科学、社会学、经济学和心理学，在法国还借助于对社会结构和过程进行分析，强调关于历史研究的各学科间特性的地理学。[①] 它们争取创建一种比传统地讲述政治的史学更加全面的历史，也想把更广泛的人物包括到历史之中。

但只是到了1945年之后，作为历史研究主导模式的社会科学历史才出现。把定位于社会科学的历史简化为共同特性是很困难的。它的范围包括从对20世纪60年代法国《年鉴》中历史生活的物质和生物基础的研究，到法国和大不列颠的新历史人口统计学，到定量的城市史、美国选举行为的研

① 参见格奥尔格·伊格尔斯《欧洲史学的新方向》第2版，米德尔顿1984年版；伊格尔斯《20世纪的历史学》，纽黑文1997年版。

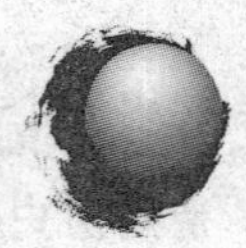

究，到美国、大不列颠、法国的可以计量的经济循环模式，到深受马克斯·韦伯影响的西德的“历史社会科学”。然而，尽管它们有这诸多差异，但是它们都同意这一观点：历史与社会科学的关系比与人文科学的关系更加密切。正如较早的社会科学定位的历史已经做的那样，这就假定存在一种构成历史研究对象的真实的历史的过去。它试图创造一种符合其他社会科学方法论的历史学方法。因此，它通常选择如硬经济和人口统计学资料等的各种资料来源而不选择旧史学。因此，20世纪70年代，杰弗里·巴勒克拉夫在为联合国教科文组织写的一篇调查中指出：“对数量的探求毫无疑问的是最强大的历史新潮流，使20世纪70年代的历史观与20世纪30年代的历史观相区别的因素超过了其他因素。”[①]这些历史学家试图以单个人物的做法来弥补大大忽略了构成历史的众多人物的结构和过程。

可能除了许多遵循《年鉴》传统的历史学家之外，几乎社会科学史所有形式的关键都是作为进行中的定向进程的历史观念，它们接受旧史学模式，甚至这种旧史学模式在他们的思想中占有更重要的地位。对于形形色色的马克思主义者和“历史社会科学”的德国学派来说，各种把历史作为一种经验主义分析社会科学的倡导是正确的。

一个被广为接受的概念是“现代化”。它追溯到19世纪的实证主义，认为历史——至少近代西方世界的历史——有一个明显特征，就是随着技术进程和相应的“现代”社会的发展，开始了一个朝向更大规模的科学启蒙运动的进程。“历史社会科学”的德国学派（韦勒、科卡）[②]试图在社会结构和对民族社会主义在德国获得政权如何成为可能这一问题的理解过程的背景中来为政治定位，而社会科学史的大多数形式则趋向下层等级的政治史。

社会科学与战后世界及紧随其后的冷战背景紧密结合在一起。美国已作为西方超级大国出现。对苏联扩张的恐惧导致中西部欧洲国家和太平洋周边国家（包括前敌对国德国和日本）都把自己的命运与西方和美国联系在一起。这与1918年以后以德国对战胜国和西方文化所怀的敌意为标志的战争时期形成鲜明的对比。尤其是在美国，1945年以后出现了牢固地建立在有活力的资本主义自由市场经济和民主体制基础之上的、臆想的无阶级社会、摆脱了社会冲突的自满论调。美国把自己标榜为取代苏联和中华人民共和国的世界楷模。正如沃尔特·罗斯托1960年在《经济增长的阶段：一个

---

① 杰弗里·巴勒克拉夫：《史学主要趋势》，纽约1978年版，第39页。
② 参见伊格尔斯《欧洲史学的新方向》，米德尔顿1984年版。

非共产主义者的宣言》[①]中声称的那样，资本主义经济以持续增长为特征，在所有现代社会和正在进行现代化的社会中，包括美国式的民主都采取相似的形式。因此，指向西方世界，尤其是把美国当作历史发展的最高形式的主要叙述被并入许多西方尤其是美国的社会科学中。苏联的历史思想反映同样的主要叙述方式，仰赖于对苏联科学和经济进步模式的信念。

## 三、对现存意识形态的挑战

到20世纪60年代为止，这种存在于西方的自信和在东方公开声明的转变形式中所依赖的一些基本设想遇到挑战。在受到苏联的、一定程度上也受到中国的挑战的世界中，美国与它的西方和太平洋盟国继续扮演支配角色。但对双方来说，现存秩序的意识形态根基都已开始崩溃。殖民地或者已获得独立，或者如印度尼西亚、阿尔及利亚和越南等正处于为争取独立而战斗的状况。长期以来被压迫、被剥削的民族群体，如非裔美国人要求自己的权利，并获得了同样对殖民战争进行抗议的多数人地区的支持。最后，当女人对有史以来西方和非西方主要文化中突出的男性处于支配地位的性别模式发起挑战时，性别成为一个重要的社会政治问题。同时，马克思—列宁主义[②]失去了可信性，表现出独裁的官僚主义。镇压"布拉格之春"表明了苏联政权和那些独立国家以人道主义面孔允许社会主义改革的无能。

## 四、现代性的哲学批判

对支配性社会秩序的挑战在东西方同时引起了对现代世界观的根本怀疑。这种现代世界观强调科学的合理性和对世界的技术征服——简单地说，是无限制的增长——以适合经济进步的方式重建有序的世界社会。

这种对社会科学和现代化普遍持有的信心在20世纪70～80年代受到后现代主义哲学家和文学批评家的最激烈的声讨，也受到来自历史学家，尤其是文化历史学家的较为平静的挑战。虽然很难把这些批评归结为一个共

① 该书出版于1960年。

② 文中所提马克思—列宁主义、正统的马克思主义等，均指苏联推行的教条式马克思主义。——译者注

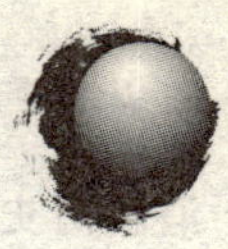



同特征，但是在批判他们视之为现代历史观的中心的两个假设方面，他们意见一致。第一个关注的问题是世界历史的一致性和连贯性及“宏大叙事”或“元叙述”[①]的创造，这种创造把历史看作是一个以对启蒙、解放的许诺和把整个世界看作一个整体的、朝着现代西方世界方向的向前发展。批评家指责说当时的史学家们忽视了西方的进步，国外的帝国主义和国内基于种族、性别和阶级的权力关系之巩固，这些因素之间的密切关系。按照他们的历史观，这些是理所当然的。但他们辩论说，在消除大通史的可能性和为无数分割的历史开辟道路方面，历史没有一致性。

与这一批评观点密切联系的是排除对过去进行客观历史调查的可能性。按照彼得·诺维克的观点，客观性的思想和理想位于历史专业的正中心，它是基于“对过去的事实和与之相应的真理的赞同”而形成的，结果，“历史与虚构分离开来”[②]。海登·怀特指出，这一赞同相信“在那之外存在一个在文本中直接反映的过去的幻想”。[③] 按照基思·詹金斯的观点，后现代主义者们从表象背后存在着一个实在的、基本的“真实世界”这一观念中寻求自由的现代历史意识。引用詹金斯的话是：“事实上，现代历史似乎恰恰是在一个无根基世界中的定位表达的一个更加没有根基的定位表达。”[④]对于后现代主义者来说，历史是由与事实没有直接联系的语言结构组成的。产生事实的是语言。在否认存在某种话语之外的东西这一观念方面，雅克·德里达走得更远。[⑤] 而且对德里达来说，话语没有固定的含义，但是它对于含义的极限来说却是开放的，因为它没有标明清晰含义的阿基米德支点。进而，根据福柯的观点，我们不但要独立于话语与外部世界的联系来看文章，而且应该独立于它的作者来看它。德里达批评他认为是自苏格拉底以来西方经典哲学传统的“理性中心主义”依赖于事实能够被简化为理性观念这一错误认识，忽略了这些观念反映支配体系。在女权主义者的理论中，事实不是赠予的而是通过话语创立的这一思想得到进一步发展。按照琼·斯科特[⑥]的观点，性别不是在自然中发现的，而是通过语言、话语和反映或向权力关系发起挑战的文化符号在社会中建立的，所以语言的破坏是暴露和打

---

① 参见让—弗朗索瓦·利奥塔《后现代状态：关于知识的报告》，明尼阿波利斯 1983 年版。

② 参见诺维克《崇高的梦想：“客观问题”和美国历史信念》，坎布莱奇 1988 年版，第 3～4 页。

③ 海登·怀特：《形式的内容，叙述话语和历史表现》，巴尔的摩 1987 年版，第 209 页。

④ 基思·詹金斯编：《后现代历史读本》，伦敦 1997 年版，第 6 页。

⑤ 引自艾伦·梅吉尔《极端的提倡者：尼采、海德格尔、福柯、德里达》，伯克利 1985 年版，第 266 页。

⑥ 琼·W·斯科特、J·斯科特：《性别和历史政治学》，哥伦比亚大学出版社，1988 年版。

破这些不平衡权力关系的一种必要手段。

所有这一切都导致认识论的相对论。可能这种与编史工作相联系的认识论的最有影响的倡导者是认为历史思想是“语言模式的俘虏，在这种语言模式中，它试图把握存在于其感知领域的客观事物的要点”[1]。因此，通向历史知识的不是历史学家对于真正学科问题的所谓客观研究，应该说，历史学家所获得的知识是以他/她所使用的语言模式为条件的。对怀特来说，专业的编史工作产生关于过去的客观知识不过是投机的历史哲学和历史小说而已。对于一个连贯的叙述来说，任何超出事实的尝试都是一次“诗意的行动”，因此，“选择一种历史观而不是另一种历史观的最好根据是美学或道德标准而不是认识论的标准”[2]。“被简单地看作文字作品的话”，他谈到，“历史和小说两者之间的界限并不很明显”[3]。类似地，“神话和历史之间的对立是有疑问的，甚至是站不住脚的”[4]。对于历史和小说之间界限的否定是法国文学评论家罗兰·巴尔特关于“历史论文”的评论文的中心。[5] 对安克斯密特来说，“科学是现代主义者的一切”[6]，而对后现代主义者来说，“史学的隐喻因素比文学和事实因素更有力……批评隐喻确实是一种既无意义又无鉴赏力的行为。只有隐喻才反驳隐喻”[7]。因此，研究是不切题的，因为除了在修辞上之外，“真正的过去”没有成为史学的一部分。

## 五、转向文化史和回归叙述

只有很少数的历史工作者同意巴尔特、德里达、怀特、安克斯密特和詹金斯关于“不存在客观标准”的观点。他们坚持认为，与历史小说相对比的历史著作必须产生于以学术界公认的客观标准进行的研究中。后现代主义反映了一种许多历史学家共有的普遍倾向。这一倾向部分地是一种对现代文明和科学的本性和质量的普遍怀疑论；是对在损害包括妇女和非西方世界的最大多数人口利益的情况下，宣布中上阶级的精英享有特权这一权力

---

① 海登·怀特：《19世纪欧洲的历史想象》，巴尔的摩1973年版，第xi页。

② 海登·怀特：《19世纪欧洲的历史想象》，巴尔的摩1973年版，第xii页。

③ 海登·怀特：《话语的转喻，文化批判论集》，巴尔的摩1978年版。

④ 海登·怀特：《话语的转喻，文化批判论集》，巴尔的摩1978年版，第83页。

⑤ 罗兰·巴尔特：《比较批判》中的“历史话语”，载《年刊》第3卷，1981年，第3～28页。

⑥ 弗兰克·安克斯密特：《历史的比喻，隐喻的兴衰》，伯克利1995年版，第166页。

⑦ 弗兰克·安克斯密特：《历史的比喻，隐喻的兴衰》，伯克利1995年版，第180页。

关系合法化、以史学或社会科学形式存在的西方历史科学的普遍怀疑论。因此，到20世纪70年代时，社会科学历史学家的旧科学气质被动摇了。在一篇写于1979年、目前很著名的文章《叙事史的复兴》中，劳伦斯·斯通指出，在20世纪70年代，历史的观察和写作方法发生了变化。作为社会科学史中心的“关于过去变迁的一致的科学解释”是可能的这一信念受到了广泛的反对。[①] 随着对“文化群体和个人意志至少既是变迁的重要动因，又是物质产量和人口增长的非个人力量”的确信，在它的位置上，出现了对人类存在的方方面面的兴趣。[②] 然而，尽管斯通极力否定“一致的科学解释”的幻想，但他从没有建议过历史叙述应当放弃它对合理调查和现实主义改造的主张。

## 六、马克思主义的危机及其对历史写作的影响

我们已经提到，历史研究所表现的新趋势必须放在20世纪60年代及以后的政治气候背景中来理解，如：妇女运动的出现、民族意识的提高、为种族平等进行的斗争、反殖民主义和环境决定论，工业化、现代化西方世界的社会经济秩序和为之服务的社会科学的不足都指向了环境决定论。马克思主义理论和史学内部的转化为历史学家态度的变化提供了重要指标。在苏联势力范围内对“布拉格之春”的镇压和西方对正统的马克思主义的拒绝表明马克思主义本身也处于深深的危机之中。但是，不但在西欧，而且在日本、印度和拉美，非教条的马克思主义史学思想的重要性都不可低估。[③] 与由安东尼奥·葛兰西、乔治·卢卡奇和法兰克福学派的批判理论鼓吹的马克思主义的西方形式相比较，马克思—列宁主义的重要性微乎其微。西方马克思主义保存了阶级斗争的思想、统治在社会关系中作为主要力量的角色，但是放弃了必然发展为无阶级社会的思想。

给马克思主义重新定位开始于20世纪20年代，涉及到对关于历史的传

---

① 参见劳伦斯·斯通《叙事史的复兴：关于新的传统史学的反思》，载《过去与现在》第85期(1979年)。

② 参见劳伦斯·斯通《叙事史的复兴：关于新的传统史学的反思》，载《过去与现在》第85期(1979年)。

③ 参见P·沃尔夫《历史和帝国主义：从马克思到后殖民主义理论的世纪》，载《美国历史学评论》第102期(1997年)。

统经济解释的检验。20世纪20～30年代，葛兰西在墨索里尼的监狱里所写的作品，根据传统马克思主义历史哲学中发育不成熟的因素，解释了意大利共产主义工人运动的失败，直到20世纪60年代，这些作品在西方才被人知晓。在他看来，资本主义的活力基本上并不仅仅依赖于它的经济实力，而是依赖于它凌驾于工人阶级之上的文化霸权。1923年，卢卡奇在《历史与阶级意识》中就在关于资本"商品的盲目崇拜"的片断中看到了卡尔·马克思对资本主义经济观念批判的核心。以他的观点，支配科学思想和社会科学思想的经验主义不能理解更广阔的社会文化背景。20世纪30～40年代，产生于对资本主义进行批判的法兰克福学派（霍克海默、阿多尔诺、马尔库塞）的"批判理论家"进行了相似的解释。他们认为，资本主义已经把文化转变为为经济目的服务的工业。他们提倡一种超出社会文化定性方面的可计量数据的科学。然而他们抛弃了卢卡奇的历史乐观主义。

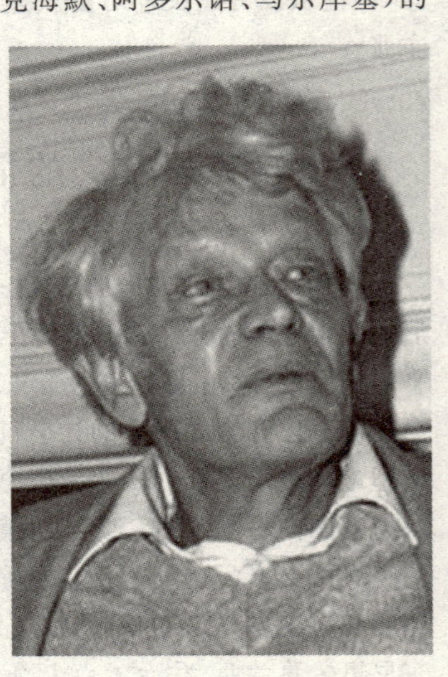

英国历史学家汤普森

可能没有一本关于社会史再定位的书的影响能比得上E. P. 汤普森的《英国工人阶级的形成》(1963)那么大，至少在讲英语的世界没有，在此之外也没有。汤普森坚持了阶级概念和"阶级经历主要是由人们出身的或无意识进入的生产关系决定的"观念[①]。但是他强调，阶级不能被看作"'结构'，甚至也不能被看作'种类'，而应被看作在人类关系中……实际上发生的某种东西"。所以，英国工人阶级根本不是经济力量的产物（尽管在《共产党宣言》和结构主义、功能主义的社会学中，阶级主要是经济力量的产物），而是来自特殊的文化传统的积极的行动者，它被创造的同时又创造了它自身。因此，他所依赖的是构成文化的定性因素，如文学、艺术、民间传说和象征主义。而且，汤普森极力反对把过去看作是未来阶梯的正统马克思主义。

但是，汤普森的史学方法很快受到文化马克思主义者的攻击。他们认为，汤普森没有完全与经典马克思主义的阶级观念划清界限。他们谈到，尽管他

① 汤普森:《英国工人阶级的形成》,纽约1996年版,第9页。

从文化的角度来看阶级，这种文化仍然集中于产业工人阶级，在这种文化中，那些与产业工作过程没有直接联系的工人阶级扮演着小角色。1976 年创刊于大不列颠的《历史研究——社会主义历史学家杂志》于 1982 年把它的副标题改为《社会主义和女权主义历史学家杂志》，1995 年则干脆去掉了副标题，力图通过扩大不断变化的社会中的工作概念及把家庭和工厂的妇女包括进去来弥补上述缺点。20 世纪 80～90 年代后殖民主义的历史观点，如拉丁美洲独立理论和印度下层研究提出的观点认为，马克思主义提倡历史发展的观念，这与把现代化理解为西方化的资本主义作品类似。爱德华·赛义德在《东方主义》(1978 年)中指出，西方学者不是根据历史知识而是依据偏见杜撰了阿拉伯文化，把一个文明的西方与一个落后的、需要西方化的穆斯林东方相对照。把女权主义、心理分析和马克思主义理论结合在一起的后殖民主义者的作品认为，必须把阶级、种族和性别种类放在它们的相互作用中来看待。后殖民主义者坚持认为，马克思主义阶级冲突的观念遗漏了对福柯所指的渗入社会生活和文化方方面面的无比复杂的微观权力网的力量分析。

## 七、从宏观历史到微观历史

尽管很少有社会历史学家能够被看作后现代主义者或马克思主义者，但是后现代主义和文化马克思主义的某些中心思想却对日益向文化史转变的社会历史作品产生了很大影响。统一的思想或历史倾向让路给向小单位、地方和边缘的集中关注。这种相同的定位破坏了正统马克思主义的可信性，即使现在对压迫已有了不同的理解，马克思主义对被压迫者的承诺仍然充满在大量新的文化定位的、常常以“穷人和地位卑微者而不是伟人和有权势者的生活、情感和行为”[①]为主题的社会历史中。人类学和符号学取代社会学和经济学而成为社会史的主要辅助科学。但是，人类学经历了一次巨大的改变。尽管经典人类学，例如 20 世纪 20～30 年代的布罗尼斯拉夫·马林诺夫斯基的人类学，倾向于对“原始”和“永恒”社会的静态分析，而现在的人类学家则日益变得用历史的观点分析问题。他们认为，所有的甚至最

---

① 劳伦斯·斯通:《叙事史的复兴:关于新的传统史学的反思》，载《过去与现在》第 85 期(1979 年)。

“原始的”文化、进化和现代社会都是人类学研究的适宜主题。同时，历史学家日益转向解释的文化人类学。作为一个文化人类学家，克利福德·吉尔兹这样表达：“由于相信马克斯·韦伯关于人是悬挂在他自己编织的重要性的网中的动物这一论断，我把文化看作那些网，从而，对它的分析不是摸索规律的实验科学，而是寻找意义的解释科学。”①

20世纪80年代德国的这一史学转变采取了日常史的形式。这种形式试图重建较早的前工业时代和现代工业时代的普通人的经历和情感(汉斯·梅迪克、阿尔夫·路德特科、卢兹·尼塞姆)。在意大利，历史学家以 *Quaderni Storoci* 期刊为中心发表了一系列著作和文章，为微观历史打下了坚实的理论基础。这种微观历史把历史研究缩小到可以确认的个体，并从中产生一种这些个体的关系网赖以形成的历史。微观历史学家想用抄本和记录谈话对象言辞的询问记录来获得对个人体验的更充实的描述，取代旧社会史赖以创立心理史的许多计量数据。除意大利外，伊曼纽尔·勒罗瓦·拉杜里在《蒙塔尤》(1975年)中通过这类记录获得了14世纪一个村庄个别村民的生活和情感，而纳塔利·戴维斯在《马丁·盖尔的归来》(1983年)中则用法院记录来集中讲述16世纪法国农村的性别问题。

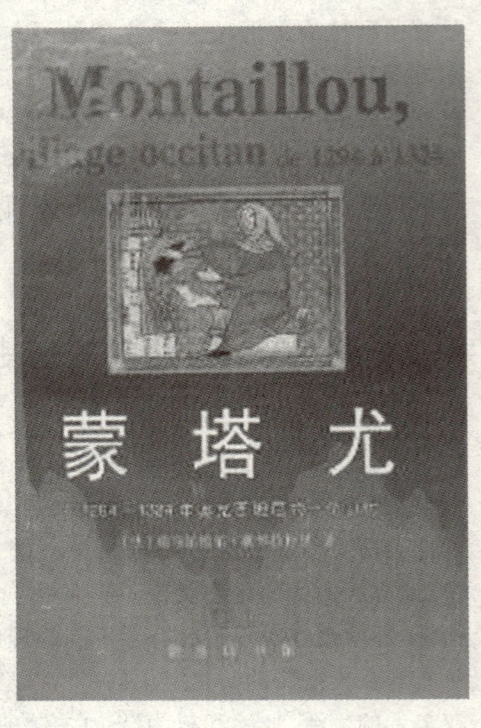

《蒙塔尤》中译本封面

然而，转向微观历史的新定位并不意味着必须与社会科学决裂。福柯反对理论能够被验证的思想，因为按他的观点，验证标准来自代表权力制度的社会科学修养。吉尔兹认为，任何从理论定位的问题着手进行历史问题研究的尝试都会歪曲这一问题，必须代之以把问题非理论地置于一个不同世界的“厚描述”中。这有效地废弃了历史研究的传统形式。但

① 克利福德·吉尔兹：《文化的解释》，纽约1973年版，第5页。

是，金兹伯格和列维都不想走这么远。对他们来说，微观史学并不完全反对经验主义的社会科学，只是强调支持验证它们的结构、反对小规模存在的事实的方法需要。列维希望以局部标准来证实已确定的假设，在这一条件下，他在《继承权力：一个祓魔师的故事》中所关注的事就是社会科学性的。他关注的中心是村子里权力关系的模式。在对土地购买的研究中，列维对非个人的市场力量和现代状态机器的发展在何种程度上决定这些权力关系提出了疑问。在该书中他指出，理解农民世界的决定性因素是无形的或象征性商品的保存或传送：权力或威望。与吉尔兹的“厚描述”的概念相比，列维更接近于皮埃尔·鲍迪奥的“象征资本”概念。

20世纪80～90年代，社会史和文化史之间的分歧开始显著缩小。一方面，有一些重要的微观历史著作强调人类学的文化因素（梅迪克、戴维·萨本）。尽管这些历史学家对于系统的社会科学进行了有保留的表达，但是他们的工作着重依赖于经济学和人口统计学的资料，还利用计算机分析。另一方面，来自社会科学方面的历史学家承认社会中文化因素的重要作用。“历史社会科学”的德国学派在政治的社会分析中所从事的工作现在越来越多地考虑社会和文化的相互作用。《历史与社会》杂志成为对这些趋势进行品评和讨论的讲坛。

自18世纪以来，对阶级的经济分析也开始在革命运动的研究中扮演着日益重要的角色。到20世纪70年代为止，马克思主义者的观点，如乔治·勒弗费尔和阿尔伯特·索布尔对法国革命的经济解释，和他们的非马克思主义批评家阿尔弗雷德·科本和乔治·泰勒的观点，都被更多地强调文化和语言的新观点（里根·罗宾、弗朗西斯·弗雷特、林恩·亨特）所取代。正如林恩·亨特在她的《法国革命中的政治、文化和阶级》（1984）导言中所解释的那样，构思于1976年的这一著作以“革命政治的社会史”为开始，但是“日益转变为文化的分析，其中政治结构成为历史的一部分”。[①] 在威廉·休厄尔的1848年法国革命分析中，在加雷斯·斯特德曼-琼斯的英国宪章主义研究中和托马斯·奇尔德雷斯对魏玛共和国选民宣传的考察中，语言分析都占有重要地位。尽管他们同意卡罗尔·史密斯—罗森伯格的“语言的差异构成社会，社会的差异构成语言”[②]这一观点，但是，对于福柯关于“不存在事

---

① 林恩·亨特：《法国革命中的政治、文化和阶级》，伯克利1984年版，第xi页。

② 加布里埃尔·施皮格尔：《历史、历史主义及中世纪原文的社会逻辑》，载《反射镜》第65期（1990）。

实，只存在语言”[1]的激进观点，他们都不敢苟同。

## 八、政治史的转型

随着在20世纪50～60年代向社会科学转变和自70年代以来向文化科学方向的转变，政治史的重要性下降了。社会科学史的各种形式，如早在1945年之前，年鉴学派就对传统史学专注于政治史的做法提出异议。而且远离中央集权概念的新文化史也有意识地忽略政府。然而这在一定程度上导致了关于当前世界现实的盲目性。自1989～1991年[苏联]共产主义失败以来，国际关系的迅速变化已经使政治对于社会和文化的重要性很明显地表现出来。近来强调历史叙述多元化的史学理论肯定了它所反对的宏观叙述范畴的现代化和全球化进程。尽管现代化进程极其复杂且形式各异，然而谁都无法否认它作为现代历史发展重要因素这一事实。

在20世纪后三分之一时间内的史学中，虽然文化史成为新的强调重点，但是政治史、国际关系史、和平与战争史以及政治体制研究继续占有重要地位。政治史也继续与文献来源密切结合。不过，如上所见，在最近的法国革命史中，更多地强调文化和语言因素。在大屠杀的研究中发生了类似情况。早期研究曾把对犹太人的摧残看作巨大而复杂的行政过程，如拉乌尔·希尔伯格在《东欧犹太人的毁灭》(1961年)一书中描述的那样，对犹太人的屠杀只是由如阿道夫·艾克曼这样的官僚执行上级下达到桌面的命令。意识论者和功能主义者之间的长期讨论主要围绕两个问题：在纳粹领导人有意识的决定中是否有种族灭绝的根源？在战争期间，种族灭绝政策是否是在无清晰计划的情况下发展的？但涉及到局部范围内的犯罪者和受害者时，双方都未能具体地解决大屠杀问题。最近的研究，比如克利斯托弗·布朗宁的《普通人：警察预备队101和波兰的最终解决》(1993年)试图通过个别犯罪者的具体参与来研究屠杀问题。

---

① 引自A·伯曼《从新批判到解构，对结构主义及后结构主义的接受》，乌尔班1988年版，第183页。

## 九、关于现今历史研究现状的总结性思考

后现代主义批评家对客观性思想和历史方法的一致攻击无疑导致了对基于史料考察的严肃的历史研究的放弃。尽管学术和文学之间的界限变得更加模糊，但是，无论是否在政治、社会和文化史领域，很少有历史学家愿意放弃诚实地重建过去的承诺，例如西蒙·沙玛的《死亡的确定性》、《无保证的推论》(1991 年)中就指出诚实地讲述历史方面存在的大量问题。同时，在讲述历史事实的本来面目的可能性时，原来颇有把握的 19 世纪的专业历史学家不得不承认：同样的来源、同样的事件组合有不同的阐释，这些解释可以对同一主题提出不同的观点但并不一定互相驳斥。到西方历史和历史知识的积累取得直线进步为止的过去 30 年间，现代历史思想所珍视的幻想已经破灭。历史研究的范围已经被无限地扩大。对于政治权力中心和宏观经济、宏观社会过程的集中关注已经得到生活和文化诸方面的新兴趣的补充，以前这种新兴趣不在历史学家、至少是专业历史学家的想象之中，它需要有专门的研究策略。宏观和微观这两个标准绝对不是互相排斥的。我们已经指出，事实上，政治和社会史学家已经越来越注意文化的作用，文化史学家也开始关注集体的人赖以存在的社会和政治环境。与 19 世纪中期向 20 世纪转变过程中所出现的兰克传统所起的支配作用相比较，在通向 21 世纪的世纪交替时期没有出现新的支配性范式。相反的，我们看到了广泛的研究方法的多元化。这些研究方法没有如国家或经济等明确的认可中心，并且允许没有忽略社会结构和过程的各种各样的历史存在。

## 十、关于现代和后现代时期西方和非西方世界史学思想和实践相互作用的一些总结性思考

本文几乎专门讨论了西方史学问题。这样处理是有理由的。从 19 世纪中期的历史开始，在现代化进程中，写作历史、使历史研究制度化和教学方式的西方化成为非西方世界的楷模。因此，中国和日本的历史学家开始相信：如果中国和日本打算获得抵御西方强权的能力的话，就要认真对待包括历史思想在内的西方思想模式。在日本，这导致了对西方尤其是德国的历

史专业奖学金制度的密切模仿。20 世纪上半期，中国的历史学家从王朝历史转向国家历史。[1] 而且西方历史思想模式不是单向作用于封闭状态，而是与当地的传统相互作用。现代化——或全球化——追求全球物质生活和文化方方面面的高度同质性，但并不是整齐划一。宗教原教旨主义的各种形式反映了古代传统如何反作用于现代生活条件和与之对抗的情况。在整个西方世界、殖民地和非殖民地，民族国家成为历史研究的中心。在许多情况下，尤其是在非洲和南亚，必须首先建立国家。在印度，现代史学在 19 世纪由英国殖民者建立，然后由印度人以西方观念接管，尽管这些观念与殖民地权力是对抗的。令人惊奇的是，印度史学曾经使用英语，现在仍然保留着英语。20 世纪的后三十多年中，西方文化和理性传统的自我批判与印度下层研究中表达的西方现代性的非西方批判相似。在进入 21 世纪转折时期，西方和非西方历史思想以一种结合的话语而出现。尽管在这种话语中可以看到西方观念的局限性，但是，在许多方面仍然保留了这些观念。不但对于西方史学，而且对于现已独立的前殖民地史学来说，这是不争的事实：在全球化时代，不但在经济上而且以微妙的形式在文化和知识上继续为西方所支配。

① 王晴佳：《通过历史发现中国》，奥尔巴尼 2001 年版。

# 国际历史学会:历史学家如何超越民族史、国别史[①]

[德]于尔根·科卡 著

齐克彬 李红涛 马少甫 译

在这次演讲中,我主要讲两个问题。首先我要介绍目前唯一非专门史的国际史学家组织——国际历史学会(简称 ICHS)的发展史,同时我还要讨论历史研究和写作的一个重要趋向。这种国际化和跨民族的趋向正越来越成为仍然占有主导地位的民族史/国家史范式的补充。

本文作者于尔根·科卡教授

## 一、国际历史学会的开始

国际历史学会 1926 年成立于日内瓦。当时由来自 22 个国家的国家历史学会和一些史学家团体组成。这些国家主要来自欧洲(其中包括苏联),也有美国、日本、巴西和阿根廷。中国于 1938 年加入。目前,学会包括 60 个国家学会和 30 个专门领域,比如国际关系史、二战史和城市史等专业学会。

① 这是国际历史学会主席科卡教授 2004 年 4 月 5 日在华东师范大学历史系所作的学术演讲。

国际历史学会在1926年成立之际,一战结束才8年。学会目的是为一战中相互为敌的史学家提供一个沟通机会。那时,历史学家,特别是以德国和奥地利为一方的史学家与以法国和比利时等国为另一方的史学家之间充满敌意和不信任感。因此,这种交流在当时比较困难。德国历史学家到处受到抵制。感谢美国提出的动议,战时相互为敌的史学家最终走到了一起。从政治的角度看,国际历史学会是为了克服当时弥漫于各国特别是欧洲国家史学家之间浓厚的民族主义气息,学会力图增进世界各地人民的相互了解。从方法论上说,学会是为了加强史学家的协作进而超越当时盛行的国别史研究范式。

## 二、占统治地位的民族史/国家史

在讲说国际历史学会力图执行其国际使命前,我先简单介绍一下20世纪20年代,即国际历史学会成立之时盛行的民族/国家史学范式。

应当说,史学研究和撰述的空间构架是多种多样的。有地方史和区域史,还有打破国别民族界限的帝国史、教会史、思想史以及战争史。当然,那时也有人想作世界史。但是在19世纪,民族史学逐渐盛行。只要把历史学作为一门学科,在大学或者是学校的课程设置中,本国和本民族史就占据了主导地位。史学工作在民族的/国家的框架中展开。渐渐的,历史学家在从事历史研究时首先把自己看成且扮演着英国的、法国的、德国的、俄国的和美国的历史学家,当然也有打破国界从事其他研究领域的史学家。但是在19世纪后半叶和20世纪,大部分史学家都在从事本国历史的研究。

为什么?为什么以民族/国家框架研究和解释历史对德国、法国、捷克和美国史学家有如此大的吸引力?其中的主要原因在于,民族的形成过程,给19世纪正在形成和出现的民族国家中人们的生活和思想等各个方面带来了巨大的影响。把农民变成法国人,把巴伐利亚变成德意志人,或者把布拉格工人变成捷克人,经历了相当的时间和精力去灌输他们这种意识。但如果考虑到东欧地区的多民族性,在许多情况下,这个过程并不完全成功。抵制思想民族化的因素始终没有消失,一直有相反的认识。

拿破仑时代以后的欧洲,建立民族国家和强化民族国家是一股强有力的势力。这股力量试图重划国界、重组政治体制、重构社会关系和转变根本归属。这种势力总是与其他力量相比较——往往是相冲突。

不论在哪里，历史学家都曾属于为了民族国家利益而最直言不讳的活动家。通过寻找过去、发现或者建构被认为是延续了几个世纪的塑造了民族共同体的传统，历史学在重划国界和确立国家地位等方面起了重要的作用。以此为背景，人们就不难理解历史学家之所以以民族/国家框架重构过去的不同现象。民族历史的框架成了至上的最具威力的叙述结构。

那时各国史学家之间也有联系，一些史学家到海外学习，他们四处游历。19 世纪末，召开过几次大型的国际史学会议，其中第一次会议于 1898 年在荷兰首都举行。接下来，1900 年在巴黎，1903 年在罗马，1908 年在柏林，1913 年在伦敦。应当说，当时已经开始了国际协作，但在一战期间都被破坏了。民族主义获胜。民族国家范式史学被再次强化和突出。

## 三、两次世界大战间的国际历史学会

1923 年在布鲁塞尔召开的另一次国际史学会议就是在这种背景下召开的。在这次会议上，为了同民族主义的分裂势力作斗争，建立一种国际性的史学家联盟，提倡超越民族界限的史学研究新方法，来自不同国家的史学家决定建立一个国际史学组织。这最终导致 1926 年国际历史学会的成立。

学会的第一任主席（1926～1933）是挪威人豪丹·科特（Halvdan Koht），1933 年起是来自英国剑桥的哈罗德·特默帕理（Harold W. V. Temperley）。1938 年起是来自华盛顿的沃尔多·里兰（Waldo G. Leland）。最重要的职位是常任秘书长，是来自法国的米歇尔·莱里蒂埃（Michel Lhéritier）。办公地址设在巴黎，资金主要来源于美国的洛克菲勒基金。各国史学会不断加入，学会成员从 1926 年到 1939 年翻了一番，从 22 个增加到 46 个。成员主要来自欧洲，但在 1939 年的 46 个成员中，也有 14 个来自欧洲以外的国家，包括美国、部分拉美国家、中国、日本、印度和土耳其。我前面提到过，中国是在 1938 年加入的。

学会每五年召开两次大会，所有的成员国派代表参加。在大会召开间隔之际，学会设有委员会，主要负责处理日常事务。委员会的九个成员来自欧洲和美国。

国际历史学会的主要活动是每五年组织一次国际史学会议。1928 年，会议在奥斯陆召开，1934 年在华沙，1938 年在苏黎世。奥斯陆和华沙会议约有一千多人参加，苏黎世会议八百人左右。每次会议大约提交 250～300

篇论文(其中包括报告和讲演稿),内容涉及所有的历史分支学科,如经济社会史、制度和机构史、宗教史、思想史和艺术史。理论问题很受关注,欧洲史占主导地位。分期按照欧洲划分:古代、中世纪、现代。最受关注的论题是民族和民族国家。提交论文的语言主要是法语、英语、德语和意大利语。

同以前一样,大会提倡运用比较法以超越单一的国别史,比较法被视为历史学国际化的主要方法。下面对此方法作一评述。

## 四、历史比较

在1928年的奥斯陆历史学国际大会上,法国历史学家马克·布洛赫提出了著名的比较欧洲历史的计划(Pour une histoire comparée des sociétés européennes)。大约同时,另外几位历史比较法的首创者也发表了颇具开创性的文章,如比利时经济史学家亨利·皮雷纳(Henri Pirenne)和德国史学家奥托·辛茨(Otto Hintze)(他以世界性眼光,研究包括日本在内的封建制度史及国家形成史)。虽然比较史学家人数不多,但社会、经济、政治、文化史的比较史学著作在以后的数十年间大量增长。比较有微观、中观、宏观多个层次。最流行的是分析同一种现象,如我们可以分析德法美各国在其民族主义运动中对民族象征的使用。或者分析德日两国工业化早期,官僚政府和市场经济的关系。我们可以比较各公司、村庄,比较不同的时期,比较不同的社会甚至文化,这种比较总是从某种观点出发,带有特定的问题意识。

法国历史学家马克·布洛赫

比较法存在很多有意思的问题。有多少案例可比?与谁比较?建立在不同案例基础之上的共同特征是什么?比较时使用什么概念?比如要对19世纪德美两国中产阶级进行比较。这些概念来自德国传统,抑或英裔美国人背景,或者还有在观念上比较中立的“第三条道路”?我们应该比较同一时期的不同现象还是不同时段的同一现象?

比较法研究两个或多个历史现象(案例),关注这些现象的相同和相异之处,在此基础上,达成对历史系统性的、更好的描述和解释。寻找相同和相异之处是比较法的核心。

比较法用途广泛。从探索角度讲,比较法允许确定某些容易被人忽略或否定的问题。从描述角度讲,通过互相比较,比较法有利于阐明某种个别事例的总体特征,通常是某个个案的特征。从分析角度讲,比较法可独立寻求和回答因果关系,它可以像实验室那样,做一个间接之实验。从范式角度讲,比较有助于我们同最熟悉的事例,同我们自己的历史保持一定距离。通过看得见的选择(observable alternatives),发现自己的发展不再是那么自明的。因此,比较可产生非地方化、解放的和开阔眼界的效果,从而影响历史专业的氛围和文化。

很明显,比较确是超越纯粹国别史之局限的好途径。但另一方面,比较通常是对不同国家和社会的比较,不仅没有超越国别史,还强化了以民族/国家作为分析单位。国际比较开阔了眼界,但仍概念性地停留在国别史的范式中。

两次大战之间的国际大会试图促进历史比较法。但历史比较费时且困难,因此大会上只有少数报告是真正比较性的。大会讨论最多的是欧洲史,虽有例外,但世界其他地区的历史绝大部分还是被忽略了,故大会欧洲中心气息很重。最后应该提及的是,欧洲各民族之间及其意识形态上的对立并没有被真正克服,他们在大会上或隐或显地在起作用。1938 年的苏黎世大会笼罩在战争的阴影中。二战期间国际历史学会名存实亡,当各民族加入战争、陷入灾难之时,国际合作不复存在。

## 五、冷战时代的国际历史学会和国际大会

二战后国际历史学会进入它的第二个发展期。这一时期始于 1948 年,止于 80 年代后期。1985 年有 47 个国家的委员会登记成为国际历史学会的会员,比 1938 年多一个,其中有 30 个欧洲国家(包括苏联)和 17 个非欧洲国家。中华人民共和国也在其中,此外还有日本、韩国、朝鲜、蒙古。澳大利亚在 1964 年加入。虽然学会会务局成员主要还是西方人(欧洲最多,北美次之),但是“世界其余地区”中——墨西哥、委内瑞拉、印度、尤其日本——至少有一位,有时是两位会务局成员亦成为惯例,但非洲、亚洲、拉丁美洲大多

数国家仍然缺席。

自 1950 年始，所谓的“国际委员会”成为国际历史学会的成员，获得完全承认并拥有投票权。“国际委员会”是由不同国家的历史学家组成的，他们一起致力于某一个专门领域。1985 年有二十多个国际委员会，其中有非洲历史学家协会、俄国革命史委员会、社会结构和运动历史委员会、经济史委员会及非常积极的史学史委员会。这表明国际历史学会现在拥有两大支柱：各国委员会和对某一问题或领域具有共同兴趣的各国际专业团体。基于这两大类型的成员，国际历史学会直到今天仍然是组织的组织，史学家个人不被接纳为成员。

学会主席五年一轮，但学会秘书长一直是法国人：米歇尔·弗朗索瓦(Michel Francois)做了 30 年。埃莱娜·阿韦耶(Hèlène Ahrweiler)在 80 年代任职。美国停止了财政支持后，联合国教科文组织(UNESCO)开始提供资金，但学会主要经费来自会员。50 年代该组织移至洛桑，其财政厅就一直在那里。

1950～1985 年间，每五年一次，共举行了八次国际大会：巴黎、罗马、斯德哥尔摩、维也纳、莫斯科、旧金山、布加勒斯特、斯图加特。大多数会议受到举办国公众的关注，成为公共事件。

国家首脑和政府代表通常出席开幕式。参加人数超过两千名，有时甚至超过三千名。

主要趋势是什么？很明显非欧主题日益重要，虽然仍居少数。大会提出了像“专制主义”、“工业化”、“1750 年前之价格史”、“15 和 16 世纪国家政治结构”这样具有普遍性的题目。这些问题来自西方历史，但我们可以用广泛比较的方法进行研究，包括探究非西方的情形。方法论的讨论占大会很多时间并受人关注。

历史学家之间曾经有过争论。与社会科学相关的结构与过程，历史学家喜欢运用分析性概念，有时又使用定性的方法；更多的“历史主义”史学家强调叙述的方法、描述的方式，有时是传记的方法。前一类历史学家以法国《年鉴》学刊为代表，在 1950 年代的巴黎就已经很强大了，60、70 年代得到更大发展。后一类历史学家也从未彻底消失，他们在 70 和 80 年代重新获得自己的地盘。自然，两类内部也是高度多样化的。

另一个重要的争论发生在共产主义国家的马克思主义或马克思列宁主义历史学家与西方国家的历史学家之间。他们就这一学科的基本问题、历史学的哲学基础及其在当今的作用这些问题上，展开了热烈的争论。还讨

论像“封建主义”和“阶级”这样的关键概念、周期化这样的主题与革命和战争这样的单一历史因素。从1950年代到1980年代ICHS组织的国际会议为来自东西方的历史学家提供了见面的平台，而在当时冷战的影响下，他们并不是能够频繁相见的。在美国为首的西方与苏联为首的东方之间架设桥梁，为马克思主义史学家与非马克思主义史学家提供交流的机会，是第二个阶段国际大会的主要任务，也是它最吸引人的地方。

## 六、20世纪的最后十年

1989～1990年度，由于东方集团的瓦解和苏联的解体，这一使命也随之终结。除了在少数地区特别是朝鲜，东西方的紧张在很大程度上已经结束。同时，我们经历了来势凶猛的、加速进行的全球化。不仅经济领域如此，观念的交流与交换也是如此。西方与非西方的关系，欧美与亚非的关系正在以一种新的方式变得越来越重要，已经成为一种实际的和一种智识的挑战。现在，这是我们议事日程的首要问题。

ICHS对此已有反应。在ICHS最近组织的三次国际大会：1990年的马德里大会、1995年的蒙特利尔大会和2000年的奥斯陆大会上，有“西方与非西方史学的遭遇”这样有意思的内容，有全球化与全球史的重要讨论，有向更具普遍性的问题的决定性转向，如“历史中的古老年代及其变化”或“帝国”或“历史上的散居部族”这样将非西方的历史完全整合进来的问题。亚洲、拉丁美洲历史学家，甚至更多的非洲历史学家一直不能成为ICHS的会员。但我们一直在努力弥补这一弱点。传统上来讲，ICHS几乎是全部由欧美史学家组成的机构，仅有几位日本史学家例外。现在，它正尝试将其他非西方国家的史学家吸收进来，从而走向更具统合性和真正的国际性。

国际历史科学委员会会标

我们生活在一个全球化加速发展的时代，这是凸现纯粹的民族方法对历史理解的有限性的时代。民族的历史的方法从来就不充分，而现在对跨民族的方法理解历史的寻求获得了新的能量。尤其是年轻史学家加入了对这种预示知性的兴奋和新的洞察力的跨民族方法的探索。

## 七、纠结的历史与全球史

国际性的比较仍然是中心。但在最近几年，一种新的方法开始得到应用，就是跨民族方法的另一种方式：英语叫做“纠结的历史”(entangled histories)，法语称为“交叉的历史”(histoire croisée)，德语是“交织的历史”(Verflechtungsgeschichte)。这种方法基本上对异同点的比较不感兴趣，而对内部关系与遭遇，对相互了解和对其他的反应，对相互影响与冲击，对物资、人员、观念和知识的转移与移动性感兴趣。根据这种观点，比如欧洲与阿拉伯世界之间的异同，不如相互影响的过程、相互感知、彼此塑造的纠结过程更能引起兴趣。就是说，将两方面的历史视为一体，而非比较中的两个单位。“纠结”与“连接”可以是不同形式的：互惠的和不对称的。它们可以包括学习和付出、索取的过程，也可以包括压制与依赖的过程。

这并不是全新的方法，只不过历史学家在实践这种方法时没这么称呼它而已。在最近一段时间，这种方法获得了新的重要性与新的意义。后殖民理论对它起了作用。非欧洲人的经历与期待所带来的冲击使他们有所感悟。纠结的历史的方法应用在西方与非西方文明之间的历史关系领域并大受欢迎，尤其是对年轻的历史学家和社会学家、文化人类学家来说。

比较的方法与纠结的历史的方法之间存在着某种紧张。同时，它们又可以，也应当结合起来。可以确定，它们的结合可以应用于民族历史的框架之内。同时，可以确定，两种方法的结合也可以、其实正频繁运用于全球范围内的广泛的跨民族研究。并且，两种方法的结合对于重新思考结构，对于明确我们的研究事业所置身其中的知性基调(intellectual mood)是很有益处的，即使在空间和时间上，他们作为规则仍将是相当特别的。当前，讨论、研究与解决问题是在全球史的领域展开的。最后，我将以对这个方兴未艾领域的一些观察来结束我的发言。让我来区别一下三种方法的不同。

首先，有一个“西方崛起”派(Rise of the West)。这是由源于西方并在全世界传播的现代化理论支持的。西方现代化被看作是应当达到的标准和模型。戴维·兰德斯(David Landes)的最近一部著作《国富国穷》(*Wealth and Poverty of Nations*)就属于这一派。他重比较，不论纠结。这部著作受

到一次又一次深刻的挑战。像艾里克·沃尔夫(Eric Wolf)、帕特里克·奥贝恩(Patrick O'Brien)和德皮什·查克拉巴蒂(Dipesh Chakrabarty),都批评比较的方法。他们指出纠结的存在,试图揭示西方的崛起依赖对非西方的利用(甚至剥削)。但"西方崛起"的方法仍然存在。

其次,是多元现代性的方法。这也是世界通用的观点。但这种观点的支持者们认为,通往现代性的路径各不相同,西方的路径(自然,西方路径也是多种多样的)不应当被认为是标尺,是典范,是判断别人是否成功的准则。在相当程度上,汤因比可以说是这一方法的开创者。日本教授川胜平太宣称,日本在1600～1835年间的锁国政策,是一种对西方现代化的和平替代,是无可厚非的。在世界上的不同地方,曾经有,现在也有强调非西方的独立与平等价值的论述和探讨。以色列社会学家艾森斯塔特(Shmuel Eisenstadt)最近将"多元现代性"系统化。这些作者与众不同,但他们自己在拒绝西方路径标准性优越方面是相似的,他们有一个比较的视点,但他们对不同文明间的相互影响并不感兴趣。

第三类的作者不仅比较文明的不同,还强调其相互影响、相互纠结的历史,布鲁斯·马茨利什(Bruce Mazlish)和杰里·本特利(Jerry Bentley)强调遭遇和互相影响应该成为全球史的中心。印度的"特称命题历史学派"(Subaltern History School)强调西方殖民者与亚洲被殖民者之间的不对称纠结,也强调非西方对西方社会塑造的贡献。在经济史领域出现了很多富有成果的著作,它们不仅调查了东亚与欧洲,中国与英国之间的异同,还探究了不同经济之间的交流与遭遇,它们对最终结果共同负责。美国历史学家彭慕兰(Kenneth Pommeranz)尝试解释为什么工业革命发生在英格兰而非中国,他也谈到了纠结的历史,如英格兰与加勒比国家。

## 八、总　结

我们从这些讨论能学到些什么?

首先,只有比较是不够的。我们还要考虑遭遇、纠结。两种方法可以结合起来。

其次,对跨民族历史的寻求已经到了急迫的程度,特别是对年轻的史学者。西方历史与非西方历史之间的关系越来越受到关注。

第三,全球历史不是一种替代,而是一种补充。大多数的史学家仍将继续限定题目，限定空间与时间的研究。这也未尝不可。但我们应该知道，当我们研究德国、英国或中国历史时，这些对象是通过跨民族的相互纠缠而相互影响的。我们中的很多人还将继续民族史/国别史的研究。但我们应当看到跨民族的部分。我们应该发展“全球的敏感性”(transnational sensitivity)，摆脱我们职业的地方化。

下一届的国际大会将于2005年的7月在澳大利亚的悉尼召开。这些问题将在大会讨论。会议也将使ICHS更具指导性，还将吸收世界其他至今仍未被充分代表的国家的历史学家成为我们的成员，从而使我们更具国际性。我希望中国的历史学家们对此有兴趣。

* * *

科卡的演讲会是由华东师范大学历史系主任余伟民教授主持的。科卡教授夫人、华东师范大学历史系教师和研究生参加了研究会，并就感兴趣的问题和科卡教授进行了交流。

首先是关于“纠结的历史方法”的问题。朱政惠教授认为，这是很新的提法，科卡教授能否对此问题作进一步介绍和阐述。

科卡教授回答说，纠缠历史方法尚未完善，很多史学家在使用这种方法，并没有这样的一个学派。他说，这种纠结的方法的应用，可以给出三个例子。

第一个例子：关于文化的传播。如20世纪80年代一些德国的特别是法国的文学史、文化史学家的研究。他们在探讨一种特定的法国的文化，一种理念如何从莱茵河的东岸来到西岸，或反之。比如法国文化中的一些民间节日，被欧洲的其他国家接受、吸收。在这一过程中，原来的东西有了些许的改变。自由主义与民主的概念也经历了这样的过程和改变。理念和文化从一个国家移植到另一个国家，后来被称作“跨语际文化交流史”(History of Crossing Boarders)。

第二个例子：英国历史与印度历史的关系。印度在很长时间内是英国的殖民地，并成为大英帝国的势力范围。印度的历史学家在研究19世纪英国的影响，比如英国的教育体制在孟买、德里或其他地方的实施。但他们发现，这些制度已不是英国原版，而是与当地文化相调节后的结果。

科卡教授强调说，这种影响不是一方面的，是双方的。比如英语语法的教育最早在印度的学校开展，但后来这种教学法反过来又应用到英国的学校，并且被规范化。19世纪、20世纪初英国上层社会的构成，还深受殖民地印度的影响。上流人士到殖民地工作，经商，有了一定的经历后回国。英国

的政治家、上层人士与印度当地的上层富裕人士、权势阶层交往。他们之间有问题发生，有时也存在一种共生关系。抛开殖民地时期英国、印度关系史，无法理解英国上流社会的历史。这就是纠结历史。

第三个例子：科卡教授说，一个同事的研究是一战后欧洲和中国的公共空间与公众舆论的发展。他认为一战改变了世界不同地方的公众舆论。他试图将这种改变，作为共同的语境，尝试揭示欧洲对亚洲的理解，在欧洲的公众讨论中所起的作用；欧洲的这些讨论又如何影响了 1920 年代中国的社会运动和社会斗争。科卡说，这是纠缠的历史的另一种形式。

科卡教授还谈了自己对纠结的历史方法的理论背景理解。

他说，在第一个例子中，用到了文化关系理论。这种理论认为，不同的文化是相互关联的，几乎不能分离。

第二个例子中，很明显地有后殖民理论的支持。一些印度的知识分子和学者认为，欧洲并不代表一切。在很多方面，他们自身也是世界历史的产物。他们不只是世界历史的主体，也是世界历史的产物。当然，重新确定、重新陈述、重新判断与殖民政策相关的原殖民地的重要性是与政治发展的进程相关的。关于后殖民研究的文本可以列很长的书单。这个例子说明后殖民理论在世界历史研究中、世界历史书写中所具有的影响。

第三个例子中，这个学者使用的是多元现代性的理论。关于现代化，一直存在着争论。中国也有这方面的讨论。1990 年代，一位杰出的以色列社会学家艾森斯塔特曾经发表了题为《多元现代性》的文章，提出了一个很有意思的观点。他认为通向现代性的路径是各不相同的，相互竞争的。他的文章用到了比较的方法，也用到了纠结历史的方法。不同的现代化是相互影响的。一个国家对其他国家现代化有所感知，当然也有抗拒。所以，艾森斯塔特的多元现代性理论可以被视为纠结的历史这一方法的第三种理论资源。

胡逢祥教授接着就中国加入国际历史学会的问题提问。他说，先生所谈的中国在 1938 年加入国际历史学会，但据知，虽然中国当时有地方性的历史学会，但中国的全国历史学会直到 1943 年才正式成立。不知道在 1938 年，中国是以何种形式加入国际历史学会的？

科卡教授回答说，目前所掌握的记录中没有记载每一个单独的国家是如何决定和以何种方式加入这个学会的。但知道先生所谈到的情况不是例外。1926 年国际历史学会成立时，法国、丹麦和另一个欧洲国家也还没有自己的全国历史学会。它们都是学会的发起国。一位著名的法国历史学家在学会筹备期间起了核心的作用，他还参与讨论了是否应该接纳德国为会员的问题。法国是在1926年之后才成立自己的全国历史学会。所以可以说，国际历史学会的成立刺激了各个国家成立自己的国家级历史学会。

胡逢祥教授接着提问:关于比较的方法，一种是平行比较，一种是联系的比较。中国传统上只将前一种比较视为比较，后一种不是真正意义的比较。请问科卡教授，理论上可否将比较的方法与纠结历史的方法都概括或归纳为比较的史学方法?

科卡教授回答:没有问题。这取决于你对比较的定义。据我所知，这种争执总是存在。我个人倾向于比较狭义定义下的比较。这种比较主要关注比较双方的异同，它们或许有联系，或许没有联系。科卡教授说:我将比较定义在这个范围，将纠结的方法定义为其他。主要在于它不计异同，只管联系。如果你喜欢在广义上将异同与联系同时包含在比较的方法之内，也是完全可以的。在这个广义的比较中，纠结历史的方法只是比较的一个方面。所以，这是一个定义的问题。

科卡教授说，我想强调一下为什么我的定义要好一些。因为比较异同与研究纠结是两种非常不同的知性的实践。在比较中，你需要知性地、分析性地将比较的双方分开;而纠结方法是另一种知性实践。给它们以不同的名称是有意义的。

科卡教授说，确实有对完全没有联系的国家进行比较研究的历史著作。如日本和法国封建制度的比较等。据我所知，日本的封建制度就没有受欧洲封建制的影响。有德国史学家就这样比较日本与欧洲封建制度的异同，这里没有纠结的历史。有的著作就研究纠结，特别是文化研究的著作。它们关注观念的移植问题。科卡教授说，我个人认为，在研究那些有某种程度联系的国家的时候，两种方法，比较的和纠结的方法结合起来会更好。史学家通常两种方法都用。法国著名历史学家马克·布洛赫写过一篇非常重要的著作《欧洲历史比较》，1928年就开始这一比较计划。布洛赫采用的就是广义的比较，既进行对比，又研究纠结。

在谈到比较和纠结的历史方法的时候，科卡教授夫人也作了发言。她说，我现在在柏林自由大学教历史，学生是历史专业的师范生。我们现在正尝试将刚才所讲的方法运用于对中学生的历史教育。我们不仅要教给他们德国史，还要教给他们一些世界史，比如中国的历史或法国的历史。现在的孩子通过互联网了解到世界其他国家的知识，他们还了解到这些国家相互之间有各种关系。现在有的孩子到世界各地旅游，这也让他们了解到各个国家之间是有关系的。同时对孩子们来讲，只讲民族史已不那么有意思了。

他们想知道更多关于世界的知识。

科卡还就研究生提的问题一一作了解答。关于历史推动力问题，他认为，很难确定是哪一种单一的因素推动了历史。利益、需求、冲突、发明、创造等等，都发挥了影响。经济利益起了很大的作用，但并不能解释一切。宗教也起了巨大的作用。血腥的战争常常是由宗教引起的，战争所带来的后果又推动了历史的发展。历史是一个非常复杂的各种因素交织的结果，没有确切的、唯一的答案。

关于第二次世界大战，科卡教授说，二战是德国历史上最具灾难性的时刻（至少在20世纪如此）。无疑，是德国发动了二战，希特勒的法西斯制度与1938～1945年间的二战有着密切的关系。像我这样的德国现当代史的研究者和书写者都对这一点有深刻的认识。二战不仅是一场战争，也是对犹太人的大屠杀。2500万人死于这场战争，还有无数的伤者，城市被轰炸，人民流离失所，饱受痛苦。历史学家们都直接或间接地反思这样的问题：这一切是如何发生的？二战在我们的历史研究和写作中占有重要地位，是研究的中心。我们不得不面对它。我们是以批判的观点对待二战的。

科卡教授说，德国的政治文化在上一个十年，以开放的心态对待德国的犯罪和对二战的责任，这是很好的事情。我们公开面对了这一问题而不是把它当作禁忌。有大批的对犹太人大屠杀的集体回忆著作出版，这种行为推动了德国民主制度的进步。诚实地面对自己的过去，尽一切努力不使这样的过去再次发生。这就使今天的德国重新焕发了活力，这是非常重要的。这种自我批判的态度，与德国民主制度在上一个十年间能够取得成功，有着直接的、密切的关系。

科卡教授夫人补充说，我们对中小学的历史教育也非常强调这一点。当然这种教育不是在战后立即开始的，但我们的教育是一遍又一遍，不断重复的。

科卡教授还回答了关于伊拉克战争的提问。他说，你们或许知道，在所有的欧洲国家，大多数人是反对这场战争的。民意调查的结果是很清楚的。在英国、波兰、西班牙、德国、法国，被调查者都清楚地回答不应该以战争的形式反对萨达姆。尽管绝大多数人反对萨达姆，他们还是认为战争是错误的。科卡教授说，战争没有胜者，战争不是取得民主的好工具。和欧洲其他国家一样，德国有二战的惨痛经历，巨大的牺牲和损失。美国虽然参战了二战，但战争不是在他们的国土上发生的。而欧洲国家对能通过战争而达到的目的则更悲观一些。这是造成美国与欧洲对伊拉克战争态度之不同的一个因素。

# 绅士资本主义理论评介

张顺洪

近年在英帝国史研究领域，国际学术界流行着一种新理论，可称作“绅士资本主义”(gentlemanly capitalism)理论。这种理论最初产生于 20 世纪 80 年代，90 年代得到了进一步的发展，其学术影响呈现出了一种越来越大的趋势。本文将对这种理论进行简要介绍，并稍作评论。

## 一

《英帝国主义》英文版封面

绅士资本主义理论的提出者是两位英国历史学者 P. J. 凯恩和 A. G. 霍普金斯。20 世纪 80 年代，当他们共同发表论文时，这两位学者都在英国伯明翰大学任教。1993 年他们出版《英帝国主义》一书时，凯恩仍任教于伯明翰大学，而霍普金斯则在日内瓦国际研究生院工作。稍后，凯恩到设菲尔德哈莱姆大学任历史学研究教授，霍普金斯则到剑桥大学任英联邦史史末资教授。

1980 年，凯恩和霍普金斯在《经济史评论》杂志上共同发表了《1750～1914 年英国海外扩张的政治经济学》一文，强调要重视非工业形式的资本主义对英国帝国政策的影响。1986 年和 1987 年，他们在《经济史评论》上又相继发表了两篇论文:《绅士资本主义与英国的海外扩张:1688～1850年的旧殖民体系》和《绅士资本主义与英国的海外扩张:1850～1945年的新帝国主义》。[①] 在这三篇论文中,他们初步提出了绅士资本主义理论。1993年这两位学者共同出版了两卷本的《英帝国主义》,系统阐述了这一理论。[②]《英帝国主义》一书问世后在学术界引起了广泛的反响。1995年美国历史协会认为《英帝国主义》为1993～1994年出版的关于现代英国或英联邦史最好的著作,授予该书福柯茨奖。2002年《英帝国主义》一书的第二版问世。在第二版中,凯恩和霍普金斯增加了前言和后记。

《英帝国主义》(1993年的第1版)一书分两卷,共27章,800多页,考察的时期是从1688年光荣革命到20世纪90年代。这27章从考察的内容看大致可分为四个方面:一、导论和结论,共5章,阐述了作者的主要观点;二、关于英国绅士资本主义发展状况及其对帝国的一般影响,以及英国绅士资本主义同他国如美国、德国的关系,共11章;三、关于英国绅士资本主义在英帝国内不同地区的具体活动和影响,共6章;四、关于英国绅士资本主义在帝国外的地区如南美和中国的活动与影响,共5章。[③]

下面我们将简要介绍凯恩和霍普金斯提出的绅士资本主义理论的主要观点。在他们的理论中,绅士资本主义主要是相对工业资本主义而言的。他们认为,在现代英国存在着一个强大的绅士资本家阶层。这些绅士资本家,如伦敦城中的大银行家和大商人,拥有雄厚的资本。"他们的职业特性给他们提供了足够的业余时间去享受绅士的生活风格,同时使他们能够建立和发展社会关系,这种关系是在经营中取得成功的极其重要的资源。"他们的活动适合"对资本主义所下的定义,而且从拥有、调动和控制资本的直接意义上讲,他们也是资本家"[④]。

---

① 这三篇论文的英文标题是:Political Economy of British Expansion Overseas,1750-1914,*Economic History Review*,Second series,33(1980);Gentlemanly Capitalism and British Expansion Overseas,I:The old Colonial System 1688-1850,*Economic History Review*,Second series,39(1986);Gentlemanly Capitalism and British Expansion Overseas,II:New Imperialism 1850-1945,*Economic History Review*,Second series,40(1987)。

② 该书的英文名是 *British Imperialism*,第1卷的副标题是"1688～1914年的创新与扩张"(*Innovation and Expansion* 1688-1914),第2卷的副标题是"1914～1990年的危机与解构"(*Crisis and Deconstruction* 1914-1990)(朗曼出版公司,1993)。下引此书,版本同此。

③ 英国学术界有"正式的帝国"和"非正式的帝国"的说法,南美与中国均属于英国非正式帝国的范围。

④ P.J.凯恩、A.G.霍普金斯:《英帝国主义:1688～1914年的创新与扩张》,第26页。

凯恩和霍普金斯认为，“17 和 18 世纪的英国统治者大大地改变了他们的‘职业和功能’，从土地与市场的联合中涌现出我们所称作的绅士资本主义”①。绅士资本一般主要是指金融业和服务业的资本，但在早期土地集团的资本在绅士资本中占主导地位。土地集团曾是绅士资本家阶层中的大伙伴，是绅士资本家群体的中心。1850 年后，随着金融业、服务业的大发展和土地集团势力的衰落以及两者之间的融合，绅士资本家阶层的结构发生了变化。到 19 世纪末，“曾经作为大伙伴的土地集团已经变得非常依赖在服务部门特别是在伦敦城获得的财富”②。

在《英帝国主义》一书中，凯恩和霍普金斯并没有列出一张清单，指明究竟谁是绅士资本家(gentlemanly capitalists)。有些学者因而批评他们没有对绅士资本家下一个准确的定义。这里我们只能从他们的著述中，大致划定一下绅士资本家人群。拥有雄厚资本的土地贵族、金融家、大商人、各种服务行业的大亨(如保险公司、交通运输和通信公司的老板等)无疑是绅士资本家。凯恩和霍普金斯指出：“绅士们可以利用由其政治影响所强化的社会排他性这个武器来打入和垄断合意的职业，如法律领域的高级职务、国教的上层职位、武装机构中的官职，并因此而保证这些职业能提供适宜的高收入。中层职务以同样的方式由半绅士们充任；而下层职务的占有者则是纯粹的绅士，其地位和收入反映了他们所服务者的声望。”可见这些领域的高级人士也属于绅士资本家阶层。凯恩和霍普金斯还指出：“几乎所有的英国高级官员，不管在国内还是在海外供职，主要来自与土地、食利者或服务部门之财富有关而不是与工业财富有关的阶层。”③这里，我们可以看出，大多数英国高级官员包括外交官和殖民官员也是绅士资本家。

绅士资本家不包括工业资本家，他们是绅士或者是能够享受绅士生活风格的人，以绅士的方式获得财富，并拥有大量资本。而工业资本家则要从事与体力劳动相关的活动，在生活与工作方式上不同于绅士。

凯恩和霍普金斯认为，在英国绅士资本家的财富要大于工业资本家的财富。即使在工业革命期间或工业革命之后，绅士资本的力量都大于工业资本的力量。“英国工业的代表们没有伦敦城中他们的对应者那么富有，赚钱的方式也没有得到其社会上层的赞同，并且在国家层次上，只发挥着非常

---

① P.J.凯恩、A.G.霍普金斯：《英帝国主义：1688～1914 年的创新与扩张》，第 15 页。

② P.J.凯恩、A.G.霍普金斯：《英帝国主义：1688～1914 年的创新与扩张》，第 33 页。

③ P.J.凯恩、A.G.霍普金斯：《英帝国主义：1688～1914 年的创新与扩张》，第 24～25、29 页。

有限的政治影响。”[①]工业资本的影响主要是地方性的，如在工业城市伯明翰、曼彻斯特等地，而绅士资本的影响则是全国性的，特别是在首都伦敦。“只是当特殊的事件或危机迫使它们在伦敦提出其问题时，曼彻斯特、利兹和伯明翰才露面，而金融界和商界在伦敦则处于压倒性支配地位。”[②]

绅士资本家阶层与政治权力联系密切，其中心在伦敦城，非常接近于政府权力机构。政府官员也大多来自绅士资本家阶层，他们与绅士资本家在很大程度上是重合的。在英国，绅士们具有共同的道德规范和生活方式，他们也具有共同的世界观。“绅士道德规范在服务资本主义的资本家与非资本家成分之间构成了一层强有力的黏合剂，其结果是绅士精英拥有共同的世界观和对安排世界秩序的共同看法。这种程度的一致性和志趣相投说明了为什么在绅士阶层的上层，企业与政治之间的障碍只不过是可移动的中国墙。这当然不是说团结意味着全体一致：在伦敦城与白厅之间，在银行家族与政府部门之间不仅可能而且经常存在着不同看法和在孰先孰后上的分歧。但要强调的是，争端发生在家中。不同意见可自由表达，但支撑分歧的价值观念是没有疑问的，并且双方都意识到他们争论的只是关于准确的路线而不是关于政策的大方向。”[③]

正是因为绅士资本家与政府有着如此亲密的关系，他们对政治的影响是巨大的。凯恩和霍普金斯这样写道：“在英国本土，结构权力的主要控制者是绅士资本家。他们通过职业与活动枢纽连接在一起，这种职业与活动同经济帝国主义的推行直接联系在一起。政治家和官员处在这个体系的中心，他们控制着通称的‘高层政治’：对外政策、防务、法律与秩序，以及主要是对政府开支与货币供应进行控制的宏观经济管理。”[④]

不少学者批评凯恩和霍普金斯过分强调了绅士资本的力量而小视了工业集团的力量。面对这种批评，他们作出回应说：“我们的观点不是说工业集团没有任何影响力……而是说金融与服务部门具有更大的分量。绅士们与工业没有任何自然姻亲关系，但他们承认工业在促进就业和外贸上的重

---

① P. J. 凯恩、A. G. 霍普金斯：《英帝国主义：1688～1914 年的创新与扩张》，第 470 页。

② P. J. 凯恩、A. G. 霍普金斯：《英帝国主义：1688～1914 年的创新与扩张》，第 41 页。

③ P. J. 凯恩、A. G. 霍普金斯：《英帝国主义：1688～1914 年的创新与扩张》，第 28～29 页。

④ 雷蒙德 · E · 杜麦特主编：《绅士资本主义与英帝国主义：关于帝国的新争论》(Raymond E. Dumett, *Gentlemanly Capitalism and British Imperialism: The New Debate on Empire*)，朗曼出版公司 1999 年版，第 205 页。下引此书，版本同此。

要性，承认工业在为他们负责维护的国家利益做贡献中的角色。"[①]

绅士资本家在英国政府决策中起主导作用，对政府的影响远大于工业资本家。与工业资本家相比，绅士资本家还拥有一种特别的优势：处于顶层的绅士资本家掌握着特殊的信息资本。通过与掌握国家机器者接触，他们能获得特权信息，这样的信息给他们带来了大量财富并使他们便于谋取高级职务。

由于绅士资本的巨大力量及其对政府的影响，英国的海外扩张政策也更多地体现了绅士资本主义的利益，而不是工业资本主义的利益。当绅士资本与工业资本两者发生利益冲突时，政府总是支持绅士资本。凯恩和霍普金斯在第二册结论中指出："国内和国际经济都以更有利于促进服务业的事业而不是出口工业的事业的方式发展。1850 年之后情况如此，1914 年后情况更是如此：当自由贸易的世界主义受到攻击时，政策制定者几乎自动地认为他们优先考虑的主要是保持英国作为国际金融大国的地位。"哪里需要作出选择，绅士集团就会在哪里取得优胜，直到帝国的终结。[②]

《英帝国主义》一书认为绅士资本主义是英国对外扩张的主要动力。在全书的结论部分，作者这样写道："用最简明的话说，我们提出的观点意思是在帝国兴衰的三个世纪期间，存在着支撑英国海外扩张及其相联的帝国主义冒险事业的广泛的目的一致性。这种一致性不是起源于一种资本主义渗透的陈规老套或包容性的多原因解释，而是起源于一种以金融和商业服务为中心的经济发展的特殊模式，这种模式产生于17 世纪末，一直延续到帝国的终结，甚至超越了帝国。"[③]

凯恩和霍普金斯因而不同意解释英国海外扩张的"边缘说"或"国际战略说"。"边缘说"认为英国的海外扩张主要是由边缘地区（殖民地和半殖民地地区）的不稳定因素造成的，在这些地区恢复秩序导致了英国的扩张。"国际战略说"则认为英国的海外扩张主要出于同其他大国争夺国际战略要地的考虑。但凯恩和霍普金斯却认为海外扩张的动因在英国，是英国经济利益的需要。当然他们也不同意把英国工业资本主义的发展和利益视为英国海外扩张的动因，认为英国海外扩张的动因主要是英国绅士资本主义的需要。他们反对把英国工业的兴衰作为划分英帝国兴衰阶段的依据，而主

---

① 雷蒙德·E·杜麦特主编：《绅士资本主义与英帝国主义：关于帝国的新争论》，第 218～219 页。

② P.J.凯恩、A.G.霍普金斯：《英帝国主义：1688～1914 年的创新与扩张》，第 41、300 页。

③ P.J.凯恩、A.G.霍普金斯：《英帝国主义：1914～1990 年的危机与解构》，第 300 页。

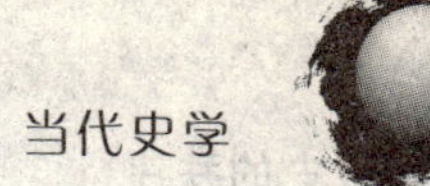


张根据绅士资本主义的影响力来划分帝国兴衰的阶段。当用工业标准衡量时,英国可能被视为处于相对衰落之中;而用金融标准衡量时,则可发现英国处于迅速扩张之中。

因此,他们不同意那种认为英国在19世纪末随着工业的衰落国力也衰落的传统观点,也不认为此时英国在海外的影响力开始下降。实际上,19世纪末当英国工业的竞争力下降时,英国在海外的影响力反而在扩大。他们认为,"尽管英国制造业的竞争力正在衰落,但直到1914年英国在帝国内外强加自己意志的能力仍然是无与伦比的。正如德国和法国非常明白的,这是因为伦敦的资本市场仍然在世界上最大,最有效,从而最有竞争力"。"一战前夕,英国仍然是一个有活力的雄心勃勃的国家。尽管它担忧大规模冲突的代价和更广的牵连,但在追寻自己扩张主义的目标中仍信心十足。"①凯恩和霍普金斯因而强调应重新估价英国的衰落,过去历史学家们低估了英国继续存在的帝国主义愿望和她所取得的成就。

## 二

《英帝国主义》出版后,不少报刊发表了评论,如《卫报》、《星期日邮报》、《国际历史评论》、《历史学家》、《经济史评论》、《过去与现在》、《帝国和联邦史杂志》、《美国史学评论》等。2002年《英帝国主义》一书再版时,附上了二十多篇评论文章的摘录。学术界还出版了论文集,对《英帝国主义》作出反响。例如,1999年出版了由雷蒙德·E·杜麦特主编的《绅士资本主义与英帝国主义:关于帝国的新争论》一书,收集了8位学者的文章,杜麦特还撰写了一篇很长的引文,书中附有凯恩和霍普金斯的反馈文章:《后记:英帝国主义的理论与实践》。2000年10月,在大阪举行了一次国际学术会议,主题是:"绅士资本主义及其对全球史的影响"。与会学者对凯恩和霍普金斯的绅士资本主义理论进行了讨论,通过实例考察来反驳、支持或修正绅士资本主义理论。这次会议的论文集于2002年出版,由日本学者秋田茂主编,亦附有凯恩和霍普金斯的反馈文章。《英帝国主义》还被译成日文,1997年出版。

《英帝国主义》出版后,尽管学者们见仁见智,但有一点是比较一致的,即它是一部很重要的学术著作。例如,查尔斯·安布勒在《国际非洲史研究

① P. J. 凯恩、A. G. 霍普金斯:《英帝国主义:1688～1914年的创新与扩张》,第473页。

杂志》(1995 年第 28 期)上发表文章指出:"自三十多年前《非洲与维多利亚人》一书出版以来,这部两卷本著作对现代英帝国主义进行了最重要最全面的再评价。"戴维·坎纳戴恩在《过去与现在》杂志(1995 年第 147 期)上发表文章指出《英帝国主义》"将是任何对英国史、英帝国史或曾经是英帝国的一部分的任何民族的历史感兴趣者必不可少的读物"。[①] D. K. 菲尔德豪斯在评价这两卷书时写道:"任何对现代帝国主义研究感兴趣的人都不敢不读它们,我在阅读时获益匪浅。"[②]

学者们在肯定《英帝国主义》的学术贡献时,也从不同角度对其提出了批评。剑桥大学的英帝国史专家 D. K. 菲尔德豪斯就提出了三大批评。首先,他认为凯恩和霍普金斯没有用史实来充分证明绅士资本集团与政府的密切联系。其次,菲尔德豪斯指出,尽管凯恩和霍普金斯强调宗主国的决定作用,但他们的阐述却又无法排除"边缘"地区的影响,只不过贬低了其作用而已。第三,菲尔德豪斯认为,凯恩和霍普金斯提出的绅士资本主义这个概念作为一个广义的历史解释其重要性被夸大了。同时,他写道:"我之所以反对凯恩和霍普金斯的基本观点是因为它非常危险地接近于单一因果律。"[③]

伦敦大学英帝国史专家安德鲁·波特认为,"绅士资本家精英并不像《英帝国主义》的论点所必须要求的那样具有一致性,其在英格兰南部的心脏地带也不那样自我封闭,难以对付"。他认为凯恩和霍普金斯很大程度上否定了独立产生于海外的任何形式的"帝国建设"的重要性。他们也没有提及"英帝国主义经常根本上是反应性的和防御性的"。波特强调英国在海外的重大金融存在并不一定预示着"帝国主义",经常存在着其他目标。[④]

其他一些学者也从不同角度进行了批评。例如,达尔马·库马尔认为凯恩和霍普金斯的《英帝国主义》一书主要是对英国近现代史的一项研究。在考察英国在印度的活动时,他们夸大了殖民政府的力量和影响程度,低估

---

① 查尔斯·安布勒和戴维·坎纳戴恩的评论均转引自《英帝国主义》第 2 版所附评论摘要。

② D. K. 菲尔德豪斯:《绅士、资本家与英帝国》(D. K. Fieldhouse, Gentlemen, Capitalists, and the British Empire),载《英帝国英联邦史杂志》(*The Journal of Imperial and Commonwealth History*)1994 年第 22 卷第 3 期。

③ D. K. 菲尔德豪斯:《绅士、资本家与英帝国》,载《英帝国英联邦史杂志》第 22 卷第 3 期(1994)。

④ 安德鲁·波特:《伯明翰、威斯敏斯特和伦敦城:帝国观的比较》(Andrew Porter, Birmingham, Westminster and the City of London: Visions of Empire Compared),载《历史地理杂志》(*Journal of Historical Geography*)第 21 卷第 1 期(1995)。

了印度企业界的政治与经济力量。这些弱点使他们的主要观点受到质疑。[1]爱德华·英格拉斯批评凯恩和霍普金斯在《英帝国主义》中忽略了对中东地区的考察。他怀疑这两位学者有意不谈中东,并批评他们试图剥夺本土人的主动性,而回到欧洲中心论或“另一种东方学的表现形式”。[2] 日本学者秋田茂在考察英国20世纪30年代在东亚的活动时,认为凯恩和霍普金斯的分析过分以英国为中心,而忽视了美国和日本在东亚的政策和影响。[3]

尽管学术界对凯恩和霍普金斯的绅士资本主义理论提出了许多批评,但需要指出的是,也有不少学者持认同态度,并从绅士资本主义理论的角度出发进行实例研究,在提出批评和修正意见时,加强与发展这一理论。目前绅士资本主义理论在西方学术界的影响有扩大的趋势。“绅士资本主义”一词已成为国际学术中一个有活力的概念。

## 三

下面简要谈一谈我们对凯恩和霍普金斯的《英帝国主义》及其绅士资本主义理论的看法。首先,《英帝国主义》一书和绅士资本主义理论的提出的确有其值得肯定的地方。从学术研究上讲,该理论的提出是作者对英帝国史研究的一大贡献,开辟了考察英帝国史的一个新途径。这个理论激起了较大的反响,引起了更进一步的考察,对学术研究确是一个促进。

作者使用了绅士资本家这个概念,从新的角度分析了英国社会资产阶级的不同群体。这一考察有助于了解英国内部的阶级结构和不同群体的资本家之间的矛盾。凯恩和霍普金斯揭示了英国绅士资本家与政府的关系,强调了绅士资本家阶层对政治的影响。从某种意义上讲,其探讨有利于人们认识英国政府代表资本家这个本质。这里凯恩和霍普金斯讲的主要是代表英国绅士资本家。由于英国政策受绅士资本家的支配,政府在制定政策时首先考虑的是绅士资本家的利益,有时为了绅士资本家的利益,不惜牺牲

---

① 达尔马·库马尔:《本土资本家与自由放任的官僚?——1858～1914年的印度》(Dharma Kumar, Native Capitalists and Laissez-Faire Bureaucrats? -India 1858-1914),载《现代亚洲研究》(*Modern Asian Studies*)第30卷第3期(1996年7月)。

② 载《中东研究》(*Middle Eastern Studies*)第33卷第2期(1977年4月)

③ 秋田茂:《1880～1939年英国在东亚的非正式帝国》(Shigeru Akita, British Informal Empire in East Asia, 1880-1939: A Japanese Perspective),载雷蒙德·E·杜麦特主编《绅士资本主义与英帝国主义:关于帝国的新争论》,第141～156页。

工业资本家的利益。尽管作者没有直接地提出英国政府的亲绅士资本政策是英国工业衰落的原因，但他们的考察无疑有助于学者们从这个角度去思考19世纪末叶以来英国工业相对衰落的原因。

这两位学者在其著作中实际上运用了阶级分析法，揭示了英国的帝国政策是受英国资本主义的需要所支配的。在他们看来，"绅士资本主义"支配着英国的帝国政策，英国的海外扩张是绅士资本主义利益要求的结果。这种观点与那种认为帝国的扩张是由"边缘"地区的不稳定因素引起的观点相比，应该说是一种学术进步。他们对帝国主义的本质有一定的揭露，并作了某些批评。例如他们在论述帝国主义的特征时，这样写道："帝国主义的明确特征不是它具有某种特殊的经济、文化或政治形式，而是它涉及到对另一个国家主权的某种侵入或尝试的侵入。"[①]与英国史学界某些主流派学者相比，他们毕竟对英帝国主义进行了一定程度的公开批评。

当然，《英帝国主义》一书及其绅士资本主义理论也有很大的局限性。下面简要地提出若干看法。这部名为《英帝国主义》的书，长达数百页，但对"帝国主义"这个概念却没有给予明确的定义。上文引述的一句话就是作者在书中对帝国主义最明确的解释。读者从其书中难以全面理解什么是帝国主义。对于一部以帝国主义一词作为标题的著作来说，这是一个明显的不足。值得说明的是，这并不是作者简单的疏忽。实际上，这是作者有意为之，是作者在试图对帝国主义作一种新的解释。关于这一点，下面我们还将论及。

《英帝国主义》实际上主要只考察了英帝国主义经济领域的一个方面，即作者所称的绅士资本主义的活动，而对帝国主义引起的矛盾和冲突几乎没有任何涉及。从某种意义上讲这部著作有点文不对题。但正是通过这种方式，作者试图向读者展示一种新形象的帝国主义。对此作者还预先作了一番自我保护式的解释。在第一章中他们这样写道："这里我们主要的目的是理解英帝国主义的原因，而不是对它们作出评判。""我们关心的是帝国主义的原因，而不是帝国主义的结果或殖民主义的本国史。"[②]但是，仅仅这样解释是不够的。作者完全可以改一下书名以适应考察的内容，否则就应该对帝国主义的历史作一个比较全面的考察。

作者对帝国主义产生的原因和存在的条件也解释不足，只考察了帝国

① P.J.凯恩、A.G.霍普金斯:《英帝国主义:1688～1914年的创新与扩张》，第43页。

② P.J.凯恩、A.G.霍普金斯:《英帝国主义:1688～1914年的创新与扩张》，第47、50页。

主义产生和存在的经济因素，对其他因素没有什么阐述。而且，正如不少学者所批评的，他们在考察帝国主义的经济原因时，贬低了工业界在英帝国海外扩张中的作用，过分强调了“绅士资本主义”的影响。在阐述帝国主义存在的条件时，他们完全忽略了世界历史发展的不平衡性这个规律。帝国主义存在的一个前提是世界上存在着发展较落后、实力较弱的地区供帝国主义掠夺和奴役。帝国主义存在的国际条件取决于国际格局中的力量平衡有利于帝国主义国家，也就是说在国际格局中没有其他力量强大到足以阻止帝国主义。现代殖民帝国存在的条件是多方面的，而帝国主义国家的军事优势起着关键作用。然而《英帝国主义》一书对英国海外军事活动几近讳莫如深。

作者在把宗主国的经济放在理论分析的中心时，又走上了欧洲中心论的老路。在书中，凯恩和霍普金斯反复强调着一种看法，即英帝国史的发展变化主要是由英国绅士资本主义的力量和利益的发展变化所决定的。这一点在他们解释英帝国的瓦解时表现得尤为突出。根据其理论，帝国的终结是英国“非殖民化”的结果，而英国之所以进行“非殖民化”是因为帝国的存在对维护英国绅士资本主义利益已经不必要了，至少是不那么重要了。他们着意贬低殖民地的民族解放运动和完全忽略国际共产主义运动在结束殖民统治中的历史作用。

除没有跳出欧洲中心论的窠臼外，《英帝国主义》一书还变着法儿弹奏传播文明使命的老调。他们写道：“帝国使命是绅士秩序的出口版本。”“帝国是绅士活动的一个极好的舞台，是责任进步观，是与邪恶战斗，是履行职责，是取得荣誉的终极实验场所。”[①]“我们在此强调这样的事实，即把英国推到海外的那种力量与经济考虑结合在一起了，它们携带着一个更广泛的发展方案，这个方案的目的是提高文明标准和生活标准，而相应地伴随着这个方案的是自由政治原则和传教事业的出口。”[②]

而且，“绅士资本主义”这个概念中的“绅士”(gentlemanly)一词具有微妙的作用，既可理解为“绅士们的”，也可理解为“绅士般的”。当它与“帝国主义”一词连用时，就构成了“绅士帝国主义”这个概念。而“绅士帝国主义”则既可理解为“绅士们的帝国主义”，也可理解为“绅士般的帝国主义”。而“绅士般的帝国主义”则意味着帝国主义是文雅的、有礼貌的。这就自然而

---

① P. J. 凯恩、A. G. 霍普金斯：《英帝国主义：1688～1914 年的创新与扩张》，第 34 页。

② P. J. 凯恩、A. G. 霍普金斯：《英帝国主义：1688～1914 年的创新与扩张》，第 468 页。

然地为帝国主义涂上了脂粉。实际上,国际学术界已出现了“绅士帝国主义”(gentlemanly imperialism)这个概念。《英帝国主义》一书的作者之一凯恩在1996年发表的一篇文章,标题就使用了“绅士帝国主义”这个概念。[①]

这种转弯抹角地为帝国主义涂脂抹粉的心愿在《英帝国主义》第二版中表现得更为明显。在这一版中,作者加了一个很长的后记,标题是《帝国与全球化》。作者匆匆忙忙地赶了一个时髦,把帝国与全球化挂上了钩:“帝国扩张的进程可以视作全球化史中的一个阶段。”[②]而在他们考察的历史时期,全球化可以分为三个大阶段:1648～1850年的原始全球化阶段、1850～1950年的现代全球化阶段、1950年后的“后殖民时代”的全球化阶段。

作者认为,在二战前的两个世纪,英帝国促进了一种全球化,这种形式的全球化在国内加强了民族国家,而向海外则出口了其制度和价值观念。“帝国适应了世界发展的一个阶段,这个阶段要求欧洲正在现代化的国家和经济同地球的其他部分的新老社会一体化。”[③]他们还认为,就特点而言,有三种帝国。“一些帝国是掠夺性的:它们的主要目的是剥夺受其控制的社会的剩余收入。一些帝国是发展性的:它们寻求把被征服者或被吸收者变成生产性的经济伙伴。还有一些帝国,以英帝国为典型,在不同时候不同地方既是掠夺性的又是发展性的。”[④]好不容易,凯恩先生和霍普金斯先生这两位已经功成名就的大教授终于在《英帝国主义》第二版中发明了这种新见解!至于哪些帝国是掠夺性的,哪些帝国是发展性的,我们不得而知。我们只知道大英帝国具有这样的两重性,它既具有掠夺性,又具有发展性。你看,我们的评述多么公允。不管怎么说,你不能全盘否定我们的帝国主义!

---

① 这篇文章的标题是《运行中的绅士帝国主义:1932～1936年英格兰银行、加拿大和英镑区》(Gentlemanly Imperialism at Work: The Bank of England, Canada and the Sterling Area, 1932-1939),载《经济史评论》第49卷2期(1996)。

② P.J.凯恩、A.G.霍普金斯:《英帝国主义》,第2版,第662页。

③ P.J.凯恩、A.G.霍普金斯:《英帝国主义》,第2版,第679～680页。

④ P.J.凯恩、A.G.霍普金斯:《英帝国主义》,第2版,第664页。

# 西方当代史学与“后学”思潮：以启蒙运动为中心的讨论

王晴佳

后现代主义、后殖民主义等所谓“后学”思潮对当代西方世界史学研究的影响，不管人们愿否承认，已经有很明显的表现。追溯这些“后学”思潮的来龙去脉，总与18世纪欧洲的启蒙运动有直接、间接的联系。本文的写作，试图从史学史发展的角度，以当代思想家、历史学家对启蒙运动的看法为例，来爬梳和检视启蒙运动对西方现代史学发展的多重方面的影响。文章的第一部分将简单讨论启蒙运动中出现的史学观念。第二部分则将描述这些史学观念对19世纪以来西方史学的影响。文章的第三部分将分析后现代主义和后殖民主义对启蒙运动的反省及其原因。作者希望通过这三个部分的讨论，使读者对当代西方史学与“后学”思潮的关系，有一个更为清晰的认识。同时，笔者也希望通过对这一关系的讨论，能对中国史学发展的现状与前景，提出一些参考性的意见。

## 一、启蒙运动的史学观念

启蒙运动是西方文明史上的一件大事，自不必说。从其渊源来看，与17世纪西欧所出现的科学革命有直接的思想上的联系。如果再往前溯，则又可见到其与文艺复兴和宗教改革的间接联系。总起来说，自罗马帝国衰亡以来，西欧社会便发生了根本的变化。这一变化自然是以基督教的兴起及其统治地位为标志的。在长达一千年的中世纪时期，西欧在政治中只出现过短暂的统一，如查理曼帝国在9世纪之崛起与分裂，但在意识形态方面，则一直存在一种相对统一的局面，那就是基督教教会的巨大影响力。在11、12世纪，教会的势力几乎可以说是如日中天，世俗的统治者只能对之俯首称臣。举例来说，在中世纪，一般民众只向教会纳税，而世俗的统治者如国王和诸侯等，则无法轻易向人们收税。当然，民众之所以向教会纳税，也是因为教会在那时提供了包括从教育到医疗的各种社会服务。而通过这些服务，教会更有效地达到了全面控制西欧社会的目的。与此对照，国王和诸侯除了要求民众参与他们之间的战争以外，并没有照顾到他们生活上的福利。

16世纪德国宗教改革家马丁·路德

由此缘故，教会势力在中世纪不断膨胀，几乎无所不及，对一般人民的生活，从生儿育女到生老病死，都加以控制，而且愈演愈烈。比如，教会对于婚姻生活的管制，就是一个显例。在中世纪初期，人们尚可寻找理由离婚，但到了14、15世纪，离婚几乎被绝对禁止，即使贵至君主，也无例外。教会这种对社会的高度管制权，自然会被滥用，引起人们的不满。如宗教改革的发生，便与某些教士利用职权，滥售所谓“赎罪券”以求暴利有直接的联系。本来马丁·路德只是一个学术中人，希求通过引经据典，对兜售“赎罪券”的行为提出批评。但未料这种批评，直接牵涉到教皇的权威，因此事件愈益扩大，不可收拾，最后酿成大祸，引起欧洲社会的根本变局。

宗教改革之所以会产生政治与社会上的巨大影响，则与中世纪后期，特别是13世纪以后的城镇的发展及其市民社会的建立有紧密的联系。而后者的重要性，则在文艺复兴的文化中有明显的表现。开始于14世纪意大利的文艺复兴，以文学艺术的形式，对基督教教会的社会影响，提出了挑战。文艺复兴的人文主义者，不但希求重新恢复已经消亡的希腊、罗马古典文明，而且通过各种形式，盛赞人的尊严，推崇人的才智。这种对世俗生活的肯定，与教会的立场形成鲜明的对照。如果我们把文艺复兴视为对教会势力的外部挑战，那么宗教改革就是一种来自内部的挑战。两者加在一起，使得16世纪以后的欧洲历史，逐渐从中世纪教会的桎梏中挣脱出来，而带上了现代的色彩。

摆脱教会控制的一个表现是，人们开始获得思想的自由。17 世纪引人注目的科学革命，便是其主要成果。从哥白尼的“日心说”到伽里略对天体的观察，乃至牛顿对自然世界规律的总结，使得一种新的世界观、宇宙观在西方社会形成。这些重大的科学发现是现代社会的思想基础，而在当时，则为提高人的地位、增强人的自信，起到了无与伦比的作用。这种由科学发现所带来的自信，也使得人们开始觉得在对人本身的研究，即对人类社会历史的研究，也可以有类似的成果。18 世纪启蒙思想家的主要成就，就在于此。他们推崇科学理性，重视科学方法，认为在人类社会演变的历史中，也能像科学家研究自然界的演化那样，发现某种规律，寻找出科学的解释。因此，通过启蒙运动，欧洲社会渐渐在世界观和历史观上面达到一种共识，其主要表现有如下几个方面：

首先，启蒙思想家所强调的思想解放，提高了人的位置，也即人的主体性，认为人是世界的主宰力量，不但有认识世界的能力，也有改造世界的能力。这里的思想解放，指的是人们如何从教会势力的控制下解放出来，运用自己的聪明才智，通过科学的研究、理性的扩展，对人周围的世界重新加以认识，提出新的看法，发现科学的规律。

其次，启蒙思想家之所以认为人能够认识与改造世界，是因为他们认为 17 世纪科学革命的成功，已经显示了科学的理性的力量。因此，现代社会的人们，只要崇信科学、高扬理性，便能驾驭人与自然的关系，征服自然、改造自然，让自然为自己服务。这种科学主义的态度，成为现代社会的重要思想资源。

又次，虽然科学革命与启蒙运动都发生于西欧，然后慢慢波及到整个欧美社会，但毕竟都局限于我们所谓的西方，因此有其空间上的限制。但是，在启蒙思想家看来，科学与理性是放之四海而皆准的，因此有其普遍的和全球的意义。于是，科学与理性的存在与否，就成了划分西方与非西方社会的分界线。

以上这些，是启蒙运动时期所产生的重要思想观念。这些观念，对西方社会自 19 世纪到 20 世纪的发展，有着重要的影响。这些观念，也体现在现代西方人的历史观与历史研究中。举其大者，有以下几个表现：①

第一，既然西方人认为通过运用科学理性，人们有能力发现历史行进的

---

① 上述对启蒙运动时期历史观的分析，可参考 Ernst Breisach, *Historiography: Ancient, Medieval, and Modern* (Chicago, 1983)，第 199～201 页；王晴佳《西方的历史观念：从古希腊到现代》，台湾允晨文化公司 1998 年版，第 7 章。

规律。因此在历史研究中，启蒙运动思想家如伏尔泰等人，开始探究历史哲学的研究，希图运用对历史的思辨，总结其演化的规律。尽管在18世纪历史哲学兴起的初期，出现了各种不同的解释，如伏尔泰对文化演进的重视、赫尔德对历史各个阶段特性的探讨和孟德斯鸠对人类社会与地理环境之间关系的研究；但就总体而言，都有一种乐观的倾向。这种乐观的倾向，表现为一种历史的进步观念，认为人类的历史前景广阔、不断向上。因此，历史就有了意义；历史的行进虽然千变万化，但却为一种规律所统辖，即后人所谓的“主叙述”(masternarrative)或“元叙述”(metanarrative)。

第二，这种历史进步的观念，基于上述科学主义的信仰。启蒙思想家认为，科学理性的力量，是推动现代社会的主要原因，也是区分古代与现代、西方与非西方的标准。如启蒙运动时期的历史学家爱德华·吉本，就以理性与非理性为出发点，分析了罗马帝国衰亡的原因。他认为基督教的兴起，也即宗教信仰的普及，使得罗马人逐渐放弃了古典文明中的理性主义传统，由此造成了以罗马帝国为代表的古典文明的灭亡。在吉本生活的时代，人们已经普遍接受了源自文艺复兴的历史三阶段理论：古代、中世纪与现代。他们都倾向认为，理性主义的古典文明，在文艺复兴以后的西方慢慢复苏，不但重新建立起来，而且不断扩展，成为主宰现代社会的主要因素，因此便体现了历史的进步。

如所周知，现代西方社会的建立，是伴随着与非西方社会的接触密切相连的。所谓的“地理大发现”，就是一个主要表现。15与16世纪西方探险家的多次远距离航行，既获益于科学革命以后人们对地球与天体等方面知识的扩展，也体现了资本主义社会建立初期那种对寻求原料、扩充市场的强烈需求。在向外扩张的时候，西方人遇到了各种不同的文明。这些文明虽然都有辉煌的成就，但与经历了科学革命的西方相比，则在科学理性的普及以及运用等方面都无法相比，不在同一层次上。因此，在西方人看来，这些文明都相对比较落后。于是，历史的进步观念，就自然而然地成了划分西方与非西方社会，并将西方凌驾于非西方社会之上的一个重要手段。强调历史的必然进步，在西方人看来，就意味着把西方的科学带到非西方地区，让那儿的人们也懂得采用科学理性，来规划与整治他们的社会。

第三，这种将西方的科学理性带入非西方地区的想法，与启蒙运动时代所推崇的理性的普遍性，有密切的联系。启蒙运动时期所出现的理性主义和科学主义等思潮，都以普遍性为号召。在当时的思想家看来，这些由西方人所总结出来的思想成果，都能放之四海而皆准，不受地域和空间的限制。

把这一普遍主义运用到历史的解释上，就意味着把世界所有的文明，都放在一个时间的坐标上加以衡量，并以科学与理性的发达与否，分出其先后。这样做的结果是，不但突出了西方文明的先进，并且在理论上认可了西方的向外扩张。因此，在很长的一段时间内，人们都无法将“现代化”与“西方化”这两个概念加以区分。事实上，从现代历史的演化来看，这两个概念的确是无法截然分离的。中国近代史上的“洋务运动”，在英文著作中，就被通常译为“西方化运动”(Westernization Movement)。这是一个为人熟知的例子。

## 二、启蒙运动与现代史学

上述的历史观念，对于现代西方历史学之发展，有举足轻重的影响。在我们讨论现代史学的特征时，我们将注重理论与方法这两个方面，而这两个方面，都与启蒙运动时期所出现的历史观和世界观有着联系。

如果要概括启蒙运动以来的西方史学，我们或许可以用“历史主义”(Historismus，Hisoricism，Historism)这一术语。但问题是，对于这一术语，在西方学术界有许多不同的理解。① 我们在这里，只能就其大要，从史学的角度，作一解释。从其渊源来看，“历史主义”是德国思想界的重要遗产，在启蒙运动的后期所产生。它既带有启蒙运动时期的历史进步观念，又对一味否定过去、突出现在的做法不满。赫尔德对历史各种时期之特点的研究，可以视为“历史主义”的一个思想起源。信奉“历史主义”的人士，通常强调用历史的观点看待历史的进步，重视历史过程中各个阶段的重要性。在他们看来，历史的进步，不是简单的那种由现在否定过去的方式来完成的。相反，他们指出，历史的进步来自于历史各个时期的积累。因此，过去的每个时期都对历史的进步有着独特的贡献。因此，要想真正了解历史演进的规律，必须对历史的发展有一种同情的理解。

在19世纪，“历史主义”的代表人物有两位，一位是黑格尔，另一位是兰克。但他们两人的学说，有不少矛盾的地方，体现了“历史主义”的丰富性。在黑格尔看来，人类历史由理性与热情的互动作用所推动，从东方起源逐渐向西方行进，最后在日耳曼人的地区达到其最高的发展阶段。黑格尔的历

---

① 有关这一术语的由来及其发展，有兴趣的读者可参考 Georg G. Iggers 的文章：“Historicism: The History and the Meaning of the Term”，载 *Journal of the History of Ideas*，56(1995)，pp. 129-152。中译文可见《史学理论研究》1998年第1期。

史哲学，强调理性，也即思辨的力量，而历史的人物与事件，只是理性的表现形式而已。但在兰克看来，黑格尔这种天马行空的历史哲学，忽视了历史本身的内容。人类历史的各种活动成了哲学家思辨活动的注脚，失去了其应有的光彩。兰克所想做的是，突出历史活动的个体性和独特性，对过去的每个时期，都表示出应有的敬意。

兰克与黑格尔的历史观虽然不同，但都在不同的程度上相信历史会不断进步这样的理念，即认为历史的行进背后有一种"主叙述"。因此在20世纪的思想家卡尔·波普尔看来，"历史主义"是一种历史命定论的观念。波普尔对"历史主义"的理解，虽然与常人有些不同，但却注意到了"历史主义"对历史解释的一个总体倾向。换言之，虽然在其起源的时期，"历史主义"的思想家不完全同意启蒙思想家对历史的解释，但在不少的方面，却又与后者有相沟通之处。[①] 这些沟通之处的主要表现，也就是我们在第一节所讨论到的那些方面：历史之不断进步，西方与非西方的关系，以及人类历史的普遍性等等。

法国启蒙思想家伏尔泰

如果从西方史学史的一些实例来看，我们也可以明显看出启蒙运动与历史主义之间的传承关系。如所周知，伏尔泰是启蒙运动的领袖，也是一位历史学家。他的《论风俗》一书，从比较文化的角度，探究各地文化的异同及其与环境之间的关系。他的论述涉及了中国、印度、波斯、伊斯兰和西方文明，显示了他历史哲学的普遍性。但推崇这一普遍性的目的，则是为了突出西方文明的先进。而西方之所以先进，在伏尔泰眼里，则是因为西方文明中理性主义的因素比较发达。

如果伏尔泰的《论风俗》从人类历史

① 有关历史主义的论著，可谓汗牛充栋，这里只能略举一二。有关历史主义与启蒙运动的关系，可见 Peter Reill, *The German Enlightenment and the Rise of Historicism* (Berkeley, 1975)。有关历史主义本身的、较近出版的论著，可见 Friedrich Jaeger & Jörn Rüsen, *Geschichte des Historismus* (München, 1992) 和 Annette Wittkau, *Historismus* (Göttingen, 1992)。波普尔对"历史主义"的解释及其批评可见其 *The Poverty of Historicism* (New York, 1961)，该书有中译本。王晴佳之《西方的历史观念》第8章对历史主义及其危机也有分析。

的普遍理性出发来凸显西方文明的优越，那么他的另一部历史著作《路易十四时代》则典型地表现了那时所信奉的历史进步的观念。伏尔泰在书中从文化史的角度，总结了欧洲文明以往的成就，而他的着眼点则是法国的路易十四时代，他认为那个时代，欧洲文明达到了一个巅峰。因此，伏尔泰通过对西方文明的研究，总结了历史必然进步的规律。

这些启蒙史学的特点，在19世纪的西方，有了更大的发展。单就历史进步的观念来看，就可以明显看出启蒙运动对现代史学的巨大影响。19世纪在西方被称为“历史学的世纪”，其主要原因就是因为历史著述最能将历史进步的理念表达清楚。这里，达尔文的进化论有很大的推波助澜的作用，但是进化的思想，在那个时代，可以说是西方思想界的共同财产。从黑格尔到马克思、从孔德到巴克尔(Henry Buckle)，都以强调历史的进步为其学说的根基。而那些对历史的行程持悲观态度的思想家，如布克哈特(Jacob Burckhardt)、尼采等人，他们的学说都要到20世纪，特别是第一次世界大战以后，才渐渐为人们所重视。

当然，与启蒙运动时期的历史哲学家相比，19世纪的思想家在阐述历史进步观念的时候，还是有其不同的特点的。由于达尔文理论的普及，他们都不用像启蒙思想家那样，申述历史进步这一观念，而是想如何用不同的方法，来解释这一进步。比如，黑格尔所强调的是理性在历史中的伸展，而孔德则从知识论的角度，从人们认识世界方法的不同，来阐明历史的进化。虽然他们的角度不同，但他们的历史观，都可以用“历史主义”这一概念来描述。至少，他们的学说都具有“历史主义”的因素，即把历史的演化视为一种有目的、虽有起伏上下、但却始终一线向上发展的过程。

与上述这些人略有不同的是，历史学家兰克虽然也把历史的进步视为当然，但却想从历史的本身出发，来描述这一进步的过程。由于兰克，西方现代史学因此便产生了方法论的革新。可是，虽然兰克不认为历史研究应该追求某种目的，但他对历史研究能表达历史真实的那种信心，则又与科学革命以来的科学主义思潮有很大的联系。换言之，在兰克那个时代，人们已经坚信只要能恰当地运用科学的方法、理性的思维，就能获得真实。不管是在自然的研究中，还是在历史的研究中，都是如此。在兰克之前，史学家尼布尔(Barthold Niebuhr)已经通过对实物史料与文献史料的对照研究，对古代罗马的历史提出了新解，不同意罗马史家李维的许多说法。尼布尔的成功使得人们相信，只要能运用科学的手段，史学家就能在认识历史真实上超过古人。这就从知识论的层面，阐述了历史能不断进步的道理。

兰克本人的研究，也企图达到这一点。他的研究重点是欧洲近代国家的兴起。有关这一课题，身处那个时代的文艺复兴史家马基雅维里和圭齐亚狄尼(Guicciardini)都有历史记载。但兰克却并不认为这些人的记载一定比他的研究来得可靠。他在写作第一本历史著作时，就对那些文艺复兴时期的史家多有批评。而他自己，则坚持以外交档案为基础，重写那个时代各个民族国家的历史。兰克那种坚持从原始史料出发研究历史的做法，被视为是"科学史学"的样板，兰克本人也被奉为是"科学史学"的鼻祖。其实，兰克本人对科学方法的信奉、对历史研究客观性的重视，都表现了启蒙运动时期所提倡的人的主体以及科学万能的观念。在那个时代，西方人普遍相信，只要通过科学的研究，就能发现真理，而真理是客观的、不受地域和文化限制的。

为了体现这一历史的科学性和客观性，西方史家坚持言必有据，即把史学视为史料学。法国史家古朗士(Fustel de Coulanges)曾言，在我的历史著作中，不是我在说话，而是史料通过我的嘴在说话。因此，学术性的历史著作，就必然会用注脚的形式，将史料附在书末。史家自己对史实的评论意见，也通常放在注释里，以供读者在有兴趣的时候作参考。而书的本文，则以叙述故事为主，即让历史事实本身说话。①

但是，这种貌似不偏不倚的客观史学，却常常体现一种西方人在文化上的傲慢和对其他文化的偏见。他们自恃掌握科学的方法，相信理性的普遍力量，因此便不但认为自己能够在阐述历史的真理上超过古人，也能在研究非西方地区的历史中，超过那些身历其境的当地人士。如所周知，19世纪是西方建立殖民帝国的鼎盛时期，也正是在那个时期，西方历史学家开始写作世界不同地区的历史。它们的做法是，不但在著述中强调研究方法的科学性，而且也突出历史的进步观念。因为他们的检验标准是科学主义与理性主义，因此就自然而然地把非西方地区的文化与历史加以贬低。譬如，从19世纪的兰克、黑格尔到20世纪的英国史家巴特菲尔德(Herbert Butterfield)和普兰姆(John H. Plumb)，都认为中国虽然有悠久的历史学传统，但只是一种剪刀加浆糊的简单记载而已，并没有表现历史的理性思维。② 至于其他地

---

① 有关现代史学的著作，举不胜举，但 Anthony Grafton 的 *The Footnote*: *A Curious History* (Cambridge MA，1997)却有其独特的地方。该书从研究脚注出发，探究西方史学的演变，对兰克史学及其影响和史学专业化的形成，都有独到的见解。其他著作可见上引 Ernst Breisach 的 Historiography。

② 有关西方史学家对中国史学的态度，可参见杜维连《与西方史家论中国史学》(台北，1981)。

区，如印度和非洲，由于历史记载没有太多，因此就更加受到轻视。在西方人看来，这些地区的历史研究，只是在西方人到达以后，才慢慢开始建立起来的。[①]

由于西方殖民主义在当时的成功和西方人对其文化普遍性的宣扬，在非西方的地区，人们也一般相信科学主义与理性主义是衡量文明先进与落后的标准。以中国为例，在1902年梁启超开始提倡“史学革命”以来，就把历史写作是否能展示历史的进化视为史学革新的目的。以后胡适等人的科学史学，也以强调在史学研究中运用科学方法为宗旨。虽然胡适认为这一科学方法与清代的考据史学有相通之处，但他还是认为中国在科学研究的总体成就上落后于西方。甚至以替中国文化“招魂”为己任的钱穆，也有人指出，其历史观念与德国的“历史主义”传统，有暗通之处。[②] 至于中国的马克思主义史学，则更为明确地表现了历史将不断走向进步和中国虽然过去落后于西方，但会在将来通过实践社会主义，赶上和超越西方的历史观念。这些都说明，西方启蒙运动的历史观和世界观，已经通过所谓科学主义与理性主义的普遍性，在20世纪以来在非西方地区，产生了深远的影响。

## 三、质疑启蒙运动

如果从18世纪的情形来看，启蒙运动的发生自然有其重大的历史意义。在那时，西方社会虽已经历了文艺复兴与宗教改革，但教会势力仍然庞大，限制着人的自由思维。正是由于启蒙运动的兴起，才使得西方思想界真正获得了思想的自由，也为建造资本主义社会提供了思想基础。思想自由激发了人们的聪明才智，因此为工业革命的开展创造了条件。而工业革命则让西方人首先建立了现代资本主义的社会，并通过殖民和帝国主义扩张，将其生活方式和思维模式推向了全世界。到了19世纪，资本主义的西方可以说是凯歌高进，所向披靡，在全世界自由出入，其势头与力量压倒了所有非

---

① 有关印度与非洲的史学传统，可参见 Vinay Lal 和 Toyin Falola 的论文，收入 O. Edward Wang 和 Georg G. Iggers 所编 *Turning Points in Historiography*: *A Cross-Cultural Perspective*(Rochester NY, 2001)。

② 有关中国现代史学的革新，见许冠三《新史学九十年》(香港，1998)和 Q. Edward Wang, *Inventing China through History*: *The May Fourth Approach to Historiography*(Albany NY, 2001)。钱穆与德国“历史主义”的关系，可见胡昌智《历史知识与社会变迁》(台北，1988)和余英时《钱穆与中国文化》(上海，1994)，第21～22页。

西方地区。这一趋势一直到了第一次世界大战的爆发，才得到了遏制。一战暴露了资本主义世界的内在弊病。用中国的成语来说，那就是“物极必反，否极泰来”。帝国主义是资本主义走向全球的集中表现，而正是在这一过程中，西方强权走到了自相残杀的境地。虽然第一次世界大战和紧接着发生的第二次世界大战没有造成西方资本主义文明的灭亡，但却促使西方思想界反省资本主义的弊病，并进而对其进行批判。

如果要对资本主义进行批判，那就必须要提到马克思的贡献。马克思主义的高度批判性，使其青春常在，成为现代社会重要的思想资源。举例来说，当代“后学”的许多人士，如詹明信(Fredric Jameson)和斯皮瓦克(Gayatri C. Spivak)，都是广义上的马克思主义者。当然，他们的学说，与经典的马克思主义已经存在了许多不同。不过，如果我们要追溯“后学”思潮对启蒙运动的反省，还得从西方马克思主义在20世纪的发展谈起。

大致说来，西方马克思主义所关心的主要问题，集中表现在两个方面：第一有关经济基础与上层建筑之间的关系；第二则与马克思主义的历史观有关。如卢卡奇和萨特的马克思主义，便主要针对第一个问题。卢卡奇强调用整体的观念看待经济基础与上层建筑之间的联系，反对经济决定论；而萨特的马克思主义观点，则更强调人道主义的方面，注重人的作用。萨特一方面看到现代社会中人的异化；但在另一方面，他也像卢卡奇那样，注意到了人的主观能动性，不愿把历史的行进仅仅看成是一种铁的规律的展现。他们的论述，都在一定的程度上丰富了马克思主义的历史观，注意到了历史的偶然性与必然性。他们不认为人类社会的规律像自然规律那样，一旦被人发现便能解释所有的历史现象。因此，与18和19世纪的历史哲学家相比，他们的历史观已经表现出很大的不同。

但是，卢卡奇和萨特在检讨马克思主义历史观的时候，还带有比较强的西方中心主义的倾向。这是我们上面提到的第二个问题。因此，人类学家大卫·施特劳斯就对萨特的历史观进行了批评，认为他在根本上忽视了非西方地区的历史。萨特在谈到历史的时候，用的是单数；但施特劳斯指出，历史实际上是复数的，萨特用单数，证明了他的眼中只有西方的历史。

另一位马克思主义者阿尔都塞也有相似的批评。在阿尔都塞看来，把世界各地区历史的行进放在同一个时间坐标上衡量，实际上就是一种西方文化中心主义，即把西方的历史经验奉为样板，来反观其他地区的历史。阿尔都塞强调，并没有一种统一的历史时间；历史的时间是复数的，暂时的。这一“暂时性”(temporality)的观念，可以视为阿尔都塞对历史哲学的一个主

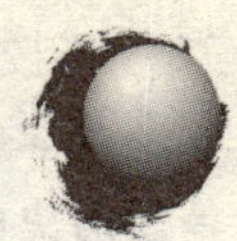



要贡献，对后人的影响很大。所谓“暂时性”，指的是历史时间的相对性；各个地区的历史发展，都有自己的时间坐标和演化规律。[①] 换言之，在考虑历史的时间的时候，我们也需要考虑到历史的空间性。因此，我们的视野就不能为西方的历史所局限，必须看到各个地区历史的不同及其独特性。这些批评实际上针对的是自启蒙运动以来所建立起来的整个现代思维结构，而后现代主义与后殖民主义的讨论，则在此基础上更往前进。

法国思想家、历史学家福柯

对18、19世纪的历史观念批评最有力的，是法国思想家福柯。而福柯的主要矛头，正针对黑格尔所描述的历史的规律性发展。他想解构的，正是现代史学中的“元叙述”。福柯的历史思想与实践，包括了许多方面。首先，他像阿尔都塞一样，不认为历史有一种普遍性，也不认为历史的行进能为一种“主叙述”所说明。福柯的观点是，历史的真理都是局部的，受到了空间的限制；历史的发展是随意和散漫的(discursive)，不受一种普遍的规律所控制。他之所以写作《事之序》一书，就是为了达到这样的结论。福柯认为，事物之间的发展，并没有普遍的连续性，也不遵守一种时间坐标。各种事物的演化，都有自己的时间与空间。因此，人们无法在历史中发现一种“主叙述”。

可是，福柯也知道，启蒙运动以来所建立的历史观念，已经深入人心，无法轻易解构。因此，为了批判那种历史观念，就必须对“历史”这一名词本身重新加以考虑。福柯虽然写了不少历史著作，但他却不愿采用“历史”这一术语。因为他认为，一旦人们看到“历史”这一词，就自然会联想到历史的规律性演化和历史事件之间的联系，而他写作历史的目的，正是为了抵消这样的历史观念。于是，福柯就在《知识考古学》一书中，用“考古学”来称呼历史的研究。在福柯看来，历史的研究就像考古发掘，有很大的偶然性。研究的对象之间没有必然的联系，因为并不是所有的材料都会被发掘出来。同样，

---

① 此处有关萨特与阿尔都塞历史观的讨论，参考了 Robert Young 的 *White Mythologies: Writing History and the West*(London，1990)，见第3、4章。

历史学家所需要的史料，也不会是现成的；史料的存在与否也常常是偶然的。因此“考古学”这一名称，体现了福柯认为历史无规律的意图。

但福柯以后又觉得，“考古学”一词也有其不足，无法体现历史研究中的主观性。一旦把历史研究与考古研究等同，就把历史学家与其研究的对象相脱离了，似乎历史的研究是一种客观的、中立的过程。而事实上，在福柯看来，历史学家的研究，常常反映其个人的主观意图和喜好。于是，他又采用了“家谱学”(genealogy)一词(有不少人将“genealogy”译成“衍生学”，但似乎过于学究气，不能真正反映福柯的意图)。这一“家谱学”既能表现历史无规律这一意思，又能反映历史学的主观性。显然，家谱的延伸，即在娶妻生子之间，充满了偶然性。而家谱的制作，则又无法摆脱个人的好恶，无法完全与个人的经历相脱离。

福柯之强调历史研究的主观性，或知识的主观性，受到了另一位马克思主义者葛兰西(Antonio Gramsci)的影响。从修正马克思主义的立场出发，葛兰西指出，经济基础与上层建筑或意识形态之间的联系，并不完全是前者主动、后者被动的机械关系。在许多时候，意识形态的作用，十分重要。如统治阶级的形成，不但有其经济实力，也有其意识形态。这一意识形态，常常成为整个社会的主导，被统治阶级也为它所吸引或控制。于是，葛兰西提出“知识霸权”(hegemony)这一概念，即把知识的普及视为一种权力的延伸。知识的传授因此就不再是中立的，而是反映了统治者的利益。培根的“知识就是力量”这一名言，就有了新的含义。福柯将它改成“知识就是权力”，或“权力就是知识”，后者更加明确。① 他对疯病的研究，就是为了说明在知识和理性的普及过程中，人性受到了压抑和歪曲。他之研究性史，也主要是为了说明人性在文明的进化中所产生的异化和扭曲。

福柯的历史观和知识观，对后殖民主义研究的首创者赛义德(Edward Said)的影响很大。从“知识是权力”这一立场出发，赛义德在他的成名作《东方主义》一书中指出，西方殖民者对“东方”或非西方地区的研究，只是反映了一种权力的延伸。换言之，虽然西方思想家鼓吹理性的普遍性，强调历史的统一性；但其实，他们常常把非西方地区的历史视为理性的对立面，即“他者”，而加以排斥或贬低。西方人研究东方，其目的是为了凸显西方文明的优越和超前。东方这一“他者”，只是一种反视。因此，虽然西方学者鼓吹治

① 培根的原文是“Knowledge is power”，而在英文中，“power”本来就有“力量”与“权力”这两种含义。福柯只是将后者强化了而已。

学的客观与严谨，但他们的研究，其实充满偏见。这一偏见表现在他们不但排斥东方的历史，而且也贬低东方的知识，认为非西方地区的知识结构，没有理性的指引，没有科学的概念。这样的偏见，反映了东西方之间权势不等这样的历史事实。于是，知识也有了高下之分。西方不但在经济上和军事上向全世界殖民，而且在学术上也建立了其"知识霸权"。

所谓的后殖民研究，其重点就在于如何批判西方的"知识霸权"，因为在20世纪，西方已经逐渐放弃了对非西方地区的直接殖民统治。但是，在学术研究、知识结构和意识形态等方面，西方仍然具有强势的地位。后殖民与后现代的研究，正是针对这一现象的。在赛义德以后，其他后殖民主义者如霍米·巴巴(Homi Bhabha)和斯皮瓦克等人，对西方与非西方、殖民者与被殖民者之间的关系进行了更深入的探讨。与赛义德在《东方主义》的观点略有不同，巴巴认为东西方之间的关系并不是一边倒的关系，而是一种相互依存、相互融合的过程。西方人对殖民地的人民和文化，也存在一种复杂的心理，一方面加以贬低、丑化，而另一方面又为其吸引，喜欢其奇异性。因此殖民主义的话语，存在着一种心理上的"分裂"(ambivalent)现象。换言之，东方虽然作为"他者"而存在，但又是为了体现西方文明之优越性的必然条件。现代文化因此就体现了一种"混杂性"或"杂交性"(hybridity)。霍米·巴巴的论述，为历史学家重新检视和解构历史中的"元叙述"，提供了不少帮助。[①]

虽然现代文化中存在这种西方与非西方文化混杂的现象，但不可否认的是，西方在文化上仍然保持着一种强势的地位。如何对待这种文化上的不平等状态，是斯皮瓦克关心的问题。她一方面承认，在现代社会中，不管你身处何处，你的知识结构都不可避免地受到了西方现代思维的影响。但另一方面，我们又不能等闲视之，听之任之。相反，我们必须对之保持高度的警惕。她很尖锐地指出，即使是那些后殖民主义的理论家，包括她自己，也因为身在西方，受到西方的教育，因此往往不自觉地成为西方文化对外扩张的"帮凶"。为了避免这一点，就必须建立"后殖民的反话语"(postcolonial counter-discourse)。换言之，就是要"对你所不能不要的东西作不懈的批评"(a persistent critique of what you cannot not want)。[②] 她的观点，与另一位后殖民主义理论家察特杰(Partha Chatterjee)相似。察特杰在观察非

---

① 霍米·巴巴的主要论述，集中在他的论文集《文化的位置》一书中。如其标题所示，他主张文化的空间性，反对所谓普遍的理性。

② 引语见 Gayatri C. Spivak, *Neocolonialism and the Secret Agent of Knowledge? In Other Words: Essays in Cultural Politics*(New York, 1987), p. 234.

西方地区民族主义的运动时指出，那些非西方地区的民族主义领袖通常都采用了西方民族主义的话语来号召和领导其民众，反对西方的殖民统治与压迫。这在一方面可以称为是“以其人之道反治其人之身”，但另一方面也可看到西方文化的深远影响。事实上，即使在未曾被殖民的中国，西方文化的影响也同样十分深入，这在历史研究上表现得更为明显。①

从揭露普遍理性的虚伪来看，后殖民主义的讨论着重从西方与外部世界的关系来检讨，后现代主义则从西方的语言结构来分析。当然，两者之间有不少交叉之处，比如它们都受到了结构主义与后结构主义语言学的影响。这就是所谓的“语言学的转折”。这一转折对现代史学的冲击很大，使许多历史学家无法接受。但其实这一语言学的转折所注意的重点，是理性的普遍性问题。无论是结构主义还是后结构主义语言学家，他们都注意到了语言本身的不透明性。这一不透明性必然影响文化之间的交流，亦即理性的普及。德里达的观点，就是一个典型代表。他指出，在人与人交流的过程中，口语并不一定先于或者高于书面语。有些字可以读法一样，但意思不同。他的结论是，如果人们在当时当地通过口语都无法完全无误地交流思想，那么只能说明人类社会并不存在基本的、普遍的概念。通过德里达的解构，作为现代西方哲学基础的普遍理性等概念，就不复存在了。换言之，人们尽管可以交流，但并不能确定交流中所用的概念在另一个文化中包含有同样的意思。举一个简单的例子来说，“科学”一词在英文里是“Science”，其意思比较严格，一般不包括人文学科。但在德文里的对等词“Wissenschaft”，则比较宽泛，可以用来指称人文学科。而在中文里，“科学”一词原来是“科举之学”的简称。到了近代以后由于日本的影响，才被用来指称现代的科学。但很显然，这一词在这些文化中的含义，都有差异。由此可见，所谓理性的普遍性，往往是西方人用来推广其文化的手段，而究其实质，则并不可靠。

后现代主义与后结构主义的关系，包含有许多方面。但就史学研究而言，则集中在历史认识论或知识论的方面。② 在这一方面，前人已经对史家与史实之间的关系有过不少探讨。兰克所谓史家应该“如实直书”的观点，

---

① 参见王晴佳《后殖民主义与中国历史学》，载《中国学术》2000年第3辑。

② 参见王晴佳、古伟瀛《后现代与历史学：中西比较》，台湾巨流图书公司2000年版；德里克《后现代主义与中国历史》，载《中国学术》2001年第1辑。

已经被视为是一种“高尚的梦想”，因为史家的著述，必然含有主观的因素。[①]但是，后现代主义的讨论，则更为深入。从德里达的解构理论出发，后现代主义在史学研究的表现是否认史学的客观性，认为历史研究与文学创作无异。由于语言本身的结构，加上史家本身的气质偏好，注定了他在写作中必然会采用某种语言风格，因此就根本没有所谓客观、真实的史学。后现代主义史学的代表人物海登·怀特(Hayden White)就在其名作《元史学》(*Metahistory*)中分析了19世纪的八位著名史家和史学思想家，将他们的著作风格分类对照，指出虽然他们关心的课题不同，但就其风格来说，则有不少相似之处。怀特的主要观点是，历史写作采用的是叙述的形式，这就与文学相差不远，因为为了使叙述顺理成章，史家就不得不或不自觉地编排史实，设置情节。而这一情节的设置(emplotment)，则又常常反映了史家的文化背景和心理素质，可以有“悲剧型”、“喜剧型”、“浪漫型”和“讽刺型”等几种。换言之，在怀特看来，史家的写作，并不是完全自由的，而是受到了某种制约。但这种制约，并不是启蒙思想家所谓的历史规律，而是语言的制约。因此，怀特将史学著述与诗人写诗相提并论，因为创作诗词，需要追求韵律和用词的优美，这就像史家追求叙述中的动人情节一样。[②]

后现代主义将史学与文学等同的做法，乍看起来，有一些合理的成分。但问题的关键是，文学创造包含有虚构的成分；如果史学与文学一样，那么，史学能否虚构呢？在一些激进的史学作品中，我们已经看到有人将虚构与事实混在一起来写作历史的尝试。[③] 但这里牵涉的问题则是，如果史学著述允许虚构，那就必然影响人们对历史本身的理解，亦即影响到我们对一些著名的历史事件的看法。在对后现代主义的批评中，有人就提出这样的问题：第二次世界大战中犹太人被屠杀的事件，是否也有虚构的成分呢？对此尖锐的质问，后现代主义史家如怀特等人，也只能对他们的理论做一些修正。[④]

---

① 可见1930年代美国史家Charles Beard和Carl Becker的文章。最近的讨论可见Peter Novick, *That Noble Dream: The Objectivity Question and the American Historical Profession* (Cambridge, 1988)。

② 有关怀特观点的详尽讨论，可见王晴佳、古伟瀛《后现代与历史学》，台湾巨流图书公司2000年版，第202～209页。

③ 出生于英国现任教美国的史家Simon Shama的有些著作，如*Dead Certainties* (New York, 1991)就是一个例子。

④ 有关讨论见Keith Jenkins, ed. *The Postmodern History Reader* (London, 1997)，第387～433页。

## 四、余　论

总结上面简略但又宽泛的讨论，我们只能就一些主要的方面，提出一些参考的意见。本文的重点是联系启蒙运动对于现代文化的影响，从史学史的角度加以厘清，因此就比较注重普遍理性及其在现代史学中的影响。但后现代主义与后殖民主义的思潮本身，包含有许多方面，也有不少矛盾之处。举例来说，后现代主义的主要代表詹明信，就像萨特一样，仍然有西方中心的观念。他的后现代主义理论，实际上是以西方社会的发展为对象的。在詹明信看来，非西方地区的历史，在本质上都一样，是西方历史的对立面。他的看法因此受到不少批评。但在历史认识论的方面，詹明信则接受了后结构主义的观点，认为历史的解释与历史事实之间，没有太大的距离。①

但从另一个角度来看，詹明信的问题，又反映了后现代主义的一个普遍问题。后现代主义者虽然主张将西方从世界历史中"非中心化"，但他们的理论基点，也即所谓的"后现代"的状态，指的还是西方社会出现的一些新现象。况且，这种强调从现代到后现代发展的做法，还没有脱离启蒙运动以来历史哲学的思维模式。因此，如果非西方地区的学术界对后现代主义的理论过于热衷，则不免重蹈西方文化中心的覆辙，还是为西方文化的发展所左右，其效果与意图正好相反。

这里，后殖民主义的史学研究及其发展，可以有所借鉴。自 20 世纪 70 年代以来，印度史家开始倡导对下层民众的研究，他们被人称为"下层学派"或"贱民学派"(Subaltern School)。他们的意图是，发掘在印度现代历史和文化中下层民众的声音，把他们看作历史的主人。他们的做法，有点类似中国 20 世纪 50 和 60 年代的农民战争研究。在研究的过程中，虽然取得了一些成果，但他们同时也觉察到，即使他们所想做的是重现印度本土的历史，他们所用的方法甚至语言，都不可避免地带上了西方现代文化的深刻痕迹。于是斯皮瓦克就质问道：这些无文化的下层民众能否真正用自己的声音讲话。换言之，现代印度史家虽然力图将这些下层的历史表现出来，但他们所采用的方式和语言，都无可逃脱地为西方文化所影响。因此，这些历史著

---

① 参见 Robert Young, *White Mythologies: Writing History and the West*, pp. 91-118; Ania Loomba, *Colonialism/Postcolonialism*(London, 1998), pp. 203-210.

述，并不能真正反映下层的社会与文化。[①]

这里所涉及的，其实是一个更为尖锐的问题，即如何在非西方的社会与文化中寻找出自己的声音和特点。为此目的，另一位印度学者柴科拉巴蒂(Dipesh Chakrabarty)最近指出，我们必须将西方的经验作局部化处理，即不再把它视为一种历史的正途，而是把它看成一种特例。[②] 只有这样，才能真正从西方文化的模式中解放出来，从而能在自身的文化传统中寻找出同样有价值的东西。但是，即使有此意图，前景并不一定乐观。在作出这一尝试的过程中，我们还是不免要与西方对话，因为现代世界已经普遍接受了西方的话语形式。后殖民主义的理论家强调文化交流中的协商或谈判(negotiation)。这固然是一个很好的意图，但在协商的过程中，非西方地区的人士是否有足够的资本，尚不确定。至少从以往的历史来看，非西方地区所采用的反对西方的资本，如民族主义，都是源自西方的。但至少，通过后殖民主义的论述，我们已经发现了这些以往未曾注意到的问题。如果能发现问题，也许就有可能找到问题的答案了。

同时，我们也应注意到后殖民主义本身的问题。虽然其倡导者都来自非西方地区，但他们都是在成功地接受了西方文化之后才提出自己的批评理论的。就其听众和影响来看，后殖民主义还是属于西方现代文化的一种。我们是否也应对之保持一种批评的眼光？至少，我们似乎应该注意其批评者的声音。西方马克思主义史家如德里克已经指出，后殖民的研究过于重视全球文化之间的交流与协商，而忽视西方在经济上对非西方地区的控制和剥削，实际上是为全球主义提供理论的依据，而全球主义则是西方资本主义的最新发展而已。因此，如果我们热衷西方学术界对现代西方文化的批评，也许正好扩大了西方文化在全球的影响。[③] 这些意见，也许值得我们参考。

总之，我们讨论现代史学中对启蒙运动以来历史观念的批评，其目的是帮助我们看到许多在现代社会司空见惯的事物与观念背后的权力因素。中

---

① 斯皮瓦克的文章题为“Can the Subaltern Speak?”，收入 Patrick Williams & Laura Chrisman, eds. *Colonial Discourse and Postcolonial Theory*(New York, 1994), pp. 66-111.

② 见 Dipesh Chakrabarty, *Provincializing Europe: Postcolonial Thought and Historical Differences*(Princeton NJ, 2000)。

③ 德里克(Arif Dirlik)在近年发表了一系列有关论著，对后现代主义与后殖民主义提出批评。他的主要论著可见 *The Postcolonial Aura: Third World Criticism in the Age of Global Capitalism*(Boulder CO, 1997)和 Arif Dirlik, Vanay Bahl, and Peter Gran, eds. *History after the Three Worlds: Post-Eurocentric Historiograhies*(Lanham MD, 2000)。

国的古话说，“开卷有益”，指的是追求知识本身的无辜，体现了中国人对知识的向往和热忱。中国文化中又十分重视史学的功用，强调“鉴往知来”，希望通过认识历史、知晓过去，来指导现在、推测未来。但事实上，知识的传授、历史的教育甚至语言文字的学习，都无可避免地显示了一种文化对另一种文化的优势地位，而这一文化上的优势，又是有经济和政治上的权势作为后盾的。这种情形在过去，通常发生在一个国家或王朝的内部。但在现代资本主义的发展过程中，则被推广到了全球的范围。而这一推广的过程，正是由于启蒙运动的影响。固然，认识到这一点，并不表明我们能从这样的情形中摆脱出来——这也许正是后学理论的根本缺陷——但至少会让我们在寻求自己的发展道路时，多一份警惕，多一种思索。这种从狭隘到多元、从简单到成熟，不正反映了一种时代的需要吗？

# 一个从无到有的独立学门

## ——近三十年中国大陆史学理论研究

王学典　陈　峰

民国时期的中国史坛上长期流传着这样一句名言："史学只是史料学。"此后，西方史坛上则提出了另一句名言："没有理论就没有史学。"前一名言出自民国史坛祭酒傅斯年，后一名言则出自法国年鉴学派领袖布罗代尔。看得出来，这两句名言针锋相对：一个高抬材料，一个崇尚理论——崇尚理论的固未尝蔑视材料，但高抬材料的则明显排斥理论。然而，中外史学史的实践证明了并将越来越证明，史学的确是不能离开理论的，就像它同样不能离开材料一样。尽管如此，史学理论研究形成为一个独立的学门，无论中外，历史大概都不太长。如果说，在西方，"自卡尔与艾克顿的著作（前者所著《历史是什么》，1961 年出版；后者所著《史学实务》，1967 年出版）之后，历史学及其理论本身发展的历史"，才"演变为一个独立的学科"①，那么，中国的史学理论研究演变为一个独立的学科则是 80 年代的事情。② 如同有的学者所指出的："史学建设首先是史学理论的建设，没有理论就没有历史科学"，这已"成为广大史学工作者的共识"，对史学理论（包括外国史学理论）问题的关注、讨论和争鸣，也已"成为'文革'后中国史学复兴的重要标志之

① 理查德·伊文斯：《职业历史学家必须面对后现代主义的挑战》，载《东岳论丛》2005 年第 2 期。

② 陈启能指出：我国的史学理论研究，可以追溯到 20 世纪二三十年代，不少人都对此做出了贡献。"然而，作为一门独立的完整学科，史学理论的学科建设可以说是 80 年代开始起步的。从这个意义上说，这是一门新学科。"参见《史学理论与历史研究·自序》，团结出版社 1993 年版。

一”①。因此，对近三十年来中国大陆史学理论研究领域的进展作一初步的描述和总结，是十分必要的。

## 一、从“历史理论”到“史学理论”：近三十年来的变迁轨迹

近三十年来的中国史学理论研究可以说是此前半个多世纪史学理论研究的合乎逻辑的发展。20世纪中国史学前半期，明显存在着两种基本的史学理论研究框架和思路。李大钊的《史学要论》与翦伯赞的《历史哲学教程》可能分别是这两种框架和思路的代表。李大钊的《史学要论》极其重视对历史知识的性质、历史认识的特点的探究和论述，例如他对“历史事实”等问题就进行了精彩的辨析。到了翦伯赞的《历史哲学教程》，对史学的一般理论的研究则已让位于对历史进程的一般理论的研究，而关于历史事实的观念、历史认识真理的观念等等，则继续停留在经验论的水平之上，仍然固守着那些日趋受到国际史坛挑战的东西。正是在这两种模式的基础上，形成了人们对史学理论的研究对象、逻辑结构、基本内容的两种不同认识。从1949年马克思主义史学正统地位确立至70年代末，《历史哲学教程》所代表的“历史理论”模式无疑一直占据主导地位，大陆史学界通常将历史唯物主义等关于历史过程的理论等同于史学理论，实在不是偶然的。20世纪的最后二十余年，史学领域理论研究的最醒目的特征就是由“历史理论”逐渐向“史学理论”的过渡，历史学自我意识的显著觉醒。

历史的惯性似乎表现得相当顽强。“文革”后十多年的史学，事实上带有一种恢复重建的性质，是在新的历史条件下对“文革”前史学的重续。这一时期的史学界，在黎澍及其所主持的《历史研究》杂志的带领下，投入大量精力清理和辨析了“文革”前业已提出的一系列历史理论问题，如历史规律与社会形态的演进，历史发展的统一性和多样性，历史发展的必然性、偶然性和选择性，地理环境在历史发展中的作用，历史发展动力，历史创造者，阶级观点与历史主义，历史学的社会功能，历史人物评价标准，关于中国封建社会长期延续问题，中国文化的结构问题，中国近代史的基本线索与分期问题等。不难发现，这些大都仍是关于历史发展过程本身的理论。1983年出

① 于沛：《史学理论研究与新时期中国史学的复兴》，载《学习与探索》2001年第1期。

版的《建国以来史学理论问题讨论举要》中列举的问题，几乎全部都是“历史理论”问题。这透露出当时人们仍然习惯性地将历史理论混同于史学理论。当时所涉及的严格意义上的所谓史学理论问题，仍不过是史与论的关系、史学的社会功能等老问题。诸多现象共同显示，“文革”后史学仍是“文革”前史学的影子，尽管两者已有了极大的不同。

但转变的发生也不可逆转。1983 年可能是一个标志性年份。正如有的学者所观察到的，“1983 年是一个转变之年，是史学理论这一领域觉醒和建设的开端”①。1983 年 5 月，全国哲学社会科学规划会议强调加强史学理论研究，并作出定期召开全国性的史学理论研讨会的决定。同年，《世界历史》杂志第 3 期发表评论员文章《让马克思主义史学理论之花迎风怒放》。文中就史学理论与历史唯物主义的关系写道：“不能把历史唯物主义的一般原理等同于马克思主义史学理论。无疑，辩证唯物主义和历史唯物主义是马克思主义史学理论的基础，是我们进行史学理论研究的指南，但它终究不能代替后者，正像马克思主义哲学不能代替任何一门自然科学学科本身的理论、方法论一样。历史科学如果本身没有理论和方法论，那它就很难成为一门独立的学科。”从历史理论向史学理论过渡的号角终于吹响。

全国性的史学理论研究专业刊物《史学理论》在 1987 年的问世，是中国大陆史学理论发展史上的一大事件。1992 年，在其基础上，创办了《史学理论研究》杂志。它是集中发布史学理论研究成果的一个园地，也是促进国内外史学理论研究交流互动，报道国内外研究动向一个重要平台。

多部史学概论著作的编纂完成，是此一时期史学理论趋向繁荣的一个标志。1983 年 6 月，葛懋春、谢本书主编的《历史科学概论》首先出版。同年 7 月，白寿彝主编的《史学概论》出版。其后，吴泽主编的《史学概论》，姜义华、瞿林东、赵吉惠、马雪萍合著的《史学导论》和李振宏的《历史学的理论与方法》等史学理论、方法论著作先后出版。这些史学概论著作的陆续推出，牵引着学者们就史学理论研究对象、范围等涉及史学理论的学科体系的一系列问题展开研讨，推进着史学理论研究走向深入。

而此一时期史学理论研究大大深化的集中表现，则是历史认识论问题的提出和讨论。“文革”以前，历史认识论的研究基本上是一个空白和盲点。80 年代中期，历史认识论的研究则一度成为焦点。学者们就历史认识主体、

---

① 瞿林东、赵世瑜：《史学理论》，载肖黎主编《中国历史学四十年》，书目文献出版社 1989 年版，第 5 页。

客体、中介及其相互关系，历史认识特点，历史认识的一般形式与进程，历史认识的认知结构，历史认识的方法与检验等问题，作了比较全面的阐述。许冠三就指出："与以往半个世纪几乎完全不理知识来源与认识基础而高谈历史客观规律的取向迥殊，'现代化'时期的史学理论非但已注意'历史客观'与'历史记载'的区别，'历史实际'、'历史资料'与'历史认识'这三者之间的永恒差距，而且还尝试论证史学的研究对象、认识过程与思维模式之不同于其他经验科学。"①1987 年的全国史学理论讨论会，以历史认识论为中心议题，集中进行了交流与讨论。罗福惠、马敏较早地提出了历史认识主观性与客观性的关系问题。刘泽华、张国刚就历史认识具有间接特点、从问题开始的历史认识的一般形式与过程，以及历史认知结构、基本方法等问题进行了较为系统的论述。谢本书、翁飞等探讨过历史认识的一般模式及其特征。徐兆仁归纳出了历史认识的十大特征。赵轶峰探讨了认识的相对性。陈启能、陈光前等分别具体分析了作为认识客体的历史事实。沈大德、吴廷嘉对历史认识主体进行了专门研究。李振宏探讨了史家的主体意识，历史认识的客体范畴以及历史认识的模糊性，等等。对历史认识论的探讨成为史学界的一个热门话题。1987～1988 年间历史认识论讨论呈现"井喷"之势，其后不断向纵深发展，最后导向对历史学性质问题的辨析。

80 年代中期，作为对"史学危机"的回应，我国史学界一度出现的"方法热"，给史学理论研究注入了前所未有的动力。当时不但各种各样的史学方法论著大量刊发，而且有关社会科学方法、历史研究方法的专题学术讨论会也在全国遍地开花。其中，系统论方法给新时期的历史学震撼最大。方法与理论本质上是不可分的，方法本身其实就是理论的一部分。毫无疑问，当时对以"系统论"为核心的方法的热切关注进一步刺激了人们对理论的重视。

现在看来，90 年代之前的史学界其实是史学史上的一个"后文革时代"，从 90 年代始，史学史才进入另一个全新的时期。在整个 80 年代，理论研究实际上处于主流地位，受到史学界乃至整个社会的关注，但进入 90 年代后就盛况不再。史学理论研究明显降温。但学者对史学理论的研究与思考并没有中断，只不过方式大大不同了，书生报国的壮烈情怀凝华为书斋里的皓首穷经。另外，在整个 80 年代，由于长期的学术饥渴造成的饥不择食，西方史学发展的历时性过程在中国呈现为共时性展现，你方唱罢我登场，西方各种

① 许冠三：《新史学九十年》，岳麓书社 2003 年版，第 586 页。

新理论、新概念、新方法、新名词走马灯式地表演了一番，不免鱼龙混杂，泥沙俱下。“新时期史学理论的研究到90年代末期才进入一个相对平缓时期。平缓时期的出现应该说是人们对史学理论研究进入一个理性时期。”[①]蒋大椿1995年撰文指出，“目前史学理论研究正在深入”[②]。他列举了史学理论研究深入的三个表征：一是中国史学理论发展史专题研究的开拓和深入；二是对外国史学理论发展史的研究更为拓宽和深入；三是对史学理论范围的若干专题进行了新的探索。90年代的史学理论研究不再热衷于对理论问题的抽象思辨，而是更多地从历史的角度展开。周文玖认为，这一时期史学理论发展的一个重要特点是“史学理论和史学史的联系更加紧密。也就是说，史学理论不是凭空产生的，它是在长期的史学实践中总结出来的。因此，史学史中实包含史学理论的成分。离开了史学史，史学理论就没有基础。于是，出现了史学理论研究向史学史转向的趋势”[③]。在这一时期，古代和近现代的史学理论都得到比较透彻的清理。瞿林东从史学批评入手研究了中国古代史学理论。中国古代史学理论往往是通过史学批评体现的。在他看来，不能脱离研究史学批评问题而探讨中国古代史学理论。瞿林东的《中国古代史学批评纵横》一书概述了中国古代史学理论发展的大势，具体发掘了中国古代的史学理论遗产，涵括了历史研究中主体与客体相互关系、史学的功能、史学与社会关系等重要的理论问题。这样，史与论相互配合，相得益彰。吴怀祺的《中国史学思想发展史》，发掘和总结出中国古代史学的通变思想、历史编纂思想、经世致用思想及历史编纂的二重性等基本特征。关于近现代史学理论，有胡逢祥、张文建的《中国近代史学流派与思潮》，蒋俊的《中国史学近代化进程》，王学典的《20世纪后半期中国史学主潮》和《20世纪中国史学评论》等。

史学理论研究比较沉寂的状况持续了近十年。90年代末，后现代主义的涌入才为史学理论问题再度受人关注提供了契机。作为以往所有批判和反思“现代文明”思潮的总汇、深化和延续，后现代主义的影响可以说已遍及当今西方几乎所有的知识领域。“后现代主义”所攻击的最后堡垒或主要对象，当然是现代历史编纂学的基本预设和主流观念，其中最受诟病的莫过于以下两点：一是以西方历史阶段为规范的历史叙述框架，也就是通常所谓的“宏大叙事”或“大历史”；而“客观性”概念则是“后现代主义”所欲颠覆的另

---

① 张文生：《中国百年间史学理论研究的回顾与反思》，载《南开学报》2004年第2期。

② 蒋大椿：《史学理论研究现状及其深入点》，载《史学理论研究》1995年第3期。

③ 周文玖：《五十年来史学理论发展之回顾》，载《河北学刊》2000年第3期。

一对象。后现代主义对现代历史编纂学的打击无疑是致命的，但它毕竟也提出了许多有价值的命题。这一切都已经从选题、方法、观念诸方面影响到了近年历史学的走向。在今后一段时间内，后现代主义所提出的问题看来仍将是史学理论研究领域中必须面对的前沿问题。

## 二、“他山之石，可以攻玉”：西方史学理论的大规模引进

近三十年来中国史学理论研究变迁和发展的主要动力看来来自西方史学理论的引进。严格说来，尽管我们拥有刘知几、章学诚等名家，但深入的系统的形而上的理论思考的缺席仍是源远流长的中国史学传统的基本缺陷。20 世纪以来仍然如此。这种局面的真正被打破是近三十年来的事情。所以，近三十年中国大陆对西方史学理论的引进和介绍应该在当代学术史上占有极为重要的一页。

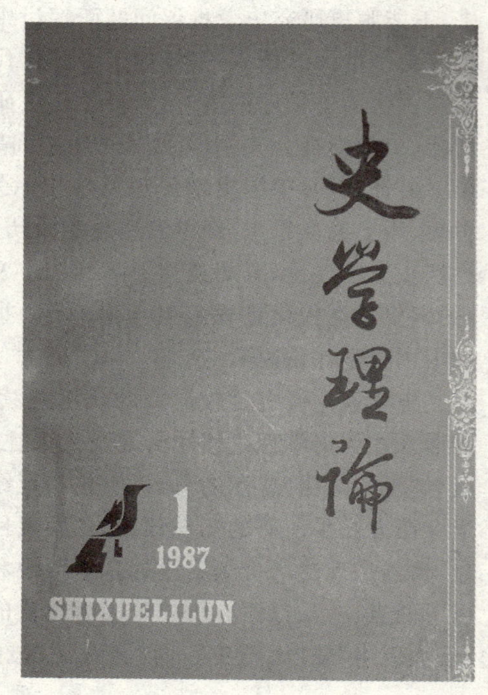

《史学理论》杂志创刊号

在 1983 年 5 月的全国哲学社会科学规划会议上，外国史学理论研究被列为重要议题。会议强调加强外国史学理论的介绍和研究，决定组织力量译介出版有代表性的外国史学理论名著。自 1984 年起的历届全国史学理论讨论会上，外国史学理论的评介，都是热门话题。由中国社会科学院世界历史研究所外国史学理论研究室主持编辑的《史学理论》、《史学理论研究》杂志，其旨趣之一，即是介绍和研究当代外国史学思潮和史学理论方法论。《史学理论》非常注重西方史学的输入，为新时期的中国西方史学研究推波助澜，摇旗呐喊。其发刊词《时代·历史·理论》中谈到：“不把大门敞开，脱离国外史学的发展，不参

考借鉴它们的经验教训，不吸收它们一切有益的养分，我们的史学要改革，要发展，是很困难的。对此我们需要有一个科学的态度，绝不能因为西方史学理论大体上是唯心主义的，因而简单地一概否定。应该看到，西方的史学理论尽管有唯心主义或其他的缺陷，但在吸收自然科学成果，反映发达社会物质文明成就和人类文化知识积累方面有许多可贵的有益的内容。这些都是人类共同的财富，我们不能轻率地加以摒弃。同时也不能简单地照搬，不能认为西方的一切都是好的，拜倒在它们的脚下；而是应该采取马克思主义的科学的分析批判态度。”《史学理论研究》的贡献有目共睹，几乎所有重要西方史学思想的引进介绍，都离不开它的参与。

《史学理论》杂志在一段时间内是与陈启能的名字联系在一起的。1987～1990年，陈启能主持《史学理论》的编辑工作。1992 年，由中国社会科学院世界历史研究所、近代史研究所、历史研究所共同主办的《史学理论研究》创刊，陈氏正式任主编。在《史学理论》停刊的两年中，他主持编辑出版《史学理论丛书》三辑，以维持《史学理论》的办刊理念于不坠。1986 年，中国社会科学院世界历史研究所成立外国史学理论研究室，由他主其事。1993 年 9 月的第八届全国史学理论研讨会上，正式成立中国史学会史学理论分会，陈启能被选为首届会长。陈启能还主持策划了留学欧美的中国学人与当代西方史学名家，如伊格尔斯、伏维尔、勒高夫、希尔顿、爱德华·汤普逊、劳伦斯·斯通等人面对面的访谈，并及时发表在《史学理论研究》及其前身《史学理论》上，向国内传递西方史学的最新信息。另外，陈启能、何兆武主编的《当代西方史学理论》一书，集合了一批一流专家，是国内第一部系统介绍西方近百年来史学发展状况的集大成之作。

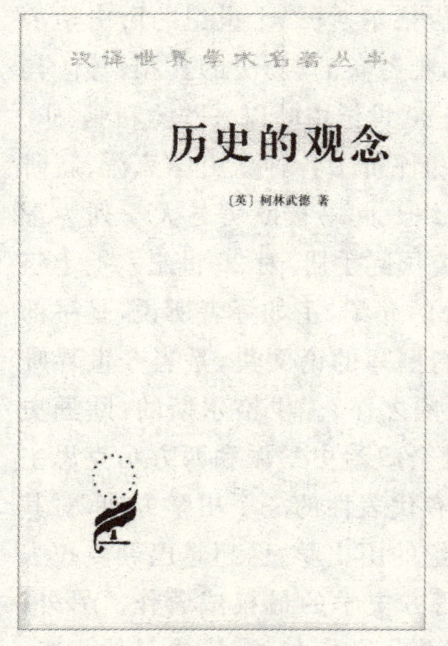

柯林武德《历史的观念》中译本

在西方史学思想的输入方面，造诣最深、贡献最巨者当推何兆武。何氏以精湛的学养、深厚的功力从事西方史学理论的译介工作。他的许多译作，如与张文杰合译的柯林武德的《历史的观念》、沃尔什的《历史哲学》等书，都是本领域的经典作品。何氏还分别对柯林武德、波普尔、梅尼克、沃尔什、罗素、康德、奥特迦·伽赛特等人的历史哲学进行了研究论析。《评柯林武德的史学理论》(《历史的观念》中译本序,中国社会科学出版社,1986 年)、《评波普尔和他的贫困》(《历史主义的贫困》中译本序,社会科学文献出版社,1987 年)等中文译著的序言,分量不亚于专门的学术论文。他选编的《历史理论与史学理论——近现代西方史学著作选》是西方史学理论重要著作的精华选萃,具有极高的参考价值。另外,张广智、杨豫、刘北成等在引进和研究西方史学方面也做出了不菲的业绩。

近三十年在引进西方史学理论方面最成功的地方,是对史论名著的大规模翻译。这主要有:商务印书馆《汉译世界学术名著丛书》中的鲁滨逊《新史学》,古奇《19 世纪历史学与历史学家》,康德《历史理性批判文集》,维柯《新科学》等;上海译文出版社《当代学术思潮译丛》中的巴勒克拉夫《当代史学主要趋势》,勒高夫等《新史学》;华夏出版社"二十世纪文库"中的伊格尔斯《欧洲史学新方向》,伊格尔斯等《历史研究国际手册》,哈多克《历史思想导论》,雅斯贝斯《历史的起源与目标》,托波尔斯基《历史学方法论》,波普尔《历史决定论的贫困》;中国社会科学院世界历史研究所编"外国史学理论名著译丛"中的茹科夫《历史方法论大纲》,沃尔什《历史哲学——导论》,柯林武德《历史的观念》,波普尔《历史主义的贫困》,勒高夫和诺拉主编《史学研究的新问题新方法新对象》。最近出版的有伊格尔斯《二十世纪的历史学》,乔伊斯·阿普尔比、林恩·亨特、玛格丽特·雅各布的《历史的真相》等。其中巴勒克拉夫的《当代史学主要趋势》分析了 20 世纪中叶以来欧美和亚、非、拉各国历史研究的重大变化及其原因,介绍和评价了各种新史学流派、新研究领域、新研究方法和技术以及新的研究组织。此书被欧美各大学列为重要参考书。伊格尔斯和帕克合编的《历史研究国际手册》对 20 世纪六七十年代的世界历史学从纵横两方面作了全面综合的介绍,正如译者所说,是一部"具有较高学术价值的、由世界知名史学家们撰写的论文集,是当今世界唯一一部反映世界史学界整个成就、动态的权威之作"。伊格尔斯的《欧洲史学新方向》则着重检验法国年鉴学派、德国社会政治史学派和西方马克思主义史学等 20 世纪以来西方史学影响较大具有代表性的三个史学方向,对其进行了评介。近期出版的伊格尔斯《二十世纪的历史学》已超越巴勒克拉夫的《当代史学主要趋势》,而成为总结当代西方史学的最权威著作。另外,1981 年由吴柱存翻译,商务印书馆出版的爱德华·卡尔的《历史是什么》一书,在传播历史认识论方面具有启蒙的性质,是一本极受欢迎的入门书。

此外,学界还编选出版了一批译文集,为了解和认识西方史学理论提供

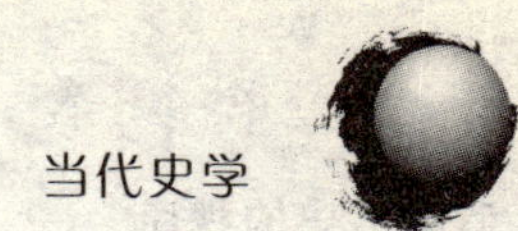

了非常重要的文本。比较著名的有田汝康、金重远编选的《现代西方史学流派文选》(上海人民出版社,1982 年),张文杰等编译的《现代西方历史哲学译文集》(上海译文出版社,1984 年),收集了一些历史学家和哲学家的论文,其中包括阿隆、伯林、雅斯贝斯等人的不易见到的文字。中国美国史研究会、江西美国史研究中心编的《奴役与自由:美国的悖论——美国历史学家组织主席演说集》和王建华等译的《现代史学的新挑战——美国历史学会主席演讲集》,更是提供了珍贵的第一手材料。

对法国年鉴学派的引进,是近三十年来的史学理论界对中国史学所做出的巨大贡献之一。1978 年张芝联的《法国年鉴学派简介》一文,是新时期介绍与研究年鉴学派的首篇文章。此后二十年中,"对年鉴学派的关注与评介是大陆西方史学史界最为显著的开拓的一个新的研究领域,一个研究的'热点'"[①]。我国学者对年鉴学派的研究,不仅包括对该学派代表人物的研究,对重要代表作的研究,对重要的学术理念和方法的研究,以及西方国家对该学派的评价等,还涉及年鉴学派产生的背景及文化渊源,历史"碎化现象"与新史学缺陷的分析,马克思主义与年鉴学派之间的关系,年鉴学派与传统史学的关系,年鉴学派的最新动向等。姚蒙是研究法国年鉴学派的翘楚。他就读于法国普罗旺斯大学埃克斯—马赛第一大学和巴黎第一大学,同时在社会科学高等研究院、巴黎第三大学和第四大学学习,直接体验了法国史学的风韵。其《当代法国史学主流》一书,详尽准确地介绍了年鉴派新史学的发生和发展状况。另外,姜芃对英国马克思主义史学的引介,也为当前国内马克思主义史学的发展提供了一种参照,引起了许多学者的注意。

90 年代末,后现代主义史学理论在中国的登陆,既为 20 世纪中国历史学画上了句号,也拉开了 21 世纪史学理论研究的帷幕。早在 90 年代初,后现代主义史学就已经在中国大陆学界露面。最初主要是零星的译文,有荷兰学者安克斯密特的《历史编纂学与后现代主义》(《国外社会科学》1990 年第 6 期)和《当代盎格鲁—撒克逊历史哲学的二难抉择》(载《当代西方史学思想的困惑》,中国社会科学出版社 1991 年版),海登·怀特的《作为文学虚构的历史文本》(载张京媛主编《新历史主义与文学批评》,北京大学出版社 1993 年版)等。直到 90 年代末它才真正进入人们的视野,引起普遍关注。此后,论及后现代主义与历史学关系的文章才陆续比较集中地刊布,主要有郑群的《后现代主义与当代西方史学》(《世界史研究年刊》1996 年),邓元忠

① 张广智:《西方史学史》,复旦大学出版社 2000 年版,第 370 页。

的《后现代西洋史学发展的反省》(《史学理论研究》1997年第2、3期),李幼蒸的《对后现代主义历史哲学的分析批评》(《哲学研究》1999年第11期),罗志田的《后现代主义与中国研究:〈怀柔远人〉的史学启示》(《历史研究》1999年第1期),杨念群的《"常识性批判"与中国学术的困境》(《读书》1999年第2期),吴莉苇的《史学研究中的后现代取向——从几部论著看后现代理论在史学研究中的利弊》(《史学理论研究》2000年第2期),王学典的《历史是怎样被叙述的》(载《我的人文观》,江苏人民出版社2001年版)等。王晴佳、古伟瀛合著的《后现代与历史学:中西比较》(山东大学出版社2003年版)是第一部系统介绍后现代史学的中文著作,填补了一个空白。特别值得一提的是,山东社会科学院主办的《东岳论丛》杂志,特设了一个"后现代主义与历史研究"专栏,由王学典主持,从2004年第1期到2005年第2期连续发表了16篇后现代史学的文章,包括对后现代史学的介绍、评论以及与中国史学的关系等,既有内地著名学者,也有港台学者,还有一些欧美知名学者。另外,《史学理论研究》、《山东社会科学》、《学术研究》也刊发了这方面的文章,引起了学术界的积极关注。

近三十年来中国对西方史学的研究达到了前所未有的深度和广度,涉及欧美各国史学流派和史学思潮研究,重要西方史家史著的研究,西方历史哲学研究等诸多方面。改革开放以前,研究只是片断的、个别的,带有雾里看花的朦胧,改革开放以后则是整体的、系统的,对西方史学理论的宏观与微观、历史与现状有了清晰的把握。正如于沛所总结的,"近年外国史学理论研究的主要特点是,已经由以往一般性、概括性的介绍为主,逐渐转变到以系统的科学研究为主,其主要标志是一批内容广泛、在学界产生一定影响、有较高学术水平的学术研究著述先后问世"①。可以预测,国外史学理论研究中的某些前沿问题,仍有可能成为21世纪中国史学理论研究的新的生长点。中国史学界因而仍必须一如既往地继续关注西方史学的最新进展。

## 三、"亡羊补牢,未为晚矣":中国学者自己的思考

1962年,北京三联书店曾从苏联翻译过来一本书,题为《穷途末路的资产阶级历史哲学》。被视为"穷途末路"的是一种什么样的"历史哲学"呢?

---

① 于沛:《史学理论研究与新时期中国史学的复兴》,载《学习与探索》2001年第1期。

据说“其典型的特点是这样的：他们把注意力主要放在历史认识论和历史方法论这两方面的问题上，其次才是放在历史过程的本身上”①。换句话说，在当时看来，研究“史学理论”问题属“资产阶级的历史哲学”，而研究“历史理论”问题才是马克思主义的历史哲学。西方史学理论的最新进展就这样被我们贴上“资产阶级”的标签，长期拒绝在门外。真正撇开意识形态羁绊，认识到西方“史学理论”的价值，对我们来说是“文革”之后的事情。虽然迟了不止一步，但毕竟已经醒悟过来。从改革开放开始，中国的史学界就已经进入了吸收、消化西方史学理论的阶段。但学习并非亦步亦趋，学习过程中也不乏创造。事实上，在这方面中国学者也在一直不断地贡献着自己的思考。正是这些创获，才记录着中国史学理论研究前进的真实足迹。

这里首先要提到陈启能和瞿林东对历史理论与史学理论所作的区分。当然在他们之前，宁可事实上早已意识到这一点了。宁可认为，历史学理论包括两大类内容，一类是以客观历史为对象的研究中的理论问题，一类是以历史学本身为对象的研究中的理论问题，他还就后一类问题作了深入探讨。② 陈启能主要受西方史学研究的启发，率先明确提出应当区分历史理论和史学理论的见解。在他看来，历史理论是对历史过程中的各种具体问题的理论总结概括；史学理论则是对史学活动各方面的理论总结概括，二者有区别，也有联系。瞿林东则通过考察中国古代史学发展的历程，指出历史和史学原本不是一回事，人们对历史的研究和对史学的研究也不是一回事。他认为，历史理论与史学理论的分途，是在历史学发展到相当高的水平之后才出现的；它们在分途之后虽仍有不可截然割断的联系，但其各自内涵的不同则显而易见。“史学理论与历史理论是两个既相互联系又相互区别的研究领域，后者是人们在研究宏观历史过程中积累和概括出来的理论，如历史发展的阶段性、规律性、统一性、多样性，历史发展的趋向，以及对重大历史现象和众多历史人物的评价的原则与方法，等等；前者是人们在研究史家、史书、史学流派、史学思潮等史学活动和史学现象过程中积累和概括出来的理论，如史学的目的、史家的修养、史书的编著、史学发展的阶段性和规律性、史学在社会实践中的作用，等等。这是它们的区别所在。同时，它们又是相互联系、相互渗透的：从历史的观点来看，史学活动也是一种历史活动，它也应当被包含在历史理论所概括的一切历史现象之内；从史学的观点来

① 《穷途末路的资产阶级历史哲学》，三联书店 1962 年版，第 9 页。

② 参见宁可《什么是历史科学理论——历史科学理论学科建设探讨之一》，载《历史研究》1984 年第 3 期。

看，史学家乃至一切从事社会实践的人对历史的研究、评论，也都在史学理论所应当总结和概括的范围之内。”[①]这种区分现在在学界早已成为大家的共识，成为研究讨论中默认的前提。

庞卓恒对史学理论体系的认识也是一个创见。他认为，可将史学理论分为历史本体论、认识论和方法论三部分。史学本体论是指对社会历史过程本身的性质和特点的认识，其核心就是社会历史观，但外延似乎比一般意义上的社会历史观更宽广。史学认识论是指包括关于具体历史认识现象和关于一般历史过程的性质的总的认识，即关于历史认识的性质特点等的认识。史学方法论是指关于历史研究的性质特点等等的认识。史学本体论在史学理论体系中居于前提、核心和主导的地位，史学认识论和史学方法论则居于基础的地位。[②] 庞氏撰写的《历史学概论》就是这一理论的具体体现。

历史学的性质问题，历史学是什么是史学理论中最根本的问题。过去史学界占支配地位的看法认为历史学是一门科学。90 年代以来，逐渐有些学者对此提出质疑。何兆武在 1996 年发表《对历史学的若干反思》一文，对历史学的性质问题作了系统阐发。何的基本观点是：历史学分为两个层次：历史学Ⅰ是对史实或史料的认定，这部分研究工作是纯科学的；历史学Ⅱ是对历史学Ⅰ的理解或诠释。这里又分两个方面，对理解工作仅有科学态度和方法是不够的，还要有一种人文价值理想贯彻始终，这“是历史学的核心”。另外，史家还要进行人性学的研究，这种探讨一部分和心理学重叠，“大部分都是独立于科学之外的”。由于每个人、学派、时代的知识、凭借和思想方式不同，构造出来的历史画卷也便有所不同。历史学家工作的完成，就在于把他构成的历史画卷传达给别人，“这里的这个‘传达’工作，严格说来，乃是一种艺术表现，因此也就并没有‘如实’”[③]。

李洪岩认为，即使从最消极的意义讲，历史学也首先是一门科学，但不是伯里所谓“不多也不少”的科学，而是雅各布·布克哈特所谓“一切科学中最不科学的学问”。因此，历史研究既需要采用理性、科学、实证主义的方法，实验观察、推理分析和逻辑归纳的方法，使用事实、规律、原因等概念；也需要运用人道、人性、人格、价值、公正、命运、自由意志等概念；既像自然科学、社会科学那样突出理性，构建抽象体系和一般规律，从多样性和特殊性走向统一性、一致性、简单性和必然性，也应像文学那样突出想象和情感，突

---

① 瞿林东：《中国史学散论》，湖南教育出版社 1992 年版，第 350～351 页。

② 参见庞卓恒《历史学的本体论、认识论和方法论》，载《历史研究》1988 年第 1 期。

③ 何兆武：《对历史学的若干反思》，载《史学理论研究》1996 年第 2 期。

出独特性、意外性、复杂性和创造性，突出主体意识以及价值判断与取向的特征，体现审美精神。二者应该实行有机的整合。[①] 王学典也提出，历史学实际上是一门带有科学[实证]属性的解释学。在他看来，科学性仅仅是历史学的一个属性，一条基本纪律，不是历史学的本身。历史学与自然科学的基本差异在于：自然科学可以直接面对和研究确定的、能感知到的事实，历史研究无法直接面对"过去"本身。由于历史本身的缺席，只有借助于通常所说的"文献"，后人才能感知过去的"社会"、"事件"和"人物"。因此，他认可何兆武的见解，认为历史学可以剖分为两个层面：史实认知层面和史实阐释层面。前一层面是科学的天下，通常所谓的"客观性"主要来自这里；后一层面则是解释学的领域，历史学之所以成其为历史学，相当程度上有待于解释给它以生命。而历史解释由以进行的主要资源，首先是历史学家的人文价值理想。此外，朱卫斌的《历史学：科学还是艺术？》（《中山大学学报》1995年第4期），舒晓昀的《历史学不仅仅是一门科学》（《史学理论研究》2001年第3期），周振鹤的《历史学：在人文与科学之间？》（《复旦学报》2002年第5期）等文章，也对此一问题进行了讨论。

对历史客观性的探讨是近年的又一热点。李培锋通过比较评析实证主义的和后现代主义的两种不同主张提出，史学的客观性不是孤立地存在于历史史料、主观态度中，而是存在于史学研究者求真求实的研究过程中，存在于读者、研究者实事求是的审视与评判中。简言之，就是存在于求真求实的史学研究过程中。求真求实，这是史学客观性赖以存在的基石，是史学有无客观性的重要评判标准。[②] 王学典认为，"客观性"在自然科学中是一个刚性概念，而历史学中的"客观性"实际上则是一个弹性概念，具有量的而不是质的属性。历史学中的"客观性"是指那种尽可能排除个人及其所属集团偏见的，与宣传品相区别因而意识形态色彩较弱的，严格遵循学术规则的，具有学术含量与学术生命力的史学著述的属性。通常所谓的"客观性"不是对客体历史真实性的一种承诺，而是对史家学术良知的一种衡量尺度。"客观性"在实践的意义上只是一个程度问题。

至于历史研究的主观性或历史学的人文属性，一些学者也从"叙述"的角度切入进行了初步的探究。陈新对历史叙述问题有若干思考。他指出，历史叙述过程中活跃着理解与解释。而且，历史叙述中不可能排除历史评

---

① 参见李洪岩《史学的诗性与客观性》，载《学术研究》1996年第1期。

② 参见李培锋《史学的客观性新论》，载《中州学刊》2001年第6期。

价，历史评价乃是历史叙述中的灵魂。任何一个历史文本中，都蕴藏着叙述者的主观性。[①] 王学典认为，作为知识的历史或知识论意义上的历史，是被叙述出来的，被编撰出来的，而且这种历史一旦动手写作或至少在完成时，被叙述的对象已经不复存在。因此所有的历史都只能是后设的。从具体操作程序上说，历史叙述是一种从“科学”（事实）出发而走进“艺术”或文学（价值）境地的过程。这样，历史知识的人文属性就凸显出来了。[②]

在历史知识论方面，李振宏还就主体意识专门进行了探讨。他在《论史家主体意识》一文中指出，包括哲学观点、政治立场、知识基础、生活经验、情感、性格气质等在内的主体意识结构等因素，对一个史学家来说都是独特的，因而他们的认识都是对历史的一个特殊测度。史学家对历史事物的认识是一个主体意识结构同化外间刺激的过程，是史家重建历史过程的运动，即史家接触史料后用上述各因素对其加以消化融解的过程。其结论是，从人类认识的根本方式上讲，追求纯客观的认识是不可能的，也会在实际研究中造成许多不利的影响，掩盖了历史认识中主体意识渗透的问题，使人们不能清醒地估计自己的研究成果。因此，他主张应加强历史认识中的主体意识。[③] 此外，林璧属对历史认识的主体性问题也有考察。[④]

历史与现实、求真与致用的关系是一个长期以来令人困惑的问题。蒋大椿对基础历史学与应用历史学的划分提供了一条解决这一问题的思路。他提出，“凡是根据当前政治和社会的现实需要，以实现史学社会职能为直接任务的历史研究及其成果，便是应用历史学；凡是根据历史科学本身的必要，不带史学范围以外的现实目的，而以认识历史为任务的历史研究及其成果，便是基础历史学”。他认为，“按照马克思主义观点，不带史学以外的直接社会目的，纯以弄清历史真相为任务的基础历史学，是客观存在的”。这种历史学的首要特征是保持研究过程的相对纯粹性。至于应用历史学，他认为，其一，应该要求尊重客观史实，反对为了一时的需要去歪曲史实；其二，应该要求批判地对待历史，反对简单地以古为镜，搞历史垂训

---

① 参见陈新《论历史叙述中的理解与解释》，载《史学理论研究》2000 年第 2 期；《论历史叙述中的主观性与历史评价》，载《史学理论研究》2001 年第 2 期等。

② 参见王学典《“历史”与“科学”》，载《文史哲》2000 年第 3 期；《十九世纪的自然科学与历史学：塑造、同化与区别》，载《山东社会科学》2004 年第 2 期；《论历史研究的客观性问题》，载《东岳论丛》2004 年第 1 期。

③ 参见李振宏《论史家主体意识》，载《历史研究》1988 年第 3 期。

④ 参见林璧属《历史认识的主体性与客观真理性》，载《史学理论研究》1997 年第 3 期。

主义。[①]“基础历史学”概念的提出以及对它的特征所作的规定，显示了在史学与现实关系的观念上，新时期的史学界向前迈出了令人鼓舞的一步。他提出并展开说明了非致用的“基础历史学”概念，这就是对我们长期以来所排斥的“求真”的治史观念的大胆的和有限度的承认，这不能不说是史学观念上的一大变化。

关于“求真”与“致用”的关系问题，李文海认为，历史学是一门具有重大社会功能的学科。要充分发挥历史学的社会功能，就要尊重历史的真实，探索历史的真实，把握历史的真实。把握历史的真实愈深刻，历史学的知识功能、借鉴功能和指导功能发挥得就愈充分。[②] 王学典对此进行了进一步的思考。他认为，历史学家的主要职责是求真，当他面对对象时，他首先应当问真不真，至于有无学问之外的用处倒是次要的。当然，历史学家主观上不必注重效用，并不意味着他们的研究成果客观上真的无用。也就是说，历史学家自己只管写出信史，求出真相，至于用不用，如何用，何时用，那应该是整个社会的事。他指出，求真与致用是两个独立存在的东西，无论在空间上还是在时间上，它们实际上是可以分离的。所以，就整体的历史研究而言，求真与致用是统一的，致用寓于求真之中。为求真而研究，用也就在其中了。所求之真可能一时无用，但不会永远无用，而一开始就追求致用，既不一定会获真，用的效果也未必会好。[③] 他将“求真”与“致用”相对分离开来，缓解了二者的紧张关系，使它们各安其位，平行发展。讨论这一问题的文章还有雷戈的《求真、致用、批判——对史学观的批判性考察》(《山西师大学报》1997 年第 3 期)，刘家和的《史学的求真与致用问题》(《学术月刊》1997 年第 1 期)等。

对政治意识形态与学术关系的重新审视，是近年学界提出的新问题，这也是对“求真”与“致用”关系问题讨论的进一步深化。改革开放以前，人们普遍认为学术应当无条件地为政治服务，充当意识形态的工具。80 年代以来，特别是到了 90 年代，随着学术独立意识的日益觉醒，人们开始反思政治意识形态对学术的妨碍作用，主张排除意识形态的干扰。最近，学界对学术与意识形态的关系问题的思考又向前推进了一步。章开沅从历史的学科特点和历史的复杂性出发，论证了史学家与政治家、史学家与史学研究对象、史学家与其他学科学者之间进行对话的必要性。他认为，只有通过认真的、

---

① 参见蒋大椿《唯物史观与史学》，吉林教育出版社 1991 年版。

② 参见李文海《“求真”才能“致用”》，载《史学月刊》2001 年第 4 期。

③ 参见王学典《历史研究的致用寓于求真之中》，载《文史哲》1993 年第 6 期。

平等的对话，才能增进理解，政治家与史学家之间一定能够建立良性的互动关系，史学也才能保持自己的学科品格，避免泛政治化和简单化。[①] 有学者结合近现代中国史学的发展历程，重新肯定了意识形态力量曾经对史学发展所产生的巨大推动作用，认为意识形态不仅是一种压迫性力量，还是一种生产性力量。尤其是当意识形态对学术的支配相对较弱时，只要合理疏导，对意识形态假定保持警觉，避免陷入极端主义的误区，政治意识形态对学术建设仍有不可低估的正面价值：第一，由于政治意识形态的牵引和诱导，历史学提出了一系列新问题，开辟了一些新领域；第二，从外部引入动力机制，打破封闭式循环，刺激学术生长。[②] 学术界就这样在对意识形态利弊的把握上经历了一个否定之否定的过程。

史论关系问题是历史学研究中的一个基本问题，二者关系的实质是理论与材料在治史过程中的相对地位的高低。“文革”前，主要是以论带史、论从史出和史论结合三种主张在较长竞短。改革开放后，国内学者的认识有所推进。如蒋大椿提出，应当将史论关系放在作为社会意识形态的两种现象，即马克思主义理论与历史学，历史研究过程的史料与结论性认识，历史叙述过程的论点与史实三个不同范围内，分别加以探讨和处理，然后作总体考察。[③] 有学者以“实证”和“诠释”一对范畴来探讨这一问题，也取得一些新知。[④]

以上只是抽取了几个点来说明中国历史学者在近三十年间所提供的理论思考，即使这样，人们也可以明显感受到，中国的史学理论界的的确确已经今非昔比了。

## 四、两点展望

从严格意义上说，未来是不可预测的；但这并不妨碍人们憧憬未来，对尚未发生的事情提出一些超前认识。展望今后中国大陆史学理论研究的发

---

① 参见章开沅《论史学与政治及其他》，载《华中师范大学学报》1998 年第 2 期。

② 参见王学典《放逐“现实”回避“问题”：90 年代学风的致命伤》，载《山东社会科学》2004 年第 8 期；陈峰《利弊交织：史学与政治意识形态的关联》，载《山东社会科学》2004 年第 8 期。

③ 参见蒋大椿《唯物史观与史学》，吉林教育出版社 1991 年版。

④ 参见王学典《实证追求与阐释取向之间的百年史学——兼论历史学的性质问题》，载《文史哲》1997 年第 6 期。

展前景，我们认为有以下两点值得注意：

其一，多元化取向仍将是史学理论研究得以进行的不可抗拒的潮流。历史本身具有无穷的复杂性，历史主体和历史客体的组合方式是多种多样的。这从根本上决定了历史研究的多元性。理论的思考与创造必须以“心灵的自由”为前提，而“自由”状态下的历史学必然是多元开放的。在未来的岁月里，马克思主义的、新儒学的、文化的、心理的等各种各样的历史观及史学理论，将会争长竞短，争奇斗艳。在史学方法方面，也将呈现为一个多元的局面。在当前深受欢迎的社会学方法、人类学方法、经济学方法、政治学方法等社会科学方法，以及作为技术手段的比较方法、计量方法等被大规模应用的同时，中国传统的目录学方法、辨伪和校勘的方法、考证的方法仍将是整理文献史料的基本工具。马克思主义史学的历史与逻辑的统一的方法、矛盾分析的方法、阶级分析法、辩证的方法等，仍有相当的存在空间。多元化是学术的生命，也将是今后的史学理论研究持续释放活力的重要保证。因为“一元的史学理论的正统地位一旦确立，就会被禁锢在史学理论研究的繁琐与空洞的双重网罗之中，而失去思想批判的性质和理论创新的能力”①。

其二，历史理论与史学理论必须协调发展，二者不可偏废。史学理论最终从属于对历史过程本身的探讨，整个历史学最终目的都在于推进对历史本身的认识。所以，对历史进程的一般理论研究、宏观史学仍不能废弃，需要进一步加强。对中国历史进程的探讨迫切需要大的预设，迫切需要新的概念。当前史学的碎化倾向实质上反映了史学界理论思考能力的堕落和衰竭！因此，历史理论与史学理论是相互关联的，只有二者并重，历史学的理论研究才可能真正走上健康之路。

80年代区分历史理论与史学理论的初衷是纠偏，提醒人们留意和关注史学理论问题，并非要将历史理论、历史观打入冷宫，排斥对社会历史过程本身的思考。不过，在一定的时期内难免有轻重缓急之分。但历史理论与史学理论的地位在近年颠倒了过来，历史理论研究反而又成为一个薄弱环节。最近这种局面透露出改观的迹象。比较典型的是，美籍华人史学家黄宗智以“过密化”理论解释长江三角洲地区在经历数百年的商品化之后乡村仍然没有实质性发展这一历史现象。黄氏在《中国经济史中的悖论现象与当前的规范认识危机》一文中进而提出，中国社会、经济史的研究正处于一场规范认识的危机之中。他批评中国史领域长期借用源自西方经验的模

---

① 雷戈：《史学理论多元化构想》，载《社会科学辑刊》2000年第1期。

式，试图把中国历史套入斯密和马克思的古典理论的做法，提出关于中国历史发展道路的理论应该建立在中国历史实际的基础上。① 对此，《中国经济史研究》、《史学理论研究》和《中国史研究》编辑部等分别组织召开专题讨论会，对黄宗智的观点进行探讨，引起了学者们的普遍兴趣。美国中国史专家彭慕兰的《大分流：欧洲、中国及现代世界经济的发展》，通过对 18 世纪欧洲的英格兰和中国的江南地区考察比较提出：18 世纪以前，东西方处在基本同样的发展水平上，西方并没有任何明显的和独有的内生优势；18 世纪末 19 世纪初，欧洲工业化充分发展以后，历史来到了一个岔路口，东西方之间开始分道扬镳，一个占支配地位的西欧中心才具有了实际意义。王国斌的《转变的中国——历史变迁与欧洲经验的局限》着重研究明清时期中国和欧洲经济发展，挑战欧洲中心论，认为欧洲的主导作用无论在空间或时间方面都被夸大了。西方学者的反省和检讨，刺激了国内学者的关注和思考。吴承明、李伯重等人在西方学者相关思考的基础上提出了中国学者自己关于中国历史分期的观点。看来，对于前近代的中国社会历史发展的道路，还有许多解不开的谜团有待人们探索，很有必要再度展开一场类似于 30 年代社会史论战式的辩论。毫无疑问，对历史理论问题的研究将伴随着这场辩论而重新走向史学界的前台。

---

① 参见黄宗智《中国经济史中的悖论现象与当前的规范认识危机》，载《史学理论研究》1993 年第 1 期。

# 史学理论研究

# 西方“公民社会”概念的历史演进和不同解读

陈启能

“公民社会”(civil society)是从西方引进的概念。这个概念本身有多重含义,是个很复杂的问题。对中国来说,这是个外来语。“社会”(society)一词就是从西方引进的新词,大体上是在19世纪末经过日本传入的。它虽然是个新词,是中国汉词的一种新组合,但对它的含义的理解大体上不会产生很大的分歧。“civil”一词则不同,对它的理解不怎么简单。在当代的汉语中,“civil society”一词至少有四种译法。一是“市民社会”(city-people's society,或 townspeople's society),中国大陆的学者用得较多;二是“民间社会”(people-based society),中国的台湾学者用得较多;三是“公民社会”(citizen's society,或 public society),大陆学者中也有许多人这样用;四是“文明社会”(civilized society),似乎较少见其应用。需要注意的是,这四种译法不只是简单的翻译用词上的不同,实际上这些词本身在含义上也有细微的差别。譬如,“市民社会”和“公民社会”,笔者更倾向于“公民社会”的译法。这不仅因为“市民社会”给人的印象是只局限于城市(urban society),而实际上“civil society”不能只限于城市。而“公民”则没有城乡的局限。更重要的是“公民社会”的译法可以更好地反映“civil society”一词在当代的含义。这在下面再加论述。

我们先来简略地考察一下“civil society”一词在西方的演变历史,特别是简要地回顾一下西方“公民社会”理念的发展变化。这对我们正确理解这一概念是必要的。在西方，“civil society”一词有很长的历史，最早可追溯到古希腊哲人亚里士多德。亚氏的 koinôniapolitiké 一词，主要是指当时的城邦(Polis)。公元 1 世纪，西塞罗把它译成拉丁语 societas civilis。14 世纪时欧洲人已广泛应用这个拉丁词，并被译成英语 civil society。在这一漫长的过程中，这词的含义是多样的。但它总是指家庭以外的社会和政治生活。

到 17、18 世纪，“civil society”一词被赋予了近代的解释。欧洲各种语言采取了大致相同的译法，如 société civile(法语)，Zivilgesellschaft 或 Bülrgergesellschaft(德语)。

西方关于“公民社会”理念的发展有很长的历史。这个理念出现于 17 世纪。当时由于欧洲社会普遍的无序引起了关于社会秩序的广泛的讨论。很多人都在思考，建立秩序的力量何在：是上帝、国王、传统，还是社会自身的动力？地理大发现等东西交往的发展使人们接触到各种不同的文化，于是又出现了社会秩序是不是超越不同文化的现象的问题。围绕一种文化中的秩序的本质和源泉问题，学者们展开了热烈的争论。一些有识之士认为，不同的社会秩序并不是等质的，其中有些比别的要更合乎理想。而这种更合乎理想的社会秩序是由社会内部产生的，并不是来自外部。“公民社会”这个术语就这样被创造出来，用以表示这种被认为是合乎理想的好的社会秩序。但不同学者、作家对这种好的社会的描述和看法是很不相同，大相径庭的。

关于“civil society”近代的解释主要是由西方启蒙思想家赋予的，如约翰·洛克、亚当·弗格森、孟德斯鸠、百科全书派、康德等。洛克(1632～1704)被认为是这种近代解释的开创者。他从早期基督教的“自然法”原则出发，强调个人权利、自由咨询和对不同观点的宽容。其核心是每个人都是自主的，本质上都是善良的。简言之，在洛克看来，在这种自主的个人的共同体存在的地方，就有“公民社会”。这种自主的个人为了社会利益或公共利益可以根据上帝的意志协同行动。而上帝的意志通过自然法中体现的理性和通过基督教教义和传统而为人们所知悉。洛克强调，除了上帝以外再也没有别的世界性的权威，因而政治权威只能是暂时的。对洛克来说，这样的社会(公民社会)是一种理想，但只要努力是有可能实现的。

洛克之后，18 世纪的一些思想家们发展了洛克的思想。他们认为，经典神学已经不能涵盖不断增长的知识，个人的发展情况比洛克想象的要复杂得多。譬如，安东尼·阿什利·库帕·沙夫茨伯里伯爵(第三)(1671～

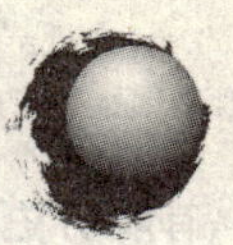



1713)和亚当·斯密(1723～1790)指出，由于市场经济的扩张，人们做事与其说主要出于关心公共利益，不如说是主要出于私利。自然，在社会上也有一部分人，甚至多数人做工作是为了促进公共利益。这是不可否认的。由此，在个人的生活里会出现许多由于公利和私利的冲突而引起的矛盾。那么，有没有什么力量可以调节这些矛盾呢？斯密提出一种他称之为"道德情感和自然同情"的力量。他认为，人都有一种被别人认知和欣赏的内在需求。人的活动，包括经济活动，都是为了满足这种基本的需求。因而人们就有一种进行交流的自然倾向，包括物质的、利益的和服务的交流。这样，进行交流的公共领域就成了人们活动的规范场所。因而，人们都愿意加入一个共同体。总之，在个人的私利里，人们应该去重新发现和表达出对别人的自然感情，对公共利益的关注，因为这种关注最终能通过自然感情及对其的培养给个人带来幸福，这样就创立了"公民社会"。

与斯密相反，戴维·休谟(1711～1776)认为，理性使人们了解"普遍真理"，道德准则在这里不起作用。道德准则只是人们在社会领域里进行交换和交流的结果，而这些交流基本上是为了满足人的利益、需要和感情。公民社会存在的原因就是为了很好地协调个人利益。为此，社会交流需要建立在下述准则上：财产的稳定，财产的转手必须得到同意，行为必须得到有关人的同意，或与其协议一致。这些社会准则与前人强调的自然法无关，而完全是由于人们之间订立的契约。而人们遵守这种社会契约或准则是因为要最大限度地增加自己的私利。总之，在休谟看来，人基本上是自私的，不慷慨的；然而，由于物资不足，人们需要用准则去限制许多个人的私利，也要促进别人的利益。"公民社会"就是受指导的、协调好的私利，而人的生活的这个领域，与私人生活、价值和道德是分离的。这就是休谟的看法。需要指出的是，他被看作后来的自由主义思想和自由个人主义的先驱。

德国古典哲学家康德

伊曼纽尔·康德(1724～1804)又强调洛克的思想，即个人是自主的、自由的和平等的。他也同斯密那样强调道德的力量。他认为，关于个人的这种理想需要通过道德法则的发展才有可能实现。康德认为，他称之为"道德理性"的力量可以在公共领域，在共同体中引导人们产生相互支持的行动。然而，康德也强调，政府与公共事务和行动是可以相容的。只不过社会要比政府圈子宽广。宽广的公共领域是政府行动的真正的支柱。康德强调公民领域与政治领域是分离的，在这点上他突破了洛克和早期思想家对公民社会的看法。他同意休谟关于公民社会是被协调的私利的看法，认为理想的社会秩序（公民社会）出现在人们抱有共同的关于个人自主、平等、自由的理念的时候。然而，他又同休谟一样，认为正义与个人的道德是相对的：在公共领域中的正义与私人领域中的道德是要加以区分的。人们的道德观可以不同，但都应力争公共领域中的平等和自由。

总的说来，这些启蒙思想家，尽管看法上有不同之处，但都给"公民社会"这一理念赋予了正面的意义，都把它看作是对未来文明的一种空想的描述和追求。在这种未来的社会里，人民生活在一起，过着和平的日子。有责任的公民在私人领域是个人，在公共领域是公民。他们都是自由独立的，在法律的治理下彼此合作，不受极权国家的摆布或宠爱。他们对不同的文化、宗教和民族差异是宽容的，但对社会的不公平或群体之间的不公平却是不可忍受的。

到19世纪上半叶，由于资本主义和早期工业化的发展，"公民社会"的定义有了变化。对此，黑格尔（1770～1831）等思想家起了很大的作用。黑格尔不同意康德把公共领域的正义和私人领域里的道德分割开的看法，认为这两个生活领域是统一的，但是相互之间有竞争。这就在某种意义上回到了早期思想家的传统。这样就产生一个问题：如何才能使私人生活和公共生活的相互竞争的领域统一起来？黑格尔认为：一方面，道德并不是只存在于私人领域，相反，公共领域也受到共有的道德价值和观念的支配；另一方面，这里国家所起的作用不应忽视。国家通过指导和引导对彼此竞争的利益和冲突进行平衡。有论者指出，黑格尔认为"公民社会"是处于家庭与国家之间的中间地带。它是同时与自然社会（家庭）和政治社会（国家）相对的概念，而国家是高于公民社会的。①

总之，19世纪上半叶以来，"公民社会"被更明确地从国家的角度来识别，而不是仍把它理解为需求和工作的体制，市场和私利的体制。也有人把它看作是资产阶级的社会的。它的正面的含义似乎逐渐淡化，至少在德语

---

① 参见邓正来、J. C. 亚历山大编《国家与市民社会：一种社会理论的研究路径》，中央编译出版社1999年版，第88、96页。下引此书，版本同此。

中是如此。德语中，原先的 Zivilgesellschaft 或 Bürgergesellschaft 一词是有其正面的含义的，现在被 bürgerliche Gesellschaft 一词所取代。后者一直保留到 20 世纪晚期，多数情况下是负面的和批判的含义。在英语和法语中，情况要好得多。在 20 世纪，现代自由主义和社会主义思潮对"公民社会"观念产生不少影响。但总的来说，它的影响日益减少，而且在多数语言中，"civil society"一词逐渐退居边缘，直至 1980 年情况才有变化。

1980 年情况有了戏剧性的变化。"civil society"一词有了光辉的回归，可谓再度青春。在德语中，这词又被重新译为 zivilgesellschaft 以突出它的正面含义，取代具有负面和批判含义的 bürgerliche gesellschaft 的译法。① 20 世纪 80 年代，"公民社会"一词的再度辉煌是有其社会原因的。首先，这词被东欧和中欧的一些国家广泛用来作为反对极权和专制，反对苏联霸权的有力武器。从"civil society"（公民社会）与国家的关系来说，这是一个重大的变化。在近代早期，公民社会并不是指与国家相对的社会。洛克则把公民社会看作是早于或者外于国家，这里有限制国家某些权力的考虑。实际上，洛克是把公民社会看得高于国家的。黑格尔虽认为国家高于公民社会，但他强调的是国家对彼此冲突的利益的干预和调节。到了 20 世纪 80 年代，反极权的斗士和持不同政见者却把公民社会看作是反国家的武器。虽然他们说的是反对极权国家，但这种把"公民社会"只是作为反对国家的武器的做法，至少是把两者的关系简单化了，从而使那些对"公民社会"概念不熟悉的人们来说，很容易造成"公民社会"就是反对国家的印象。

在 1980 年代"公民社会"所以再次受到关注，还有一个原因，那就是在西方社会，也有许多人认为国家对社会内部的干预太多了，已超越界限了。人们怀疑这样会成为被国家娇生惯养的宠儿。"公民社会"恰恰反映了这种怀疑主义情绪，因而它重新受到关注。因为，"公民社会"强调社会的自我管理和个人的责任。其次，当前的反全球化运动也常利用"公民社会"概念，作为对在全世界大肆发展的资本主义的一种新的批判和提供的另一种选择。可见，"公民社会"概念是与西方现时的政治和思想总氛围相适应的。它的再度受到关注也就不奇怪了。

在后现代的今天，在强调多元化、碎化、不确定化的氛围下，西方学者对"公民社会"概念的态度和观点也显出不同。譬如，有的学者怀疑，"公民社

---

① 参见尤尔根·科卡《从历史观点考察公民社会》，载《欧洲评论》（Jürgen Kocka，"Civil Society from a Historical Perspective"，in *European Review*）第 12 卷第 1 期（2004）。

会”的经典概念已很难再被当今西方的大多数公民所接受，因为经典概念强调理性，而后现代时代对理性是不信任的。这是一个解构和怀疑的时代。但这并不是说要丢弃这个概念，而是要探讨如何更新它。[①] 也有学者认为，在后现代主义的氛围下，当极端个人主义和碎化广为流传的时候，“公民社会”的公有制成分、社会领域和凝聚力都应重新加以强调。[②] 总之，虽然观点有所差异，但“公民社会”概念依然受到关注却是一致的。

下面来谈谈当今学者们对“公民社会”概念定义的看法。正如前面已经提到的，“公民社会”是个很复杂的概念，对它的定义很不一致，可谓五花八门。一位加拿大学者指出，从1980年代晚期“公民社会”概念流行以来，有关公民社会意义、性质、范围和在社会变动运动中的地位的讨论不下于几千页(多数在学术网上)。[③] 另一位加拿大哲学家查尔斯·泰勒说：公民社会“乃是一个比我们乍看起来所想到的远为复杂和多面的概念”[④]。下面举些例子。

查尔斯·泰勒认为，就最低限度的含义来说，只要存在不受制于国家权力支配的自由社团，公民社会便存在了。就较为严格的含义来说，只有当整个社会能够通过那些不受国家支配的社团来构建自身并协调其行动时，公民社会才存在。对这点的补充是，当这些社团可以相当有效地决定或影响国家政策的方向时，公民社会才存在。[⑤] 艾利森·范·鲁伊则认为，公民社会概念有六个方面：作为价值和规范的公民社会；作为集体名词的公民社会；作为行动空间的公民社会；作为历史瞬间的公民社会；作为反霸权的公民社会；作为反国家的公民社会。[⑥]

俄罗斯学者鲍里斯·尼古拉耶维奇·米罗诺夫认为，“公民社会”是一个西方概念。公民社会是建立在政治自由权利和独立于国家的基础上的社

---

① 参见亚当·塞利曼《公民社会概念》(Adam Seligman, *The Idea of Civil Society*)，普林斯顿大学出版社1992年版，第3～4页。

② 参见尤尔根·科卡《从历史观点考察公民社会》，载《欧洲评论》第12卷第1期。

③ 参见卡伦·萨沃茨基《加拿大的公民社会：概览》(Karen Sawatsky, *Civil Society in Canada: An Overview*)，1998年版。

④ 查尔斯·泰勒：《市民社会的模式》，载邓正来、J. C. 亚历山大编《国家与市民社会：一种社会理论的研究路径》，第4页。

⑤ 查尔斯·泰勒：《市民社会的模式》，载邓正来、J. C. 亚历山大编《国家与市民社会：一种社会理论的研究路径》，第6～7页。

⑥ 参见艾利森·范·鲁伊《公民社会与援助工业》(Alison Van Rooy, *Civil Society and Aid Industry*)，伦敦1998年版。

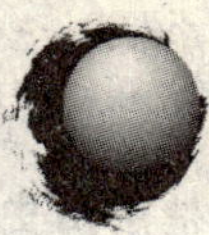



会。它具有三大特性:①多元性;②一致性;③解决问题的机制。它还有五大特点:①自我管理;②社会公共舆论;③志愿者组织;④国家与社会间的渠道;⑤政治自由。鲍·尼·米罗诺夫在他的著作《俄国社会史》中详细地描述了从18世纪到1917年俄国公民社会逐渐发展的历史。[①]

加拿大学者查尔斯·博顿认为,根据西方传统,在"公民社会"里,公民把自己组织起来以监督国家,或者谋求限制国家对他们生活的干预,或者利用国家的某些干预去阻止不怀好意的国家机构外的精英们的行为。此外,西方公民社会的基石是民众和社区的志愿性支持活动和表示爱心的捐献行为,等等。[②]

德国学者尤尔根·科卡认为,可以有三种方式来定义"公民社会",即把公民社会:①作为一种类型的社会行动;②作为一种领域,它与经济、国家、私人领域有关,但又都与它们分离;③作为一种带有某些空想性质的构想或计划的核心内容。[③] 科卡还认为,不论过去,还是现在,"公民社会"都不能等同于任何一个实际存在的社会。直至今天,它的所有特性并未全部实现。在这点上,它依旧是空想。我们今天应用这个概念只是为了说明现实社会中的一系列结构性因素。然而,社会中还存在有其他的因素:国家、市场、私人领域,以及暴力、狂热和混乱。[④] 这个看法是很有道理的。

再引几位俄罗斯学者的看法:公民社会是由人们建立的经济的、政治的、法律的和文化的一定的制度。它对国家来说是自治的。这种社会关系的有效性取决于以下几点:首先是公民的自由、责任心和积极性的程度;其次是市场经济的发展程度和有效性;第三是国家的法制和民主机构的成熟性。[⑤] 他们还特别强调个人与公民社会间的关系的重要性,指出:公民社会不是一种机械性的结构,而是人的精神活力和行动活力。这是个性的选择

---

① 参见鲍·尼·米罗诺夫《俄国社会史:个性、民主家庭、公民社会和法制国家的形成(18世纪至20世纪初)》(Б. Н. Миронов, Соцuалbная история России: Генезис личности, демократическойсемъи, гражданского оσщества и правовогогу Дарства[XVIIIначадо XX в.]),圣彼得堡1999年版。

② 查尔斯·博顿2000年8月24日给笔者的电子邮件。

③ 参见尤尔根·科卡《从历史观点考察公民社会》,载《欧洲评论》第12卷第1期。

④ 参见尤尔根·科卡《从历史观点考察公民社会》,载《欧洲评论》第12卷第1期。

⑤ 参见A·阿里宁、B·科瓦利、T·科瓦利《个性与社会——精神—道德的潜能》(A. II. Аринин, Б. И. Коваль, Т. Б. Ковалв, Личность иоσщество. Духовно-нравственный потенцuал),莫斯科2003年版,第240页。

自由和创造性，是自我尊重和自己对整个社会的高度责任感。①

综上所述，可以知道，关于“公民社会”定义的众多不同的观点表明，这是一个含义复杂的概念，并不存在一个普适的、统一的定义。这不只是概念的问题。这是表明，“公民社会”本身就是复杂多样的，不存在一种统一的、普适的模式。卡伦·萨沃茨基指出，当关于公民社会的定义及其作用的争论还在继续时，多数参与者都同意，公民社会是多样的，它实质上是一种运行中的民主，而这种社会应该是人们追求的目标②。

认识到“公民社会”的概念和实际的多样性是很重要的。这表明不存在一种普适的公民社会模式，不存在一种可以到处搬用的公民社会样板。不同的社会，发展民主的道路，建立公民社会的道路是各不相同的，必须符合不同社会的实际。东方的社会不同于西方的社会，非洲的社会不同于拉丁美洲的社会。不能要求，也不可能把西方的民主模式和公民社会模式简单地搬用过来。自然，我们也应看到，“公民社会”作为概念和实际有它共性的地方，有某些共同的特征；同时，对先进的国家，建立公民社会较早的国家来说，会有许多成功的经验和不成功的教训值得别的国家认真地研究和汲取。

对中国来说，也正是这样。我们既要探讨根据中国的历史和现实，根据中国的国情，按照中国的特色来研究公民社会在中国的发展问题，同时也要认真研究外国的状况和经验。这里，首先需要对“公民社会”概念作个澄清。正如前面所述，来自西方的“公民社会”概念本身有个发展过程，而且这是个复杂的多义的概念，因而需要科学地、客观地结合实际情况进行探讨。那种把“公民社会”只作为反对国家的武器的看法不仅是片面的，而且是舍本逐末的。我们知道，这种看法是在 20 世纪 80 年代东欧国家发生剧变，反对本国专制和苏联霸权时提出的。那是在特定历史时期的产物，并不能代表“公民社会”概念的所有的和主要的含义。

事实上，近十多年来，关于中国的公民社会问题，包括中国历史上的公民社会和现实中的公民社会的问题，国内外的学者们进行了很多的研究和热烈的讨论，提出了不少不同的观点。如运用哈贝马斯的“公共领域”(public sphere)概念来探讨中国的公民社会问题，如提出国家与社会间的“第三领域”(third realm)③。还有外国学者提出“国家指导的公民社会”(state-led

① 参见 A·阿里宁、B·科瓦利、T·科瓦利《个性与社会——精神—道德的潜能》，第 243 页。

② 参见卡伦·萨沃茨基《加拿大的公民社会：概览》，1998 年版。

③ 参见黄宗智《中国的“公共领域”与“市民社会”？——国家与社会间的第三领域》，载邓正来、J. C. 亚历山大编《国家与市民社会：一种社会理论的研究路径》，第 420～443 页。

*civil society*)概念来说明今天中国的公民社会特点。[①]

中国学者邓正来在对近年来中国学者关于中国发展的研究作总结时指出,许多中国学者在研究中采取寻求西方经验和理论的取向,虽然这一取向本身无可厚非,不应简单否定,但论者通过分析指出其中存在问题。这个问题主要是把所接受的西方的某种思想框架作为当然的充分条件,并受着这种思想框架的支配。他具体举例说,如:把西方发展过程中的问题及西方理论旨在回答的问题虚构为中国发展进程中的问题;把西方迈入现代社会后所抽象概括出来的种种现代性因素倒果为因地视作中国推进现代化的前提性条件;把中国传统视为中国向现代社会转型的障碍而进行整体性的批判和否定;忽略对西方因其发展的自生自发性而不构成问题但对示范压力下的中国的发展却构成问题的问题进行研究;在西方的理论未经分析和批判以及其理论预设未经中国经验验证的情况下就视其为当然,进而对中国的社会事实作非此即彼的判断;等等。[②] 这个意见是很中肯的,也很值得重视。应该强调,研究中国的公民社会问题,必须从中国的实际出发,在这个过程中自然需要寻求西方的经验和理论,但必须避免邓正来上面指出的弊病。

---

① 参见迈克尔·弗洛里克《国家指导的公民社会》(B. Michael Frolic,"State-led Civil Society"),载卜正民和迈克尔·弗洛里克编《中国的公民社会》(Timothy Brook and Michael Frolic, eds., *Civil Society in China*),纽约 1997 年版,第 46～47 页。

② 邓正来:《中国发展研究的检视——兼论中国市民社会研究》,载邓正来、J. C. 亚历山大编《国家与市民社会:一种社会理论的研究路径》,第 444～462 页。

# 历史规律三题

张耕华

自思辨历史哲学的研究方式遭到批评之后，历史规律问题的研究由本体论逐渐转到认识论上，这是因为历史规律问题与历史学的科学性问题存在着重要的联系。从19世纪下半叶以来，历史学的学科性质问题逐渐成为西方历史哲学家最感兴趣的课题，分析与批判历史哲学的所有研究，都可以归结到这一目标上。无论是持肯定或否定的看法，有关历史学科性质的讨论与分歧，有相当部分是集中在这一点上，即历史学能不能提供一种规律性的知识。这里所说的规律性知识，就是通常所说的历史规律理论，或者称之为历史学的"普遍性命题"。

一般认为，规律的主要特征是重复性、必然性。有关历史规律的重复性问题，笔者曾作过讨论①，认为：(1)从重复性和预言的测不准上来否认历史中存在着规律的观点并不能成立；(2)认为历史规律的特殊性就在于它的重复的非完全性、非严格性的观点也不能成立。上述观点之所以不能成立，原因在于混淆了具体界的"类似"与抽象界的"同类"。本文讨论的是有关规律的另三个问题：(1)什么叫必然性；(2)历史规律的形式化语句陈述问题；(3)历史中的概率规律问题。至于与历史规律相关的历史学的科学性问题，仅在本文的"余论"部分有所论及。所论能否成立，实无把握，抛砖引玉，求教于史学界的同仁。

---

① 参见张耕华《历史的"重演"与历史学的"预言"》，载《史学理论研究》1998年第1期。

## 一、历史的必然性问题

### (一)必然性1:事情的发生或存在的不可避免

"必然性"一词,是规律研究领域中使用得最多,也是最容易引起歧义的概念之一。"必然性"一词,主要有三种不同的含义和用法。

必然性的第一种含义是指事情的发生或存在的不可避免,这也是我们日常生活中经常使用的一种含义。恩格斯在《自然辩证法》中有一段文字,讲的就是这种含义上的必然性。他说:"……今早四点钟一只跳蚤咬了我一口,而不是三点钟或五点钟,而且是咬在右肩上,而不是咬在左腿上——这一切都是由一种不可更动的因果连锁、由一种坚定不移的必然性所引起的事实。"[①]这是一种与规律无关的必然性,通常只是用来说明事实最终如此存在或结果发生的不可避免。为了行文上的方便,笔者把这种含义上的"必然性"称之为"必然性1"。

正如有学者所批评的那样,在历史学中,常常将"必然性1"混同于规律必然性。[②] 这确实是史学研究特别应该注意的地方。因为在自然科学的研究领域,将这两者相互混淆或许问题还不大,因为科学家的工作就是从特殊事实的存在或发生的"必然性1"中提取出规律的必然性,也就是说,"必然性1"是可以转化为规律的必然性。而在历史研究领域,这样的提炼或转化就会遇到相当的困难。关于这一点,下文将作进一步的讨论。

### (二)必然性2:规律的确定性

必然性的另一种含义,通常是用来指称规律的确定性或一无例外。一般认为,规律是客观世界里的一种关系,可以用"C-E"方式来表示[③]。规律理论则是对这种关系的概括或归纳。当客观世界中的某一种关系表现出一种极强的确定性或一无例外,我们便以"必然性"一词来描述它。我们会说这

---

① 《马克思恩格斯选集》第3卷,人民出版社1972年版,第541～542页。

② 王和、周舵:《试论历史规律》,载《历史研究》1987年第5期。

③ 张嘉同、沈小峰:《规律新论》,中共中央党校出版社1993年版。下引此书,版本同此。该书认为,规律是指客观世界的一种关系式,可以以"A-B"方式来表示。笔者为了行文上的一致,将"A-B"改为"C-E"。

是一种必然规律，或者说，这是规律的必然性。比如，水在一定的温度、一定的气压等条件下，会由液态转变为气态或固态，我们称其为必然规律（下文简称“水的变化规律”）；氯和氢在一定的压力和温度的界限内受到光的作用就会通过爆炸而化合成氯化氢，我们也称其为必然规律（下文简称“氯化氢合成规律”）。水的变化规律或氯化氢合成规律都是事物之间的一种关系式，说它们是必然规律，则是强调这种关系式的确定性。

需要指出的是，这里所说的必然性，仅仅是肯定事物关系式的确定性或一无例外。比如，有两项实验，一项是由于压力不够，氯和氢尽管受到了光的作用结果未能通过爆炸而化合成氯化氢；另一项是因气压方面的变化，水在加热到一定的温度时未能呈现出气态。这样的实验结果会不会让我们下这样的判断，即上述两个规律都不具有必然性呢？或者是说，它们都不是必然规律呢？显然不会。我们会解释说：上述实验结果之所以不能否认这两个规律的必然性，那是因为导致某一结果所必需的条件没有具备，只要条件具备，某一结果就会实现。因条件未具备而导致某一结果的未出现并不能证明水的变化规律无必然性，或证明氯化氢合成规律无必然性。这样的解释，实际上已经对这种必然性的含义作出了界定——规律只是指事物的某种关系式（C-E），规律的必然性只是指这种关系式（C-E）的必然性。这种含义上的“必然性”，笔者称其为“必然性 2”。这是“必然性”一词的第二种含义和用法。

（三）必然性 3：规律呈现的一无例外

“必然性”一词也可以用来指称规律呈现的确定性和一无例外。在实验条件下，上文所说的那种情况是不大可能发生的，氯化氢合成规律实验和水的形态变化实验可以屡试不爽，一无例外。所谓屡试不爽，就是事物的关系式的呈现具有一种确定性，这种确定性我们也可以称其为必然性。

如上所述，规律的必然性指的是事物“C-E”关系式的确定性，客观世界的“C-E”关系式，这是由事物本身固有的某种性质及其与其他事物的关系所决定的，哲学家金岳霖先生称其为“理有固然”①。事物本身有其固有之“理”，但这个“理”并非能够必然地呈现出来。比如，化学世界里的许多关系式，在自然状态下根本就不会自然呈现。事物的固有之“理”能否现实地呈

① 参见金岳霖《势至原则》，载《金岳霖学术论文选》，中国社会科学出版社 1990 年版；金岳霖《论道》，商务印书馆 1994 年版。下引此书，版本同此。

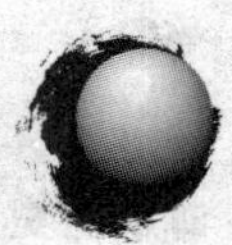



现，不仅涉及事物本身是否存在着确定性的“C-E”关系，还要涉及到为呈现“C-E”关系式所必需的有关条件是否具备。也就是说，规律能否呈现不光是一个“理有固然”的问题，还有一个条件是否具备的问题。金岳霖先生把条件的具备与否称之为“势”的至与不至。在客观世界中，事物的“理”与“势”是各不相干，事物的“固有之理”不能保证“势”的必然具备；同样，“势”的具备与否也不能保证事物有固然之“理”，它既不能从无到有的创造“理”，也不能从有到无地消灭“理”。所以，某一规律的呈现，一定是既有“理”的存在，又有“势”的具备。如果“势有必至”，那么，规律的呈现就能表现出一种必然性。这样，我们就可以看到两种必然性，一种是规律的必然性（即“C-E”关系式的必然性，事物的固有之“理”），即“必然性 2”；一种是规律呈现的必然性（因“势有必至”而使得事物的固有之“理”，能够必然性地呈现），我们把后者称之为“必然性 3”。

恩格斯在《自然辩证法》中曾说过这样一段话，他说：“氯和氢在一定的压力和温度之下受到光的作用就会爆炸而化合成氯化氢；而且只要我们知道这一点，我们也就知道：只要具备上述条件，这件事情随时随地都可以发生，至于是否只发生过一次或者重复了一百万次，以及在多少天体上发生过，这都是无关紧要的。自然界中的普遍性的形式就是规律。”[①]这一段文字的前面两句（氯和氢在一定的压力和温度的界限内受到光的作用就会通过爆炸而化合成氯化氢），说的是“必然性 2”；后面两句（只要具备上述条件，事情随时随地都会发生），是指事情呈现的必然性，即“必然性 3”。说“至于是否只发生过一次或者重复了一百万次，以及在多少天体上发生过，这都是无关紧要”，这实际上就是说后一种必然性不能等同于前一种必然性。然而，在实际使用中，我们常常会把“必然性 2”与“必然性 3”加以混淆。或者是因为看到有事物存在着“必然性 2”，进而推论它一定也有“必然性 3”；或者是因为看不到有“必然性 3”，进而推论它一定不存在“必然性 2”。也就是说，论者常因为事物“理有固然”而推论它“势有必至”；或者是因“势无必至”而推论事物“理无固然”。这种混淆，在自然科学中或许也问题不大，因为自然科学所概括的规律，大都是“理有固然，势有必至”。但在历史研究领域里就会引起误解，许多学者都对规律的必然性持否定态度，其中有一种理由便是历史规律不能有效的预言未来。这实际上是从规律呈现的不确定性来否定历史

---

① 《马克思恩格斯选集》第 3 卷，人民出版社 1972 年版，第 554 页。

中的规律性①。

总之，规律的必然性不等于规律呈现的必然性。我们不能因为“理有固然”，而说“势有必至”；也不能因为“势无必至”而说“理无固然”。规律本身的必然性不等于规律呈现的必然性。

## 二、历史规律的形式化语句陈述问题

### (一)从因果性到因果律

迄今为止，人类利用自然界的基本方式是从认识和掌握因果律入手的，科学研究的目的就是从偶然的因果性中求出必然的因果律。罗素曾说：“偶然指的是一种其因果作用不为人知的事件。”②这种说法很容易引起误解，似乎偶然性的解释是出自于我们思想上的无能和懒惰，但其中的合理性也不该忽视。确实，我们常常是把无法上升为因果律的因果关系称之为偶然性。

凡事都有因果，但有因果不等于有因果律。对于自然科学家而言，一个特殊的因果关系之所以会引起他的兴趣，完全是因为有可能将其上升到一般的因果律。1928年秋，英国细菌学家弗兰明意外地发现暴露在室外数天的培养皿已经被霉菌污染，细菌被溶解，而霉斑四周不存在细菌。这一意外发现，当然有其因果性，弗兰明鉴定此霉是青霉菌的一种，并命名为盘尼西林。为了使这项发现能够走向运用，科学家做了大量的研究。青霉菌的产

---

① 在哲学界，最先指出这一错误的是金岳霖先生。金先生说，自休谟以来，讨论因果必然性的学者，都为因果关系的例外问题犯难。“休谟讨论因果关系，其所以绕那么一个大圈子者，也因为它碰着势无必至问题。他承认势无必至，就以为理也没有固然。”其实“有理之有不是有势之有，未显的理仍为理”，“某关系现实不足以表示它就是因果关系，某关系不现实不足以来表示它不是因果关系或者是有例外的因果关系”。他举例说：人吃了若干砒霜会在几分钟内死去，这是一个因果关系，不会有例外。但是，某甲在吃了若干砒霜之后，医生马上设法让他吐出来，结果某甲得救；或者是某甲吃了若干砒霜之后，几秒之内头部挨了枪弹，结果未等砒霜发挥作用已经死去。（参见金岳霖《知识论》，第637～683页；金岳霖《论道》，第199～203页）那么，我们会不会因为某甲没死（或是他死于枪弹）而说“砒霜能致人于死”的命题有例外，说“砒霜能致人于死”的命题不是普遍性的命题呢？会不会因为“砒霜能致人于死”的事情越来越少见，而说这个命题没有预言作用呢？当然不会。《规律新论》也同意这样的解释，认为“因果的决定性指的应该是条件与结果之间确定不移的对应关系，其中并不包含条件的确定性，这样，由于条件的不确定导致结果的不可预言与因果的决定性并不矛盾。”（《规律新论》，第148～149页）

② 罗素：《论历史》，三联书店1991年版，第239页。

生工艺及其整个过程极其复杂，不仅有关的条件因素众多，而且条件相当“苛刻”，全部流程必须在无菌条件下进行，正确的温度和供氧状态必须严格控制。这一事件，在自然界也是极为罕见地偶尔发生。然而，从偶尔的发现，到批量的生产，科学家们所做的只是一件事情：那就是寻找和确定原因条件，在质与量两个方面界定原因条件，确定因果变化的临界点。经过这一番研究，其结果就是获得了一个有关产生盘尼西林的因果律。这就是前文所说的，科学家的工作是从一个特殊事实的存在或发生的“必然性1”提取出规律的必然性，其有形的成果就是概括出一个个必然性的命题，一个能以形式化语句陈述的规律理论。由此，实现了“必然性1”向“必然性2”的转化或提升。

(二)历史学的困难

历史研究也要分析因果关系，历史学家们也试图从因果性的分析走向因果律的概括。就这一点而言，它与一般自然科学没有什么不同。历史学家通过对重复性的考察，概括了许多普遍性命题。多次重复的历史现象，确实表明了这里存在着某种规律性的东西。但是，当作这样的提取时，历史学家就碰到了困难。

庞卓恒先生在概括科学的历史学所说的客观规律与宿命论或命定论的规律的四点根本区别的第四点时说：“它肯定历史的必然性，但不是无条件的必然性，而是有条件的必然性。若用形式化语句来表述，就是‘如果具备了某些主观和客观的条件(C1，C2，直到Cn)，就必然产生某种结果(E)’。用英语表述即为‘Necessarily，if(C1……Cn)，then E’。……它的前提和结论都没有任何不能通过实证研究加以检验的神秘成分。”①

一般说来，自然科学中的有关规律的理论陈述都能以形式化语句来陈述，其对“C”项和“E”项之间的关系式以及“C(C1，C2，直到Cn)”项的量和质的界定，都具有相当的清晰性和确定性。理论陈述的形式化为我们检验的操作提供了可能。依据清晰而确定的理论陈述，我们可以从量和质两方面考察“C(C1，C2，直到Cn)”项是否具备，从而去验证在“C(C1，C2，直到Cn)”项具备的情况下，“E”项是否会必然地出现。理论陈述可以是不完备的，也可以是错误的，但它总是以形式化的语句来陈述的。所谓形式化的语句陈述，就是以“如果具备了某些条件(C1，C2，直到Cn)，就必然产生某种结果

① 庞卓恒：《历史学是不是科学》，载《史学理论研究》1997年第3期。

(E)”的规范程式进行理论的陈述——这可以说是自然科学规律理论的主要特征。

然而,要对历史学中的普遍性命题作出形式化的语句陈述就有相当困难。某一项历史因果的关系,它究竟有那些初始条件,我们难以清晰而确定地开列和界定,这种因果变化的临界点在那里,我们也难以确定。我们既无法列出它的条件项,也无法对条件项作出质和量上的确定性的界定。正如有学者所说:“在物理科学中,我们可以找到相对独立的因果系统和相干系统(a system of relevance)的确定边沿。这在数理天文学中显然易见。1846年 Leverrier 发现 Neptune(海王星)就是很好的实例。然而,在人事历史中,客观的因果脉络往往无法确定,而且相干系统的边沿何在根本难以摸清。”①

(三)历史学的论证逻辑

虽然,要对历史学中的普遍性命题作出形式化的语句陈述有相当的困难,但是,历史学仍有自己的论证逻辑。比如,有这样一个命题:人必有一死。如果碰到一个反例,我们怎么办呢?处理的方法有两种:一种是肯定事实,修正原有的命题,即既然存在有不死的人,那么“人必有一死”的命题就不能成立。另一种思路是否认事实,而不修正原来的命题,即既然“死”是人之为人的必要因素,那么,这一个不死的“人”,其实不是人;或者说其人虽然目前未死,但他最终必有一死。所以,这个“反例”并不足以否定命题必然性,“人必有一死”作为一种必然性的命题仍然可以成立。

史学界是否都以这样的论证逻辑来处理这些“反例”,笔者不敢断言。在这里,我们暂不讨论规律本体上的问题,我们想知道的是,究竟我们使用了什么方法,使客观存在的某种规律呈现为一种必然性。

我们知道,规律的概括总是从个别开始的,由个别进入到一般。在概括必然规律的时候,我们所选择的都是一些“同类”的个别。不仅理论归纳所依据的是“同类”个别,理论检验也是选择这种“同类”个别。比如,我们做十次同样的实验,其中有六次实验获得了成功,四次未获得成功。对于成功的六次实验,我们可以总结为:相同条件产生了相同的结果。这六次实验是“相同条件产生相同结果”的“同类”个别。对于四次未获得成果的实验,我们要检查的是,其之所以未获成功究竟是“相同条件未能产生相同结果”呢?还是“由于条件有变化而导致结果的未出现”。如果是前者,那么,原先的理

① 《殷海光林毓生书信集》,上海远东出版社 1994 年版,第 144 页。

论假设不能成立;如果是后者,那么,这四次未获成功的实验就可以忽略不计。因为,“因条件变化(或未具备)而导致结果的变化”个别事例并不属于“同类”个别,它们并不能构成对“相同条件产生相同结果”的证否。必然规律所肯定的只是:只要条件具备,必定产生某一结果。如果某一结果之所以未产生那是由于条件未具备,那么条件未具备而不产生某一结果与条件具备必定产生某一结果并不矛盾,彼此并不能构成反例或证伪。只要找不到“相同条件不能产生相同结果”的反例,我们就可以一种“釜底抽薪”的方式(即指出对方所用的反例只是“类似”的个别,不能构成对由“同类”个别为抽象依据的必然性规律的反证)来回答对必然规律理论的怀疑。这种概括或检验很容易受到质疑,但在论证逻辑上则无可非议。

(四)历史规律的特殊性

庞先生在概括科学的历史学所说的客观规律与宿命论或命定论的规律的第三个根本区别时说:“它所说的客观规律不以人的意志为转移,并不是说人的意志与客观规律互不相干,只是强调客观规律并不随着人的意志而改变,强调人的意愿只有在客观规律许可的范围内(也就是一定的客观和主观条件已经具备的条件下)才能实现,否则就不能实现。”庞先生的这段话,有两点很值得我们注意:其一,历史规律是存在于人的有意识有目的的活动之中,所以,人的意志与客观规律是有影响的,而不是互不相干的;其二,强调规律的实现必须要有客观与主观条件的具备。结合本文的讨论,笔者想追究的是存在于人的意志与客观规律间的这种相干性会对历史规律造成什么影响,这种影响将涉及历史规律本身,还是只涉及规律的呈现。[①]

如果我们假设,相干性的存在会造成一种不确定性。那么,这种不确定性首先便表现在规律呈现的层面上。这就是前文所说的“理有固然,势无必至”。即因“势无必至’,而使历史中的固然之“理”的呈现,表现出一种不确定性。“理有固然,势无必至”,这在社会历史领域里表现得尤为突出和明显。然而,我们仍不能说是历史规律所独有的特殊性。自然界中的有些规律,离开了实验条件,其呈现也是不确定的。

---

① 参见庞卓恒《历史学是不是科学》,载《史学理论研究》1997年第3期。按笔者的理解,庞先生的第三点区别,应该说的是历史规律呈现的不确定性,否则将与第四点区别不相容。也就是说,如果我们肯定这里的相干性带来的是历史规律本身的不确定性,那么,历史规律就难以以形式化语句来表达陈述。波普尔曾提出的社会生活中的“俄狄浦斯效应”,实际上也是指规律呈现的不确定性(参见波普尔《历史决定论的贫困》,华夏出版社1987年版,第10页)。

那么，相干性的存在会不会影响到历史规律本身呢？王锐生、陈荷清先生在《社会哲学导论》一书中曾说："与许多自然领域不同，社会有机体的演变具有自己明显的特点，这就是社会演变的进程不决定于初始条件，社会更多地决定于机遇、环境和相互作用的即时状况所作出的选择。这植根于社会行动者——人的能动性和创造性。"①说"不决定于初始条件"，很容易引起误解，但初始条件尤其是初始条件中的主体方面的差异性、多样性和多变性，使我们难以对因果的关系本身（而不是因果关系的呈现）作出确定性界定。与自然界的因果关系不同，历史中的因果关系，加入了人的意识和活动的参与，包括在原因条件中的主体部分是由历史的当事人所构成。在相同（或类似）的条件下，人（历史的当事人）会不会有相同的体验感受，他会不会采取相同的行动，这确实难以作出一无例外的必然性的概括。"权力都使人腐化，绝对权力使人绝对腐化。"这何尝不是一种规律性的东西呢？在权力与腐化这对因果关系式中，一定存在着许多原因条件。比如，权力过于集中，缺乏监督机制，个人的道德修养，社会的一般状况等等，都是导致腐化的原因条件。但是，哪些是必不可少的原因条件？我们难以确定，有时缺少某一两个因素，或者某一两个因素得到极端的发展，腐化现象也会产生（或不产生）。反之，也确实存在着拥有绝对权力而又"出于污泥而不染"的少数特例。相同的结果究竟产生于哪些相同的原因条件呢？我们确实难以确定。因果关系的（而不是规律的呈现）不确定性，这恐怕是历史规律的特殊之处。

## 三、历史中的概率问题

### （一）有关概率规律的一种误解

既然历史规律本身具有某种不确定性，那么，何以我们仍然要称其为规律呢？如果它确实可以称之为规律，那么，它是一种什么样的规律呢？下面，我们的讨论转到概率和概率规律上。

概率，又称概然、几率、随机现象等，一些概率学或数理统计学的专著，把在相同条件下一系列试验或观察得到的结果虽不一定相同，但呈现出某种固有规律性的现象称之为概率现象。持这一种理解的学者认为：在自然

---

① 王锐生、陈荷清：《社会哲学导论》，人民出版社 1994 年版，第 184 页。

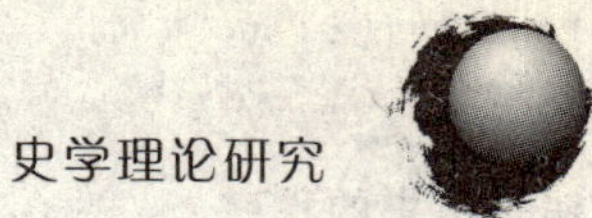


界中，有些事物的关系式，可以概括为“相同条件必然产生相同结果”；有些事物的关系式则是“相同条件不能必然地产生相同结果”，只能概括为“相同条件几率的产生相同结果”。换言之，在后一种情况里，“相同条件产生相同结果”的关系式只能呈现为一种几率的稳定性。①

其实，上述解释都是一种误解。从表面上看，概率现象确实像是“相同的条件不能产生相同的结果”。以掷骰子为例（这是各种概率学著作，都引用到的一个事例），人还是同一个人，手还是同一只手，骰子还是同一颗骰子，桌子也还是同一张桌子。条件似乎都没有变，结果却不确定。这岂不是“相同的条件不能产生相同的结果”吗？然而，深入作一番推敲，情况并非如此简单。即便上述条件都不变，同一人、同一手、同一骰子、同一桌子，投掷时所用的力必定有所不同，投掷的角度也必定有所不同，骰子与桌子的接触面也不可能完全相同，如果在室外投掷，还有风速的变化等等。普通的骰子只有一两克重，投掷时所用的力、角度难以控制，也难以完全相同地重复。即使是拉斯维加斯的投掷机器，也不可能做到这一点（制造机器的人有意要避免做到这一点）。由于它的初始条件是有变化的，或者无法准确地设定，所以引出的结果也是变化的，难以准确地预测。说掷骰子是一种随机现象或概率现象，这当然不错；说随机现象、概率现象是“相同条件产生不同结

① 这是国内概率学和数理统计学教材中很常见的一种理解。如：陈雄南主编的《概率统计方法》（上海科学技术文献出版社 1991 年版，第 1～2 页），曹彬主编的《概率论》（哈尔滨工业大学出版社 1986 年版，第 1～2 页），郑德如主编《统计学》（立信会计出版社 1993 年版，第 128 页），周述岐编《概率论讲义》（中国人民大学出版社 1987 年版，第 24 页），俞钟祺、马秀兰《随机过程理论及其应用》（天津科学技术出版社 1996 年版，第 1 页）等，都持这样的看法。

果”，是“一定条件下可能发生也可能不发生的现象”，那就是误解了。[①]

(二)“类似”个别与概率规律

科学家在概括必然性规律时，对导致某一结果的原因条件都能充分地了解和清晰地界定。[②] 换言之，凡是能够充分了解和清晰界定的因果性，都可以依据“同类”个别而概括为必然性的因果律。但是，客观世界里还有一类因果关系，其因果项还不能为我们充分了解和清晰界定，或者是我们不必去充分了解和清晰界定它。对于这样一类因果关系，我们就用另一种方法

---

① 关于掷骰子的问题，波普尔曾有一段分析。他说：“人们往往听说，行星的运动遵循着严格的规律，而一颗骰子的掷落则是偶然的或服从于偶然性的。在我看来，差别在于这样的事实：我们已经能够那样成功地预见行星的运动，却不能够那样成功地预见投掷骰子的单次的结果。”“掷骰子时我们所缺乏的显然是对初始条件的充分了解。若能对初始条件进行充分精确的测量，在这种情况下我们也能作出预见。”“有另一些情况，可能使预见难于成功……然而我们绝不能断言在某个特定领域没有规律……这意味着我的观点把偶然性概念视为主观上的……当我们的知识不足以作出预见时，我们就说是偶然现象，例如掷骰子，我们说‘偶然现象’是因为我们不知道初始条件。”(波普尔：《科学发现的逻辑》，科学出版社 1986 年版)哥本哈根学派的代表海森堡也说过类似的话。他说：“在掷骰子时，我们不知道决定骰子下落的人手运动的细节，因此我们说掷出某一特定数字的几率正好是六分之一。”类似的论述还可以参阅美国学者戴维·林德利的著作《命运之神应置何方——透析量子力学》(董红飙译，吉林人民出版社 1998 年版，第 20 页)。可见，宏观领域里的概率现象的实质并不是“相同的条件不能产生相同的结果”或“一定的条件下可能发生也可能不发生的事情”，概率规律也不是对这种现象的理论概括。关于这一点，我国学者杨世昌先生在《微观哲学初探》一书中曾有详细的分析，此处不作详细的讨论(参见杨世昌《微观哲学初探》，华东师范大学出版社 1995 年版)。一般说来，概率学主要关心的是如何对事物的概率现象作出科学的统计，而不是对概率现象及其原因进行分析研究。虽然各种论述概率的著作，都设有专门的一章(而且都是设在第一章)来叙述概率的基本概念，都用一定的篇幅来说明事物出现概率现象的原因。但是，这不是他们的研究重点。从实际的情况来看，概率现象的哲学探讨与概率现象的数理统计也确实是两个可以分开研究的问题。也就是说，即使各种概率论的著作对事物的概率现象的理解有误，也不会影响它们对概率现象的各种统计方法的论述和介绍。这或许就是目前各种概率学、概率统计学的著述未能察觉并纠正这一错误的原因吧。

② 虽然从理论上说，任何规律理论所陈述的对应关系中的初始条件都不可能是完备而无遗漏的。例如，“水在……温度、……压力、……条件下呈……形态”，无论我们列出多少个初始条件，总还是不完备的。相对论建立以前的牛顿力学的理论陈述就缺少了“在低速状态下”这一个重要的初始条件项。有的学者认为：从联系的普遍性出发，与某种特定结果相关的前提条件从原则上讲是无穷多的，我们无法确认我们没有遗漏这些条件中的任何一个，我们只能在忽略某些微小原因的理想情况下考虑因果性(参见张嘉同、沈小峰《规律新论》，中共中央党校出版社 1993 年版，第 148 页)。其实，最容易为我们忽视或遗漏的并不是“微小的条件”，而是那些天然具备和恒常不变的条件。缺少了“在低速状态下”这一个重要的条件项的牛顿力学的理论陈述，自建立以来，之所以一直为各种试验所证实，就是因为“低速状态”这一条件是天然而恒常的具备。所以，初始条件的不完备，并不会妨碍人们在这里概括出必然性的规律。

来处理(也可以说是整理)它。这就是概率概念和方法。

讲到概率问题,通常所举的事例是掷骰子或投硬币,其之所以称之为概率,那是我们对掷骰子或投硬币时的初始条件缺乏充分了解,也可以说是不必去充分了解。有些因果关系虽然我们已经能够对它作出必然性的概括,但用来预测,则因为“势无必至”,而预测的结果也只能用概率来描述。比如,对天气晴雨的预报。我们知道,下雨是因空气中的水分凝固成冰晶而形成的,空气中的水分在何种条件下会形成水滴,即形成下雨的原因,科学家已经总结了规律性的认识。借助这种规律性的认识,我们已经成功地进行了人工降雨。但是,当我们用同样的认识去预测未来的天气变化,我们很难保证这种预测的准确性。要对明天会不会下雨作出准确的预报,科学家需要掌握两方面的知识:一方面是有关下雨的科学性认识;另一方面是未来24小时气象变化的有关资料。如果有关资料完备,那么,只要参照有关下雨的科学概括,就可以对未来的天气作准确的预报。然而,“天有不测风云”,人们对未来24小时的气象变化的有关资料的掌握总是不完备的。所以,天气预报对下雨的预测总是具有概率性的。也就是说,所谓概率性是指用下雨规律理论去作天气预报的概率性,而不是下雨规律本身有概率性。

如果上述分析可以成立,那么我们能否可以说:概率规律的第一种用法,是用来指称那些必然规律在呈现上的不确定性。从这个意义上说,必然规律涉及的是事物间的关系式,不涉及这个关系式的呈现;概率规律不仅涉及到事物之间关系式,而且还涉及到这个关系的呈现。必然规律可以“C-E”方式来表示,概率规律则不是“C-N”方式的规律,不能以“C-N”方式来表示。

概率规律还有一种用法,这需要对我们在进行规律概括时所使用的方法——主要是对“个别”的处理方式作一些比较。如上所述,概括必然规律的时候,我们所选择的只是一些“同类”的个别。概括概率规律的时候,我们所涉及的都是一种“类似”的个别,即它们只是“类似”而不是“同类”,且都是“给定”的。做五次掷分币的实验,三次落在正面,两次落在反面,我们不能只取正面的三次的而舍弃反面的二次。做十次掷骰子的实验,不管结果如何,在概括时必须考虑这十次结果。而归纳所依据的个别,都是给定的“类似”的个别。如此,要使你的命题能够涵盖所有的这些个别,你就只能用几率的概念来描述它。也就是说,当我们可以肯定事物间存在着某一种因果关系,但又不能将其因果条件项清晰界定时,我们便可以用概率规律来概括这种关系式。这是概率规律的第二种用法。

(三)两种方法与两种规律

历史学中的情况也是如此。有学者认为:有两类与规律有关的历史运动系统,“一类是具有‘必然规律性’的确定性系统。例如,不同时代、地域和民族的人类社会,都经历着一种呈现出共同性的发展状态,即:有什么样的生产力,就会出现与之相对应的生产关系;有什么样的经济基础,就会出现反映这种经济基础的上层建筑;古今中外,没有例外。于是,马克思主义就从中总结出一条具有普遍意义的必然规律:生产力决定生产关系,经济基础决定上层建筑。另一类是具有‘概然规律性’的随机性系统。例如在中国历史上,每当一个皇朝或王国建立之初的改朝换代之际,新统治者所面临的客观条件多是大致相同的:经过长期的战乱之后,‘海内萧条,人口锐减’,人民疲惫,田园荒芜,生产凋零。面对这种情况,有的统治者对人民采取了横征暴敛、敲骨吸髓的政策,例如南北朝和五代时期的一些君主。但更多的一些统治者则是采取了程度不同的与民休息的措施,发展生产,休息民力,使满目疮痍的社会得到重建和恢复,例如汉、唐、明、清的一些君主。历史学家从这些重复的历史现象中总结出一种带有规律性的东西,这就是人们常说的‘让步政策’。由于并不是所有新王朝的统治者都实行过‘让步政策’,因此它并不是一种必然性规律。但这类现象在历史上又确实是多次出现过,因此它的确是一种规律——一种概然性的规律”[①]。

从上述引文可以看到,生产关系一定要适合生产力状况的规律,所涉及的只是事物之间的关系式,归纳所依据的都是“同类”个别。“让步政策”不仅涉及事物之间的关系式,而且还涉及到这个关系的呈现,归纳时所依据的都是“类似”个别。这就如同下雨规律的必然性与对下雨预测的概率性一样。同一种客观世界的关系式,由于我们使用的方法不同,可以有必然性和概然性两种不同的呈现。为了方便讨论,我们把依据“同类”个别,只涉及事物之间关系式的概括方法,称为“方法 1”;把依据“类似”个别,既涉及到事物之间的关系式,又涉及这个关系实现的概括方法,称为“方法 2”。

按笔者的理解,“让步政策”是指历史上的统治者采取适应生产力状况的政策措施,这实际上就是生产关系一定要适应生产力状况的规律在特殊事件上的表现。如果我们的研究目的是想获得一个历史中的关系式——生产力与生产关系的关系式,那么,我们可以选用的“同类”个别将它概括为必

① 王和、周舵:《试论历史规律》,载《历史研究》1987 年第 5 期。

然规律，即选择那些采取“让步政策”的个别，而不选择那些未采取“让步政策”的个别。我们的逻辑是：如果A统治者采取了“让步政策”，那么，我们可以说生产力一定要适应生产关系这一必然规律在某一特殊事件之中得到实现；如果B统治者采取“横征暴敛、敲骨吸髓”政策，那么我们会说这一必然规律之所以没有实现，那是由于条件没有具备，随着历史的发展，我们最终会发现B统治者最终会受到历史的惩罚。横征暴敛、敲骨吸髓的结果，最终使他的王朝崩溃，后继者最终还是认识到采取“让步政策”于自己的统治有利。君王们虽然可以一时逆历史规律而行，然而，历史最终还是要回到它的轨道上来（事实也确实如此）。那么，“让步政策”也就可以概括为一种必然规律。如果我们换成“方法2”，我们的研究目的是想要了解这个关系式的呈现，那么，我们只能选用“类似”个别而将它概括为概率规律。这时候，个别都是“类似”的，且都是给定的。你不能只取汉唐，不取五代；只取有关与民休养生息、发展生产的事例，不取横征暴敛、敲骨吸髓的事例。如此，我们只能作出概率性概括。

总之，人的认识，既是反映了历史，又是加工了历史。必然规律、概率规律都是客观的规律，但客观存在的规律呈现为必然性或呈现为概率性，与我们的认识方法有关。也就是说，不同的认识方法，历史中的关系式就会显现出不同的特征。

### （四）历史学的追求：一种可普遍化的因果性

一般说来，什么情况下我们可以用必然概念来陈述规律，什么情况下我们只能用概率概念来陈述对象，这对于自然科学家来说，一般还是很明了的。但在历史学中，我们对这里的区别并不十分清楚，或者说，历史学家习惯于作出概括，而不习惯对他的命题作出种种限定。阿克顿的名言“权力都使人腐化，绝对权力使人绝对腐化”，总不能说是一种一无例外的必然性命题，但他却已以全称判断的形式来陈述，似乎不如此不足以引起人们的重视和警觉。与自然科学一样，一种纯粹的偶然，一种不可概括的因果关系，历史学家也是不会去关心它的。一个特殊的因果关系之所以会引发历史学家的兴趣，那是因为历史学家认为这一特殊性有可能转化为一种概率上的普遍性。

卡尔在《历史是什么?》的第四章《历史中的因果关系》里举了这么一个事例：“琼斯在宴会后开车回家，他比平日多喝了点酒，车子的刹车又不大灵，开到一个死角。那儿简直什么都看不见，一下撞倒了罗宾逊，把他压死了。罗宾逊是走过街到拐角处这家店子里来买香烟的。"究竟什么是罗宾逊致死的原因呢？是琼斯酒后开车？是车子刹车不灵？是街道路面状况不佳？还是罗宾逊是个抽烟的人？的确，"如果那天晚上罗宾逊不是恰巧烟抽完了，他就不会走过街去，也就不会被压死"。然而，没人会说罗宾逊致死是因为他是个抽烟的人，或者说想抽烟的欲望便是他致死的原因。究竟是什么决定了历史学家作出（或接受）这样的解释，而不作出（或接受）那样的解释呢？卡尔又说："克娄巴特拉的鼻子的形状、巴贾齐特痛风的侵袭、使亚历山大国王送了命的猴子咬的那一口、列宁的去世——这些都是部分改变了历史过程的偶然事件。企图把它们迅速而神秘地带走，或者佯称它们没有什么影响，这是没有用处的。另一方面，只要它们是偶然的，那它们便不能参与到历史的合理解释之中来……（历史学家）也从大量的因果关系中抽出那些，而且也只抽出那些有历史意义的因果关系，而历史意义的标准便是，他自己使这些因果关系适应于他的合理说明与解释的类型的能力。其他一些因果关系便不得不作为偶然的东西加以抛弃，这并不是因为因与果之间的关系不同，而是因为这种关系本身不恰当。历史学家拿它没有办法；它不能顺应合理的解释，无论对于过去或者对于现在都无意义。的确不错，克娄巴特拉的鼻子，或者巴贾齐特的痛风，或者亚历山大被猴子咬的那一口，或者列宁的去世，或者罗宾逊的抽烟，这些都有后果。但是，把这些当作普遍性的假设，说将军们打败仗是因为他们迷恋美丽的女王，或者发生战争是因为国王蓄养了宝贝猴子，或者人们在路上被压死是因为他们抽烟，这就毫无道理了。"卡尔认为："在这里我们也把合理的原因跟偶然的原因区分开来。由于前者有可能运用于其他国家、其他时代和其他情况，因而能导致有益的概括，而且能从它们获得教训；它们能达到扩大和加深我们的理解的目的。"①

对于历史学家来说，罗宾逊的车祸是一个可以提炼出概然性规律的事例；反之，如果某一事例不"可能运用于其他国家、其他时代和其他情况"，就不"能导致有益的概括"，不"能从它们获得教训"。既然我们在这里找不到原因——确切地说，是找不出可以上升转化为普遍性的原因。那么，我们只得把它交给偶然性，或者只是在其存在和发生的不可避免上，说它是必然性。

---

① 卡尔：《历史是什么？》，商务印书馆1981年版，第114～116页。

## 四、余　论

在西方，史学自古就被看作是一门艺术，而不是求得“真知”的研究，这种状况一直延续到近代。自近代自然科学获得了巨大的成功之后，学者们受到近代自然科学的鼓舞，开始致力于一种史学科学化的努力。由维科开创的思辨的历史哲学家的研究，可以说是史学史上第一次史学科学化的尝试。思辨的历史哲学家寻求历史规律，希望能够获得像自然科学所获得的那种普遍适用的、“放之四海而皆准”的规律理论。但是，他们的研究不仅没有获得成功，反而遭来了批评。① 这倒不是因为自然科学不该学习，而是因为他们在学习、仿效过程中忽视了自己材料的特殊性，结果就像马克思所批评的那样，把一般历史哲学理论变成一种超历史的万能钥匙。思辨历史哲学的史学实践表明，历史学不可能成为一门如同自然科学那样的科学。

其后，史学从寻求规律转变为描述事实。19 世纪的史学主流兰克学派的历史学家们潜心于史事真相的考索。但他们的史学实践也可以说是与思辨历史哲学家们异曲同工，殊途同归，也希望通过他们的努力使历史学成为一门真正的科学。这是史学史上第二次史学科学化尝试。正如柯林武德所说：“结果是详尽的历史知识大量地增加起来，根据对证据的精确的和批判的考订而达到一种史无前例的程度。这是由于编撰大量精心筛选的材料而使历史学丰富了起来的时代。”然而，困惑仍然存在：实证主义哲学家抱怨说，只要历史学抱住单纯的事实不放，它就不是科学的；普通人则抱怨说，它所揭明的那些事实引不起兴趣。② 显然，只要历史学仅仅是为了事实而确定事实，那么，你就不会被接纳为科学的一员，尽管这只是一种近代意义上的科学。

科学有各种不同的解释，有各种不同的衡量标准。比较而言，从学科研究成果——知识的性质上来讨论某一学科的科学性更直截了当，也更令人信服。因为一门学科是否可以称为科学，归根到底还是要看它的研究成果是否具有科学性。然而，关于知识的性质仍有近代和现代的两种理解。当代科学观认为，所谓科学，其实也只是提供一种假设。按照这样的标准来衡

---

① 说思辨历史哲学的研究未获成功，只是说其研究未能找到“放之四海而皆准”的历史规律理论。其实，思辨历史哲学的研究及其成果极具魅力，仍有相当重要的学术价值。

② 参见柯林武德《历史的观念》，中国社会科学出版社 1986 年版，第 144～145 页。

量历史学，那么，彼此只是大同而小异。就目前史学界的讨论情况来看，大多数学者还是在一般意义的科学观上来讨论历史学的科学性问题。历史学需要与各种科学观相权衡，在多层面、多角度上相比较，这不是为历史学争取什么科学的身份，而是为了自我认识。唯有了解了史学是什么，才有可能去说说历史是什么。

史学是一门极为特殊的学科，它既不是一种分门别类的研究，也不是一种单纯地去描述对象"是什么"的学科。除了"是什么"以外，它还要涉及"该怎样"。当我们问自然科学是不是科学，实际所涉及的只是：以这种研究逻辑来研究自然界，所获得的结论是否可称之为科学。[①] 然而，当我们以同样的问题来问历史学时，情况就大为不同。历史学并不像自然科学那样单一，它有史实的确认与复原，有历史规律的概括，还要涉及对史事的评价（历史学该不该包括对历史规律的概括和对史事的评价，这里暂且不论）。它们是几种不同性质的认识形式和知识成果，与自然科学单一性的认识形式和知识成果不具有可比性。所以，有关的论文总是将历史学分成几个层面分别加以讨论[②]，"是什么"属于事实性认识，"该怎样"属于价值性判断。在历史学里，史实的认定、理解和历史规律的概括，都还是解决"是什么"的问题，都可以归属于事实性认识，但这三者仍有不小的差别。历史学还有对史事的评判，它与事实性认识差别更大。这些不同的认识形式和知识成果，都需要分别加以讨论。比如，与自然科学不同，历史学中的事实认识背后都隐含着一定的价值意义，像自然科学那样的纯事实性认识，在历史学中并不存在。这样一种事实性认识如何体现其科学性呢？又如，对史事的理解，这是历史学特有的认识环节。从逻辑上说，理解是一种类比推理，但它的操作是建立在史家个人的理论知识、生活阅历、文化背景等一系列具有个性差异的认知因素之上的。如此一来，它的科学性如何体现呢？所有这些问题，都需要有专题的论文加以讨论。笔者所涉及的仅仅是历史学中的一个层面，即便在

---

① 参见沃尔什《历史哲学——导论》，社会科学文献出版社 1991 年版，第 22～35 页。

② 较早对历史认识活动进行不同层面的剖析的，有刘泽华、张国刚先生的《历史认识论纲》（载《文史哲》1986 年第 5 期）一文。但该文只涉及历史认识活动的特点，没有进一步讨论历史学科的性质问题。真正以分层方式来讨论历史学的科学性的是何兆武先生的《对历史学的若干反思》一文（载《史学理论研究》1996 年第 2 期）。该文将历史学分为历史学Ⅰ和历史学Ⅱ。庞卓恒先生的《历史学是不是科学》一文，虽然没有作这样的分层，但也把史事的考订与规律的概括分开讨论。

这个层面上，问题远没有能够解决。[1] 比如，笔者虽然认为规律的讨论不能停留在“重复性”上，然而，由于不能进一步深入到因果条件的清晰而确定性的整理界定，历史规律的概括和检验主要还是依据它的重演性。这岂不又停留在重复性上。

柯林武德曾说：“我们听人说，历史学‘不是一门精确的科学’。我把这话的意义认作是，没有任何历史的论证曾经以精确科学所特有的那种强制性的力量证明了它的结论。这种说法似乎是指，历史推论从来都不是强制性的，它至多只是许可性的；或者像人们有时相当含糊地说的，它决不能导致确凿性，而只能导致或然性。”[2]就实践的功用与效率而言，自然科学更需要必然性命题。某一项技术发明要走向实际运用，总要设法提高它的成功概率，如能达到一种必然性的概括，它的应用效率将大为提高。但对于社会历史领域而言，命题是必然还是概然无关紧要。陈寅恪先生有一篇文章讨论唐李怀光之叛乱，作者在文章中写道：“夫李晟所统之神策军者，当时中央政府直辖之禁军也，李怀光所统之朔方军，别一系统之军队也，两者禀赐之额既相差若此，复同驻咸阳一隅之地，同战朱泚一党之人，而望别一系统军队士卒不以是而不平，其将领不因之而变叛，岂不难哉！岂不难哉！”[3]或许也有身处同样境遇而不生叛心的特例，一如前文所说的那种拥有绝对权力而“出于污泥而不染”的少数特例，但这样的特例，对于历史命题的使用来说，确实可以忽略不计。虽然历史学家们只能总结出诸如“权力都使人腐化，绝对权力使人绝对腐化”这一类概率性命题；虽然历史学不是一门精神科学，不能以强制性的、形式化的语句来陈述它的结论，但这都无损于史学

---

① 在2000年8月召开的全国史学理论研究会的年会上，陈新先生与笔者讨论过历史叙述中的主观性问题，并出示他的新作《论历史叙述中的主观性与历史评价》一文。笔者在年会上提交的论文，将历史学分为历史学Ⅰ、历史学Ⅱ、历史学Ⅲ。把有关历史学实的确认复原的研究，称为历史学Ⅰ；把有关历史规律的概括总结，称为历史学Ⅱ；把有关对历史意义的评价，称之为历史学Ⅲ。分组讨论时，彭刚先生指出，事实认识层面中的对史事的认定和对史事的理解需要分开讨论，并就理解的科学性问题向笔者提出质疑。可见，把这两者同归于历史学Ⅰ，并不恰当，至少仍嫌粗糙。会上，首都师范大学的江媚、邓京力及厦门大学林璧属诸先生就此问题发表了各自的看法，笔者颇多收获，在此致以感谢。

② 柯林武德：《历史的观念》，中国社会科学出版社1986年版，第207页。

③ 陈寅恪：《论李怀光之叛》，载《清华学报》第12卷第3期。

命题的应用价值，也无损于历史学的价值。[①]

① 然而，我们不得不承认，在现实的社会实践中，电的发明已经使千家万户使用上了电灯或各种电器；而“权力都使人腐化”的命题还不能有效地制止腐化。一般说来，一门学科的研究价值，不仅体现在它的研究成果上，同时也体现在这些成果的应用上。如果一门学科的研究不能在现实生活中发挥其应起的功能（参见陈启能、于沛、黄立茀《苏联史学理论》前言，经济管理出版社 1996 年版），即使赋予了科学的称号又有何益？从表面看，史学的科学性之所以受到种种怀疑，原因在于它的知识成果的性质，但其背后，是否也源于人们对史学功用的怀疑？正是由于一而再、再而三地不用、误用、歪用了历史，影响了史学的学科声誉。每当史学被误用、歪用之后，人们总是会问史学有什么用？而不问一问史学（及其知识成果）应该怎么用？从这个意义上说，史学界对史学功用的讨论，应该侧重于史学及其研究成果的科学运用上。

# 论历史经验与历史思维

陈　新

历史思维的对象是什么？在历史学家的理解中，这似乎不成问题。人们会简单地以"历史"来回答。历史人物、历史事件、历史发展进程等等，它们充当了历史的种种组成部分。事实上，人们长期以来理解的历史，首先是历史思维的产物，然后才成为进一步思考的对象。历史思维之所以成为"历史性"的思维，最初面对的应是人类活动的原始经验，它是尚未被人类认识加工过的经验，也是历史思维的起点。笔者在此要阐述的正是历史经验与历史思维之间的关系。

## 一、进入历史思维的经验

我们凭借前人思维积累的认识成果，即那些用来规定、确认、搁置不同客体的意义体系，在日常生活中对世间万物具有了一定的理解和解释能力。例如，我们说，第二次世界大战是人类历史上的一次大灾难。这是基于某种已有认识而进行的判断。在作出这个判断之前，我们不再对什么是灾难、人类历史指什么、何谓世界大战以及诸多必要的实词含义发问。于是，这些概念及其定义构成了一个意义体系，它包含了作出"第二次世界大战是人类历史上的一次大灾难"这一判断所需要的基本要素。在概念被用来进行判断之前，它们已经是思维的结果。倘若不借助于已经获得的意义体系，人们就无法对第二次世界大战作任何判断，它的存在也只能展现为事件发生时的一幕幕毫无意义的映像，带给人们种种出于本能的感官刺激。我们将那种导致单纯感官刺激的现象或活动称为思维之外的原始经验，它尚未被置于某种已经准备好的个人或集体的意义体系之中。由于没有进入人的认识与思维，它自然也不可能被思维组织、叙述，如果说它的存在还需要思维来确证的话，在进入思维之前，它甚至还不能被称为存在。

原始经验的概念化是人类认识之途迈出的第一步。皮亚杰关于发生认识论的研究提供了一种概念发生的可信解释，此处不再复述。[①] 我们关注的是，那些进入历史思维的经验需要满足些什么条件，以便区别于其他的日常生活经验。我们似乎没有必要确证被历史思维思维着的经验才是历史经验，抑或思维着历史经验的思维才是历史思维；历史思维与历史经验之间没有哪一项具有逻辑的优先性，它们恰恰是通过历史经验进入历史思维的历史学实践过程成就对方，也由此成为自身。

随着时间的流淌，只要我们关注一下自己的任何一种行为，以及身边呈现的情境就能知道，有太多被经验过的事物没有被纳入到我们的思维中。如果不是为了说明我们的思维常常忽略一些经验过的事件，我们可能不会想起早晨购物时看到了一次斗殴，当下也不会注意手指敲击着键盘进行写作的行为……人们在日常生活中的每一次经历共同构成了巨大的原始经验库，其中绝大部分遗失了，而极少数进入了记忆并成为思维过的经验，多数也因为没有被文字记载，没有被符号表征，随着思维者生命的消失而陨落。

能够被关注、被思维的经验少之又少，它的选择本身取决于思维者日常生活中不同层次的需要。就传统历史学涉足的领域而言，制约着历史经验取舍的因素在于历史学家对“历史（学）”[②]的理解。认为历史是伟人传记的历史学家眼中只有自己心目中的英雄，倡导从下往上看的历史学家则关心普通百姓的生活经历；喜欢将历史当作故事叙述的历史学家四处搜寻某个事件的细枝末节，崇尚社会事实的历史学家则力求从大量社区、教区或村落的资料中提取某种真实的群体意识与集体行为模式；将历史看成事实记录的历史学家往往热衷于有利于考证的资料，善于阐发历史之现实意义的历史学家则选择易于与现实情形类比的经验。如果我们承认“人人都是他自

---

① 关于皮亚杰的思想，可参阅皮亚杰《生物学与认识》（尚新建等译，三联书店 1989 年版）与《发生认识论原理》（王宪钿等译，商务印书馆 1981 年版）。

② 在此，我们将那些能够被人所记忆、阅读、推理、想象、表现的历史称为“历史学的历史”，人们一直谈论的历史，事实上都只能在“历史学的历史”这一层面上进行，这种“历史”中也内在地包含着人们对历史学的理解。运用“历史（学）”一词，目的之一是想充分运用“历史”一词的两重性，既它代表发生的事件，也代表对这些事件的叙述。目的之二也只是想不断地提醒读者其两重性须臾不可分离。

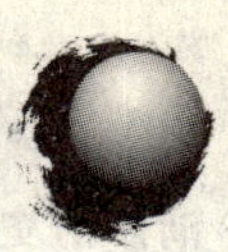



己的历史学家”[①]，那么进入个人记忆中的亲身经历只要被思索和组织，并用来实践个人在现实生活中的目的，它便可称之为历史经验。人们根据对历史(学)的不同理解来要求它实践这种或那种功能，为此再到日常生活留下的巨大原初经验库中，有意或无意地挑选了带进历史思维的各不相同的历史经验。恰如卡尔·贝克说的，一件事对“普通先生”是否重要，完全取决于这“是否适合他小天地里的利益、期望和情绪上的慰藉而定”[②]，这正是原始经验进入历史思维而成为历史经验的基本条件。对于人们称谓的职业历史学家来说，他们对原始经验的选择，则必须适当地同时考虑个体、群体或整个人类的利益、期望和情绪上的慰藉。[③]

思维的成果尽管充当人类现实实践的指导，其产生却受制于实践的目的。历史思维同样如此。所不同的是，提供给历史(学)的经验与“过去”这一表示时间的概念相关联。一旦人们为“历史(学)”的实践构想了某种目的，它借助的经验便接受着思维安排的运作，二者在实现“历史(学)”目的的过程中成为“历史思维”与“历史经验”，它们共同拉开了历史认识[④]的序幕。

## 二、历史思维与经验编织

在认识历史的途中，历史经验要成为可理解和可利用的事物，全赖历史思维飞架的桥梁予以沟通。原始经验在思维之外，其本身只是思维给予的一个预设。历史经验也是如此。预设无处不在，我们当然想借助于某种类似于度量衡的工具来检测历史经验，为它确定一个单位；另外，我们也想规定，什么种类的经验才是真正有价值的，以至足以满足历史认识实现其目的的要求。但就历史经验的性质而言，这无法做到。同样，我们在此不再追究历史经验的各种规定性。

---

① 卡尔·贝克语，参见《人人都是他自己的历史学家》，载田汝康、金重远选编《现代西方史学流派文选》，上海人民出版社 1982 年版。

② 卡尔·贝克：《人人都是他自己的历史学家》，载田汝康、金重远编《现代西方史学流派文选》，上海人民出版社 1982 年版，第 270 页。

③ 关于历史学家的论述，请参见拙文《论历史性与历史叙述者》，载《东南学术》1999 年第 5 期。

④ 传统的历史认识论研究历史认识的可能性、范围、确定性等一系列可与一般认识论类同的问题，但它不对“我们为什么要认识历史”这样的本体论问题作出回答。笔者在研究中努力围绕着历史认识的意义问题展开历史认识论的研究，试图超越传统历史认识论不同认识的本体论意义的局限性。

从历史认识机制的启动，也即认识目的的确立，到认识目的最终实现或未实现，历史经验贯穿其中，这一过程值得我们留意。历史思维与历史经验同时产生，进入历史思维的原始经验不可能保留原初状态。进入是一种由思维引导的活动，即原始经验被编织成历史经验的活动。历史思维的效用在于按不同的结构、技巧来编织历史经验，它为历史经验安排组织与形式，后者则提供内容。此处，由于形式与内容的共生状态，二者不能作二元化的简单区分，它们存在的基础均依赖于对方。

为了便于理解，我们以斯塔夫里阿诺斯的《全球通史》为例，来说明作者在论证一种全球史观的过程中，历史思维如何编织历史经验，最终为全球进程的假设赋予实在性。

斯塔夫里阿诺斯认为自己的著作是研究全球而非某个地区，研究全人类而非某个种族的全面的历史，因此，其著作的叙述中心是全球范围内的人类。这种设想如果要完全实现，就将迫使作者面对所有的原始经验，从中概括世界历史的本质特征。显然，这是一个不可完成的任务，为了解决这一难题，作者强调："世界历史也不是世界历史上各种文明的总和"，其研究对象该是"那些具有世界性影响的运动"。[①] 这是一种预设的基调，它要求读者放弃那种将地区历史简单叠加构成世界历史的方式。我们也注意到，为了满足新的叙述中心的要求，作者据此确定了新的经验选择标准，即它是否造成了世界性的影响。在此标准之外，仅仅涉及个人或地方的经验由于不具备世界性影响而不予考虑。那么，我们还可以继续问，判定"世界性影响"的准则又是什么？对这种问题的回答能看出回答者对世界历史进程与本质的态度，也能体现他对现实的理解，以及他所感觉到的现实的要求。

斯塔夫里阿诺斯相信，我们的时代与历史上的黄金时代一样，也是一个紧张、危险和恐惧并存的时代。[②] 消除危险与恐惧并增强对未来的希望，这是作者写作、建构世界历史的根本目的。他指出，"对历史进行全球性探索的方法是现代历史编纂学的崭新起点"。[③] 超越方法论的意义，作者事实上也设想着使人们改变对世界历史的看法，接受一种全新的历史解释，以便取代长久以来以西方为中心的世界历史观带来的偏执，后者正是导致现实中

---

① 斯塔夫里阿诺斯：《全球通史：1500 年以前的世界》，吴象婴、梁赤民译，上海社会科学院出版社 1988 年版，第 56 页。下引此书，版本同此。

② 参见斯塔夫里阿诺斯《全球通史：1500 年以后的世界》，吴象婴、梁赤民译，上海社会科学院出版社 1992 年版，第 899 页。下引此书，版本同此。

③ 斯塔夫里阿诺斯：《全球通史：1500 年以前的世界》，第 54 页。

焦虑与不安的重要原因之一。

于是，一种具体历史经验的表述通过这条途径被一种关乎历史认识目的的历史哲学所制约。确定的历史哲学决定着作者在《全球通史》中的结构安排。按通常的方式而言，历史哲学为具体历史经验的表述提供的是叙述的形式，然而，这种形式最终决定着作者要挑选怎样的一类原始经验，并如何带进历史思维。斯塔夫里阿诺斯说："全球的格局决定了本书的结构。"①这句话给读者一种客观的历史实在（全球格局）决定着历史叙述形式（文本结构）的印象。倘若如此，难道前人所著世界历史注定违背了这种客观存在的全球格局，因而需要斯塔夫里阿诺斯开创一个崭新的起点吗？恰恰相反，在《全球通史》中，全球格局正是作者为解决现实问题而建立的合理预设②，它之所以必须有意或无意地披上客观性的外衣，或许因为绝大多数读者还普遍地持有朴素实在论观点，对历史（学）的建构能力尚没有深刻的认识。

斯塔夫里阿诺斯的《全球通史》中译本

我们可以分析这种"全球格局"的实在性是如何通过历史思维，由被选择的经验编织而成的。

按照斯塔夫里阿诺斯的描述，全球格局指的是，1500 年之前，欧亚大陆的文明是当时最先进、数千年来对人类发展贡献最大的文明；1500 年以后，西方一直是在世界事务中起变革和决定性作用的地区。20 世纪是西方中心论在学术界遭遇普遍责难的时代，倡导全球观点的斯塔夫里阿诺斯自然不会忽视西方中心论的局限性。不过，在他看

① 参见斯塔夫里阿诺斯《全球通史：1500 年以前的世界》，第 60 页。

② 从认识论的层面，我们能够论证斯塔夫里阿诺斯的叙述意图，以及他心目中期待着的读者在阅读《全球通史》时获得的理想效果，即通过了解全球历史，寻找到消除现时代潜存的危机，使希望得以实现。

来，自1500年以来，“欧洲实际上是世界变化的动力之源”，因此，以西方为中心叙述1500年以后的全球史是全球格局使然，它符合客观事实的要求，并不违背全球性的观点和范围[①]，因而是一种客观实在。

斯塔夫里阿诺斯的阐述具有非常强的说服力。我们这些读者长期以来深陷于西方中心论之中，近代世界历史从来都被描写成围绕着西方的全球扩张、非欧国家与西方世界的交往，以及源于西方的资本主义全球传播而发生。不过，我们不要忘记，以1500年为界，世界历史在此之前是多元文化平衡期，之后是西方文明的主导期，这本身是以西方历史在世界历史中的作用与影响程度为尺度在人类历史中进行的圈地运动，它接续了以往西方作为中心的世界历史中古代、中世纪、近代这种历史分期的谱系。如果我们曾经读过其他世界历史或全球史的著作，就能看到，并不只有斯塔夫里阿诺斯这一位作者强调自己的作品遵循着客观实在的结构。伏尔泰以各民族精神与风俗为核心的世界历史、黑格尔以理性发展为中心的世界历史、汤因比以文化生命兴衰为轮回的世界历史等等，它们都为自己预设了历史自发生成的“实在性格局”。这些格局虽然也是斯塔夫里阿诺斯反对的，但它们与后者的“全球格局”具有同质性。斯塔夫里阿诺斯的全球史观对西方中心论并没有免疫力，而是它的一个变种。

在斯塔夫里阿诺斯的观念世界中，奠定“全球格局”的经验基础是围绕着西方历史的独特性而夯实的。他认为，由于中国与印度古代文明虽遭蛮族蹂躏，但保存了古代文明，西方古典文明被永久湮没，无法复原，这使西方在近代完全摆脱了历史的枷锁，最终跑到了世界的前列。为进一步说明西方古典文明的悲惨遭遇，作者将其还原到西方比中国自然气候条件差、生产效率低、缺少统一文字及其造成的文化同一性等等。幸运的西方以古典文明的悲剧为代价，获得了技术革命的崭新开端。[②] 如果说“全球格局”具有实在性，那么它产生的重要原因之一便是西方历史的独特性。这样我们就要追问，在思维的领域内，西方历史独特性或者说西方例外论与东方历史是一种什么关系呢？

诚然，每一个地方、每一种文化都有其独特之处，否则不可能出现不同的文化世界。只是斯塔夫里阿诺斯着意区分诸个遵照普遍性的非西方世界与一个独特的西方世界，而并非承认每一种历史文化的独特性，这实质上是

---

① 参见斯塔夫里阿诺斯《全球通史：1500年以后的世界》序言，第3～4页。

② 参见斯塔夫里阿诺斯《全球通史：1500年以前的世界》，第322～325页。

一种以自我为中心的思维结果。皮亚杰在谈及儿童认识的发展时认为，儿童在一岁到两岁的时期，认识发生了一种哥白尼革命，即活动不再以主体的身体为中心。主体开始把他自己的身体看作是处于一种时空关系和因果关系的宇宙之中的所有客体中的一个。① 斯塔夫里阿诺斯无法将西方历史与其他非西方历史视为性质相同的客体，他也就无法摆脱西方文化的自我中心主义，这样，我们可以将他对历史文化的认识视作一种前"哥白尼革命"时代的认识。

进而分析这种具有独特性的西方历史，作为实在的"全球格局"最终生成的经验基础，它是历史的实在吗？我们看到，它既是经验的原貌，亦是观念编织的产物。更为原始的经验似乎应是中国、西方的依据自身气候进行的农业生产，它们在交流中创造的不同的文字系统，中国的科举制度与行政效率，蛮族的入侵及对文明的破坏，西方在中世纪的技术、制度、观念创新，这类经验不胜枚举。根据以上的还原，如果我们说"全球格局"是某种高度抽象的实在，那么，我们不仅看到了被称为历史经验的经验具有不同的层次，也明白了那些可能被人们称为实在或经验的事物只不过是更为原始的经验编织的结果。经验的逐级还原最终将返回到人类目及耳闻的活动场景，在场景表现之时，活动正处于成为经验、进入思维、进入历史的门槛。由此可见，斯塔夫里阿诺斯所看重的"全球格局"是一种经验的构造，一种借助思维由经验编织而成的实在。

历史经验与历史实在的关系紧密相连，某一层次的历史实在在构成更高层次的实在时，实则可以称为历史经验，就如中国的科举制度在斯塔夫里阿诺斯建构的"西方历史独特性"这一实在之物时，便成了一种用来比较的经验，而相对于构成中国科举制度的诸种经验来说，它又是一种实在。同样，"西方历史独特性"也成了"全球格局"这一最高实在的经验。为了理解历史经验被编织成历史实在的机制，我们必须返回考察历史思维的概念化过程。

## 三、概念化的多样性可能

我们已经提及皮亚杰的发生认识论在人类思维概念化方面的成就，他

① 参见皮亚杰《发生认识论原理》，王宪钿等译，商务印书馆 1981 年版，第 24 页。

提供了概念生成的一种普遍模式。认可这一点，就自然认可它同样适用于历史认识过程，不过，它并不回答历史认识中涉及的概念化的多样性可能这种具体问题。

概念化的多样性可能原以这样一种形式被认可。以往，我们经常听到要求重写历史的呼声，其内在驱动是因为生活在现代观念中的人对某些历史经验有了不同的理解与解释。究其根源，则在于传统历史解释不再适应现实的要求，不能满足历史（学）的目的。由于这些个体主观因素或由时代造成的集体主观因素的存在，人们单纯地认为同样的历史经验，完全可以阐发不同的心声。从历史认识论的角度而言，我们可以用上述情况的存在来论证同一历史经验具有概念化的多样性可能。只是，概念化的多样性可能还有另外一层更为深刻的内涵。

由于历史认识的对象是人类带着主观意志的活动，它与自然科学认识的现象有着极大的差异。人类历史现象转瞬即逝、不可重复，作为尚未被概念化的原始经验也时刻处在耗散过程中。原始经验在进入历史，即作为历史经验接受历史思维的编织之前，还要经历记忆、推理、想象等不可或缺的环节，它们是主观性渗入的环节。不同历史认识主体运用思维编织而成的历史经验，都将因为影响主体认识的诸因素之间的差异而各不相同。它们无法还原为原始经验来寻求同一性，因为后者只是作为进入历史认识之前的某种预设。因此，在某种意义上，被不同主体思维、接受、表现并完全同一的历史经验是不存在的。这意味着，以往认为历史学家对同一历史经验进行了不同的理解与解释，以此证明历史经验概念化的多样性可能，实质上并没有阐明这种可能性。真正的可能性还在于，历史认识的概念化与原始经验通过思维进入历史，成为历史经验的过程是一致的，概念化的多样性可能本身意味着历史经验的多样性可能。传统历史认识论中认为存在着超越主体之外的同一历史经验的观点，仍然是以朴素实在论作为它的前提的。

原始经验被加以概念化的同时，也显现为历史思维的运作与历史经验的产生，它们在历史认识发生的过程中进行。既然通过原始经验的概念化能构成历史经验的多种可能性，并且，它们最终还导致了历史理解与解释的多种可能性，那么，探寻使某种可能性变为现实性的因素仍然是我们进一步的要求。

为什么不同历史认识主体建构的历史经验或历史实在有所不同？预设原始经验对历史经验的建构具有什么作用？对这些问题的尝试性回答将遭遇传统历史认识论的核心观念，并与之冲突。

传统历史认识论首先将历史经验的客观性存在视为历史(学)中不证自明的公理,并以之作为历史学实践的出发点与逻辑前提。客观主义史学家将历史认识当作主体努力表现历史实在的工具;实证主义史学家则希冀从最基本的历史经验中抽象出历史规律这种更具真理性的历史实在;狄尔泰的移情说和柯林武德的历史重演说虽则强调心灵是历史思维的中心,但同样不忘表现那种客观存在过的情境或思想。正因为如此,传统历史认识论遵循着从过去到现在的正向时间顺序,即由历史经验的发生到历史认识的发生,再到历史认识的结果暨历史实在的表现这一顺序。这样,认可概念化的多样性可能就可以在既承认主体的积极作用这个前提下,也维护了历史经验存在的客观性。传统历史认识论的学理脉络说明,它是基于历史本体论的隶属层面,客观性与实在性始终束缚着主体的视界。

历史经验一贯被传统历史认识论赋予客观性与实在性,如果我们将它本身视为历史思维的建构,传统历史认识论的学理脉络便发生了变更,它更适合于说明现实生活对历史(学)的要求。传统历史认识论将概念化的多样性可能归因于主体反映客体的多样性,而我们将之归因于历史(学)实践目的的多样性。这一变更将以我们的日常生活实践作为历史(学)的目的与价值归宿,同时也充当历史认识的逻辑起点。由于现实生活的不同要求,认识主体确定了自身实践的不同目的,而主体性的差异进一步导致了历史经验建构的多样性。由此,历史认识论必须遵循着从现在到过去的逆向时间顺序。历史本体不再因为存在于过去而具有优先性,与之相反,借助于现实的符号与记忆而获得表现的过去,以及传统上所谓的历史本体,都是通过人类的历史认识建构而成。无疑,每个时代中的思想家,甚至普通人都服从于这样的认识逻辑,在实践中运用历史(学)实现着他们的现实目的。

这样一种认识论将传统历史认识论面临过的难题凸显出来。历史经验如果成了主体在历史思维中的产物,它又如何确保其真实性,防止它被滥用?在传统历史认识论的规范下,历史经验并没有因为其天赋的客观性与实在性而成功约束传统历史学,使它摆脱虚构与欺骗的责难。“历史只是成功者的故事”,这种抱怨充分说明了客观历史经验的无能。不仅如此,传统历史认识论建立起来的对历史经验客观性与实在性的崇拜,最终反而变成某些主体滥用历史的工具,他们以此为幌子征服了绝大多数对实在论历史观缺乏反思的读者。倘若我们将历史经验视为原始经验概念化的多样性可能中某一种的实现,历史(学)便能被置于积极的反思之中。它令我们重新思考历史(学)与主体之间的关系、注重主体于不同的层次建构某种历史经验或历史实在想要实践的目的。原始经验作为一切尚未进入历史思维的人类行为现象，它只是一种预设，我们没有必要用客观性、实在性去规定它，但是，它的存在使我们认识到，进入历史思维的经验将构成一个主观的世界。

在传统历史认识中，人们为了表现真实的历史不懈努力。他们相信，虚假的历史一旦与现实生活相关联，将丧失历史(学)教导现在、利于将来的价值，而真实的历史恰恰能使历史的价值付诸实施。这种观念显然是一种误解。传统历史认识所追求的真实历史只能在主体间获得[①]，它是思维的结果。那些被其他认识主体视为是虚假的历史，如果是其叙述者故意为之，便说明它暗藏着某种不可见人的目的，其历史表现行为本身带给人类的将是一种道德危害；如果叙述者仍坚信其真实性，就意味着不同认识主体之间便存在着意义体系上的差异，这正是造成概念化多样性可能的根源。正如我们从斯塔夫里阿诺斯那里了解到的一样，不同的意义体系或价值观决定了构成历史经验的概念化多样性可能中某一种的实现。或许我们无法轻易判断，诸多经过概念化而被表现的历史经验中哪一种更真实，但它要阐明的历史(学)目的一旦显露，其自身必将与这一目的同时接受未来的检验。未来在确定历史(学)目的是否实现时，也将确定实现这一目的的历史经验是否真实。

---

① 请参见拙文《论历史叙述中的理解与解释》，载《史学理论研究》2000年第2期。

# 人、文明、宗教与历史

## ——汤因比的世界历史观

姜 芃

汤因比在他的巨著《历史研究》中建立了一个以文明为基本研究单位的世界史模式，以此为基础，他描绘了一幅世界历史的画卷，他也因此被学术界称为文化形态学派的主要代表人物和思辨学派的最后代表。研究他的历史哲学方法，探讨指导他分析历史的思路，一方面，有助于我们从文化，或者说文明的角度去理解世界历史；另一方面，在经济全球化进程加速、不同文明之间的冲突和对话日益频繁的今天，有助于我们了解文明接触的基本规律，以便于更理智地处理好不同文明之间的相互关系。

英国历史学家汤因比

## 一、汤因比观察世界历史的基本概念

汤因比历史研究方法的特点主要是从文化的角度观察历史，他的观察是基于这样三个理论层次：人——文明——宗教。这样的思路体现在他的代表作《历史研究》[1]一书中。《历史研究》一书是他花了40年的时间而写成的，1934年第一至三卷出版，到1961年全书12卷才出齐。1973年，他又写作了《人类与大地母亲》[2]一书，在这部书中，他根据时代发生的变化以及人类对生物圈越来越多的关注，把世界历史的研究范围进一步扩展到了生物圈，从而从一个更广阔的视角观察了世界历史。这样，他在原有的理论层次上又增加了人类与生物圈的关系问题，把研究的层次扩展为人——文明——宗教——生物圈这样四个层次。

下面，让我们分别对汤因比的这几个理论层次进行简单的介绍和分析。

汤因比认为，应该把文明作为可以认识的历史研究领域。这是因为，尽管民族和国家是历史存在的最经常的形态，也是人们以往研究历史的基本单位，但是，它们并不能对不同的社会从性质上加以把握和区分，而许多国家在性质上是一样的。如，无论是工业革命，还是代议制政府的建立，都不是英国一国独有的现象，它与更广大的历史空间相联系。他提倡一种逆向的思维方式，用"树"的图形描绘欧洲的现代文明及其历史渊源。他把欧洲文明象征性的成果——工业革命和议会制度，比喻为一棵树的主干，但是，这棵"树"不是无根之木，其根部庞大而且深远，所占空间大大超过了露在地表的部分。他认为，欧洲的文化渊源可以溯源到公元690年的许多国家。他按照时间的远近，把历史划分为不同的土壤层，又让不同时期不同国家的历史扎根在这些不同的土壤层之中。从公元690到1000年，是爱尔兰、希腊、罗马、埃及、巴比伦及基督教文化的土壤层；从1000到1475年，是日耳曼、斯堪的那维亚和法国的封建主义制度的土壤层；从1475到1525年，是意大利文艺复兴的土壤层；从1525到1575年是北欧和西欧宗教改革的土壤层；从1575到1675年，是西欧的海外扩张和奴隶贸易的土壤层，所涉及的地区有印度、香料群岛、非洲和美洲；1675年以后的土壤层是欧洲总的政治气候和世界经济。这样，通过一棵硕大无比的树，他把所有这些国家和地区的历史一脉相承地连到了一起，其最后的成就则是工业革命和议会制度，即当代欧洲文明。这就是文明的概念。那么，如何对文明加以界定和区分呢？他认

---

① 《历史研究》一书是他花了40年的时间写成的。从时间跨度上来说，这部书的写作覆盖了他生命的大部分，是他主要历史思想的体现。1972年，他又根据最新的资料对全书进行了修订，把12卷本改写成一卷本，并附有大量的插图。本文的写作就是根据这一最后的版本(*A Study of History: Illustrated*, Thames and Hudson,1988)。

② Arnold Toynbee, *Mankind and Mother Earth*, *A Narrative History of the World*, Oxford University Press 1976.

为，文明的概念从空间上说，是一个比民族、国家、城邦以及任何政治社团的范围更广大的社会；从时间上说，这一社会可以通过从我们所处的时代向前延伸并寻找与之相关的联系来加以确定。所以，国家、民族或任何政治社团的概念与文明概念的关系是局部与整体的关系；而文明与整个人类或者是整个星球相比，它又是个别和局部，没有一个文明社会能在空间上囊括这个星球上所有人类生息繁衍的地区，也没有一个文明社会能够在时间上与整个人类的历史共时共代。他认为，这样的一个文明社会就像“社会的原子”，它应该成为历史学家研究的基本单位。①

汤因比历史研究的重要内容是宗教。他以欧洲的历史经验为例，说明基督教在欧洲古典文明与现代文明中起到了衔接的作用，从而抽象出凡是世界上高级的宗教，包括基督教、伊斯兰教、印度教和流行于远东的大乘佛教，都对不同时代文明的传承起到了中介作用。他认为，文明会死亡，但是，也可以再生。他认为，出现在基督教建立之后的西方近代文明与在这之前的希腊、罗马文明有着相同的秩序，它们属于同一种文明。他说，从公元2世纪起，古希腊、罗马文明就处于衰退之中，从9世纪的拜占庭或者是13世纪的西欧起，新的现代欧洲文明已经在兴起。如果考察基督教的历史作用，它在从2世纪到9或13世纪之间，不是破坏了古典文明，而是“占有并保护着深藏生命的种子，直到这一切能够再次破裂，并进入世俗文明的新的生长期”。所以，他把基督教看成是欧洲古代文明与近代文明之间的中介和桥梁，称它为“这一代蝴蝶与下一代蝴蝶之间的卵、蛆、蛹”。②

根据基督教产生的历史，汤因比总结出这样一条规律：高级宗教不会产生在原始社会，也不会产生在从原始社会产生的第一代文明当中。因为，高级宗教不是单一文明的产物，而是由不同的文明相互碰撞而产生的。他认为，有些宗教可能会产生在第一代与第二代文明之间，但是，这时期产生的宗教是不成熟的。只有在第二代和第三代文明之间，高级宗教的产生才成为规律。他认为，至今尚存的主要高级宗教有：印度教、犹太教、袄教、佛教、基督教和伊斯兰教。印度教和佛教起源于印度文明，犹太教起源于叙利亚文明，袄教起源于伊朗文明，基督教和伊斯兰教起源于一个由叙利亚文明和希腊文明二者解体后的因素组成的“文化混合体”。他发现，上述宗教中除

① 参见阿诺德·汤因比《历史研究》，刘北成、郭小凌译，上海人民出版社2000年版，第15～18页。下引此书，版本同此。

② 汤因比：《文明经受着考验》，沈辉等译，浙江人民出版社1988年版，第198、197页。下引此书，版本同此。

了两种最古老的宗教，即印度教和犹太教的诞生时间已经无从考察之外，其余四种都由一个创始人所创立，而且，这些创始人都宣称他们与过去的宗教之间有一次彻底的决裂，抛弃了其前身的一些无用的遗产。此外，这几种宗教都产生于某一种文明的土壤中，但又在某种程度上脱离了这种文明社会的母体。

关于宗教的本质，汤因比有着与常人不同的见解，这种见解具有一些深刻的含义。他认为，不应该只把宗教看成是文明社会中产生的一种文化现象，而应该把宗教本身看成是社会的一部分，看成是一种特殊类型的社会和制度。宗教是人类意识的产物，由于人对于他生活的社会只能局部地理解和控制，所以，人创造了宗教，并试图通过宗教去理解超越人们思想范围的那个终极世界。因此，宗教是人性中一种固有的不可剥离的情节。而终极世界的图像实际上是人类把对现实的认识梳理出一个秩序，并通过宗教的形式，试图与这类秩序求得和谐一致。从人类的历史来看，最早的宗教把这种努力看作是一种社会事业，人们通过群体的仪式，试图达到人与终极世界的和谐。因此，在原始社会和早期文明社会，宗教是社会生活的一部分。而高级宗教则不同，它把人从特定的文明及其集体性宗教仪式中解放出来，使每一个人能够直接与上帝建立联系，能够通过祈祷来寻求精神生活的最高境界以摆脱尘世的痛苦。他认为，当人们跳出个人的局限去追求一种全人类都能接触到的普遍的精神现实时，宗教对于社会的作用就产生了。① 这就是高级宗教的功能以及它在历史中的地位。因此，宗教不仅是社会意识的反映，它本身就是社会和历史的一部分。

宗教的社会功能在于能够提升人类的道德。他说："宗教进步意味着精神进步，而精神意味着人格。"人，天生是以"自我"为中心，人的社会经验可以归结为无限的"自我"人格。他认为，对于"自我中心性"的克服，是建立社会和谐必不可少的，而社会和谐又是社会进步和文明成长的必要条件。高级宗教的创始人告诫人们，只有在每个人的灵魂中进行痛苦的精神斗争，才有可能克服自我中心。为此，他们自己首先就是这样做的。所以，当人们崇拜上帝时，其实就是在学习上帝，要使自己能够像上帝那样宁愿牺牲自己也要拯救自己的同伴。在书中，汤因比提供了一幅佛祖在斋戒时由于极度禁欲而骨瘦如柴的图片，说明要获得灵魂的拯救要遭遇怎样的肉体上的痛苦折磨。这与基督受难的原理是一致的。他认为，通过这样的痛苦过程，人就

① 参见阿诺德·汤因比《历史研究》，第300～317页。

可以达到和实现“善”。他认为，尽管人性天生是“恶”，但是，它也天生就有一个向“善”的潜在能力。[①] 所以，禁欲本身并不是目的，这是由于“禁欲”可以实现更高的目的，可以实现从“恶”到“善”的转变。他认为，个别灵魂精神进步的积累和整个人类人格的改善，对于社会进步将是一个巨大的推动力量，会从根本上提供社会进步的可能性。他说，这是一个似是而非又极为深奥的哲理，即实现目标的最可行的办法不是瞄准目标本身，而是瞄准超越目标的更为远大的目标。这也正是一切高级宗教中关于拯救人类灵魂学说的意义之所在。[②]

通过对宗教中的人，特别是人性与人格的研究，汤因比就把精神与社会，道德与进步联系在了一起。所以，人，是他历史叙述的第三个基本概念。

那么，“文明”、“宗教”与“人”这几个概念的关系如何？这个问题牵涉到汤因比的历史观问题。要研究他的历史观，又要明白他对于世界的各种文明是根据什么原则连在一起，又是怎样联系在一起的有一个基本的了解。下面，就让我们对这个问题进行探讨。

## 二、汤因比构筑的世界历史体系

汤因比不同意斯宾格勒关于文明是一个有机组织，像生命一样有其青春、成熟和老朽的自然生长过程的说法。他认为，文明并不是一个有机体，所以，宿命的种种解释也不能够说明文明的发展和世界历史的构成模式。他认为，世界是一个整体，它在我们把它作为一个整体来加以领悟的限度内是可以理解的。[③]

前面，我们已经提到，汤因比的历史思想主要体现在他的《历史研究》一书中。他对这本书的构思早在20世纪30年代就开始了。1927年，在开始写作这本书的时候，他观察了21种文明。1961年，他根据考古学的新发现，将其增加到31种文明。[④] 1973年，他写了《人类与大地母亲》一书，副标题是“一部叙事体的世界历史”。在这部书中，他在人类历史的基础上又增加了生物圈的内容。这样一个写作过程说明，随着观察视野的扩展，他对于世界

① 参见汤因比《文明经受着考验》，第205页。

② 参见汤因比《文明经受着考验》，第211页。

③ 参见汤因比《文明经受着考验》，第311、3页。

④ 参见阿诺德·汤因比《历史研究》，第430页。

的看法在不断地改变。汤因比是思辨学派的历史学家，在两本书的序言中，他都提出了历史思想的相对性问题。如果说，在前一部著作中，汤因比所关注的对象充其量不过是地球上人类的历史；那么，在后一部著作中，他则把探讨的对象扩大到了地球上的整个生物圈。

为了说明各种文明是平行的，在时间上是同时的，他把文明的开始时间与人类的出现时间进行了对比。他发现，较高级的宗教中最年长的距今只有2500年的历史，人类最古老的文明也只有5000年的历史。而古人类学的研究表明，从人类的祖先最早出现，至今已经有了50万年，或者是200万年的历史。拿5000年与50万年这两个数字相比，前者是微不足道的。既然如此，人类社会先后出现的各种文明在时间上的差异就可以忽略不计，可以把所有文明看成是平行的，同时代的。为了说明这一道理，他还刊登了一幅20世纪从外层空间拍摄的地球的照片。站在这种宏观的时空角度来观察地球，任何人的历史视野都会随之改变。他认为，这一视野"为人类对自己创造的所有文明进行'通盘的'考察开辟了道路"。①

《历史研究》中译本之一

在《历史研究》一书中，汤因比说，他主要是关注了文明和具有较高形式的宗教。从内容上看，这部巨著大致可以分为四部分。翻开目录，在全书共11部中，开头和结尾，即第1和第11部，他总结了自己探讨世界历史的方法论问题；在第2、3、4、5部，探讨了古代世界的各种文明，以及这些基本上是独立的文明自身发展的一些规律性问题，如文明的起源、成长、衰落和解体等；第6和第7部，他探讨了大一统的国家和大一统的宗教，这两部的内容介绍了中世纪以来的世界主要文明，主要是统一的大帝国以及高级宗教的产生；第8、9、10部是介绍近现代文明并探讨文明之间的关系问题，即蛮族社会与文明社会的接触、不同文明在空间的接触以及不同文明在时间上的接触。

① 阿诺德·汤因比：《历史研究》，第25页及彩图12。

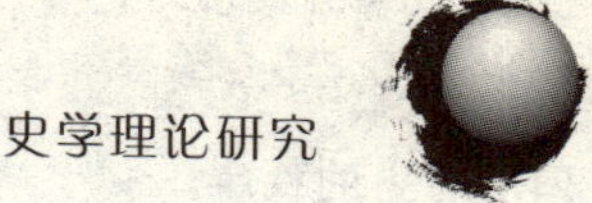



书中他画了一张文明图表[1]，他把自公元前3500年到公元2000年共5500年的世界历史划分为33种文明，他认为，由这些文明的相互接触和碰撞以及几大宗教对人性的引导，构成了5000年来世界发展的总体史。

在《人类与大地母亲》一书中，他增加了生物圈的内容。全书共82章，当我们翻阅目录时，可以清晰地看出汤因比的思路。我们可以把全书分为七个部分。第1章是《自然现象之谜》，叙述了生物化学方面的知识和生命的起源；第2章是《生物圈》。这两章可以看作全书的第一部分。关于生物圈所占有的空间，他有这样的描述：生物圈是指包裹着我们这个行星地球表面的这层陆地、水和空气。它是目前人类和所有生物唯一的栖息之地，也是我们所能预见的唯一栖息之地。它也是太阳系中唯一的生物圈。关于生物圈开始的时间，他的叙述极为简单："生物圈的年龄不像它所包裹着的行星那样古老。它是在地壳冷却下来，原有的气态组成部分变成液体和固体之后很久才形成。"生物圈的特点是它的体积相对很小，提供的资源也很稀少。关于生物圈的构成，他谈到，它的物质有的在特定的时刻是有生命的，而在另一特定时刻则没有生命。有生命和无生命的物质之间不断地进行着相互变换和再循环。在特定时刻有生命的物质中，有些是植物，有些是动物。在动物中，有些种属是非人类，有些是人类。关于生物圈的运行法则，他说是经过生物圈的自我调节和自我维护而获得力量平衡，从而实现存在与生存。

《人类与大地母亲》中译本封面

关于生物圈中人类与其他动物、植物以及无生命物质之间的关系，他说：生物圈中的各种成分是相互依赖的，人类也和生物圈中的所有成分一样，依赖于他与生物圈其他部分的关系。从生命史的发展来看，生命分化为许多不同的属和种，每一物种都体现为众多的个体。物种和个体的多样性是生命由相对简单弱小的生物体向相对复杂强大的生物体进步的条件，但

① 参见阿诺德·汤因比《历史研究》，第52页。

是，通过分化和变异获得的这种进步，是以竞争和冲突为代价的。这种竞争表现为两种形式，生命进步的最好形式是寄生，最坏形式是掠夺。动物王国寄生于植物王国；有些动物靠捕食他种动物为生。而生命进步的牺牲品，就是那些遭到灭绝的物种以及生存下来的物种中那些总是遭到杀害的个体。人类之间也互相捕食。毫无疑问，人类是生物圈中最强大的物种，是生物圈中比生物圈力量更大的居民。在人类历程的初期阶段，人类对生物圈的影响，远不如其他一些物种那样显著；到大约 5000 年前，人类已经意识到自己的杰出力量；自公元 15 世纪，欧洲人不断占据生物圈陆地表面那些人烟稀少的地区；到我们这一代，人类物质力量的增长，已经完成了对生物圈的控制，正在破坏着那些不可再生的资源；如果再发展下去，人类就将使生物圈变成一个难以栖身的地方。写到这里，汤因比站在生物圈的角度惊呼："人是否比一棵树更有价值？一棵树是否比一个阿米巴虫更有价值？"[①]于是，他呼吁人类的良知，规劝人类弃邪归正，放弃自己的贪欲，以保持生物圈的物种平衡。

总之，通过简单的叙述，汤因比勾勒出了生物圈中各种物种以及它们相互依赖和相互转化的关系，特别是人类与其他物种之间的关系，划分了这一关系演进历史的几个阶段。这是汤因比有关包括生物圈在内的世界历史观。

从第 3 章到第 13 章，是人类降生、文明中心开始出现和人类最早的技术革命，汤因比叙述了人类最早的几种文明（它们是两河流域文明、苏美尔文明、法老埃及文明、阿卡德文明）和世界主要区域文明的出现（包括小亚细亚、克里特、印度河流域和黄河流域）。这部分内容可以看作全书的第二部分，时间是从公元前 1250 至公元前 950 年旧大陆发生民族大迁徙，到公元前 600 至公元前 480 年的所谓"轴心时代"到来之间的这一段时期（也就是第 14 到第 24 章的内容），可以算作全书的第三部分。在这部分，汤因比叙述了成熟期的古典文明。由于大迁徙，从爱琴海到美索不达米亚，再到黄河流域的商朝，原有的文明都遭到蛮族的强烈入侵，造成人口的大规模流动，其结果是最古老的文明衰落了，新文明在大劫难中降生。它们是中美洲的奥克梅尔文明、苏美尔—阿卡德与埃及文明、叙利亚文明、希腊文明、印度文明、中国文明、中美洲文明与安第斯文明。在这一段时期，亚述文明经历了它的最

① 阿诺德·汤因比：《人类与大地母亲》，徐波等译，上海人民出版社 2001 年版，第 11 页。下引此书，版本同此。

后阶段，埃及、印度和中国的文明也已经由新的文明取代了原有的文明（如周朝代替了商朝，他认为，这是起源于中国不同地区的两个文明）。

从公元前600年至公元前480年的“轴心时代”，到公元395至628年基督教确立时期的大约一千年的时间（也就是第25到43章的内容），汤因比的历史叙述可以用五大圣人和诸大帝国来加以概括。这五大圣人是：伊朗的先知琐罗亚斯德、犹太先知以赛亚第二、佛教创始人佛陀、中国的孔子和希腊哲学家毕达哥拉斯。诸大帝国是：波斯帝国、马其顿帝国、中华帝国、印度帝国（包括孔雀王朝和贵霜王朝等）、安息帝国和罗马帝国。这一时期是世界历史的中世纪前期。这可以看成全书的第四部分。汤因比借用了卡尔·雅斯贝斯关于“轴心时代”的说法，认为，由于这五个人的出现以及他们的同时代性，人类的历史在此时发生了转折。他认为，这五个生于公元前6到公元前5世纪的先知对人类的影响是巨大的，他们的影响甚至直至今天。他说，除了毕达哥拉斯之外，今天有半数的人受佛陀的影响，有1/3以上的人受孔子的影响，以赛亚第二至今影响着犹太人和基督教徒，琐罗亚斯德则间接地对犹太人、基督徒和穆斯林都发生影响。他认为，虽然这五个人是各自独立的，他们生前没有往来，但是，他们有着共同的特征。这些特征是：第一，他们每个人都与人类在其中得以自我感知的宇宙内部及其背后的那个终极精神实在建立了直接的私人联系，改变了以往那种通过集体的仪式和自然的中介来使人类与终极实在对话的方式；第二，他们都谴责、否定并试图改变以往人们感知事物的那种状态，例如，他们都对生命的贪婪进行谴责，对传统的民族宗教予以抛弃，试图为人们寻找一条经过追求道德和善来接近终极实在的理想道路，从而开启了人类精神生活的新里程。通过以上的介绍，我们可以看得很清楚，汤因比之所以提出这五大先知并把他们的出现作为世界历史转折的标志，还是与他关于伟大宗教的理论紧密相联系的。这五个人都是伟大宗教（或形同宗教的伟大学说）的创始人。汤因比认为，伟大宗教的出现，一方面是分散的文明已经发生接触的结果，同时，也是使人类文明进一步整合的必要条件。

关于诸大帝国，尤其是这一阶段后期的中华、贵霜、安息和罗马四大帝国，汤因比认为，虽然没有包括旧大陆的所有文明，却已经将旧大陆的主要文明中心包括进来，而且，它们之间要么有疆界的直接联系，要么有相互联系的通道。当时，从最东方的中华帝国到最西端的罗马帝国，欧亚大陆有三条陆路通道：最北边一条是从中国长城的边防站，穿越欧亚大平原，再经过黑海北岸。第二条是“丝绸之路”，从洛阳出发，穿越塔里木盆地，翻越天山，到达乌浒河和药杀河上游之间的粟特，从此，这条路一分为二：一条是经过花剌子模、里海以及高加索山脉和亚美尼亚高原之间的地槽，到达黑海东岸地区；另一条是通过关卡林立的安息帝国，到达叙利亚的地中海沿岸。第三条道路最短，是通过巴尔米拉和佩特拉这两个"商贾之城"的任何一个，再穿越叙利亚沙漠，到达地中海。除了这三条通道以外，还有海上通道。借助于这些通道，军队、外交使节、商人和传教士就把东方世界和西方世界联系在一起。

从公元 395 至 634 年基督教世界的出现，到 1405 至 1652 年人类开始形成现代世界体系之间的这一千多年（从第 44 到 74 章的内容），也就是中世纪的历史，汤因比认为是几种伟大的宗教统治人类的时代。汤因比以"印度文明"、"中国或东亚文明"、"中美洲与安第斯文明"、"伊斯兰教世界"、"基督教世界"、"拜占庭或东正教世界"来划分了这一阶段的历史。从中，我们可以清楚地看到，他划分的标准主要还是宗教。此乃全书的第五部分。

我们可以把从 1405 至 1652 年的大航海时代，到 1763 至 1871 年欧洲工业革命和现代民族国家形成的这段时间，单独划分为一部分，这是现代世界体系的形成时期。在这之后，到 1973 年，也就是全书结束时期的这 200 年，我们可以单独划分出来，作为全书的最后一部分。我们之所以要这样划分，是由于汤因比把对 1763 年以后世界历史的描述又重新冠以"生物圈"的标题（第 80 章和 81 章的标题都是"生物圈"，加上前面第 2 章的标题，全书共有三个章节，他选用了"生物圈"的标题）。显然，他认为，由于 18 世纪后期开始的工业革命以及向全世界的扩展，人类技术的进步已经开始对生物圈构成了威胁，因而也就危及了人类本身。汤因比的这种划分，反映出了他想构筑一个包括生物圈在内的世界体系的基本指导思想。

在《人类与大地母亲》一书中，他对世界历史的整体思考既包括在《历史研究》一书中已经体现出来的从文化方面的思考，也有从人类科学技术以至生产力方面的思考。具体地说，就是随着人类生产技术的不断提高和技术交流的不断增强，世界格局也在发生着变化。他认为，技术进步与技术传播之间的关系，是影响世界是孤立、分散的，还是整齐划一，或者是形成一个整体的另一个重要原因。他分时段对人类的技术发明与技术传播的关系进行了论述。他认为，技术，也就是生产力，是文明的基础，自人类产生的那一天起，从人类使用工具开始，技术革命就开始了。他说，在距今 4 万或 7 万年之前的 200 万年的时间里，工具的制造没有使人类对生物圈的潜在控制转变为现实。这一时期，技术的进步是缓慢和微弱的，技术发明的速度赶不上技术传播的速度。所以，旧石器时代的特点是：在世界范围内，技术的发展整齐划一，人类在各自的生活空间，分别地，然而又是不约而同地发明出了最初的生产工具。大约在7万到4万年前，开始了旧石器时代晚期的技术革命，从那时起，各种工具的改进不断加快，在世界各地也逐渐显现出在工具发明的进度方面程度的不同。大约在公元前3000年到公元1500年，技术的发明进一步加快，于是，技术传播的速度赶不上技术革新的速度。当一种新技术还没有传播开来，另一种新的发明又出现了。所以，旧石器时代晚期之前的那种全世界在技术上整齐划一的状况被打破，出现了文明之间的较大差异。从15世纪开始，由于西欧发明了新型帆船，可以连续在海上航行几个月，甚至环绕地球，这就使文明世界的交通水平空前提高。此时，虽然技术进步日新月异，但是，这一时期与旧石器时代有一个共同特点，这就是技术发明的速度赶不上传播的速度，结果，又出现了在世界范围内技术发展的高度一致性，世界也因此而重新显现出整齐划一和相互联系的特征。①

汤因比曾用简洁的话概括他的世界历史体系，说：如果把文明分为37种的话，可以把它们划分为两个世界：一个是旧世界；另一个是新世界。对于旧世界的文明，又可以划分为几代，迄今为止，最多划分为三代。在文明的接触上，有同时代文明的接触，也有不同时代的文明在时间上的重叠：某个业已死亡的文明的流散分子也可能在另一个社会里保存了它的特性。最后，15世纪以后，新世界（指美洲大陆）与旧世界发生了接触，构成了现代世界的体系。②

通过以上叙述，我们看到，汤因比的历史思想基本上形成了一个体系。但是，他本人并不满意，认为，从文明的角度对世界历史进行整体的浏览仍是一个巨大的迷宫。

为了较深入地了解他的世界体系思想，我们有必要对他的历史观作进一步的分析。

## 三、汤因比的世界历史观

前面我们已经提到，汤因比属于文化形态学派，他用以分析世界历史的

① 参见阿诺德·汤因比《人类与大地母亲》，第32～33页。

② 参见阿诺德·汤因比《历史研究》，第50页。

基本单位是文明。概括地说，他认为文明是多元的；文明的发展是平行的、反复的和循环的，他反对一元单线的历史发展观，也反对文明的发展最终有个尽头的说法。

他认为，从哲学的意义上说，所有的文明都是同时代的。前面，我们提到汤因比提供了20世纪从外部空间拍摄地球的一张照片，他让人们设想，如果从那样一个时空角度看地球、看人类各文明的历史，结论会是怎样？他得出的结论是，尽管各种文明在时间上有差异，但是，这种差异与人类的生存年代相比，与生物圈的出现相比，只是短暂的一瞬。因此，所有文明在时间先后上的差异可以忽略不计，所有的文明都可以看成是一组平行的、同时代的和在最近才开始的竞相向前发展的一场实验。从本质上说，它们既没有先后之分，也没有高低之分。[①]

要进一步了解汤因比的历史观，有必要对他的文明理论作较为深入的探讨。

汤因比不同意文明的差异是由种族决定的说法。他说，虽然目前有一半数量的世界文明是由白种人创立的，但是，种族本身并不直接与代表文明的基本特征——心理素质和精神素质发生直接联系。他发现，在西北非洲的山地、阿尔巴尼亚及高加索的山地，都有一些金发碧眼的白种人，他们非但没有创造文明，而且长期以来刻意避开与文明的交往。在印度支那半岛，他也发现存在着一些野蛮的黄种人，他们几乎不与在东亚占统治地位的中华文明发生联系。所以，他不同意把文明与种族连在一起的说法。他认为，种族是天生的，是不可逾越的，它与人的主观能动性毫不相干。[②] 汤因比也不同意文明由环境所决定的说法，他发现，在世界上一些自然环境相同的地区，却没有产生出相同文明。他认为，文明的起源不是单一原因造成的，而是取决于多种原因，是多种事物相互关联和作用的结果，这其中最重要的就是人的主观能动性。为此，他提出了"挑战说"。他认为，文明的类型是由外界对人产生刺激，也就是外界对人的挑战和人的应战所作出反应的结果。他引用歌德《浮士德》中的一段话来说明人的本质："简单说，这个'恶'字便是我的本质。""人要每日每夜去争取生活和自由，才配有自由和生活的享受。"[③]所以，他发现，世界历史上许多优秀的文明，并不是发生在自然环境优

---

① 参见阿诺德·汤因比《我的历史观》，载张文杰主编《历史的话语》，广西师范大学出版社2002年版，第198～209页。

② 参见阿诺德·汤因比《历史研究》，第66～67页。

③ 阿诺德·汤因比：《历史研究》，第77页。

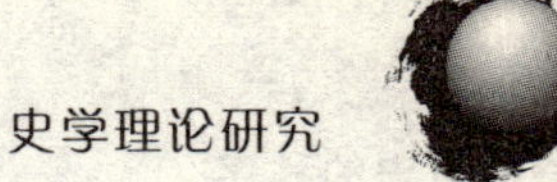


越的地区，而是在恶劣的地区。当然，也不能太恶劣，以至于使人类无法生存和繁衍。在这些艰苦的地区，正是由于那里的人所表现出来的不畏艰险和卓越的创造精神，才使那里出现了优秀的文明。从这个意义上说，环境对于文明的产生有影响，但是文明一旦出现，主要是人的能动性决定着文明的成长。

这样，文明就是一种运动，而不是一种状态；是航行，而不是停泊。文明的发展没有尽头，没有人知道文明是否已经达到了目的地。关于运动的状态，他认为有两种，一种是静止，另一种是活动。从原始社会向文明社会的演进是从静止向活动状态转变的开始。他把各种文明的共同发展看成是许多人在一起攀爬山岩的比赛。在攀爬的路上，呈现出一处平坦、一处峭壁状的水平面和垂直面相互交替的形状，他认为，由此构成了人类向上攀援的活动和静止的生命节奏。关于这种节奏以及文明之间的相互影响，他认为在历史上出自不同文明的思想家已经有许多相关的描述。例如，赫伯特·斯宾塞(Herben Spencer)说：这是“无限和无关联的同质之物，经过一系列结合与分类，转变为有限和相互关联的异质之物”的进程；黑格尔则把人类历史看成是螺旋式的向前发展，是一系列从统一形式到分裂阶段，再到更高程度的统一的运动。但是，汤因比认为，对文明进程最贴切的描述还是中国道家关于阴与阳的符号所表现出来的运动节奏。[①] 这样，他认为，文明的发展是循环往复的。他认为，总的来说，大自然中周期性的，可预测的现象依然统治着人类的生活，“历史在产生一系列或多或少是同一时代人类相同成就的典型的意义上在重演着”。[②] 他举例：英国的工业革命在隔了两代人之后，在美国和德国出现了；以美国南北战争为代表的危机与德国1864～1871年俾斯麦的战争具有相同性质；现代西方是古希腊的再版，因为，从17世纪开始的世俗化与古希腊的世俗化在本质上没有区别；欧洲在20世纪所完成的共同体从规模上讲虽然是空前的，但是，古已有之，古希腊和中世纪意大利的城邦国家与它们那个世界的关系与现代欧洲各国与整个欧洲的关系也有相似之处；在中国，国家的形态是分久必合，合久必分，同样的现象一再发生；从整个世界的形式来看，由于工业主义增大了它的活动范围，远远地超出了国家的疆域而日益把世界连成一个整体，这种状况也似乎把人类带回到了欧洲的中世纪。总之，他认为，在不同的范围和层次上，文明运动的形态总

---

① 参见阿诺德·汤因比《历史研究》，第62页。

② 汤因比：《文明经受着考验》，第31页。

是在重复着历史上的某些状况，历史的潮流表现为某种方式的回落。

他还认为，历史的循环论中暗含着决定论。正是由于人类历史的循环，或者说人们从自然规律的观察中，包括季节的永恒交替、白昼与黑夜的永恒交替以及生物的世代交替等现象中，感觉出一种发展的必然性，由此而表现为循环论和"线性"的发展观，这两种观念其实都潜在地包含着因果律的因素。他不同意单纯的"线性"的进步发展观，反问道：如果相信历史是一个不断进步的过程，那么，这种进程是否有一个终极目标？他还问道：如果说有这样一个目标，那么，人类是自觉还是被迫奔向这个目标？[①] 他指出基督教和佛教的原理以及世界上其他一些学说其实都向人们提出了这一目标，它们构建了一个共同的模式，即通过佛教故事中凤凰涅槃的传说，似乎经过火与血的考验，就可以得到更高一级的重生。他认为，宗教和各种学说所提出的这一目标其实是不存在的，这是对人类的误导。所以，他所关注的必然性不是终极目标是否存在，或者如何为实现这个终极目标去努力，而是人类如何去认识外界变化的节奏，从而能够从必然王国迈向自由王国，去实现人类的自由。在这一点上，他的理论与黑格尔有关世界历史的进程是人类是否意识到自己是自由的，以及在什么程度上意识到自己是自由的理论有异曲同工之处。

汤因比认为，文明的成长从来不是单一的，历史上曾经出现过的单一文明都没能长久。所以，文明的成长有待于不同文明之间的接触和融合，这才是文明的生命力之所在。他认为，从本质上说，文明没有先进和落后之分，但是，在特定时期内，文明是有先进和落后之分的，这与赛场上的运动员所表现出来的情况一样。在文明接触和碰撞发生的时候，文明总是从高级文明向低级文明流动。他把成长中的文明的边界描绘为一扇永远开放着的友好之门，认为开放和向其他文明学习有助于文明的生长。他把衰亡中的文明的军事边界描绘为一个不再开放的水闸，认为堵住流水的堤坝最终只有被冲垮。所以，归根结底，文明的交往和融合是挡不住的，不是和平的交流，就是武力的交流，而武力往往会招致一种文明的毁灭。认清了这一点，他认为人们就应该对外来文明采取友善和欢迎的态度。但是，友善并不意味着全盘接受，这是一个双方相互适应和调整的过程。他把这个过程比作当光线遇到多棱镜的阻力时被衍射成光谱，在光学中，波长的光谱具有更大的穿透力。所以，他认为当一种文明在遇到异质性文明的冲击时，也会对到来的

① 参见阿诺德·汤因比《历史研究》，第427页。

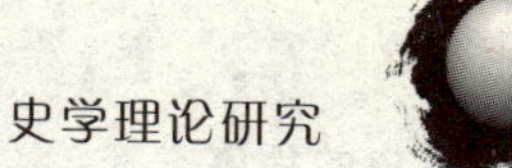


“光束”进行分解，只有那些最具穿透力的优秀的文化成分，才能被对方所吸收。①

在文明融合以后，其后果是什么？汤因比认为，有的时候，是某一种文明取得优势，另一种文明解体；有的时候，是两种文明都解体，形成新的文明。他举例说公元前2世纪，当希腊文明与叙利亚文明发生碰撞的时候，就产生了一种结合得非常紧凑的新文化——叙利亚在政治上屈服于希腊世界，希腊文化却接受了产生于叙利亚的宗教，最后，希腊文明也解体了，产生了基督教的新文化。在基督教文化中，汤因比看到了其中所蕴涵的希腊文化的痕迹：它使用希腊的视觉艺术，使用希腊哲学来表述自己的理论，此外，基督教有关上帝是三位一体的说法是对希腊宗教中凡人崇拜和多神论观念所作的让步。从基督教的产生，汤因比又发现，大多数高级宗教都是在若干文明混合的地区兴起的。从公元前8世纪起，乌浒河—药杀河流域就是各种文明碰撞的舞台，在这里，伊朗文明、欧亚游牧文明、叙利亚文明、印度文明、希腊文明、中华文明和俄罗斯文明先后在这里接触。这好比是一个“交通环岛区”，在它周围密集分布着各种文明：东北方是苏美尔—阿卡德文明，西南方是埃及文明，东面有阿拉伯文化，西面是地中海文化。在从公元前3000年到公元前2000年的一千年时间里，叙利亚文明在以上各文明遗产的基础上破土而出。汤因比认为，尽管叙利亚文明在政治上独立的时间很短，但是，它与希腊文明的碎片混合而成的杂居区被证明是极其多产的：东正教文明、基督教文明、西方文明和伊斯兰文明这几种世界上主要的文明都是在这片土壤中萌芽。而作为“交通环岛区”的政治代价是从公元前8世纪起，叙利亚被一系列帝国所瓜分。所以，汤因比的历史发展观认为，大一统的帝国，特别是由蛮族入侵所形成的大一统帝国，对文明的生长不利。大一统帝国的产生是文明即将解体的征兆，它同时又体现了人们想遏制这一社会解体的努力。②

所以，在汤因比看来，不同文明的碰撞和融合本身就是历史的推动力，这种推动力来自于不同文明之间的差异以及由差异而产生的对立和统一，亦即融合。这种融合是有利于文明发展的，却又往往要付出政治上的代价。经过融合，旧的文明解体了，新的文明诞生了，这就是历史，这就是几千年的文明史。文明的不断进步不但改变着世界的面貌，而且，也改变着文明

① 参见阿诺德·汤因比《文明经受着考验》，第272页。

② 参见阿诺德·汤因比《历史研究》，第236页。

自身。

## 四、文明史在本质上是人的历史

汤因比从文化的角度构筑了世界历史体系。而文化的历史归根结底是人性的历史。

汤因比认为,人性是构成文明的基础,这既表现在人的创造力使文明生长;也表现在由人性决定了社会的组织形式,也就是社会制度。他说:“社会是个体相互联系的系统”,是各个成员共同作用的场所。而相互作用的根源则在于个体。任何文明的成长,都根源于有创造性的个体和小团体。他们担负着两项任务:一是他们的灵感和发明的成就促进着文明的发展;另一个任务是将他们所属的社会转变到一种新的生活方式中去。于是,汤因比提出了人的自然属性和社会的自然属性问题,他认为,这两个问题与文明的形态和生长有关。关于人的自然属性,他认为,人生来就有一个对于“善”和对于“恶”的相同的能力,这是随着每一个孩子来到这个世界而与生俱来的,这一点在地球上的任何地方都不会改变。无论是文明的更迭,还是高级宗教的出现,都不会改变人类的这种天然属性。而社会是各个人相互联系的场所,联系的方式是由人性所决定的。他说:只要人类的原罪存在,恺撒就会存在,与之相应的向恺撒进贡、相应的社会制度就会存在。这不是出于某个人的意愿,而是出于习惯,出于自然力的驱使。这是社会的自然属性。[①]

而人性,他认为是不会改变的,在任何社会都一样。他说:“无论人类灵魂的本性将被证明是什么,我们都已经能够或多或少地确定,在像我们这样的现代人类中,在像新几内亚土人和中非洲小黑人那样的彻底的原始人中,人类的本性大体上是一样的。”“所有现存人类的超自然的天性,在全部现存的社会形态中,所表现的大体上是一致的。”[②]人性不变,社会习俗也不会改变。因此,我们可以比较容易地理解,为什么汤因比的文明发展观既是多元平行的和平等的,又是循环往复的,原来,他是以不变的人性作为基础。

那么,汤因比理解的人性究竟怎样呢?他认为,人性从本质上说有两方面的内容。从本质上说人性是“恶”,人是贪婪的、懒惰和堕落的,有原罪,否

① 参见汤因比《文明经受着考验》,第308、206～207页。

② 汤因比:《文明经受着考验》,第216～217页。

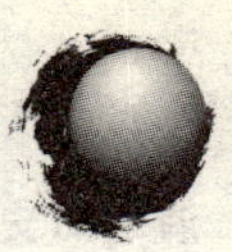

则，就不需要宗教，上帝也不必显示出他崇高的献身精神。但是，人也有向“善”、同情弱者和正义的能动一面，正是由于人具有能动性，而且，这种能动性在不同地区表现出的程度不同，所以才有对不同自然环境采取不同回应而形成的不同文明。在汤因比的历史著作中，他用大量篇幅对歌德《浮士德》以及《圣经》中有关人性的部分进行了深入的讨论，既指出了人性“恶”的本质，又指出人的能动性是何等的神奇。

前面提到，汤因比认为，社会是人性聚合的场所，人性决定了社会的属性。但是，他并不认为，社会仅仅是每一个人人性简单的聚合。他认为，人与人的遭遇所产生的结果具有不可知性，各种关系相互作用的结果是难以预测的，只有上帝才知道。他举例说，历史上许多战争的胜利并非由兵力的多少、武器的强弱或是情报的确凿这几种因素简单相加所决定的，而是取决于一种神奇的力量。关于这种力量，无论是克伦威尔还是拿破仑都有同感，他们都认为战争的胜利取决于当时的临场发挥，即“上帝帮助那些事在人为的人”[①]。所以，汤因比所说的上帝，实际就是人类自己，是人类的能动性。这一点与他关于宗教的理论是一致的。他推崇上帝，但不迷信上帝。他认为，人类崇拜上帝，是为了学习上帝，使人类也具有上帝那样的人格。他歌颂上帝用神奇的力量主宰人类，是希望人类也具有上帝一般的神奇力量，而这种力量其实就蕴涵在人类当中，这就是人的创造力。他认为，由于不同的人所发挥的主观能动性不同，所以，不同文明所显示出来的心理素质和精神素质不一样。这是人的创造力在大小程度上的差异，而这种差异对于每一个人来说，也不是一成不变。所以，在这个意义上，人性会改变，而变动中的人性对于文明的发展必然会产生影响。

汤因比把人类区分为具有创造性的少数人和没有创造力的多数人。他认为，文明的成长主要依赖具有创造力的少数人。这就需要这些精英不仅必须有能力成功地应对他们所在社会遇到的挑战（这些挑战既包括来自自然方面的挑战，也包括来自其他文明的挑战），而且必须具有将无创造力的大多数人凝聚到自己身边的能力。他认为，文明的成长依赖于少数人，文明的解体也是由他们的失误，特别是心理和道德的失衡所造成的。于是，他研究了历史上那些具有创造力的少数人的人性弱点所导致的他们在历史进程中角色的转换。[②] 他发现，从古希腊起，思想家们就开始探讨是什么原因导

① 阿诺德·汤因比:《历史研究》,第 13 章。

② 参见阿诺德·汤因比《历史研究》,第 22 章。

致杰出人物垮台。与汤因比一样，古人也是从人性的角度对这个问题进行探讨的。他们得出的结论是：推翻伟人的力量是神，是“神的嫉妒”。由于少数人的成功，招致大多数人的嫉妒，而嫉妒就可以使成功的人毁灭。所以，希罗多德说：“神喜欢把高出同类的东西削平”，“除了他自己之外，神是不允许任何人妄自尊大的”。汤因比认为，古代先哲的研究固然不错，但是，他们还没有找到导致历史上的精英失败的真正原因。他认为真正的原因不是外因，而是内因。他举出许多实例来说明，成功往往使人骄傲，而骄傲就使这些少数人的创造力削弱，或者是完全失去了创造力。所以，“骄傲过后是毁灭，神气活现的背后是沦落”。他举以色列先知的话说：“必有上帝降罚的一日，临到每个骄傲狂妄的、被抬举了的人的头上；他将被贬为卑下……高傲者将卑躬曲膝，在那一日，唯独上帝受到尊崇。”然而，由于历史上这些少数人的特殊地位，他们的失败不仅是他们本人的失败，也是某一社会的失败。他们的角色转换最终也导致了文明发展态势的转变，导致了社会危机和文明的解体。

那么，怎样才能避免英雄人物角色向坏的方向转换和文明的解体呢？他认为，在社会面临挑战时对人的创造力有一个量的需求，而社会所能够提供的创造力的量又有一个限度，因此，是否能够避免危机取决于二者数量的对比。于是，他分析了一个社会在取得第一次成功之后怎样和需要多长时间才能够恢复最初的创造力。总的结论是，由于成功之后的社会往往会削减扮演创造者人数的数量，也由于成功者本人往往难以抑制个人角色的转换，所以，外界的挑战对创造性的需求一般要大于社会实际上可能提供的创造性的数量，这就是历史上为什么没有自始至终都兴旺发达的同一种文明存在的基本原因。

汤因比认为，为了避免文明的解体，使社会在取得成功之后还能继续提供充足的创造力，使之与外界的挑战达到平衡，最根本的措施就是改善成功人士的心理和道德，使他们获得精神上的重生。对于怎样实现这一点，汤因比似乎认为单纯从人性去考察无法说清问题。于是，他又把讨论转向文明的兴衰，探讨文明衰落时的人性会是怎样。通过对罗马帝国灭亡的经验进行研究，他认为其原因在于内部统治者的道德失衡所造成的严重的社会贫富差异，这种差异引起被压迫阶级的仇恨，并导致激烈的阶级斗争。他认为，阶级斗争和社会失去了和谐是罗马帝国衰败的原因。在衰败以后再加上外部蛮族的入侵最终导致了罗马帝国的灭亡。有鉴于此，汤因比认为保持社会的和谐是使文明免于毁灭的基本条件。那么，通过什么途径来实现

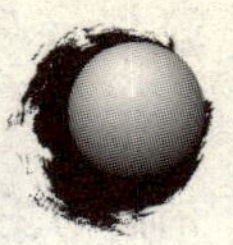



社会的和谐呢？汤因比使用了大量篇幅，通过各种宗教哲理来说明成功的人应该怎样像上帝那样爱别人，怎样克制自己的欲望，怎样追求道德和精神的完美。总之，所有这一切也就是各种宗教对人性的谆谆教导。这样，通过对人性以及人性与文明关系的研究，他把文明的兴衰问题归结为道德的改善和精神修养的问题，同时，也把对历史的研究转向了对人性和伦理的研究。

汤因比举出伟大宗教中的许多说教来说明宗教的社会功能正是提升人类的道德。他认为，自我牺牲是仁慈至爱的最高表现。这一点隐含在高级宗教中。高级宗教可以引导人们超脱于世俗世界的烦恼而达到一种终极的真实和享受精神欢娱的极乐。为此，他提供了一张有关15世纪一则寓言的图画，这张图画刻画了具有灵感和创造力的少数人在社会即将解体时的痛苦感受和他们所作出的反应。图片说明，聪明人中的最聪明者将背对命运，他们泰然地站立在车轮上和没有桅杆的船上，试图驾驭任性的风力，这一举动象征着他们为了拯救人类的苦难而宁愿自己承受危险。在他们的上方画的是美德女神。哲学家克拉特和苏格拉底站在她的两侧。他们中的一个正在抛洒他在世间积累的财富，另一个从美德女神的手中接过智慧的棕榈叶。这张图似乎在教导人们，要克服社会和个人的危机，抑制贪婪、散发自己的财物给别人才是唯一的拯救办法，这也是最大的智慧。[①] 这样的一张图画代表了汤因比的人生观，他认为，生命的真正目的不是为了下一代的繁衍，更不是在有生之年聚敛尽可能多的财富，而是要建立这个世界上最好的人类社会。为此，人生就要不断地追求灵魂的精神进步。他说："较伟大的心灵超然物外，更伟大的心灵则试图将人生变成某种比我们所经历的尘世生活要高级的东西，并把新的精神进步的种子播撒在大地上。"[②]他还说："当个人是孤立的时候，完美……是不可能的。个人在向完美的行进中必须带领其他人同他一道前进，竭尽全力，不断扩充和增大这股涌向完美的、声势浩大的人流。"他警告说："如果他不服从这个原则，他就要在个人发展中遭受挫折和衰弱之苦。"[③]总之，他认为，实现灵魂的超越和使无创造力的多数人凝聚到自己身边，这既是获得成功的少数人的神圣使命，也是避免文明解体的根本途径。

汤因比相信人类追求完美人格的努力可以是无限的，由此而实现的人

---

① 参见阿诺德·汤因比《历史研究》，第226页。

② 阿诺德·汤因比：《历史研究》，第193页。

③ 阿诺德·汤因比：《历史研究》，第137页。

类人格的进步也是无限的。所以,他把宗教以及由宗教所提升了的人格的进步与文明成长的关系比喻为一辆四轮马车[①],车轮是循环往复的,这好比是文明的发展;车身却是循序渐进的,这好比是宗教和宗教对人格的提升,勇往直前。我们发现,在文明与宗教的发展中,人都是最基本的力量,所不同的是人在文明的发展中是动力;在宗教中,却成为了改造的对象。

## 五、对汤因比文明史观的评论

文化形态学派开始于斯宾格勒和汤因比,前面,我们已经说到汤因比观察历史的视角与众不同,他这一独特的观察视角,使他构筑了一个与众不同的世界体系。

对于这样一个世界体系,汤因比并不认为它是无懈可击的,他甚至认为这其实是一个类似于神学的体系。在《历史研究》一书中,他专门拿出两章的篇幅来专门讨论为什么要研究历史和怎样研究历史。他强调要在一般的、片段的历史研究中发挥历史学家主观的作用,更强调历史学家要对整个历史作出系统的概括和解释。他把这种系统宏观地和思辨地研究全部人类的历史称为“元”历史,提倡历史学家要做元历史学家。他认为,元历史关注的是历史的性质、意义以及历史变迁的性质和意义。他直言不讳地声称这种研究“超越了历史研究,而与形而上学和神学更接近。元历史学家把人类事物看作是现象,而力求在更高的层面来总结自己对现实的研究”[②]。

那么,汤因比自己试图在什么层面上来总结对现实世界的研究呢?我们看到,他把文明的研究引导向对人性的研究;因为要研究人性,所以就要研究人对终极世界的探讨过程,亦即宗教。于是,他建立了一个以人性为基础和动力、以文明为手段和以宗教的进步为目的的理想的世界历史体系。在《历史研究》一书的最后一章,汤因比探讨了历史上最伟大的历史学家的写作动机,如修昔底德、圣奥古斯丁、吉本,等等,他认为是好奇心使他们写出了历史的不朽之作。具体地说,他认为好奇心指引之下的历史探讨不仅仅是一种智力活动,也是一种情感体验。这种情感是与历史学家的人生经历紧密相连的。他发现,上述所有伟大的历史学家在开始他们伟大著作的

① 参见汤因比《文明经受着考验》,第 201 页。

② 阿诺德・汤因比:《历史研究》,第 426 页。

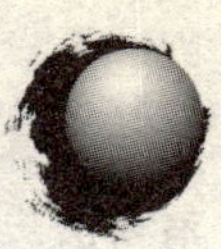



写作时，都受到了社会巨变给他们的强烈刺激。例如他本人，当1912年他参观克里特岛的古代遗迹时，他设想这一文明在历史上的辉煌和如今早已成为历史，突然联想到大英帝国是否也会有同样的命运？又如，1960年，当他在参观巴基斯坦的一个古代帝国遗址时，心里又一次充满了历史的沧桑感，他既想到了当他还是一个8岁孩童时所看到的为庆祝维多利亚女王统治60周年的盛大庆典，又想到英国殖民主义体系的瓦解和撤出印度次大陆，所以，产生了大英帝国的覆灭也是不可避免的想法。由此，他又想到无论是希腊人，还是犹太人，尽管他们在许多方面相去甚远，但是，他们都有着相同的世界观，这就是灾难紧随胜利之后，沧丧伴骄傲而来。这样，历史轮回的观念就产生了并且深深地主宰着他，成为他历史写作的主要基调。在全书的最后，汤因比说他试图去寻找一种与历史上的人的一种“神交”，他发现人类的“罪恶、痛苦和悲伤的根源在于，有感觉的生命在现象世界的短暂旅途中脱离了现象背后超时间的真实；而回归这种真实，是治疗我们这个病态世界的各种弊端的唯一有效的方法”。[①] 他希望通过这种方法，能够追求他个人人生“不可言喻的境界”。

由此我们看到，汤因比的历史研究，是与他的人生经历、与他个人的情感生活紧密相连的。通过他自己的人性和情感对历史的体验，他联想到一般的人性对于历史的关系。而人性，不可避免地与宗教相连，于是宗教、文明、人性这一系列的概念就成为汤因比研究历史的最主要手段。但是，本文认为，如果我们简单地把汤因比的历史观归结为宗教迷信，归结到世界历史是由上帝主宰，那就错了，这不但误解了汤因比，而且，也会使我们失去对他思想中那些有益成分吸收的机会。

汤因比生活的时代，是欧洲早已世俗化的时代，不要说在伟大思想家的头脑里，即使在一般民众的头脑中，对上帝早已不再迷信。本文认为，从方法论上说，汤因比的独特之处在于，他从人性和人类的情感，也就是从伦理学的角度对如何认识历史提出了看法。对于这样一种观察视角，他并不想包罗万象，也不想无懈可击。他只不过认为，这种方法是认识世界历史许多方法中的一种，是多面地理解历史的一个方面。这一点在他关于方法论的章节中已经说得很清楚。所以，如果我们想对他的历史观进行评价的话，不应该忽视这个方面。

如果人性参与了历史的发展，那么，人性对于历史的发展有没有推动？

---

① 阿诺德·汤因比：《历史研究》，第438页。

如果有的话，它应该占有什么样的位置？换句话说，如果伦理学与历史学相结合，那么，人类的伦理与其他社会因素之间的关系是什么？归根结底，伦理是否能够来承担解释历史的重任？

本文认为，人性、人格可以成为历史解释的原因。无论从经验上，还是书本上，我们确实看到许多重大的历史事件，在许多关键的历史关头，人性的确起到了重要的作用。正像汤因比所揭示的那样，由于人性中的一些本质特征，决定了精英人物角色的转换；也由于民众人性中一些本质上的特征，决定了一个国家、民族和社会的文化潜意识，这种潜意识的存在可以归结为一个国家、民族和社会的传统。传统，毫无疑问会对社会的发展产生影响，而且，这种影响比人们想象的要顽固得多。但是，人性只从一个侧面说明了历史发展的动因。它可以解释某一历史事件发生的直接的、局部的原因，却不能解释社会发展的深层的根本的原因，不能单独承担起对整个世界历史体系变迁的解释任务。要想完成这一任务，缺少了经济结构发展的解释是不可想象的，而这一点，恰好是汤因比的致命缺陷。社会的进步，以及建立在这种进步基础上的整个世界体系的变动，最终脱离不了对物质文明的解释，脱离不了经济基础。然而，事物总是一分为二的，汤因比的缺陷同时也是他的独到之处。通过文明、人性和宗教这样一个特殊的视角，汤因比把人类的精神追求以及历史上种种宗教和学说的追求，与历史的发展联系在一起。本文认为，这也正是汤因比历史哲学的精华所在。

汤因比文化形态学的另一个积极作用是对西欧中心论的批判。汤因比生活的时代，是“欧洲中心论”极为盛行的时代。那时候，由于东亚还没有从整体上显示出经济起飞的迹象，在世界的理论界，还是“欧洲中心论”的一统天下。“欧洲中心论”有它存在的历史原因。这是由于从欧洲开始的大航海时代开拓了白人向欧洲以外各个大陆移民和扩张的历史；英国的工业革命开辟了人类征服自然和创造物质奇迹的新篇章。在国与国的关系上，近 300 年来，自从 1683 年奥斯曼土耳其退出了角逐之后，在世界舞台上，就是欧洲人，或者是欧洲的延伸，欧洲人和美洲人进行角逐的一统天下。但是，到了 20 世纪 70 年代初，汤因比发现，世界形势发生了变化。由于第二次世界大战以后亚洲、非洲和拉丁美洲民族解放运动的兴起，到 1972 年，世界政治的主旋律不再单纯由西方国家或部分西方化了的国家来争夺欧洲或世界的霸权，而是出现了由苏联、美国、中国和日本所分别代表的不同社会之间的竞争。他还发现，除了一些非西方国家成为国际舞台上的角

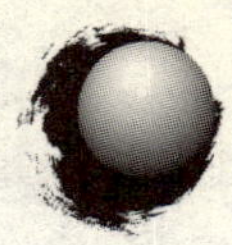



逐者之外，非西方国家还以与西方国家不同的模式，根据自己的意愿来进行竞争。[①] 应该说，汤因比的这种认识，来自于他对当时国际形势的观察。他看到，西方的资本主义和殖民主义的黄金时代已经成为了历史，非西方国家正以不同于西方的姿态登上世界的政治舞台。然而，对于非西方国家怎样去分析？显然不能用研究西方的方法，或者说用纯经济的方法去分析。汤因比认为，这几个非西方国家的重新崛起，实际上预示着文明之间的冲突重新进入了国际政治的舞台。他认为，这种现象是由于西方的历史插曲而使世界历史被间断了三百年的一种常态，从 20 世纪 70 年代所开始的世界格局的变化只不过重新恢复了这种常态。因此，他认为，对历史上文明之间的接触进行研究，一方面会有助于对当时国际形势的认识；另一方面，也有利于消除冷战时期的国与国之间的尖锐对立。他主张，应该消除不同文明和国家之间的仇恨，加强人类的团结和世界的和谐。为此，历史学家就要行动起来，就应该建立一种新的观察视角和树立一种宽广的胸怀，在存在着不同的宗教、文明、阶级和种族的世界环境中，人类应该学会理解，甚至是欣赏彼此不同的文明，把世界上不同的文明当成人类的共同遗产来珍惜和爱护。在这个意义上，他是开先河者，他比亨廷顿更早地看出了文明问题所具有的时代意义，并提出了正确处理文明之间关系的问题。

针对全球化的趋势，汤因比提出了多元多线的文明发展观，认为世界所有的文明都是平行和平等的，这好比是由多人举行的攀爬山崖的比赛，究竟谁胜谁负，还不确定。他还举古希腊和古罗马都曾经征服了周边的世界，而最后自己却被那些被征服文明的宗教所征服的历史为例，说明将来并不是完全没有这种可能，即西方人被非西方人的某些文化所征服。[②] 他认为，历史上任何一种文明都不曾完全统治世界，未来的世界也绝不会被某一种文明所独霸。他说："这个未来世界既不是西方人的，也不是非西方人的，而是所有那些文化的产儿，我们西方人已经在严酷的考验中把这些文化融合在一起。只要我们正视这些，就会看到这是明显的真理。"他还说：我们的子孙像我们一样，也不愿仅仅成为西方人，他们要成为孔子、老子、苏格拉底、柏拉图、释迦牟尼、穆罕默德以及世界上所有伟人的后裔。[③] 总之，汤因比认为应该具有一个全人类宽广胸怀，只有具有了这样的胸怀，才能够研究好世界文明的历史，只有具有这样的胸怀，才能够处理好不同文明之间的关系。我们看到，在当今全球化的形势下，汤因比提出的这些思想显得尤其重要。

---

① 参见阿诺德·汤因比《历史研究》，第 351 页。

② 参见汤因比《文明经受着考验》，第 292 页。

③ 参见汤因比《文明经受着考验》，第 78～79 页。

# 社会科学研究的道德审查

王 昺

## 一、社会科学研究中的道德行为

社会科学研究的道德问题的提起是在第二次世界大战后的事，在过去几十年中其重要性与日俱增，目前已成为世界各国关注的问题。在社会科学研究中，科研工作者常常需要和人打交道，以人为受试者或使用能影响别人利害的信息，有意无意地对人造成伤害，引起纠纷，这就涉及到科学研究的道德问题。律师、医生、教育学家、社会学家、心理学家等都应具备应有的德行。为了确保社会科学研究沿着道德的轨道进行，西方国家为科研机构和科研人员制定了道德行为的法规。社会科学研究如果以人为对象就必须先进行道德审查，以便防止损害受试者的权益。本文旨在论述发达国家在科研方面法制建设的发展历程和现状，以促进我国健全和发展科研方面的法制建设。

据 2002 年 5 月 16 日《南方都市报》报道，哈佛大学校长在北大讲演时向中国安徽的数万农民表示道歉，原因是哈佛大学公共卫生学院和安徽医科大学在 1995 年合作进行的一项人体研究违反了这些农民受试者的利益。大别山区岳西县数以万计的农民参加了“体检”，并先后两次或多次被抽了血样，但他们根本不知道自己的血样被送到哪里以及派了何种用途。令人不解的是，这样损害中国人利益的“研究”，居然是和中国的大学合作搞的，而且最初发现问题的是美国一方。美国联邦政府在 1999 年开始调查并在 2002 年初发表报告指出，哈佛在安徽农村进行的 15 项人体研究存在严重的

道德问题和违规行为。一是研究前未告知受试者参加此项测试的危险性和可能出现的不舒适症状；二是所签订的合同的语言是中国农民不能理解的专业语言。这些都违反了科研中受试者的知情权以及无伤害、目的公开等科研道德准则。这一事件表明，我国在科研道德审查等方面建立、健全自己的法制是十分必要的。实际上，在社会科学研究中，有意或无意地违反科研道德准则的现象屡屡发生，应引起我们的密切注意。近年来我国的媒体也不断暴露了因科学研究引起的纠纷。这些纠纷难以解决的主要原因是缺乏相关的规章制度。所以，国外科研道德管理经验的借鉴对我们发展科学研究具有极大的实际意义。在我国加入 WTO 之后，在科研道德审查方面和国际接轨，是我们面临的一个新课题。

几十年以来，在涉及到人的科研中的道德原则发生了根本的变化。在过去，社会普遍关心的是科研成果对社会的巨大价值。对这种价值的重视超越了对受试者的关心，因此科研人员对他们的研究给受试者造成的麻烦不敏感，不考虑，甚至不闻不问。早期的自然科学和社会科学研究漠视在知识的创造和应用中固有的道德问题。直到德国纳粹集中营里的活人实验被公之于世、原子能的使用引起争议、对受试者身心摧残的行为被暴露，人们才对科研人员的独立性提出疑问。1945 年纽伦堡军事法庭审判所依据的纽伦堡法典成了最早公布的指导以人为受试者的实验研究的整套原则。有人对科研工作者和受试者之间的权力对比进行了分析，受试者的势力不仅在社会上，而且在科研环境下都比科研人员弱小。比如很多心理学研究都是大学教授对大学低年级学生进行的。在过去，西方社会科学研究的受试者常常是弱势群体，如贫民院的孤儿、监狱的囚犯、医院的病人、军队的士兵及学校的少年儿童。他们本人往往不知道自己在参加试验，也没同意过参加试验。但是在那些年代里，在全世界范围内许多对有潜在毒性的药物所做的试验都是用在押犯人、现役士兵或社会下层市民进行的。此外，与人相关的科学研究都有可能违反道德行为准则而不为人们所知，有些科研的过程可能引起争议。

在有些问题上，道德或不道德的问题是很明显的。如果一项研究需要对幼小儿童进行折磨的话，显然是不道德的。如果采访了一个人的性生活问题，又在当地报纸上发表出来，也显然是不道德的。但是科研的道德问题往往不那么显而易见。因此，保证科学研究沿着道德的轨道进行，不但要提高科研人员的道德意识，而且要建立必要的道德准则和审查制度。外国的科研道德审查制度是在社会实践中渐渐完善起来的，首先是随着道德行为观念的转变不断完善的。

过去的几十年中，西方社会的道德观念发生很大变化。美国的水门事件导致尼克松辞去总统职务就是因为社会道德观念的转变。到水门事件时，竞选中的窃听行为已普遍被视为不道德行为。在过去几十年中，有关保护妇女儿童权利方面也迅速地发生了变化。学校工作人员过去曾具有相当于父母或监护人身份的权利，可以责打行为不轨的学生，或可以使用类似于家长常用的惩罚方式，比如把不听话的学生关在黑屋里，而现在不行了。父母责打子女，丈夫责打妻子，男人打女人，在美国和加拿大都属于新的犯罪行为。“丈夫强奸罪”罪名的设立也反映了道德与法的变化。今天，美国法官可以在信奉信仰疗法①的家庭的孩子面临生命危险时强迫父母把孩子送到医院接受治疗。儿童可以抵制家长的意愿而选择公立学校。

随着道德观念的变化，科研中损害受试者的行为也越来越受到谴责。为了用法制保护受试者的利益，科研道德审查制度发展起来。世界上对科学研究进行道德审查的做法可以追溯到20世纪70年代初，当时美国的卫生教育和福利部(HEW)部长约瑟夫·加利法诺(Joseph Califano)发出禁令，暂缓对6岁以下幼儿的科学研究，并颁布了HEW基金支持的科研必须遵守的新道德标准。他发布暂禁令的理由是：参加科研应出于自愿，而低龄儿童不可能明白什么叫参加试验，因而也做不到自愿参加。在此之前，对18岁以下少年儿童的研究只要得到父母同意即可进行。美国卫生教育和福利部在1971年出台的道德标准是有关科研道德行为的最早的规章，也是在西方实行科研道德审查制度的开始。

随着道德行为看法的变迁，随着试管婴儿、克隆技术的出现，以往被视作神圣的科学研究行为越来越受到关注，社会对新的道德原则达成共识，不断完善科研管理制度以确保科研不违反道德原则。

## 二、科研道德的基本原则

“己所不欲，勿施于人”是科学研究中道德行为的基础。科研道德可以归纳成五个普遍适用的原则：

(1)不强迫或自愿原则

---

① 信仰疗法是一种宗教行为，信奉者不信医学和医院，而相信通过祈祷来治病救人。

(2)无伤害原则

科研不应该给受试者造成伤害,最普通的例子是公布出来的调查情况会使被调查人难堪或影响他们的家庭关系、友谊、职业、晋升等等。不同的科研方法可能造成的伤害有程度的不同。实验方法需要对受试者进行控制,因此造成损害的可能性要大于观察法和问卷调查法。有头脑的科研人员能够在遵守原则的同时完成重要的科研工作。

(3)匿名和保密原则

保护受试者权益最简单的办法就是不透露他们的身份,在问卷调查中尤其重要。匿名方法可以增加回答的准确性和真实性;有时不采取匿名办法,被调查人就不愿说实话。保密原则指科研人员知道受试者的身份但是保证不透露他们的身份。保密有多种技巧。比如对主持访谈的科研人员进行道德责任的培训,收到调查表后立即把姓名和地址涂掉,代之以代号、密码。

(4)身份、目的公开原则

一般情况下,研究人员坦诚地申明自己的身份和研究目的是必要的,对研究工作的进展也有好处。即使有些科研项目的性质本身要求研究人员必须隐瞒自己的身份和目的,这样做所涉及的道德问题也必须慎重地考虑。欺骗是不道德行为。

(5)诚信原则

科研工作者不仅对受试者要承担一定义务,对科学界同行也应承担一定责任,不弄虚作假。首先,任何科研工作都存在一些技术上的不足之处,科研工作者的责任是向读者和同行承认不足之处,不应避而不谈。其次,在分析资料得出结论时,不一定所有证据都支持所得的结论,往往会有不支持所得结论的发现。这些反面发现应在科研报告中指出来,以供读者考虑和参考。再者,有的人故意把自己的发现描写成事先周密安排和设计的结果;把妙手偶得写成严格的假设和推理的结果是不诚实行为。正直的科研工作者应公开承认在某一具体问题的探索过程中所遇到的问题和陷阱,真正地为科学发展服务。

## 三、建立科研道德管理制度和审查程序

社会科学研究的道德问题至关重要,有时容易引起争议甚至对簿公堂。

为了尽量避免潜在的问题和争议，发达国家专业组织和学会都拟定、出版了本行业的正式道德行为准则。这些准则对什么样的行为可以接受，什么样的行为不可接受都有详细的规定。职业道德准则对本行业内的科学研究有重要的指导意义，可以使科研人员在与人相关的科研中，在设计、实施科研方案的过程中最大限度地避免不道德行为的发生。有些领域的科学研究很容易引起道德争议，比如公众舆论研究和性行为研究，这样的领域制定自己的道德和行为守则十分必要。

美国卫生教育和福利部最初颁布的道德准则中首次使用了两个关键的概念："受试者处于危险状态"和"知情同意书"。受试者如果在实验活动中有暴露于某种伤害中的可能性，假如这个活动超越了满足他的需求所必需的常规方法，他就被认为是"处于危险状态"。在教育科研中，对受试者可能造成的一种特殊危害是影响他们的学习进度。如果学生因为使用"试验"或"革新"教学方法的结果没有学到应学的知识，那么研究人员应对后果负责。第二个概念"知情同意书"指把科研真实情况用受试者能够理解的语言通知受试人并征得受试人签字同意的手续。这两个概念对科研道德管理具有深远的意义。

保证科学研究中的道德行为的有力措施是建立科研道德审查委员会。为了避免在涉及到人的研究中日益增长的道德纠纷和诉讼案件，美国在1974年首先颁布了《国家研究法》(National Research Act)，其他发达国家也先后效仿用立法保障科研参加者和受试者的权益的做法，颁布了类似的法律和规定。《国家研究法》要求各个科研机构和高等院校都要建立科研道德审查委员会。各高等院校必须保证与人相关的科研项目要经过道德审查委员会的审查和批准后方能实施。在审查科研申请时，道德审查委员会常常需要推荐既能达到同样目的而又能减少受试者受伤害的修改方案。对那些明显无伤害的科研方案可以免去审查。这类法规建立起来以后，任何人在进行与人相关的研究时都应该熟悉道德准则，不仅要领会基本道德准则，而且要明白本单位的具体审查程序。目前在美国、加拿大大学的研究生教育中都开设了科研道德审查的课程，让学生讨论科研道德问题，了解道德审查程序。

加拿大社会人文研究理事会(Social Science and Humanities Research Council)紧随美国之后制定了指导本国社会科学研究的道德纲要。该纲要对加拿大社会人文科学领域内所进行的与人相关的研究中的一系列重要问题作了详细规定，并要求本国各高校、科研单位建立本单位的道德审查委员会。纲要规定由该理事会资助的所有涉及到人的科研课题在提交该理事会之前必须先得到课题主要负责人所在单位道德审查委员会的批准。理事会要求道德审查委员会建立监督程序，严密注视对儿童、在押人员和社会上的弱势群体所进行的研究、需要隐瞒科研目的的研究和包含潜在伤害成分的研究。

在受试者的个人权利问题上，纲要规定了必须维护的个人及群体权利，其中包括：了解科研的确切性质和目的的权利；了解科研可能造成的伤害和带来的好处的权利；确保个人隐私不受侵犯的权利；少数民族要求如实描述和尊重他们文化和风俗的权利。由于科研人员的文化差异和跨文化知识的限制，对异国、异族、异文化的研究最容易引起争议。纲要规定这样的研究需要不同的道德规范。实地工作的科研人员行为必须被当地人所接受，要符合受试人眼中的角色。不同社会、不同文化中，个人隐私和秘密可能适用到一些意想不到的活动中。个人隐私的概念必须从受试人的文化的角度加以考虑。

按照加拿大社会人文科学理事会的规定，各科研机构和高等院校都建立了自己的科研道德审查委员会。道德审查委员会的职责是制定本单位的科研道德管理政策和具体的审查程序，审查本单位的科研道德申请，进行道德方面的指导，发放科研道德审查合格证书。对那些不符合道德准则的申请指出改进意见，否定那些不能保障受试人权益的申请。大学科研经费的批准以道德审查合格证书为条件。如果经费申请人拿不出道德合格证书，已批准的经费会被撤销。大学的科研服务处负责宣传和指导申请工作。主动提交申请是科研项目主持人的职责。道德审查委员会审查申请材料，再把审查结果通知申请人。如果合格，申请人将得到审查合格证书。

道德审查的过程是：课题负责人首先要学习有关材料。与人相关或以人为受试者的科研都要经过道德审查，一般来说，要先考虑以下几个问题：在这次研究中，用不用问题调查表？是否对人进行访谈？是否对人进行观察？是否要查阅包括人的名字和个人情况的档案记录？是否对人进行录音录像？是否非治疗性医学的（即主要以获得新知识为目的，而不是以治病人为目的）研究？如果对上述任何一个问题的回答是肯定的，道德审查就势在必行，因为任何一种情况都有潜在伤害他人的可能性。然后是写道德审查申请书。项目主持人首先要简要概括：科研项目的目的、文献综述、抽样方法和研究方法。然后简要分析该研究有无伤害他人的可能。这部分要根据道德原则列出对受试人和参加人有潜在伤害的诸方面，比如精神、肉体、名誉的伤害，保密程度，是否和为什么需要隐瞒研究目的等。再逐条说明将采取什么措施防止潜在伤害。最后还要准备一份给受试人的《情况说明》(Letter of Information)和一份《知情同意书》(Informed Consent)的草案样本。《情况说明》将来要发给受试人看，所使用的语言必须从受试人的文化水平出发，目的是让受试人充分了解研究的目的、性质、过程、方法等。《知情同意书》需要受试人或受试人的监护人签字。道德审查申请常常需要反复修改，直到符合标准。拿到合格证书才能领取科研经费，才能开始进行研究；否则，出现法律责任，后果由研究者自负。另外，大学文科各系都开设有关科研道德的课程，备有科研道德审查的宣传材料，这些对提高科研道德意识、普及科研道德知识也起到了极为重要的作用。

以上这些措施虽然不能完全杜绝科研中的不道德行为，但是可以在很大程度上保护受试者不受伤害。我国目前还没有出台科研道德方面的政策、法律和法规，也没有基层道德审查委员会，一旦出现科研中的不道德行为或道德争议，问题就难以解决。没有这些制度，必然影响科研道德意识的普及和提高。正当我国站在WTO门槛上和世界接轨的时候，正当我们准备振兴哲学和社会科学的时候，借鉴外国的科研道德审查制度是很必要的。

# 建议研究跨民族的社会史*

[德]阿尔伯特·维尔茨　著
景德祥　译

我们知道,通向幸福的道路,要经过某些荒野,而且是充满了歧途。所以,许多文化有着一个大同小异的比喻,说英雄们在出征的前夜,都要到野林子里去走一趟。在这荆棘丛生的野林里,他们常常会迷路,有时不知进退。但同时,英雄们在与世隔绝的处境中,找到了自我,得到了知识。除此以外,他们又从与自然、野兽、幽灵、鬼神与神巫的斗争中为出征汲取了力量。谁经得起这一考验,谁就能胜利地返回到城里的同伙那里去,他就会为所有的挑战做好准备。据漫游西非撒哈拉地区的说书者,同时又是传统的保护者(griots)的传说,马里国家的缔造者,生活在13世纪的作为水牛与狮子之子的桑加塔(Sundjiata)就是这样的先例。[①]

许多人完全相信这一来自思想王国的、将空间定义为远离统治社会的反结构,定义为变幻莫测、危险、考验与力量的规定。生活在喀麦隆林地里的贝提人(Beti)以及其他非洲社会曾把这一说法当作能把男孩磨炼成在村子里有发言权、能为自己与他人负责的成年仪式的模式。[②] 不过,据美国新

---

* 原文载德国《历史与社会》(*Geschichte und Gesellschaft*)总27期,2001年。作者阿尔伯特·维尔茨(Albert Wirz)是德国柏林洪堡大学历史研究所教授。

① 参见D. T. 尼恩《桑加塔》,莱比锡1987年版;Y. T. 西瑟和W·卡米索科《马里的特别举措:帝国奠立之源》,巴黎1988年版(D. T. Niane, *Soundjiata*, Leipzig 1987, und Y. T. Cisséu. W. Kamissoko, *La grande geste du Mali. Des origines àla fondation de l'empire*, Paris 1988)。

② 参见P·拉比尔特—托拉《马里的秘密会社与入会仪式:贝提宗教分析》,巴黎1985年版(P. Laburthe-Tolra, *Initiations et sociétésecrètes au Cameroun. Essai sur la religion beti. Les mystères de la nuit*, Paris 1985)。

闻界报道，威廉·杰斐逊·克林顿在他的首次就职仪式前，也到树林里转了一圈。

我们没有听说德国总理施罗德这方面的消息。但是报刊曾报道过，他在就职以前如何在一个摄影师的镜头前手持一支雪茄烟装腔作势，扮演了一场总是有人观看的皇帝新装的戏。但他选择的不是一件工人的蓝色工作服，而是一件开司米大衣与其他精制衣料。他的表演使得选举他与他的党的人目瞪口呆，啼笑皆非。因为他们对电视新闻、电视谈心会以及肥皂剧看多了，对图像的理解已经训练有素。他们开始预料到未来的不幸。

现在，人们也能看到历史学家在变幻莫测的森林里换试衣装。因为出乎意料的事件发生后，即一场和平革命将东欧拉回了欧洲历史以后，一切都与以前不一样了。过去的结论无效了。用恩斯特·杨德尔(Ernst Jandl)的俏皮话来说，“左”与“右”交换了位置。惶惶不安的心情在蔓延开来。因为，一切(如国家、经济、年轻人与老年人之间的抚养合同)都在震荡之中；在前所未有的富裕社会中，新的贫困开始扩散开来。而正当欧洲西部继续融合的时候，在其边缘地区，民族斗争却以几乎不能相信的尖锐程度爆发出来。不过，大帝国的瓦解会引起民族战争，这不是第一次。我们只要联想起南非与非洲脱离殖民统治的过程，就会了解这一点。[①] 在某种程度上，它们是目前南欧民族矛盾的先例。

跨民族的社会史规划，是回答这些新挑战的一个尝试。这一项目将具有市场经济、民主、法治国家的公民社会在欧洲形成的条件的问题放到中心位置，而将研究的领域，跟随着政治的运动方向，向东欧扩展。它的目标是一部突出相互关系的、努力采用跨民族的眼光进行研究的比较史。项目的创始人说有必要扩大历史思维的视野。

这是一个远大的目标。毫无疑问，我们能够通过这一研究方法获得新的知识。因为至今德国历史研究的中心问题，主要是德国历史是否有一条独特道路。在研究这一问题的时候，人们虽然把西方成功的民主国家作为参照物，但具体的研究基本上还是注目于德国社会内部的发展情况。恰恰是继承埃克哈特·克尔(Eckhart Kehr)传统的比勒费尔德学派的代表人物，一直在强调着研究内政的重要性。那么，把眼光放到中、东、南欧，应该是有益的。

---

① 参见 A·维尔茨《非洲的战争——殖民统治结束后尼日利亚、苏丹、乍得、刚果的冲突》(A. Wirz, *Krieg in Afrika: Die nachkolonialen Konflikte in Nigeria, Sudan, Tschad und Kongo*)，维斯巴登 1982 年版。

就我看来，特别值得研究的是关于东西方相互影响的问题。集中研究交流史能最有效地克服至今以来对民族国家的片面注视。这种片面注视对以民族国家为中心的思维起到了合法化与永恒化的作用。其他的政治组织形式完全没有被考虑过。如果历史科学要为解决未来的迫切任务做出贡献的话，这样做恰恰是有必要的。因为随着全球化进程的加深，不同集团、社会、文化之间的翻译、学习过程会获得新的意义。社会越是多元化，相互交流越重要，跨文化的交流能力就越重要。我们不想怀疑民族史研究的成就，但我们可以说，它对这些复杂的进程还不够重视。

但是，尽管以上简述的交流史方法很具有创新性；我们又遗憾地看到：其研究的眼光（又一次地）局限于欧洲。似乎欧洲及其特点、成就与过失通过其本身就能得到解释。当然，是要求做到与其他文明的"点滴性"比较。用这种研究方法，有着给其他化（othering）开门户的危险。这里至少有着一个倾向在冒头，就是把欧洲以外的国家开头就看成是与欧洲有区别的，即只把它们当成"文明"这一塑造物的一部分（与被束缚者），而不是让它们作为自我负责的、具有多层次利益的、只是有限地考虑到（不管是如何定义的）文明的界限的行动者进入我们的视野。这样我们离开将差异实质化、实体化就不远了。我们在研究其他文化的人们及其历史的过程中，又回到了我们殖民主义与帝国主义时期的位置。而且更严重的是：在欧洲内部框架下（正确地）强调的关系方面的研究，就明显地完全忽视了。

另外还值得重新考虑的是公民社会与民族国家以及民族的关系。文化上同一的民族国家虽然已经是资产阶级统治特有的政治形式，但两者之间的关系不是不在所有地方，尤其不是从开始时就像历史发展的结局那样的密切吗？不管怎样，反正在我研究殖民史与非洲史的时候，经常遇到了一些与其民族国家主流不同的人们。他们把政治行动的框架定义或宽或窄些。尤其应该指出的是，我经常遇到了不让其生活规划约束在民族界线里的人们。

这里我只是提及莱茵多夫（C. C. Reindorf）以及国际红十字会的缔造者。他们虽然把自己看成是自己国家的公民与爱国者，但是他们却胸怀世界，一开始就活动在世界各地。莱茵多夫是第一部由本地人写的黄金海岸历史的作者。他是巴色尔传教会在克里斯提安伯格的一位教士；他是一位与当地有名家庭联姻的丹麦士兵的后代。[①] 国际红十字会的缔造者中的一些人是日内瓦的市民，他们既把他们的城市也把瑞士看成是他们的故乡，但是作为开明的欧洲资产阶级的成员，他们把全世界都当作他们的活动舞台。杜农(H. Dunant)是一位带有人道主义精神的慈善家，他在阿尔及利亚当过殖民企业家。而莫尼尔(G. Moynier)在他担任国际红十字会主席的同时，还充当了比利时国王利奥波特二世在刚果盆地殖民扩张的宣传者。他们把自己的资产阶级的价值观当作世界的标准，在殖民主义与进步之间划了等号。他们在内部与外部(即日内瓦与殖民地)的工作有着密切的联系。这也表现在，莫尼尔在任国际红十字会主席时，运用了他在城市福利组织工作时所获得的经验。[②]

有关活动在跨民族地区的公民的例子举不胜举。恰恰因为我们选择公民社会为研究对象，我们就必须向以疆域作定义的民族国家作为唯一的研究对象告别。只有在充分注视到了以前的跨民族性踪迹以后(而这些踪迹肯定要比一直盯住民族国家的研究者所宣称的要多)，我们才能把文化上同一的民族国家本身也看成是一个已经过时的历史塑造物。首先是交流史的社会史，更应该在比较研究时向从疆域上定义的单位告别，因为空间思考与范畴思考一样也在制造或重造界线。对互动关系与进程的重视，会对此起到预防作用。

我的批评的要点不是认识论方面的。我要强调的是：一部欧洲公民社会史对外部角度应该像对内部角度一样重视。近现代的欧洲史不是从出发点上来说就是世界史吗？它的内容就是欧洲在世界上，在欧洲界线以外的其他社会的交涉中的自我实现。当然，这些对外关系不是一直有着同样重要的地位，它们涉及的也不总是同一区域。但是，欧洲向海外的扩张是现代历史中具有深远影响的组成部分。它改变了世界，同时也改变了欧洲。而且，没有殖民主义与帝国主义，就难以设想有欧洲的现代文化。斯图亚特·

---

① 参见P·金津斯编《西非过去的再发现：19世纪的非洲教士与非洲历史：C. C. 莱茵多夫与S·约翰逊》(P. Jenkings[Hg.], *The Recovery of the West African Past: African Pastors and African History in the Nineteenth Century: C. C. Reindorf and Samuel Johnson*)，巴塞尔1998年版。

② 参见A·维尔茨《处于博爱主义与殖民主义矛盾中的瑞士人道主义运动：莫尼尔，非洲与国际红十字会》，载《横渡》杂志(A. Wirz, Die humanitäre Schweiz im Spannungsfeld zwischen Philanthropie und Kolonialismus: Moynier, Afrika und das IKRK), in: *Traverse*)1998年第5期第2册。

霍尔(Stuart Hall)曾把殖民主义称为西方资本主义的“外在的核心部分”。[①]

德国也不例外，尽管德国占有的殖民地不多，而且占有时间不长。但是，我们不能从德国加入殖民列强的时间晚，又在一战中较早地“失去”了殖民地的事实，得出殖民主义对德国历史没有意义的结论。殖民地与殖民主义(与殖民思想)不是同一件事情。就此，我们不妨读一读黑格尔《历史哲学讲义》中有关非洲的论述，然后再读一读当年的学生课本以及在日报与周报上刊登的游记。[②] 更不用提联邦议员在没有电视摄影机注视时没有拘束地发表的对非洲的观点。那么我们很快就会发现，当年的图像的影响是多么的深刻。

这样欧洲的海外扩张就会不可阻挡地进入我们的视线。而重要的是，开创新的观察角度。几年以前，殖民史研究的中心问题是：欧洲向外出口了什么？这种提问仍然有其合理性，尽管它有着欧洲中心论的痕迹。但渐渐地，在来自原殖民地国家的言论的影响下，交流史方面的研究，即关于殖民者与被殖民者之间的互动关系的问题，获得了重视。巴兰地尔(G. Balandier)早就指出，殖民地已经产生了独自的社会。传统的与进口的文化，在居民区、矿山、商业殖民地，形成了各有特色的新文化。[③] 在后殖民主义研究的影响下，研究工作还更重视了文化方面研究。人们更进一步问，殖民经历对欧洲有什么影响。

关于殖民地对宗主国的反作用的问题并不是新问题。马克思主义者与依附论者早就曾试图叙述过，资本主义与殖民剥削是如何的密不可分，甚至声称，北半球的富有是建立在南半球的贫困的基础上的。列宁、罗森堡、弗兰克(A. G. Frank)、沃尔夫(E. R. Wolf)、沃勒斯坦(I. Wallerstein)的著作都

---

① 参见S·霍尔《什么时候算是“殖民主义以后”？——关于界线的思考》，收入I·张伯斯与库尔提合编《殖民主义以后的问题：共同的天空，不同的地平线》(S. Hall, When was“the Post-Colonial”? Thinking at the Limit, in: I. Chamber und L. Curti[Hg.], *The Post-Colonial Question, Common Skies, Divided Horizons*)，伦敦1996年版，第242～260页。

② 参见G. W. F. 黑格尔《历史哲学讲义》(G. W. F. Hegel, *Vorlesungen zur Philosohphie der Geschichte*)，斯图加特1971年版，第152～163页。

③ 参见G·巴兰地尔《殖民地状况——理论上的思考》，收入R·冯阿尔伯提尼编《现代殖民史》(G. Balandier, Die koloniale Situation: ein theoretischer Ansatz, in: R. von Albertini[Hg.], *Moderne Kolonialgeschichte*)，科隆1970年版，第105～124页。

有这些思想，都作出了各有其重点的准备。[①]

被运往美洲的非洲奴隶

一个重要的讨论专题是关于跨大西洋的奴隶贸易与种植场经济对工业革命的意义问题。来自加勒比地区的历史学家威廉姆斯(E. E. Williams)曾认为，奴隶贸易为工业革命积累了资本。[②] 尽管这一观点的具体论点没有得到证实。但无可非议的是，跨大西洋的奴隶贸易与种植场经济对北大西洋区域的经济发展，从造船、贷款业、劳动组织到工人的食粮，都起到了推动作用。而且，甘蔗与棉花种植场是便宜的工业大众消费品的首批市场。[③] 特别是有关奴隶贸易的辩论，影响了18世纪末19世纪初资产阶级关于自由的讨论。这一点，戴维斯(D. B. Davis)多年前就郑重指出过。[④] 而这一讨论也深

① 参见 A. G. 弗兰克《拉丁美洲的资本主义与低度发展》(A. G. Frank, *Kapitalismus und Unterentwicklung in Lateinamerika*)，法兰克福 1968 年；弗兰克：《依赖性积累与低度发展》(*Abhängige Akkumulation und Unterentwicklung*)，法兰克福 1980 年版；I·沃勒斯坦《现代世界体系》(I. Wallerstein, *The Modern World-System*)，纽约 1974/80/88 年版；E. R. 沃尔夫《欧洲与没有历史的人们》(E. R. Wolf, *Europe and the People Without History*)，伯克利 1982 年版。

② 参见 E. E. 威廉姆斯《资本主义与奴隶制度》(E. E. Williams, *Capitalism and Slavery*)，纽约 1966 年版，第 52 页。

③ 参见R·布拉克伯恩《从巴洛克到现代新世界奴隶制度的形成(1492～1800)》(R. Blackbourn, *The Making of New World Slavery From the Baroque th the Modern* 1492-1800)，伦敦 1997 年版，第 12 章。

④ 参见 D. B. 戴维斯《西方文化中的奴隶制度问题》(D. B. Davis, *The Problem of Slavery in Western Culture*)，埃萨卡 1969 年版；戴维斯《奴隶制与人类的进步》(*Slavery and Human Progess*)，纽约 1984 年版。

深影响了德国舆论,尽管当时没有一个德国国家拥有殖民地。但是,在法国革命的影响下,人权与公民权的问题已经获得了没有任何一个受过启蒙教育的当代人可以忽视的迫切意义。奴隶贸易则为这一讨论提供了背景与理由。[①]

德国历史与殖民史的另一直接交叉点是(向外)移民问题。欧洲人大批地移民到海外,用他们的知识与能力建立了新的集体,参加了对本土社会的冲击、镇压与消灭活动。这个问题已经有了透彻的研究。但几乎没有研究过的,是许多返回欧洲的人对家乡发展的影响的问题。关于大众性外迁对他们的家乡的经济、政治与文化有什么影响,也有待继续研讨。兰德斯(D. S. Landes)在他的对贫困与财富的条件的全球性宏观研究中又强调过,出走的可能性对于欧洲与北大西洋区域的人的社会地位的提高是如何的重要。[②] 大众性外迁无疑是这一种出走的可能性。前面已经提到,最近几年来殖民史学家过多地研究了文化方面的问题以及代表的问题。其中,在开罗长大、现在在美国任教的文学研究家赛义德(E. W. Said)提出的东方主义论点有着深刻的影响。[③] 他阐明了,欧洲的学者是如何在东方创造了他们的另一自我,以后帝国主义是如何深深渗透了19世纪的英国文学。那么,这里也是对另外世界的,也可以说是一个野蛮世界的塑造,是自我图像的对立图像,是形成新的以个人、私人财产、运动、不断的扩张与没有止境的进步为标准的自我理解的背景。

在这些创造性研究工作的启发下,大批的研究者开始仔细地研究殖民思想的核心范畴,如"传统"、"当地人"、"传统法"核心范畴。在研究的第一阶段,首先着重研究的是欧洲人是如何发明传统的,研究把当地人再次当作

---

① 参见S·桑托普《殖民幻想:征服,家庭与民族在殖民时期以前的德国》(S. Zantop, *Colonial Fantasies: Conquest, Family, and Nation in Precolonial Germany*),伦敦1997年版。

② 参见D. S. 兰德斯《民族的财富与贫困:为什么有的人这么富裕,而有的人这么贫穷》(D. S. Landes, *The Wealth and Poverty of Nations: Why Some Are So Rich and Some So Poor*),伦敦1998年版,第3章。

③ 参见E. W. 赛义德《东方主义》(E. W. Said, *Orientalism*),伦敦1978年版;赛义德《文化与帝国主义》(*Culture and Imperialism*),伦敦1993年版。

被动容忍者。[①] 现在也加强了殖民者与被殖民者之间的关系的研究。因为，很明显，所有这些范畴都是殖民者与当地人之间复杂交涉过程的产物。所以，这里翻译与吸收的问题也被突出出来。[②]

斯托勒(A. L. Stoler)更进一步认为，殖民地是一个现代实验室，是核心性同一性如种族、民族、性别产生的地方。[③] 安德森(B. Anderson)则把民族主义描写为民族接触地带的现象。[④] 汉娜·阿伦特(Hannah Arendt)早就明确指出，殖民地是纳粹分子种族灭绝政策的实习场所。但殖民思想中的"另外化"与欧洲现代的时间与历史理解之间的关联，还没有得到足够的重视。欧洲现代的时间与历史理解是以直线发展思想为基础的。这一直线发展是任何人都无法逃避的(否则他就要没落与死亡)。在这一历史理解模式中，过去就成为了现实的前页——当然是一个内含着前途，但又必须度过与克服的前页。只有在书籍、纪念碑、纪念日与博物馆里，过去才能继续存在下去。另外，它还在陌生的文化中继续存在着。殖民扩张时代的人们就是这样想的。

在我研究热带雨林的历史的时候，我认识到，欧洲人军事上征服了、经济上剥削了、政治上改变了海外世界，而且赋予它一个记忆或者回忆地的角色。生活在雨林中的人们，被非洲殖民瓜分时代的殖民者看成是一种活化石，是在欧洲早已消失的时代的证人。[⑤] 席勒早在好几代以前就找到了一个

---

① 参见T·兰杰《殖民非洲传统的发明》(T. Ranger, The Invention of Traditon in Colonial Africa)，收入他与霍布斯鲍姆合编《传统的发明》(T. Ranger u. E. Hobsbawm[Hg.], *The Invention of Tradition*)，剑桥1983年版，第211～263页；兰杰：《再论传统的发明：殖民非洲一例》(*The Invention of Tradition Revisited: The Case of Colonial Africa*)，载兰杰与O·佛格汉合编《二十世纪非洲的合法观念与国家》(Ranger u. O. Vanghan[Hg.], *Ligitimiacy and the State in Twentieth-Century Afrika*)，伦敦1993年版，第62～111页。

② 琼与约翰·克马罗夫关于南非传教会与斯瓦那互动关系的研究具有典范意义，参见《论发现与革命》(Jean und John Comaroff, *On Revelation and Revolution*)，芝加哥1991/1997年版。

③ 参见A. L. 斯托勒与F·库珀《在都市与殖民地之间：再论一个研究日程》(A. L. Stoler and F. Cooper, Between Metropole und Colony: Rethinking a Research Agenda)，收入斯托勒与库珀《帝国的紧张：资产阶级世界里的殖民文化》(*Tensions of Empire: Colonial Cultures in a Bourgeois World*)，伯克利1997年版，第5页。

④ 参见B·安德森《幻想的团体：关于民族主义的起源与扩散》(B. Anderson, *Imagined Communities. Reflections on the Origins and the Spread of Nationalism*)，伦敦1983年版。

⑤ 参见A·维尔茨《内部的与外部的森林：论殖民者的道德生态学》，收入M·福里特讷编《德国的雨林：图像、传奇、政治》(A. Wirz, Innerer undäußerer Wald. Zur moralischen Ökologie der Kolonisierenden, in: M, Filtner[Hg.], *Der deutsche Tropenwald. Bilder, Mythen, Politik*)，法兰克福2000年版，第25等页。

恰当的比喻。他说,海外的社会就像一群孩子围着一个大人一样围绕着欧洲。[①] 他们提供了一种书籍与其他过去代表物所没有的直观形式。恰恰在这一还几乎没有研究过的问题上,我们可以清楚地看到,我们的自我图像是如何紧密地与海外经历联系在一起,而研究那些思想上的互动关系是如何的重要。

但是任何互动关系、翻译与学习都会有误会的存在。想象、迷惑与众多的期望在其中起着重要的作用。这一点或许会使人吃惊,但它是交流史不可分割的一部分。奥滕里特(F. Autherieth)于前世纪末在喀麦隆西南部的经历是这方面典型的例子。他是由巴塞尔传教会派送出去的,是当地的第一批欧洲人。(巴塞尔传教会是一个瑞士的协会;但它的工作人员主要是从德国南部征集的,而它的活动地区是在英国的殖民地,在俄罗斯南部以及在德占喀麦隆。它是跨民族性历史的活例子。)

当地人把奥滕里特当作是能沟通可见世界与不可见世界的巫医。他们既向巫医求得帮助与主意,但也害怕巫医,因为他们能给村里带来灾难。但是,奥滕里特却认为,当地人把他当作一位神仙。因局限于当时的思想范畴,他还认为,他的东道主是因为他的白皮肤而把他当作神仙的。[②] 尽管这误会在工作中很快就被澄清了,但这位传教士仍然相信他是一个非凡的生灵,是一个既相信上帝又理智思考的人,还是一个个体,是进步的保障,与那些所谓迷信的异教徒完全不同。

初期的误会还坚定了他认为非洲社会是不变传统的象征的观点,用一个字概括起来就是与自己社会对立的、有助于他自己的进步信仰发挥的"野蛮社会"。他认为,进步之一就是他极力进行的对当地居民对祖宗的崇拜的打击。但因为巴塞尔传教会在其圣经译文中把基督教的上帝偏偏翻译成当地人的常用词"祖宗的灵魂"(当地人世界观中的幽灵),那么我们可以想象,奥滕里特的努力会有多少成就。事实是,非洲的教士们至今仍然运用着这一传教会的翻译方式,而欧洲的神学家已经认为,当地语言中代表万物起源

---

① 参见 F·席勒《什么是,什么时候学完世界历史?》,收入 B·冯维色尔编《席勒选集》(F. Schiller, Was heiβt und zu welchem Ende studiert man Universalgeschichte? In: *Schillers Werke in Einzelausgaben*, hg. B. von Wiese),法兰克福 1959 年版,诗词与散文册(*Bd. Gedichte und Prosa*),第 414 页。

② 参见 F·奥滕里特《进入喀麦隆的内部高原:亲身旅游经历》(F. Authenrieth, *Ins Inner-Hochland von Kamerun: Eigene Reiseerlebnisse*),巴塞尔 1900 年版。

的神反倒更恰当一些。[①]

有关误会的例子举不胜举。我这里只想在结尾提及另一能表明欧洲的发展是如何受到与其他世界及文化的接触影响的领域。我指的是自然科学的思想。这一思想是与资产阶级的崛起密不可分的。而这一思想认为它普遍有效。如果没有自然科学的认识,欧洲又会是怎样的呢?达尔文主义已经是自然科学的基础,而且对社会科学的意义也越来越大。而达尔文主义的两位缔造者,达尔文与威雷斯,是从热带荒野里获得他们的进化论的关键知识的。而且是在热带雨林里!

这或许是巧合。但它给我文章开头用的比喻提供了另一维度。至少这一点是可以肯定的:一部欧洲史,不注视到近代时期欧洲与其他地区的关系,必然是不完整的。一部新的跨民族的社会史,应该包括跨越欧洲界线的文化交流进程。欧洲在海外的影响或许没有我们有时想象的那样深远;但不可忽视的是,欧洲向海外扩张以及殖民经历的历史也在影响着我们的现实,尽管是间接的、通过许多间接物反射的。

这段历史影响了我们的思想范畴,影响了我们对自我与世界观察的方式。它还决定着我们的对外印象,即其他文化的人关于我们的图像。对于前殖民地的人们来说,殖民主义、帝国主义与欧洲在许多方面都是一回事。尽管我们自己要反对这种观点,但作为历史学家我们应该仔细研究它。对于欧洲历史来说,它无论如何都是一种收获。

---

① 参见 H·巴尔茨《信仰必须生活的地方:关于巴克斯社会与宗教的研究》(H. Balz, *Where the Faith Has to Live: Studies in Bakossi Society and Religion*),柏林 1995 年版,第 2 部分,第 4 章。

## 苏联/俄罗斯史学

# 俄国史学中的新趋势和研究历史的微观方法与宏观方法的相互关系问题

[俄]洛·彼·列宾娜 著
陈启能 译

当代俄国历史研究的有代表性的趋势之一是:寻找新的题目、新的问题、新的方法。在1990年代,沿着这个趋势,在俄国一系列大学、科学院研究所里出现了不少新的研究中心。它们集中研究过去很少研究的领域:日常生活史和私人生活史、表象史、个人史等等。同时又展开了历史学方法论问题和认识论问题的热烈讨论,而且讨论得最激烈的是关于微观分析与宏观分析的相互关系以及研究历史的相应方法的相互关系这个关键问题。

本文将综合考察关于这些问题的大量的最新出版物:既有纲领性的和理论性的论文,又有具体应用微观分析研究历史上个别事件的成功经验和根据互补原则把微观分析经验与分析宏观过程相结合的尝试。笔者研究了关于历史中规范化的(大量的)和个别的(独一无二的)现象之间的关系的新解释,研究了"突发事件的"方法和"个人的"方法的各种形式的概念系统的状况及其发展,研究了运用情势分析和有意使历史"戏剧化"的完整的研究纲领的前景。

当代职业历史学——更广泛地说——历史文化的更新是在下述基础上发生的:近代欧洲理性主义的危机、摒弃古典的决定论、对客观性的追求和对真理的掌握、摒弃通过普遍规律来看世界的企图。在整个20世纪,世界以前所未有的速度改变着,在这些急剧的变化中科学进步起了巨大的作用。但这些变化也涉及了科学本身的状态,开始把它在社会价值体系中捧上了天,但到世纪末——却对它的奠基性的方针也产生了怀疑。在这种情况下,后现代主义纲领的破坏性活动却清理出了新的理解世界的途径:在所有科学中,首先要分析的不是规律性和经常性,而是对个别性、独一性、偶然性的研究,同时也寻找普遍化的新方法。

在诸多方法论的讨论中,占中心地位的依然是历史综合问题。这个问题可以促使被不同的分析程序弄得支离破碎的历史图景得到整体性的恢复,可以使在实际研究中被分离的系统结构方法、社会文化方法和心理方法重新整合起来。在最近十年,历史学家们围绕着有关历史过程中个别的与集体的、民族的与普遍的作用和相互关系的思考,积极寻找新的综合途径,为在理论上克服在单个的与群体的、独一的和普遍的之间的二分法而作出了重大的努力。在遭受极痛苦的摧残的俄国史学中,这种心智上的寻觅的最初表现之一是朝向文明方法的。这种方法的基础是在人类普遍的共同体内文明多样性的思想,以及经典时期的"年鉴派"原则。这些原则是接近马克思主义史学传统的,而当时的形势却要求激进的革新。

虽然制定新的史学范式以取代过时的范式是极其复杂的和十分矛盾的,但有一点是确定无疑的——那些把重点放在文化概念上的趋向是最有前途的。它导致对任务的新的理解,导致历史研究的对象范围、概念体系和方法论基础的质的变化,而结果是导致职业圈子里整个概念准则的变化和历史学本身形象的变化。在俄国,社会的政治体制、社会结构和精神生活方面的真正结构性的进展给这个过程带来了意义不一的后果,并使它变了形。

在1980年代下半期和1990年代初发生的社会—政治危机的条件下,职业历史学家团体和社会之间传统的相互关系机制被破坏了,学术活动的习惯标准已失去了威信。为了保持学科本身的认同,需要把智力上的潜力发动起来。这也反映在科学知识的结构和语言的变化上及科学知识转换方式的变化上。同时,一套最简单的职业准则被谨慎地保存了下来。这些准则被历史学家看作是职业性的知识类型与业余爱好的知识类型的界线:对史料的依靠、对历史事实的精心安排、因果关系的确立等等。与此同时,在

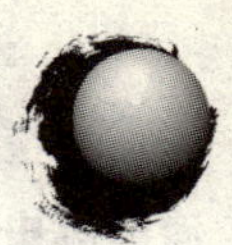

1990 年代的下半期，出现了大量这样的历史著作，它们的作者诉诸的是同一的科学标准，但得出的却是完全对立的研究结果。由此，一些职业历史学家开始不愿接受那些理论—方法论问题。这些情绪，例如，反映在这样的著作中，它们为历史学是经验的科学和事实罗列的科学的论点恢复名誉，并提出“回到希罗多德去”的口号。但是，这些行为遭到了严肃的批评，这些批评是把历史学作为理论知识进行重新论证所需要的。实质上，这是指在社会上和在职业圈里同时形成不是一个，而是若干个历史学的形象。这些形象是建立在对历史知识性质、内容和功能的不同的概念上的。学者已经做出了一些尝试。一方面，他们在确定当代的研究与过去（苏联的）史学传统相互关系的基础上解决自我认同问题。对苏联史学传统必须要克服以便取得学术探索的更多成果。另一方面，他们进行了现存的研究实践与历史学的理想的（标准的）模式的比较。扮演这种角色的既可以是不同流派的“外国史学”，也可以是“我国革命前史学的优秀榜样”，又可以是今天的史学实践正走向的某种“未来的史学样式”。近十年来，在俄国历史学中有两个趋势值得注意。一个是：在发现过去被禁的档案资料的基础上消灭“空白点”，探讨过去不重视的或被禁的题目——这个趋势早在改革初年就已开始出现。根据这种观点，实现了对以前某些时候不能触及的历史真理的重新探讨，补充文献库、扩大科学研究著作和政论作品出版的过程以惊人的速度进行。但是，出版物的丰富并不意味着它们有高的质量，很可能相反，这些出版品就像一锅粥：既有早已过时的论断，又有示威性地与其对立的论点：既有耸人听闻的发现，又有投机。这些投机实质上是社会政治斗争的附庸——是其手段和论据。最后这种情况既说明对绝对真理的觊觎是能不容忍不同的意见的，又说明在题目的阐述上是有偏向的（利用的只是那些对自己观点有利的题材，对其他题材则沉默不语）。但是为了在完全新的基础上建立当代历史研究，只摒弃过去的评价是不够的。消除外加的政治立场绝不是消除学者和政论家的政治偏见：俄国历史上的所有事件、现象、人物还是继续根据唯一的标准进行评估，即它们是怎样促进或者阻碍俄国历史发展的，是怎样促进或阻碍每个研究者个人所希望的那种可选择的道路的实现的。

这里最明显的进步是对马克思主义历史知识范式的脱离和把起码的“健全的思想”上升到方法论高度。这是“改革”年代发生在科学团体约定的界限之外的那些过程的自然的继续。正是在那时，唯一被承认是现实的只是那些在人的知觉里“赞同的”或明显地反映在“普通人”命运里的东西：“转变时代”附带地使人明白日常的、平凡的、“非历史的”东西的重要性和从实际的经验而不是从理论经验来说明事件。在摒弃马克思主义方法论后，多数俄国历史学家把实证主义作为主要的工具。许多历史学家认为，公布的文献可以自己说明自己，因而宁愿“躲在”文本后面，把文本看成是最终真理，并把自己的著作变成史料的评注性的文选。在这里，很多成了看风转舵的了。而且认为，过去主要都是“负面的知识”；过去的史学解说“不是那样的”，甚至“根本不是那样的”。并非偶然，一个由“莫斯科回声”广播电台和《知识就是力量》杂志联合举办，并请有威望的职业历史学家参与的历史性广播节目就叫《不是那样！》。毫无疑问，这个任务的社会意义和学术意义是巨大的，反驳意识形态性的歪曲和职业性的错误的“无止境的工作”是一直要做下去的，几乎没有尽头。但是，这种方法不会使我国史学获得转向新质的机会。

从1990年代中期才变得明显起来的第二种趋势要有希望得多，即寻找新的方法，号召独创的研究法。一些学者和不少科学集体的创造性努力，在与外国主导学派开展有成效的对话和交流的基础上，为俄国史学开辟了新的发展道路。对根本革新方法论的必要性的认识既反映在许多学术会议和新的专门的定期出版物(《奥德修斯》、《突发事件》、《与时代对话》等丛刊)的组织上，又反映在讨论历史认识理论问题的众多著作的出版上——尤其重要的是，反映在采取了措施把新方法引进教学课程和大纲上。“方法论多元化”的方针已导致新方法牢固地巩固了自己在俄国历史学家创作中的地位，并在此基础上开始形成新的学派。

首先，对历史中的人的问题的兴趣极大地增长。这反映在历史人类学的兴起。虽然在我国的历史学中，历史人类学方法有很长的传统[如：Б. А. 罗曼诺夫的《古代罗斯的人与风俗》(最早出版于1947年)，А. Я. 古列维奇的已成为经典的《中世纪文化的概念》、《中世纪民间文化问题》和发表在1970～1990年代的其他著作]，但这个流派的发展基本上是与俄国科学院世界历史研究所的在А. Я. 古列维奇领导下的历史人类学研讨班的活动联在一起的，是与1989年开始出版的《奥德修斯·历史中的人》年刊相关的。在进一步推动新的研究方法方面起了重大作用的是1994年在同一研究所内创建并持续活动的由Ю. Л. 别斯梅尔特内领导的私人生活史研讨班和小组以及1997年开始出版的《突发事件：历史中的个别的和独一的》年刊。这一流派的出现引起了各种不同专业的历史学家的广泛兴趣。对微观分析中关键的理论—方法论问题的创造性的讨论、许多集体研究项目(“家庭圈子里的人”、“情感世界中的人”等等)的完成、这个小组的历史学家(小组后来更名为私人生活和日常生活史研究中心)出版的研究著作把对相关问题的研究提高到了新的水平。

在当代的方法论争论中,历史中的微观方法和宏观方法的相互关系和可能的综合问题占有重要的地位。“历史学家在寻觅:历史的微观方法和宏观方法”——1998年10月在俄国科学院世界历史研究所举行的研讨会的题目就是这样的。这次研讨会的结果对新的研究工作的内容和方法产生了明显的影响。在这里,应该详细地讲一讲始于2000年而至今仍在继续的上述中心的一个集体项目:“20世纪初以前西欧与俄国的社会—文化理想和日常生活:规范的和独特的。”这个项目的主要点是:研究西欧国家和俄国的社会—文化理想与单个的人对这些理想的个人解释之间的冲突和对比在冲突中形成的人的日常生活行为的战略中的普遍的与独特的东西。作者们力图摆脱那种把主要注意力放在群众文化准绳的强制力量的方法上。这种方法不注意在变动的生活环境内个人行为的战略,把个人比作社会机器中的听话的、无力作出自己选择的螺丝钉。与此相反,这个项目运用的方法是不仅对已有的理想的力量,而且对不同社会属性的具体个人在日常生活中对这些理想的积极解释的作用进行平行的分析。项目的作者们对两个方面进行了比较:一方面是对这些理想的规范的解释:另一方面是个别的(甚至是独有的)解释。在比较的同时,作者们对历史上不同阶段的人的日常行为进行了研究,说明个人影响历史进程的可能性,其中包括促使历史产生可供选择的另一种方案。作者们在比较西欧和俄国文化实践的同时,提供了个人的日常选择的不同方案方面的和个人促进历史进程的潜力方面的“发人深思的信息”。

由此可见,一方面,详细地分析了存在于西方和俄国不同时期的社会—文化理想的内容;研究了这些理想在日常生活状况中的作用,包括那些被接受的理想远未全部实现,甚至根本不是全部实现的状况;分析了在支持社会中传统理想的不同类型的威信中的权力结构(政治的、宗教信仰的、意识形态的)和心态的规范的作用。另一方面,考察了这样的情况,即不同社会属性的个人是如何解释在不同生活状况中的这些理想的,如何与传统发生冲突,如何提出新的生活准绳的。

显而易见,保存下来的史料,特别是关于远古的史料,并不包含有关于不同时代、不同社会属性的人们在选择自己的决定时所遵循的动机的直接资料。因此——必须应用各种各样的迂回的分析途径。要研究某个文本作者对自己的见解和行为的公开的或隐蔽的反应;要分析一个人对他的行为的直接的或间接的评估,当这些评估成为他的亲人或者反对者的审视对象的时候；要研究所研究的史料作者（或者史料的主人公）与外人（以及与任何别人）的关系，以便弄清他希望什么，或者相反，害怕什么。还要研究关于生活中最希望什么（“幸福”包含什么）的说法和关于最可怕的和最不希望的是什么（“不幸”）的说法；要比较周围的人关于某个具体的人的褒扬的话，或者相反，谴责的话；要探明那些有教益的著作的作者们褒扬人们，或者相反，谴责人们的原因；要弄清不同等级的统治者对他们的亲信和下属的不同行为的立场，等等。要用类似的方式对“正确地”或“不正确地”执行礼仪或礼节、法律程序或仪式的记载加以运用。在所有这些情况下和许多其他的情况下，分析的出发点应是洛特曼—乌斯宾斯基的俄国符号学派关于生活行为是一种符号体系（通过这个体系可以研究被接受的理想和偏离的行为）的论点。根据这种方法，任何一种人的行为都表现为这个体系的一个因素和这个社会成员的内部世界的一种潜在的反映。用这种方法进行研究，不论是伟大的作品，还是普通的作品，包括未公布的档案文本，都是同等的资料。

2000年，这个研究集体通过探讨在不同社会里和不同社会环境（既包括普遍接受的概念，又包括个人的、偏离的说法）里对幸福和不幸福的感受这个角度来集中研究项目中的问题。重点特别放在弄清楚在幸福和不幸福这些概念没有被文字化的社会里与这些概念相关的概念上。他们根据从古代到20世纪初的西欧与俄国的资料编撰了系列的具体著作，涉及的问题有：不同社会地位的人在不同历史阶段是如何理解“幸福”和“不幸福”的；这些概念在理论层面上的思考程度如何；这些概念所指的明显的或隐含的意义是什么；不同的人们是如何把这些概念与生活中的首选和情感上的偏好相联系的：在有关的范围里，规范性的概念和不同社会群体对它们的个人解释之间的相互关系是怎样的；在西欧与俄国，在解决所有这些问题时，什么是共同的，什么是特殊的。上述相应的研究成果都已收入《突发事件——2001年》发表了，而作者们还在继续研究人的内部世界的特殊性（在不同时代和不同文化中的个人的个性类型、心理结构特点、沟通措施、典范的作用和许多其他特征）。

对这样一个项目的详细考察可以使我们清楚地感到这个项目用以分析社会生活形式和社会群体的基本方法的独创性和启发性，而这种分析方法是通过在相互影响的个人的实践活动中对社会生活形式和社会群体的不断的解释来进行的。看来，正是在个人的生活中，关键的方法论问题——微观分析和宏观分析的相互关系和相容性——被最尖锐地和最明白地提了出来。如果说直到最近，历史人类学还没有注意个人认同、个人利益、目的设定、个人的理性选择和主动精神这些问题的话，那么，归根结底，要回答继承下来的文化传统、习俗、概念是怎样决定在特殊的历史环境中(自然包括事件进程本身及其后果)人们的行为的这个问题,就需要进入分析个人活动的层面。

纳入个人选择机制是建立综合性的解释模式的必要条件。这种模式在考虑社会—文化的因素和文化因素的同时,必须也考虑个人的和偶然的因素,并恢复历史个人的心理—社会的整体性。因此,历史学家的兴趣从“典型的人”或“普通的人”开始转向具体的个人是完全合乎规律的。在这里,通常来说,被看好的是非寻常的个人,或者,较少地是那些能在复杂情况下作出反常的决定的个人。这样的结果是形成了一个新的流派,它有自己特殊的研究任务和程序。这个流派叫“个人史”(лерсональная история)(更确切或可称“个人化史”[лерсоналистическа я история]),或者称新传记史。因为研究的直接对象,与在传统的历史传记中一样,也是一个人从出生到死亡的生活。

但是,各类传记分析的研究任务是不同的。如果说,推动这种“个人”方法的总的因素是众多历史学家对历史主体的非人文化和非个性化的趋向不满的话(这种情况不仅在用社会学方法研究的史学中存在,而且在用人类学方法研究的史学中也有),那么“个人”方法的支持者的正面的战略方向是根本不同的样式。当前,在俄国史学中,在个人史这个总标题下,有两种类型,彼此的对象不同。传记作者的主要研究,或者放在构建心理世界、它的活动,个人的独有的存在的经验(据 Д. М. 沃洛基希娜的说法,“历史中的存在的经验纪实”)上;或者放在社会的和文化的环境上——被描述的生活是根据与这些环境的关系而获得历史意义的。看来,第一种类型的个人研究的方法论更接近文学研究(重点放在独有性,更倾向于个人有意识创作的成品,历史学家完全服从于那些高度密集个人经验的史料,把时代的社会文化氛围作为背景,而事件史则作为充分构建心理传记的骨架)。

我们将较详细地讲一讲第二种类型,确切些说,是它的那些具有十分重要的共同特征的模式。这些共同特征是:与传统的和“存在的”历史传记不同,在这些研究模式中,对个别历史个人的个人生活、内部世界和命运的研究,同时是研究的战略目的,又是认识既包含他们又由他们创造的历史社会的合适的手段。换句话说,这里指的是本文开始时就提出的根本方针:弄清楚社会语境。

广义上的“个人史”可用最为广泛的各种资料作为史料:既包括个人性质的直接述说(书信、日记、回忆、自传),也包括间接的证据,这些证据或记载旁人的观点，或有所谓的客观的信息。自然，对有关古代的传记作品来说，除了涉及少数精英代表的以外，资料方面有很大的限制。对研究人员来说，类似文本的数量太少构成的困难不亚于诠释、理解上的困难。因此，历史学家—传记作者对个人档案中的各种资料和近代的无数文学作品（它们可以极大地提高重构历史个性的机会）特别感兴趣就是完全可以理解的和合理的了。这种研究的重要关键是：准确说明在由某个具体社会确定的众多社会角色的各种可能的生活道路；弄清价值趋向；构建关于生活成就的集体概念。这些成就反映在“典范的传记”或“幸福的命运”的个人化形式中，不过，这些个人化形式又几乎被同等意义地“赋予”著名的历史人物。“个人史”的中心任务之一无疑是揭示人的意识和行为的个人化过程的具体内容。这一过程反映为个人方向的强化和群体方向的削弱。这就决定了要对最广泛的不同性质的现有文本进行解读，并从这些文本所包含的个人间的关系、个人的认同、行为的战略的综合的内容和性质出发。很清楚，传记研究的重点首先是个人的精神——情感生活，与家庭内外的亲人、密友的关系。通常来说，特别注意的是非常的、偏离的行为，这些行为往往越出传统规范和社会承认的选择模式的界线，越出主体为了作出有意识的选择而做出的坚毅的行为的范围。

与此同时，“个人的过去”概念，指个人直接“经历”的一切以及在他的意识中留下某种烙印。这种概念会起一种整合的作用，会对分析程序造成的分解性的后果起到补偿的作用。分解性后果是指把人的活动，以及个性分解为个别的组成部分，并在个人与社会之间造成一种虚幻的对立和在“个人的”和“社会的”之间造成矛盾。而补偿作用体现在：这种概念是现实的一个重要的组织性的因素，经常会改变现实和它自己，并在各种不同的社会关系的交织中存在和活动。这样，研究对象仿佛把历史知识领域里的一切方面都集中在自己的周围。此外，还强调了选择性的存在和历史个人的积极的、创造的作用。这种作用依靠的是他继承下来的前辈们的记载了集体的历史经验的记忆和自己的生活经验。由此，一个人的生活史就变成了真正的传记史，变成了通过个人表现出来的历史。

然而，如果说新传记史在自己的具体历史观察方面的成果是不容置疑的话，那么在综合的层面上，有关个人性和集体性两端的过度的方法论问题却是迫切需要探讨的。使那些把个人传记看成历史认识的有效手段的历史学家感到忧虑的所有方法论问题可以分成两个复杂的症结。其中之一交织了所有与综合化程序有关的一切。首先，还未从议事日程上取消的是一个

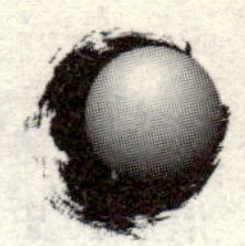



神圣的问题是:从根本上说,根据对个别人的遭遇的具体资料作出的观察是合理的吗?即使关于具体事件的细节的资料是大量的、详尽的,并且外推到集体经验的领域(甚至,更进一步,外推到社会历史语境的总特点)。不言自喻,集体经验在心态规范和行为规范中记载的只是个人的那部分得到社会赞同的生活经验。但是,不能不指出,"被拒绝的"行为模式还是会这样或那样地在集体记忆中保存下来,尽管以"坏榜样"的形式保存下来,而某些决定——会作为供备用的方案保存下来。

第二个问题症结涉及个人作出决定的环境和机制本身。决定的选择受到什么样的限制和制约,又是如何进行的?这种选择的内部动机和论据有哪些?群众性的准则和个人的实际行为之间的相互关系是怎样的?它们之间的分歧是如何被接受的?外部的因素和内部的动力有多强大和牢固?在对比有意的选择的各种具体情况时,不得不取的出发点是:我们是不是了解在相同情况下的不同行为,或者在根本不同的情况下,或者甚至是对立的情况下的不同行为。了解下面一点也同样重要:在某个社会/社团里是否存在一种行为传统,这种传统可以决定对它的自动的遵守;或者存在二至三个平等的(或者,不平等的,但可对比的)以某种形式为群众意识所接受的模式;而且——相应地——其中一种模式的实现(也就是个人接受某个决定)取决于外部条件的这样的组合,即允许选择符合自己意愿的和考虑到周围环境的行为战略。在最后一种情形下,可以说是具有竞争力的行为模式,相对的选择自由。

在行为主体没有榜样可循时,他只能被迫独立地寻找决定、作出行为方式和实现自己的创造性原则。这种创造性原则的社会效益取决于这样的具体条件的存在,这些条件有利于个人的创造性决定在集体经验中"保存下去",也就是说,它们可为社会所接受和掌握。正是在这个复杂的和矛盾的过程中,历史个体"以其社会实践造就了时代——不取决于他对此事实的认识程度——布下了不可避免的变化的种子,表现出自己在与时代关系上的主观性"(M. A. 巴尔格语)。

个人选择的活动和创造性的活动是如何被纳入对集体行为、历史事件和微观过程的分析中去的呢?综合微观研究和宏观研究的关键问题正在这里。把时代和命运简单地堆积起来是不可能解决这个问题的。

在传统变化的漫长过程中,会出现这样的阶段:过去不标准的选择(每一模式在其初始时都是不标准的),由于在经常重复"成功的"决定时进行有意识的模仿或者自动地加以稳固(在类似的"不标准的"状态下的类似的"不标准的"反动),开始成为具体的日常生活的准则的基础,后来——可能还成为新的传统的基础。因而,它经历了从独特的到特殊的,最后到普遍的整个过程。这个过程运行在现存规范和传统的矛盾的"引力场"之中。而它的动力是:各种情势凑合情况的改变和重复以及重复次数的增多;由集体经验证实的"不标准的"个人决定的相同性。

远古的历史学家所掌握的绝大多数史料关于某个决定究竟是如何作出的问题什么也不能提供,它们提供的只是在作出的这个决定的基础上产生的具体结果。类似的不可弥补的空缺使得历史学家只能作出简单化的解释,也就使得下述需要格外强烈:即从含有关于作出一种选择的实际情势和主体本身对这一选择的感受的丰富信息的日记、书信、回忆中去获得这种复杂的多向活动的行为(指选择——译者注)的某种榜样。一个重要的方法是多方面的情势分析。它可在从整体中构建个别的事件(包括作出决定的机制),也就是说,揭示各种条件、动机、行为、感受、领悟和反响的具体的综合的情况,以及人的行为的后果。

每一个重大的历史事件就是成千上万件大的、小的,以及看来完全微不足道的、细碎的事件。这些事件发生在完全不同的层面:在个人生活中,群体生活中,或者在国家机构范围内。正是由于这些事件的规模不同,它们不可能构成一个连贯的链条,但它们可以表现为历史情势的更为复杂的和多支杈的链条。在每个历史情势中永远都有人参与和行动。这些人"带着自己经受的一切、信仰和由生活的多变带来的刺心的疼痛"(谢尔日·莫斯柯维奇语)。在每个特定的时间段的个人的和社会的意识里,可以发现各种思想、道德价值和建立在这些道德价值基础上的生活模式(这些模式是从前辈继承下来的,并/或被个人经验固定化的)的广泛的基质。问题是:如何才能从概念、集体意识,乃至潜意识过渡到对历史事件的分析,这种分析研究的是行动本身而不是其结果?

显而易见,为此需要一种新的整合的历史分析范式。请尝试着想象一下这样的模式:它不仅能够考虑生活—活动的物质条件和精神条件,而且能够考虑融入社会之中并经受其压力的个人活动转变为历史的集体主体的社会行为的过程。个人与社会的相互作用,这种作用在社会语境中的功能,只有通过研究程序的复杂的和多步骤的过程才能揭示,而这种程序的必要因素有如下几点:(1)分析那些对可能的活动方向提供条件和加以限制的寻常的和不寻常的状况(其中包括收集可供选择的行为模式本身和这些模式的相对的社会价值)。(2)个人本人的历史重构——他过去的决定他个人对社会文化传统认识的生活经验。这种社会文化传统是在继承下来的历史经验

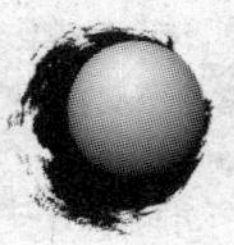



的基础上形成的并继续统治着社会意识。(3)弄清楚他(指该个人——译者注)对这种或那种行为方式、对思维健全程度和实践本能、激动的情绪的心理倾向(也就是当他要对适应或者背离占统治的集体模式或准则作出个人选择时能制约他这样做的一切)。(4)描述他的个人活动,包括活动的动机、接受决定的具体过程和决定的实现。(5)已实现的决定的正面的和负面的后果。(6)从个别的向群体的转变,同时表明众多类似的或可供选择的非标准的个人决定的存在。这些决定经过了生活实践的检验,在新的生活准则中被固定下来,并因而融入群体的和群众性的活动中。(7)对这些活动产生的社会变化进行分析。

历史学家的论断通常是从事件的结果出发的,是从后果到原因的,而不是相反,因而就产生了这个结果的不可避免性、严格的决定论、事先预定的印象。但是,可以通过历史情景的轮转,从植根于个人行为的潜在的可变性(变体)的那个"偶然原因"出发,在思想上向前走。在每一种历史情势中,一种行为会有多种变体的可能存在。这些变体的实现取决于无数的和不同的条件和因素,而这些条件和因素在事件的表面就表现为偶然性。而人在自由选择的情势中的有目的的行为,与其说是由他对过去和现在的社会现实的认识程度(对必然性的意识)决定的,不如说是由对可能的偶然性的理解或本能的预感,由排除不良的干涉的愿望决定的。人应该从一系列可供选择的路线中进行选择——行动(或者没有行动——消极行动)可以把潜在的多种可能变成一种现实。对新条件的适应总是始于行为的改变,这种改变决定了不同于占统治地位的模式的其他模式;然后,出现了与改建个人间关系有关的功能性的变化;最后,完成了形态改建的过程,这种改建与主体本身心态结构的变化和社会制度的变化有关。

由过去的活动形成的社会结构(物质结构和精神结构),在每一种新的情势中表现为事件进展的条件,是个人的自觉的或不自觉的,预见到的或未预见到的,协调的、不协调的或对立的个人行为的条件。这些个人可以是个人,可以是社会主体,可以是团体,也可以是人群。至于整个国家规模的政治事件,那么它们在历史的前台演出,是人的动机、本能、容易的和艰难的决定、意志力量、实现的希望和被欺骗的愿望这座冰山的一角。民族的历史剧在自己的范围里纳入了上百个各自具有情节的行省的和地方的历史剧,并把来自它们的紧张情节推到顶点。

在对历史情势的连续分析中,可以考察事件发展的不同的剧本。这些剧本都指向这样的情况,即假如在给定的条件下,剧本的主人公已被接受,而可能选择的决定也已实现。正是在这个剧本的人物生平中，在他们的生活历史中，编织了这种戏剧性的场面。换言之，这里说的是把个人生平作为历史过程的特殊测度来进行研究的研究目标：正是他的主观的一个人的方面。这个方面可以在依靠个人的偏离和创新来增加继承下来的集体经验的基础上反映活动主体本身的发展。这完全不妨害，相反可以帮助理解系统—结构研究和社会文化研究的意义，帮助理解完整的历史画面中所有三种配景的互补性。

不论是"个人的"方法，还是微观史战略的其他方法，它们的不容争辩的优点在于：它们是在实验的小平台上"工作"的。这个小平台可以最大程度地用于解决当代史学发展向历史学家提出的那些复杂的理论问题。更甚于此，经常会出现必须回答下述关键问题的要求：决定的选择是由什么制约的、限制的、指导的；它的内部动机和论据有哪些；群众性的准则与个人的现实行动的相互关系如何；它们之间的分歧是如何被了解的；外部的因素和内部的动力是如何的强大和坚固——历史学家就这样会从微观分析的舒适的小窠里被强有力地"推出来"，被推到由宏观史学统治的研究空间中去。

微观史学的特点不在它研究对象的规模上（虽然存在这样的一些说法），也不在对细枝末节的详细观察。同一个对象，同样可以成为宏观史学和微观史学的研究对象。问题在别的方面，在于用怎样的视角来看待这个对象，在于观察者的立场，而立场的选择取决于他的理论纲领和所用的展示历史过程的模式。换言之，这个特点在于研究思想的运动方向：它是不是从现在走向过去，并企图用回溯的方式考察现在的形成，也就是我们今天生活在其中的世界的形成；或者是把注意力放在过去本身，把它看作正处在某个形成阶段。在后一种情况下，这个运动是朝向未来的（从过去向现在），而研究者寻找的问题答案是：在历史选择的一连串情势中隐藏着哪些潜在的可能性；在这一过程中为什么实现的正是这些可能性，而不是另一些，又是怎样实现的；个人的主观的概念、思维、能力、意向是如何在自由的空间里活动的，这个空间受到由过去的文化实践创立的客观的集体结构的制约。用第一种方法进行俯瞰，我们可以获得过去的现实在发展轨道上的某种一种量度的投影，因而，只能看到已经完成的历史的唯一的实现形式；用第二种方法——我们力图考察已经消失的过去本身及其"敞开的"、不是命定的未来，这种未来自身携有不同的发展方案（选择性）——但却与潜在的可能性直接对立——这意味着可以看到历史的最大可能的多样性和完整性。

上述"分析视角的转变"极大地加强了认识潜力，深化了研究内容。因

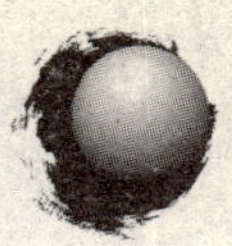

为，过去是把个人对社会团体的从属性看作是某种客观现实，并把主体间的关系看作是先验地确定了的：现在取而代之的是，历史学家要研究这些相互关系本身正是如何产生出共同利益和联盟的，换言之，建立社会团体的。这种“视角转变”在政治史、经济史、心智史中也产生了类似的效应。形成了这样的流派，在其中偶然性、突发事件成了研究的优先考虑的对象。但研究者在这种独一的场合力图看到某种普遍的东西：注意隐蔽的过程和趋势，从而丰富关于过去的已有的概念。历史学家在分析具体的突发事件时要回答的问题有如下这些：过去的人是如何作出自己的选择的；他在这样做的时候有哪些指导性的动机；他的意向是如何实现的，还有——这点特别有趣——这时他表现自己个性的能力有多大，而他的个人“印记”在多大程度上可以留在所发生的过程中。

不言而喻，方法的试用并不是目的本身，它的意义在于帮助研究者接近他所提出的问题的解决。历史学家所遇到的最困难的任务之一是，如何把个人与社会的相互关系、具体的与抽象的相互关系、部分的与整体的相互关系概念化，而又不至于看不到个别性，终究要做到“见木又见林”，即在认识普遍性时不丢弃其组成部分的独有性质——要有柏拉图的辩证法精神。

对上述一切只需要补充一句：正是微观方法与宏观方法的逻辑的“多向性”和互补性使得它们的组合的可能性非常有前途。

# 珠辉散去归平淡

## ——苏联史学输入中国及其现代回响

张广智

## 一、小　引

苏联史学作为第一个社会主义国家的马克思主义史学，在成就与失误交织的双重变奏中，经历了七十多年的发展进程。如今，苏联这个国家虽已解体，但苏联史学作为一份历史遗产，并不随之而消失。对我们来说，系统地梳理苏联史学输入中国及其影响，认真总结经验教训，不仅应为治外国史学史，更应为治中国现代史学史研究者的题中之义。对此，中国学者似乎都没有作过较为系统的研究。从总体上看，对于苏联史学输入中国及其影响的研究，仍是中国现代史学史上的缺页。①

---

① 几种回顾与总结现代中国史学的著作，如桂遵义的《马克思主义史学在中国》(山东人民出版社 1992 年版)，张书学的《中国现代史学思潮研究》(湖南教育出版社 1995 年版)，王学典的《二十世纪后半期中国史学主潮》(山东大学出版社 1996 年版)，肖黎主编的《中国历史学四十年》(书目文献出版社 1989 年版)，周朝民等编著的《中国史学四十年》(广西人民出版社 1989 年版)及新近出版的由罗志田主编的《20 世纪的中国：学术与社会》(史学卷)(山东人民出版社 2001 年版，其中由蒋大椿执笔的《20 世纪中国马克思主义史学》是可以单独成篇的)等书中，均未能就此立题评论，只有偶尔几行间断的文字言及。近年来，有几篇重要的回顾与反思 20 世纪中国史学的文章，如林甘泉的《二十世纪的中国历史学》(《历史研究》1996 年第 2 期)，于沛的《外国史学理论的引入和回响》(《历史研究》1996 年第 3 期)、《没有理论就没有历史科学——20 世纪我国史学理论研究的回顾和思考》(《史学理论研究》2000 年第 3 期)等，对此，林甘泉文未曾涉及，于沛两文有涉及，尤其在《外国史学理论的引入和回响》一文中，列专节陈述，可惜篇幅有限，未能详论。至于与此有关的个案研究，在中国新时期开展的比较重要的工作是对《联共(布)党史简明教程》的批判与再认识，但论者大多是从政治性或党史研究的立场评论，而缺乏史学史或史学理论的视角。

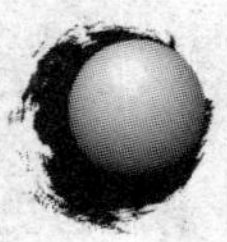



在我们看来，系统地回顾与总结苏联史学输入中国及其在现代中国的回响，无论对于我们深化马克思主义唯物史观的认识，推进我国新时期史学的发展，还是促发中外史学尤其是20世纪中外史学交流史的研究，都是颇具现实意义与学术价值的。有鉴于此，笔者尝试做了这一工作。

拙文分六节。第一节与第六节为引言与小结。第二节概述苏联史学输入中国的情况及其输入的途径。第三节侧重从历史理论的角度探讨苏联史学对我国的影响。第四节与第五节则是通过《苏联共产党（布）历史简明教程》与《世界通史》两例个案，更进一步阐发苏联史学在我国所激起的重大回响。需要说明一点的是，拙文副题所指的“现代回响”，指的是20世纪五六十年代（新中国成立后至“文革”前），为了叙述的需要，文中亦有必要的上溯下延。

对于苏联史学输入中国及其影响的研究，笔者所做的工作也是很初步的，原因既在于资料上的局限，也限于学力之不逮，故难免有挂一漏万和评述失当之处，诚望识者教正。

## 二、路标的转换

1949年中华人民共和国成立，不仅开始了中国历史的新进程，而且也揭开了中国历史学的新篇章，因为它显示出了中国历史学的又一次的重大变革。中国史学50年前的这次路标转换，它标志着发端于20世纪20年代的中国马克思主义史学从“童年时代”向“青年时代”的转变，从前一时期（民国时期）引进西方史学向引进苏联史学的转变，从摄纳西方资产阶级史学理论向学习马克思主义及其唯物史观的转变。这在近百年的中国史学的发展进程中，确可称之为“另一次新的史学革命”。[①]

新中国甫告成立，在中国共产党的号召下，迅即在全国范围内掀起了一股学习马克思主义理论的热潮。在1949年10月创办的《学习》杂志创刊号上，艾思奇撰文:《从头学起——学习马列主义的初步方法》[②]，号召全国人民开展马列主义的学习运动。时风所及，在史学界也得到了广泛的回应。这种学习热潮有力地促进了中国史学工作者对马克思主义及其唯物史观的了

① 参见何兆武《社会形态与历史规律》，载《历史研究》2000年第2期。

② 参见《学习》杂志第1卷第1期，1949年10月。

解与认识。[1] 因而，在新中国成立后的最初几年里，中国的马克思主义史学显示出勃勃生机，并很快成了现代中国史学的主流。

从中国马克思主义史学于20世纪20年代发轫之际，就受到了来自域外（主要是俄苏史学）的影响。随着中国马克思主义史学于50年代初开始进入勃发时期，苏联史学更是以迅猛之势传入中国，深刻地影响了新生的共和国的史学发展史。

首先要说到的是，苏联史学之东来与我国当时介绍、翻译与出版马克思主义经典作家的著作是密切相关的，因为对史学工作者来说，他们从中学习马克思主义的理论，自然这中间也包括学习马克思主义的唯物史观。马克思主义经典作家的著作从单篇直至系统地出版发行，对于传播马克思主义理论，推动新中国的各项建设工作，无疑起到了重大的作用；对新中国的史学建设，尤其对建国后中国的马克思主义史学的发展，无疑也起到了积极的作用。

诚然，马克思主义经典著作的出版，有益于史学工作者在当时学习历史唯物主义，但马克思主义的唯物史观阐说的是一般意义上的历史哲学，它毕竟不能等同于史学自身的理论或具体的史学著作，因而苏联史学之东来及其对我国的影响，主要还是要通过考察当时具体的历史学著作之东传。

新中国成立后，苏联史学著作的大量输入，在当时条件下，有其历史必然性和积极的进步意义，这是毋容否认的。当时中国历史学家学习苏联史学的长处是真诚的、积极的，在世界上第一个社会主义国家的马克思主义史学的光辉面前，中国历史学家对它是歆羡的，因而在评价上也总是多有赞美之词，例如尚钺在编《奴隶社会历史译文集》时，在《编者的话》中一开首就这样指出："苏联的历史科学，与其他部门的科学一样，在近三十年来获得了照耀世界的辉煌成就。……特别是苏联的历史科学家，卓越地把马克思列宁主义关于人类社会发展的科学法则，灵活地、具体地运用到苏维埃共和国以及其他民族国家的古代史、中世纪史和近代现代史的研究中去。"[2]这些言词反映了当时中国史学工作者对苏联史学的普遍看法，这就是苏联历史学家运用马克思列宁主义研究历史取得了辉煌的成就，是值得中国历史学家学习的楷模，这也是中国历史学所要努力达到的新"路标"。

新中国成立后，苏联史学大步东来，它是通过何种途径输入中国的呢？

---

① 参见林甘泉《二十世纪的中国历史学》，载《历史研究》1996年第2期。

② 尚钺编：《奴隶社会历史译文集》，"编者的话"，三联书店1955年版，第3页。

台湾学者杜维运在《西方史学输入中国考》一文中，说到过西方史学输入中国的几种途径："一为西方论史学的专业或专文的翻译，二为在大学讲堂上的讲述，三为通西方史学的中国史家撰写专书或专文的介绍，四为西方学者来中国后的传布。"①我以为，对于苏联史学输入中国的途径，也大体如此。不过，我们考虑到苏联史学入华的具体情况，在叙述的先后次序上可能会稍作变动。

第一，俄文历史著作的翻译出版。我国输入的苏联史学著作，大体说来，有这样几类：

1. 关于史学理论方面

属于这类作品的有不少，如依·孔恩等著的《历史科学的特性与任务》（群联出版社 1954 年版）、阿尔帕托夫的《为战争贩子服务的反动史学》（中华书局 1951 年版）、葛利科夫的《斯大林与历史科学》（人民出版社 1953 年版）、康士坦丁诺夫的《人民群众和个人在历史上的作用》（人民出版社 1953 年版）、依列里兹基的《别林斯基的历史观点》（三联书店 1956 年版）、纳·皮鲁莫娃的《赫尔岑的历史观点》（上海人民出版社 1957 年版）、康恩的《哲学唯心主义与资产阶级历史思想的危机》（三联书店 1962 年版）、康恩等的《穷途末路的资产阶级历史哲学》（三联书店 1962 年版）等等。还有若干属于对个别国家史学总论性的作品，如维诺格拉多夫的《近代现代英国史学概论》（三联书店 1962 年版）、德门齐也夫等的《近代现代美国史学概论》（三联书店 1962 年版）等。

2. 关于俄苏历史方面

"以俄为师"、"向苏联学习"，这是 50 年代初国人的共同心理指向。为此，就要让他们及时了解它的历史，因此对俄苏历史的学习、翻译和介绍，也成为当时中国史学工作者的要务之一。1953 年，我国实施国民经济建设的第一个五年计划，学习苏联的社会主义建设经验，成为当时的政治任务，于是《苏联共产党（布）历史简明教程》不仅成为全党各级干部必读的政治读本，也成为当时研究与学习苏联史的主要指南。不少俄苏历史著作应时而出，保雪斯塔可的《苏联简史》与潘克拉托娃的《苏联近代史》，中华书局早在 1949 年和 1950 年就出版了。其后有多种版本的苏联史出版，如潘克拉托娃主编的《苏联通史》（三卷本，人民出版社 1953 年版）、巴齐列维等著的《苏联

① 杜维运关于西方史学输入中国的考证，见杜氏著《西方史学输入中国考》，原载《台湾大学历史系学报》第 3 期，1976 年 5 月。此文后收入杜维运《与西方史家论中国史学》附录二"西方史学输入中国考"，台北东大图书公司 1981 年版，本处引自该书第 330 页。

通史》(人民教育出版社1955年版)、潘克拉托娃、柯斯托马洛夫主编的《苏联简史》(高等教育出版社1958年版)、涅奇金娜主编的《苏联史》(三联书店1959年版,原为三卷本,中文只译出了第2卷)。

为了了解苏联的昨天,俄国史的译介也在进行,如有帕舒托等著的《蒙古统治时期的俄国史略》(上下册,科学出版社1958年版、1959年版)、扎依翁契可夫斯基的《俄国农奴制度的废除》(三联书店1957年版)、雅可夫柴夫斯基的《封建农奴制时期俄国的商人资本》(科学出版社1956年版)、潘克拉托娃的《十九世纪俄国工人运动》(三卷本,三联书店1957年版、1958年版)、克里沃古兹和姆努欣纳等著的《1905～1907年革命的国际意义》(人民出版社1956年版)等。

其实,注重俄国历史的介绍,在中国早就有传统,瞿秋白早在1927年就翻译出版过《俄国革命运动史》(新青年社)。在30年代,有博克老夫斯基的《俄国革命全史》(上海心弦书社1930年版)、波格洛夫斯基的《俄国大革命前史》(上海海洋社1931年版)等见世,这当然是1917年的俄国十月革命在东方的一种回响。此外,在30年代,这类移译与国人的著述还有不少,在此不再一一赘列。[①]

3. 关于世界历史方面

这一部分当以从50年代就开始译介的苏联科学院主编的多卷本巨著《世界通史》最为著名,对中国史学界亦最具影响,对此将在下文详述。

此外,关于世界历史的俄文著作的输入,也为数甚多,它涵盖了从古典世界至近现代世界各个时期的作品。

在这方面,以世界古代史的苏联学者的历史著作译介最多,在此不容如数列举,兹举出较为著名的几种:尼科尔斯基的《原始社会史》(上海作家书屋1952年版)、格拉德舍夫斯基的《原始社会史》(高等教育出版社1958年版)、马什金的《古代世界史学习指导》(三联书店1954年版)、米舒林的《古代世界史》(中国青年出版社1954年版)、苏联科学院历史研究所编的《古代世界史大纲》(三联书店1954年版)、柯斯明斯基的《古代世界史》(中国青年出版社1959年版)、狄雅科夫与尼科尔斯基主编的《古代世界史》(高等教育出版社1959年版)等等。

---

① 如有鲍克洛夫斯基的《俄罗斯历史大纲》(《申报》,1933年)、蒲律托诺夫的《俄罗斯史》(上海华通书局1935年版)、迈斯基的《俄国史》(商务印书馆1935年版)以及娄壮行的《俄国史》(中华书局1935年版)、顾谷直的《俄国史纲要》(南京《中国与苏俄》杂志社,1935年版)、何汉文的《俄国史》(长沙商务印书馆1938年版)等多种。

属于世界中世纪史的有柯斯敏斯基的《中世世界史》(中国青年出版社1955年版)、柯斯敏斯基、斯卡斯金等著的《中世纪史》(第1卷,三联书店1957年版)、谢缅诺夫的《中世纪史》(三联书店1956年版);属于世界近代史的有叶菲莫夫的《近代世界史》(上、下册,中华书局1952年版)、波尔什涅夫等著的《新编近代史》(第一卷,人民出版社1955年版)、苏联科学院历史研究所编的《近代史教程》(共有五个分册,分别由人民出版社于1950～1955年出版)、列甫宁科夫的《世界近代史讲座》(高等教育出版社,1957年版)、维·彼·波伐良也夫的《世界近代史讲义》(二册,华东师范大学出版社1958、1959年版)等。

其中还有一些在当时中国学界很有影响的专史与地区史、国别史著作,如阿甫基耶夫的《古代东方史》(三联书店1956年版)、塞尔格叶夫的《古希腊史》(高等教育出版社1955年版)、科瓦略夫的《古代罗马史》(三联书店1957年版)、科切托夫的《东南亚及远东各国近代现代史讲义》(共有两个分册,高等教育出版社1958年、1959年版)、列夫臣柯的《拜占庭简史》(三联书店1959年版)、扎皮罗夫的《十字军东征》(三联书店1959年版)、奥西波夫的《十世纪前印度简史》(三联书店1957年版)、伊凡诺夫的《伊朗史纲》(三联书店1958年版)、塔塔里诺娃的《英国史纲》(1640～1815年)(三联书店1962年版)、罗琴斯卡娃的《法国史纲》(17～19世纪)(三联书店1962年版)、曼佛列德的《十八世纪末叶的法国资产阶级革命》(三联书店1955年版)、凯尔任策夫的《巴黎公社史》(三联书店1961年版)、利沙加勒的《巴黎公社史》(三联书店1962年版)、阿·齐斯托兹沃诺夫的《十六世纪尼德兰资产阶级革命》(三联书店1959年版)、叶菲莫夫的《美国史纲》(1492～1870年)(三联书店1957年版)、祖波克的《美国史略》(1877～1918年)(三联书店1959年版)、鲍爵姆金主编的《世界外交史》(共有五个分册,五十年代出版社1950、1951年出版)等等。上述诸书,笔者在50年代末至60年代初就读于复旦大学历史系时,在世界通史的学习中,无不一一参阅过,至今仍对我的治史工作产生影响。

4. 除著作外,另有苏联史家的论文结集的中译本出版。其中,一种是苏联学者自己编的中译本,如《苏联史学家在罗马第十届国际史学家代表大会报告集》(三联书店1957年版)等;另一种是中国学者的编译本,如《历史研究》自创刊(1954年)至60年代初,先后编译的关于苏联史学的出版物就有《苏联关于封建主义基本经济规律的讨论》(三联书店1956年版)、《苏联关于游牧民族宗法封建关系问题的讨论》(科学出版社1957年版)、《封建社会发展阶段问题译文集》(科学出版社1959年版)、《俄国农民战争译文集》(科学出版社1960年版)等。另外,尚钺编有两本产生过重要影响的译文集,即《奴隶社会历史译文集》(三联书店1955年版)、《封建社会历史译文集》(三联书店1955年版)。

由上可见,译书在中外史学交流发展史上具有首要的地位,即便在当今信息时代,中外史学交流可以多渠道运作,但我以为,译书工作(这当然指那种有计划的、全面的、权威的,而非无序的、零碎的、名不见经传的),仍是加快域外史学引进工作之要事,也是深化中国的外国史学史研究的基础工作,这已为国外史学的入华史所证明,也为苏联史学的入华史所证明。梁启超曾言:"今日中国欲为自强,第一策,当以译书为第一义。"[①]梁氏之论不仅于今日中国之自强,而且于国外史学的输入,仍是醒世之语,似未过时。

此外,翻译出版物随时代与社会的变革而移位。新中国成立后,我国的翻译事业从解放前的多元化走向一元化,译自苏联的出版物在50年代占据了绝对优势,据1949年10月至1956年6月的统计资料,苏联的作品占译作总量的83.19%,初重版印数要占总量的87.62%,而美国、英国和法国三大国译作种数的总和也只占总量的8.3%,初重版印数总和仅占总量的4.9%。以上海地区为例,在解放初的几年中,在原正中书局原址上建立的新华书店华东总店的出版物中,从哲学社会科学类到文学类的作品,几乎无一不是来自苏联的译本。[②] 可见,翻译、出版方向的转移反映着时代与社会的深刻变化。

第二,苏联学者来中国讲学、办研究班,直接传播苏联史学。

这里先要插叙一个情况。新中国成立伊始,全国各行各业掀起了"向苏联学习"的热潮,一时蔚然成风。这在当时的史学界也得到了有力的贯彻,为了适应这种需要,学习俄语也成了一种时尚,许多史学工作者热情地、认真地学习。值得一提的是,我的老师耿淡如先生以花甲之年,还以年轻人的积极性刻苦地自学俄语,并在很短的时间内掌握了这门语言,旋即用来进行

① 梁启超:《读日本书目志书后》,载《饮冰室合集》(一),中华书局1989年版,第53页。
② 参见邹振环《20世纪上海翻译出版与文化变迁》,广西教育出版社2000年版,第278页。

俄文历史著作的翻译，为输入苏联史学作出了贡献。[①]

学习俄语，也是为了苏联史学家来华之需要。50年代以来，苏联史家纷纷来华。当时承办来华讲学的单位，多办起各种研究班，从全国招生，一时颇具影响。例如，以世界古代史为例，1955年，苏联派出第一批专家来华讲学，其中世界古代史方面的苏联专家在长春东北师范大学授课，于是该校办起了全国性的世界上古史研究班，为期两年(1955～1957年)，学员来自全国各地的高等院校。通过这两年的学习，为中国的世界古代史教学与研究培养了一批专门人才。新中国第一代世界古代史方面的学术精英，如毛昭晰的原始社会史的研究、刘文鹏的古代埃及史的研究、周怡天的古代西亚史的研究、崔连仲的古代印度史的研究、刘家和的古代希腊史的研究等等。在中国新时期，他们都在上述这些领域作出了重要的贡献，这些学术成就的取得，应当说也与在这个研究班学习时所打下的雄厚学术基础有关的。

像东北师范大学举办的这种研究班，在当时还有不少。一些短期来华讲学的苏联史家，更是在中国各地讲学，广泛地传播他们的学术观点。

第三，中国学者在学校课堂上授课以传播苏联史学。

课堂传授的理论与知识，因其生动直观最易先入为主，乐于接受，乃至终生难忘。这是有过这方面经历的人都能体验到的。在此，还得再举前述东北师范大学在1957～1959年所办的世界古代史研究班。后来结业于这个班的学员们，执教于祖国的四面八方，通过他们的课堂讲授，在"世界古代史"一课的教学中，宣扬苏联历史学家的观点。我清楚地记得，当我于1959年9月就读于复旦大学历史系时，第一学期所开设的世界古代史一课，从课程主旨、教学内容、教学参考书等无不学习与借鉴了苏联的经验，后来得知原来主讲教师李春元就是从这个班上结业的学员。那时结合课程学习，在课余阅读过的阿甫基耶夫的《古代东方史》、塞尔格叶夫的《古希腊史》、科瓦略夫的《古代罗马史》等苏联史学家的著作，至今仍使我留有深刻的印象。于是，当我走上讲台，执教"世界古代史"一课时，就自觉或不自觉地在播散

---

① 耿淡如(1898～1975)，亦名澹如，又名耿佐军，江苏海门人，现代中国历史学家，中国的外国史学史研究的开创者之一。20世纪50年代初，他为了向苏联史家汲纳养分，刻苦地自学俄文，并很快就能运用于教学与研究工作。他根据原版俄文大学教材和有关资料，翻译并编写世界中世纪史讲义，撰写论文，成为20世纪50年代享誉国内史坛的世界中世纪史的权威学者。他与黄瑞章合译了俄文历史资料《世界中世纪史原始资料选辑》，陆续发表于《历史教学》(1957～1958)，后由天津人民出版社于1958年出版。耿淡如翻译的俄文历史著作还有阿·伊·莫洛克的《世界近代史文献》(高等教育出版社1957年版)等。耿氏对于西方史学输入中国的具体贡献，可参见张广智《二十世纪后期西方史学输入中国的行程》(载《史学理论研究》1996年第2期)。

苏联史学，什么五种社会生产方式说、亚细亚生产方式的争鸣、古代东方专制主义说、古代奴隶制的两个阶段说与两种类型说等，通过我的口舌又传给我的学生。究根溯源，它们的张扬，其中一个重要的传播渠道就是大学讲堂，就是口述传播及其代代相传。口述，尤其是面对特定群体的口述活动（如在大学讲台面对众多学生授课），对史学从甲地向乙地的传播过程中，将会起到重要的作用。口述的传播功能，不仅为现代新闻媒体学所研讨，也应是接受史学的题中之义。因为在这方面，接受者的“期待视野”（Horizon of Expections）在某种情况下获得了比其他传播途径更好的满足与回应。

第四，通俄文或学成归国的留苏中国学者通过撰写论著，以介绍、研究与播扬苏联史学。

这里指的是中国学者自己撰写的有关研究苏联史学的专著，不是译作，从我们所知的情况来看，在五六十年代（“文革”前17年），还没有条件出过这类作品。由陈启能、于沛、黄立茀合著的《苏联史学理论》一书，直至1996年才问世，即使这样，该书也还不能称为一部苏联史学发展史，更不必说在五六十年代，那时根本不可能具有这样的条件。

在当时，由中国学者写的介绍苏联史学的文章，经初步查阅，数量不多。这类文章大体有总论苏联史学成就的，也有分述世界史各阶段的苏联史学界的研究状况，也有对个别史家作介绍的和评介苏联历史著作的，以下约略举例，可见一斑。例如，赵俪生的《斯大林对史学的新指导》（《历史教学》1951年1卷4期）、林国栋的《蓬勃发展的苏联历史科学》（《中学历史教学》1957年第12期）、朱庆永的《苏联在历史科学上的重要贡献和成就》（《北京师范大学学报》1958年第2期）、王和的《苏联史学界加强研究世界近代现代史》（《历史研究》1959年第7期）、齐思和等的《历史科学进展的丰碑——介绍〈世界通史〉第一卷》（《人民日报》1959年11月21日）、姜椿芳的《苏联科学院历史科学学部科学研究计划》（1959年）（《历史研究》1959年第4期）、廖学盛编译的《苏联历史学界人物志》（《外国史学动态》1964年第2期）等等。

根据我们初步检索而得出的印象，在苏联史学输入新中国的过程中，中国学者撰文介绍的数量不多，遑论研究性的专著了。这与中国新时期（1978年以来）西方史学输入中国，中国学者对它的介绍数量之多、范围之广、情景之热烈，恐怕前者是难以望其项背的。从这一比较中，可以使我们思考历史学传播中的许多在表层掩盖之下的东西。不过，有一点似乎是相同的，那就是留学生的作用。在50年代初期派往苏联修历史的学生，自他们1959年学成归国之后，在输入苏联史学以及日后发挥各自专长的历史研究中发挥了

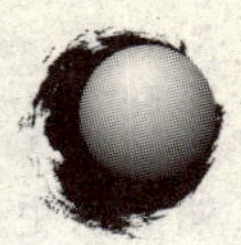



作用，成为20世纪八九十年代中国的世界史研究中的一部分中坚力量。[①]总之，不论在50年代苏联史学输入中国的过程中，还是80年代(也许还包括二三十年代)西方史学输入中国的过程中，留学生的作用都是不可或缺的，他们往往充当了域外史学入华过程中的"马前卒"的角色，20年代的何炳松不就是这样吗？50年代与80年代的"何炳松们"不也同样是这样吗？

## 三、苏式历史理论的深刻烙印

苏联史学对我国的影响，既有对有关客观历史发展进程中的理论问题(历史理论)，也有对有关历史学自身的理论问题(史学理论)。[②]本节主要是集中阐述苏联史学中的历史理论在我国学界所激起的回应。

在这里，我们且从亚细亚生产方式在苏联的第一次大争论追述起。

所谓亚细亚生产方式，出典于1859年2月马克思在《〈政治经济学批判〉序言》中的一段话："大体说来，亚细亚的、古代的、封建的和现代资产阶级的生产方式可以看作是社会经济形态演进的几个阶段。"[③]在这段文字中，马克思首次提出了"亚细亚生产方式"这一概念。由于马克思生前对这个概念没有下过确切的定义，于是在马克思和恩格斯谢世以后成为争论不休、聚讼纷纭的学术公案，引发了国际性的学术大争论，迄今仍无定论，被学界称为"社会科学的哥德巴赫猜想。"

在国外，亚细亚生产方式的争论以苏联为中心。我们不去谈论普列汉

---

① 就笔者粗知，这部分留学苏联学历史的毕业生，多从全国各大学文科各系选拔，在苏联著名高等学府莫斯科大学历史系和列宁格勒大学历史系等处深造，由当时知名的苏联史家执教，打下了比较好的历史学的专业基础，一般都能熟练运用俄语与英语，少数学生兼及德语与法语。多数学生于50年代末学成归国，成为苏联史学的传播者。这些留苏生，经20世纪六七十年代的沉寂与蓄积，在八九十年代发力，多成为当时世界史某一领域研究的学术权威，如陈启能之于西方史学与史学理论的研究，廖学盛之于古希腊史的研究，张椿年之于中世纪史的研究，张友伦之于美国史的研究，陈之骅之于苏俄史的研究，郭华榕与金重远之于法国史的研究等等。这批留学生为苏联史学输入中国作出了重要的贡献，在中外史学交流史上应留下他们的一页。

② 在我国新时期，史学界有人提出把历史理论与史学理论区分开来的论见，并探讨了各自的研究对象与范围，参见陈启能《历史理论与史学理论》(载1986年12月3日《光明日报》)、瞿林东《史学理论与历史理论》(载《史学理论》1987年第1期)。把历史理论与史学理论区分开来，此见已渐为中国新时期史学理论界人士所认同。

③ 《马克思恩格斯全集》第13卷，人民出版社1962年版，第9页。

诺夫对亚细亚生产方式的最初解释，以及其后列宁与普列汉诺夫的争论。① 我们的记述从20世纪20年代末掀起的第一次大讨论高潮开始时追叙，因为它与中国革命有关。1927年5月1日，共产国际的一名工作人员约翰·佩帕在《真理报》上撰文《欧美帝国主义与中国革命》，首次用亚细亚生产方式这一术语来分析中国历史，并声称中国社会的性质是亚细亚生产方式的社会，此说立即得到了苏联理论界的赞同。1928年，马扎亚尔撰写的《中国农村经济》一书出版，书中主要的观点是：亚细亚生产方式是指东方社会一种特殊的生产方式；中国社会自氏族社会解体到西方列强入侵之前，既不是奴隶社会，也不是封建社会，而是马克思所说的亚细亚生产方式社会。

马扎亚尔的观点出台后，便引发了一系列的批判文章。1931年2月，在列宁格勒召开了一次亚细亚生产方式讨论会，不仅马扎亚尔的学术观点在会上受到了批判，而且在政治上他也作为托派分子被清算。代表官方立场的哥德斯作了报告，着力批判马扎亚尔的观点，他认为："亚细亚生产方式是封建主义而不是其他。"②

这次会议以后，哥德斯的观点被当作马克思主义的观点为学界所接受。但哥德斯的说法与马克思的论述并不完全吻合，因为在马克思那里，亚细亚生产方式已产生了奴隶制。1933年，苏联世界古代史家斯特鲁威提出新说，认为亚细亚生产方式和古代生产方式并无本质区别，都是属于奴隶制社会，它们的差异在于，前者（亚细亚生产方式）指的是古代东方奴隶制社会，后者（古代生产方式）指的是古典世界（希腊罗马的古代社会）的奴隶制社会。次

① 普列汉诺夫在1907年写成的《马克思主义的基本问题》一书中，阐述了对亚细亚生产方式的看法，提出了几个迄今仍可关注的观点：①亚细亚的、古代的、封建的和现代资产阶级的生产方式并不是在逻辑上相继出现的四种生产方式；②亚细亚生产方式与古代的生产方式亦不是前后相继的两个阶段，而是并行的两种社会发展类型；③造成亚细亚生产方式与古代生产方式类型差别的原因，应从地理环境方面去寻找。普列汉诺夫对这一问题的关注，也是他对俄国革命前途的一种理论思考。在他看来，在像俄国这个亚细亚形态的专制主义国家里，须经过一段长时期的资本主义发展过程，直到条件成热的时候再进行社会主义革命，因而他认为列宁所主张的不断革命论是错误的。对此，列宁作了反驳，认为俄国虽然带有深厚的专制主义传统，但是革命可以割断这一传统，从而开辟出新天地。参见启良《对亚细亚生产方式问题讨论的回顾与思考》，载《世界史研究动态》1992年第4期。本节对亚细亚生产方式的陈述，除参见启良上文外，亦得益于张雅琴的《社会形态理论新思考》（载《马克思主义史学新探》一书，陈启能等六人合著，社会科学文献出版社1999年版）、田人隆的《亚细亚生产方式讨论的回顾》（载《历史研究》编辑部编《建国以来史学理论问题讨论举要》，齐鲁书社1983年版）。

② 参见启良《对亚细亚生产方式问题讨论的回顾与思考》，载《世界史研究动态》1992年第4期。

年，另一位苏联世界古代史家科瓦略夫支持斯特鲁威的观点，并提出了“变种说”，说亚细亚生产方式有古代东方奴隶制与东方封建主义两种表现形式。斯特鲁威的论见建立在“五形态说”基础之上，而又考虑到古代东方社会的特点，所以此说在苏联学术界受到普遍的欢迎，俨然成了当时获得官方认可的一种正统的马克思主义的观点。

苏联学术界开展的这场亚细亚生产方式的大争论，迅即在中国引起了回应，因为它牵涉到对当时中国社会与中国革命性质的看法，因而这种反应尤其强烈。最先对亚细亚生产方式问题发表看法的是郭沫若。在他看来，马克思所说的“亚细亚的”是指古代的原始公社社会，“古典的”是指希腊罗马的奴隶制，“封建的”是指欧洲中世纪社会的封建制，而“近世资产阶级的”就是现在的资本制度。此后，郭沫若又不断撰文陈述他的“原始社会说”，这些文章以《中国古代社会研究》为题于 1930 年结集出版。郭氏之说引发了中国国内的亚细亚生产方式问题的大讨论。王亚南在《中国社会经济史纲》中支持郭沫若的观点。此外，李季支持与赞同苏联的马扎亚尔的观点，胡秋原等人主张“东方封建说”，还有何干之的古代东方“贡纳制说”和杜畏之的“特殊社会说”。吕振羽在 1940 年出的《“亚细亚生产方式”和所谓中国社会的“停滞性”问题》一书中，指出所谓“亚细亚生产方式”，就是“社会经济形态演进的几个时代”中的一个时代，不是五个阶段以外另成一个独特的历史阶段。吕氏之论发表在《苏联共产党(布)历史简明教程》出版(1938 年)之后第二年，显然是受到了斯大林《辩证唯物主义与历史唯物主义》一书的影响，故有斯大林的论证并不与马克思的论证相矛盾之说。

以上只是约略说了苏联开展的亚细亚生产方式问题的第一次争论以及在中国的回响。亚细亚生产方式问题的第二次大争论的兴起是与二战后亚非拉地区民族解放运动的高涨紧密相关的。1953 年，斯大林死后，苏联理论界开始出现松动，至 50 年代中期更进入“解冻”时期，因而亚细亚生产方式问题再次引起了学者们的兴趣，并引发了一次新的大争论。这次大争论，从世界范围来说，在 60 年代趋于高潮，而在苏联讨论的规模最大，仅 1964 与 1965 年里就进行过五次大规模的专题讨论。其中，瓦尔加撰《资本主义政治经济学大纲》(1964 年)一书，对斯特鲁威等人所持的古代东方奴隶制社会理论提出异议；戈杰里耶撰《亚细亚生产方式概念和马克思主义的社会发展公式》(1965 年)一文，认为亚细亚生产方式是指从没有阶级社会向有阶级社会过渡的一个阶段，它在世界各个地区都经历过；瓦西里也夫等撰《前资本主义社会产生和进化的三种模式》(1966 年)一文，认为亚细亚生产方式指的是

“亚细亚公社”发展而来的奴隶制和封建制的混合社会。上述诸家之见都有一个共同之点,那就是都否定五种生产方式是人类发展的普遍规律。[①]

在我们中国,新中国成立后就有反响,一度也颇为热闹,后来由于“文革”的原因,直至80年代初才再次掀起了新一轮的讨论高潮。我们在这里只论及50年代以来新中国成立后所展开的亚细亚生产方式问题讨论的简况。可以这样说,50年代以来中国的亚细亚生产方式问题的大争论,是前一阶段苏联学术界讨论的延伸与发展。当然这次争论则与中国古代史的分期问题和社会的特点问题结合在一起的,尽管如此,苏联史学对亚细亚生产方式问题的论见仍深深地影响着中国学术界。

国内亚细亚生产方式问题讨论的发起者,山东大学历史系教授童书业(1908～1968)

1951年,童书业发表《论亚细亚生产方式》[②]一文。这是新中国成立后第一篇讨论亚细亚生产方式的专文。童文的观点与郭沫若相近,持原始社会说。文章发表后,几乎没什么反应,直至1964年田昌五发表《马克思恩格斯论亚洲古代社会》,赞同原始社会说,并作出了很详细的论证。在中国新时期,此说得到了不少回应。[③]

1952年,日知(林志纯)发表《与童书业先生论亚细亚生产方式问题》[④]一文,提出了古代东方奴隶制社会说。日知的观点基本上承袭了苏联历史学家斯特鲁威的古代东方奴隶制社会的理论,明确赞同“所谓亚细亚生产方式的奴隶制,也就是古代东方的奴隶制”。此后,赞同此说的还有王亚南、侯外

① 详论参见张雅琴《社会形态理论新思考》,载陈启能等著《马克思主义史学新探》,社会科学文献出版社1999年版。

② 参见《文史哲》1951年第1卷第4期。

③ 如有志纯、学盛的《怎样理解马克思说的“亚细亚生产方式”?》(载《世界历史》1979年第2期),《世界上古史纲》编写组的《亚细亚生产方式——不成其为问题的问题》(载《历史研究》1980年第2期)。两文强调,依照马克思的《序言》,亚细亚生产方式具有原始性和普遍性这两个特点。它是“社会经济形态演进的几个时代的第一个时代,它在古代的生产方式之前,由亚细亚生产方式演进为古代的生产方式”。

④ 参见《文史哲》1952年第3期。

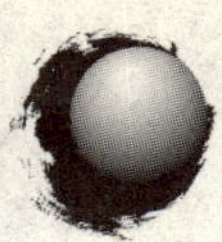



庐、吴泽、束世澂、吴大琨等人，当然在他们之间，其学术观点也是互有差异的。尽管如此，古代东方奴隶制社会说在50年代的中国学术界占有统治地位。

1953年，杨向奎发表《中国历史分期问题》[①]一文，提出了特殊经济形态（或生产方式）说，认为亚细亚生产方式并不是独立的经济形态，实际上是指残留在奴隶社会或封建社会中的原始公社制度。吴大琨在50年代曾一度主张"过渡形态说"，认为亚细亚生产方式"可能是由原始公社制末期过渡到原始阶段奴隶制社会的一个特殊过渡形态"，后他改持古代社会奴隶制社会说。至80年代，他的观点又发生了变化。[②] 在中国新时期持此说的日渐增多，除吴大琨外，还有于可、王敦书、胡钟达等人。

此外，80年代以来，在中国学界的讨论中，还出现了东方封建社会说[③]，在此不再赘述。

由亚细亚生产方式问题而引发的关于社会形态及其相关理论的大争论，在很大程度上聚焦在五种社会形态（或五种生产方式）的相继是否是人类历史发展的普遍规律这一重要问题上，因为，"就当代中国的史学思想而言，以五种生产方式为核心的社会形态论始终占有无可争议的独尊地位，它规范着史学研究的构架并指导着它的方向"[④]。何兆武的这一论见对"文革"前17年的新中国史学，更是如此。

这里还得从1938年斯大林发表的《辩证唯物主义与历史唯物主义》一书说起。斯大林这样说："历史上有五种基本生产关系：原始公社制的，奴隶制的，封建制的，资本主义的，社会主义的。"[⑤]次年，苏联哲学家罗森塔尔与尤金主编《简明哲学辞典》，把斯大林所说的五种基本生产关系引申为五种社会经济形态，并断言原始公社制度、奴隶占有制度、封建制度、资本主义制度以及社会主义制度（共产主义），是人类社会必经的五个社会经济形态。

---

① 参见《文史哲》1953年第1期。

② 吴大琨在《关于亚细亚生产方式研究的几个问题》（载《学术研究》1980年第1期）一文中认为，应该把亚细亚生产方式作为一种独立的生产方式来研究。

③ 持"东方封建社会说"的论者有郭圣铭、庞卓恒、高仲君等人。如郭圣铭认为，从马克思所列举的亚细亚生产方式的几个特点来看，它只能是东方型的封建社会。参见《"亚细亚生产方式"学术讨论会纪要》，载《中国史研究》1981年第3期。

④ 何兆武：《社会形态与历史规律》，载《历史研究》2000年第2期。

⑤ 斯大林：《辩证唯物主义与历史唯物主义》，人民出版社1955年第3版，第23页。另见《苏联共产党（布）历史简明教程》，以下简称《教程》，人民出版社1954年版，第161～162页。下引此两书，版本同此。

斯大林的五种社会形态(或五种生产方式)相继说,带有明显的19世纪西方实证主义哲学的痕迹。斯大林这样认为:“社会历史科学,不管社会生活中的现象怎样复杂,都能成为例如生物学一样的准确科学,能利用社会发展规律来供实际的应用。”①于是,世界各民族和各地区历史发展的自身特点不见了,世界历史发展的多样性也不见了,人类历史变成了从某种先验模式出发而设定的一种固定架构,也就正如斯大林所描述的那样:“原始公社制度恰恰是由奴隶制度所替代,奴隶制度恰巧是由封建制度所替代,封建制度恰巧是由资产阶级制度所替代,而不是由其他某一制度所替代。”②

这种充斥实证主义哲学观念的苏式五种社会形态的理论,显然有悖于马克思主义的唯物史观的真谛,但自它传入中国后,迅速引起了回应。在新中国成立前,前已述及的吕振羽在1940年就这样认为,根据恩格斯、列宁、斯大林的说法,所谓亚细亚生产方式,便不能在五个阶段以外另成一个独特的历史阶段,这并不是恩格斯、列宁、斯大林的论证与马克思的论证相矛盾,历史自身的具体内容证明,他们的论证都是正确的。在这里,斯大林的五个阶段说已初成一种“定律”而不容怀疑③;至1953年,吴大琨更这样认为,斯大林根据马克思恩格斯的理论而丰富和发展了五种生产方式论,他们之间全无冲突。④

有论者更把它绝对化,以至奉为“五种社会经济形态的学说是人类社会发展的一般规律”⑤,称它是“推而放诸四海皆准的”⑥。

苏联史学所播扬的“五种生产方式说”对中国史学,尤其对五六十年代的新中国史学产生了巨大的影响,这种影响是全面的,而且至今不灭。⑦ 本文只约略阐发一二,以见大概。

---

① 斯大林:《辩证唯物主义与历史唯物主义》,第13页。另见《教程》第150页。

② 斯大林:《辩证唯物主义与历史唯物主义》,第18页。另见《教程》第156页。

③ 参见张雅琴《社会形态理论新思考》,载陈启能等著《马克思主义史学新探》,社会科学文献出版社1999年版,第97页。

④ 参见张雅琴《社会形态理论新思考》,载陈启能等著《马克思主义史学新探》,社会科学文献出版社1999年版,第98页。

⑤ 杨生茂、来新夏:《揭穿雷海宗〈世界史分期与上古中古史中的一些问题〉一文的反动的政治目的》,载《南开学报》1957年总第4期。

⑥ 巩绍英:《历史科学三题》,载《南开大学学报》1964年第1期。

⑦ 迄至20世纪末(1999年11月),由《历史研究》编辑部与南开大学历史系联合召开了“中国社会形态及其相关理论问题学术研讨会”,《历史研究》特为此在2000年第2期发表篇幅很长的《社会形态与历史规律再认识笔谈》,史学界人士从新的高度对社会形态及其相关理论问题作出了新的认识。

影响之一:五种社会形态与中国古代史的分期问题。

广义而言,中国古史分期问题包括原始社会与奴隶社会的分期以及奴隶社会与封建社会的分期两大问题。关于前者,史学界一般没有太大的分歧,大都认为原始社会至夏朝初年结束,奴隶社会便由此开始;关于后者,则就众说纷纭了,因此,从狭义而言,中国古史分期问题通常又多指中国奴隶社会与封建社会的分期问题,特别是奴隶社会何时结束、封建社会何时开始的问题。①

倘若从20世纪20年代末所发生的中国社会史论战算起,中国古史分期的讨论迄今将近有八十年了,但那场论争,并非严格意义上的学术讨论。关于中国古史分期的学术讨论,还是新中国成立后的事情。1950年3月21日,郭沫若在《光明日报》发表《读〈记殷周殉人之史实〉》一文,指出殷代与周代都是奴隶社会;1952年郭沫若运用斯大林在《辩证唯物主义与历史唯物主义》一书中关于奴隶制与封建制的区别的观点,结合中国文献资料,系统地论证了他所提出的"战国封建说"。此后争论不断,诸说纷起。郭沫若在50年代提出的"战国封建说"以及"西周封建说"、"春秋封建说"、"秦统一封建说"、"西汉封建说"、"东汉封建说"、"魏晋封建说"诸说,在那时大多桎梏在斯大林的"五种生产方式说"的模式下,先验地把奴隶制社会和封建制社会认定为各民族历史所必经的两个阶段,因而在当年,尽管众说纷出,争论一时也颇为热闹,但由于没有确定自己的话语系统和主体意识,因而这种争论几乎变成了苏联版的实证主义历史哲学的例证,变成了为斯大林的五种生产方式说的注释。理论是预定了的,人们的研究不外是为这种"理论"寻求某些事实,以证明这个"理论"的正确性。在这种情况下,关于中国古史分期的争论就难以取得更多的进展了。中国新时期为中国史学的发展创造了更加有利的条件,社会形态问题的研究也走上了新路。历史学家抛弃了用五种生产方式套裁中国历史的做法,不管是"三形态说"还是"五形态说",都在新的时代条件下各自的认识有了深化。正如论者所言:"自从改革开放以来,学术界的许多专家都觉得有必要将'五种生产方式说'请下至尊的地位,给予古代社会问题以科学的说明。从目前的情况看,无论从理论上抑或是研究的水平、资料的积累与诠释等方面看,建立起有中国特色的社会形态理论并给中国古代社会形态一个可信的说法,条件已经基本成熟。这个问题

① 参见田居俭《中国奴隶社会与封建社会分期讨论三十年》,载《历史研究》编辑部编《建国以来史学理论问题讨论举要》,齐鲁书社1983年版,第32页。

的基本解决，将是中国历史学具有重大学术意义的长足发展的一步。”[①]关于中国新时期社会形态理论问题研究的情况，这里就不容多说了。[②]

影响之二：苏联史学关于奴隶制社会发展的两说及其在我国的流传。

苏联史学界在第一次关于亚细亚生产方式问题的大讨论中，有一个最显著的成果，那就是得出了奴隶制社会是人类历史的必经阶段，并确立了古代东方奴隶制社会说，这在当时被认为是毋庸置疑的马克思主义史学的真理。在苏联史学界，所谓人类历史必经的奴隶制社会说，按其大的学派而言，又可分为两个阶段说与两种类型说，不管是哪种说法，它传入中国后都激起了中国史学的重大回响。这是苏联史学中的社会形态理论给予中国史学的更深刻的影响。

所谓奴隶制社会的两个阶段说，通常把古代奴隶制社会分为早期阶段和发达阶段，前者指古代东方诸国的奴隶制社会，后者则为希腊和罗马的奴隶制社会。

古代奴隶制社会的两个阶段说形成于20世纪30年代，它最早是由苏联古史学家米舒林提出来的。他在为斯特鲁威的《古代东方史》(1934年版)所写的前言中，最先提出了关于古代东方社会早期奴隶制性质的观点。他指出，原始奴隶制形式“是古代东方国家奴隶制的典型形式，它在那里显得最富有生命力，于是阻碍了奴隶制变形的发展，使它不能达到古代奴隶制的更高形式”[③]。

1936年，苏联史家的古代东方社会早期奴隶制说就在中国学界有了回应。吕振羽、翦伯赞于1936年都在他们的著作中对此持肯定的意见，认为古代东方国家是“前期的”或“最原始的”奴隶制社会，希腊罗马则是后期的或“最发达的”奴隶制社会。但在当时学界影响不大。直至新中国成立，随着苏联史学的大规模的输入，两个阶段说才在我国学界产生了重大的影响。

两个阶段说随苏联史家来华讲学与苏联史家著作的移译而在中国有了更广泛的流传。狄雅可夫与尼科尔斯基主编的《古代世界史》是此说的代表性作品，在50年代中国的许多高等院校被用来当作教材使用，其影响尤为深广。

---

① 晁福林：《探讨有中国特色的社会形态理论》，载《历史研究》2000年第2期。

② 参见《历史研究》2000年第2期所载论文与学术综述。

③ 詹义康：《试评奴隶社会两阶段论和两类型论》，载《江西师范学报》1981年第4期。本节关于苏联史学中的奴隶制社会发展两说，多参见詹义康此文及他的《两阶段说、两类型论文传入我国及其影响》(载《江西师范大学学报》1990年第1期)。

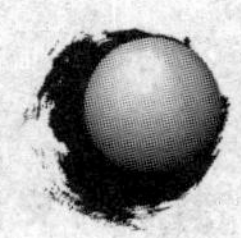



我国学者比较系统介绍与传播两个阶段说的是日知(林志纯)。他在1952年发表《与童书业先生论亚细亚生产方式问题》[①]、1953年发表《奴隶社会之两个阶段与六个时期》[②],在两文中都对两个阶段说作了阐发,认为:原始的奴隶制关系占优势的阶段,古代埃及和古代两河流域是比较典型的例子;而发展的奴隶制关系占优势的阶段,古代雅典和罗马是比较典型的例子。

在50年代出版的几本著作或教材中,如郭圣铭的《世界古代史简编》、童书业的《古代东方史纲要》、东北师范大学历史系的《世界古代史》、华东师范大学历史系的《世界古代及中世纪史讲义》、中山大学戴裔煊的《古代世界史纲要》等,都服膺与贯穿了两个阶段说的论见。于是,此说在50年代尤其是它的前半期,在中国学界而主要在中国世界古代史学界,雄霸史坛,俨然成为当时一种占主导地位的定见。

所谓奴隶制社会的两种类型说,认为古代东方的奴隶制社会与古代希腊罗马的奴隶制社会是古代奴隶制社会发展的两种类型(或两种路径)。此说亦产生于苏联史学界,并在20世纪50年代渐成气候。苏联史家卢里叶最先对两个阶段说提出了质疑,认为古代东方和古代希腊罗马不是互相更替的发展阶段,而是两个并存的奴隶制社会类型。[③] 1957年,苏联史家久梅涅夫在《近东和古典世界》的长文中,系统地阐述了两种类型说。他指出:"在古代东方和古典的奴隶占有制社会的历史上,我们看到不是奴隶占有制的两个连续发展阶段,而是各具特点的两种奴隶占有制社会类型。"[④]

自久梅涅夫的论文发表之后,两种类型说在苏联史学界产生了重要的影响。虽则此说形成于50年代,但实际上可以追溯到30年代或更早一些。普列汉诺夫早在1908年就作出了"东方生产方式"和"古代生产方式"(指希腊罗马古典社会)是"两个并存的经济发展类型"[⑤]的论说,在当时也有个别中国学者回应了此种观点。但毕竟是空谷足音,影响甚微。两种类型说真正对中国史学界发生影响是在久梅涅夫的《近东和古典世界》一文发表之后。1958年,久梅涅夫这篇论文的中译文在我国刊出,很快引起了中国学者的回应。

---

① 载《文史哲》1952年第3期。

② 载《历史教学》1953年第3期。

③ 参见詹义康《试评奴隶社会两阶段论和两类型论》,载《江西师范学报》1981年第4期。

④ 久梅涅夫:《近东和古典社会》,中译文载《史学译丛》1958年第2、3期。

⑤ 普列汉诺夫:《马克思主义基本问题》,人民出版社1957年版,第40页。

两种类型说最先在我国治中国古史的学者那里得到了认同。如束世澂、吴泽等人都撰文支持两种类型说，并被学者们用来参加中国古史分期问题的讨论。中国的世界史研究者齐思和、吴于廑、吴廷璆、黄松英等人撰文赞同两种类型说。其中黄松英的《古代东方奴隶制的发展和特点》①一文，最早也最全面地阐述了这一论见，认为：在东西方长期的历史发展过程中，古代东方奴隶制形成了异于希腊罗马的某些特点，“东方奴隶制——一如希腊罗马，不仅经历了它的早期阶段，而且也经历了它的发展与繁荣阶段”。1962 年由周一良、吴于廑主编的《世界通史》中的上古分册（齐思和主编），采用了两种类型说，在《导言》中这样说：“在埃及、巴比伦等古代东方各国，奴隶社会的发展经历了好几千年的历史。它的经济基础和上层建筑，在长期发展过程中形成许多特点，和后来的希腊、罗马古典奴隶社会很不相同。”②至 60 年代前半期，此说已取代了两个阶段说，并在中国世界古代史领域中占据了支配地位。

在中国新时期，不管是两个阶段说还是两种类型说，都受到了严峻的挑战，中国学者在编撰具有我国学术特色的教材或著作的过程中，锐意进取，力图摆脱在苏联史学界长期流行的陈说，并在实践中取得了新的进展。③

## 四、“百科全书”与“百年总结”？

《苏联共产党（布）历史简明教程》④（以下简称《教程》）自 20 世纪 30 年代末引入中国，不仅在历史理论、史学理论等方面，而且更在政治思想领域，给予中国以广泛而深刻的影响。中国新时期对后者已有探究，本节主要从历史理论及史学理论的视角另作论述。

《教程》由苏联共产党（布）中央特设委员会编，联共（布）中央审定，1938

---

① 载《历史教学》1961 年第 7、8 期合刊。

② 周一良、吴于廑主编：《世界通史》（上古部分），人民出版社 1962 年版，第 3～4 页。

③ 如刘家和主编的《世界上古史》（吉林文史出版社 1987 年版），在摈弃对古代世界的两分法、阐明上古世界各国奴隶制社会的共性与个性特点，亦即摆脱苏联史学中的两个阶段说与两种类型说方面，作出了可贵的探索。

④ 本处所用《苏联共产党（布）历史简明教程》（简称《教程》）是 1954 年人民出版社出版的版本。在版权页上有这样的出版记录：《教程》是根据莫斯科外国文书籍出版局 1953 年出版的中文版排印的，注释是根据人民出版社 1953 年第 7 版加的，1954 年 4 月人民出版社出的是第 8 版，繁体字直排本。

年出版。

其实,《教程》是在斯大林一手操纵下产生的。他不仅提出了全书的指导思想,指出了分期纲要,还亲自撰写了第四章第二节《辩证唯物主义与历史唯物主义》①,而且还最后亲审定稿,成为体现"斯大林主义"和宣扬斯大林的社会主义模式的典范作品,当然也成了一切历史著作写作的范本,尤其是党史编写的范本。1938 年 11 月 14 日,苏联共产党(布)中央委员会专门发出《关于〈联共(布)历史简明教程〉出版后党的宣传工作》的决议,称这部历史著作是"马克思列宁主义基本知识的百科全书",是"联共(布)历史和马克思列宁主义基本问题的正式解释"。②《教程》的出版对苏联史学的发展产生了巨大的影响。

《苏联共产党(布)党史简明教程》的中文译本之一,由人民出版社 1975 年出版

这部"百科全书"立即在当时中国延安及其他地方流传。《教程》1938 年出版之后两个月,其中的第七章《布尔什维克党在准备和实现十月社会主义革命的时期》及结束语即翻译成中文,刊载在延安《解放》周刊上。此后不久,又有三个中译本在中国各抗日根据地、新四军活动地区和大后方流行,至 1941 年 3 月,在当时中国发行已达 10 万余册③,成为那时中国共产党各级干部学习马克思列宁主义的主要教本。

1941 年 5 月,毛泽东在延安干部会议上作了《改造我们的学习》的报告,他强调指出:"研究马克思列宁主义,又应以《苏联共产党(布)历史简要读本》为中心的材料。《苏联共产党(布)历史简要读本》是一百年来全世界共产主义运动的最高的综合和总结,是理论和实际结合的典型,在全世界还只

---

① 斯大林写的《辩证唯物主义与历史唯物主义》原是《教程》一节,见《教程》第 136～172 页。后来《辩证唯物主义与历史唯物主义》的单行本在中国印行,对中国史学界产生了巨大的影响。

② 载《苏联共产党决议汇编》第 4 分册,第 501～502 页。

③ 此处材料可参见李明三《促进中共党史研究的重要课题——"联共(布)党史对中共党史研究的影响"座谈会纪要》,载《理论信息》1988 年第 11 期。

有这一个完全的典型。我们看列宁、斯大林他们是如何把马克思主义的普遍真理和苏联革命的具体实践互相结合又从而发展马克思主义的，就可以知道我们在中国是应该如何地工作了。”[①]《教程》自然成了延安整风运动中干部的必读书目。1949 年 3 月，在中共七届二中全会确定的 12 种“干部必读”书目中就有《教程》。

这就是“百年总结”的出典。

新中国成立后，《教程》输入中国的渠道更比以前宽畅了。中共中央发布了关于 1953～1954 年干部理论教育的指示，规定了以《教程》第九章到第十二章[②]以及列宁、斯大林的文章等为高级组、中级组的学习材料。指示明确说，这是“为了适应全党进入经济建设时期的需要”，“这个学习计划，要求全党主要干部都能有系统地了解苏联实现国家工业化、农业合作化和完成社会主义建设的基本规律，以便在我国经济建设过程中根据我国具体条件正确地利用苏联经验”。[③] 1955 年 9 月，中共在职干部高级组与中级组大多数成员在学完第九章至第十二章后，又回过头来学习《教程》第一章及第八章。中国人民大学是新中国自己创办的第一所社会科学的综合性大学，在那里从 1954 年开始就以《教程》作为中心教材。在整个 50 年代，《教程》更是全国高等院校、党校系统的公共政治理论课的教材。到 1963 年，中共中央宣传部拟定的 30 本马克思恩格斯列宁斯大林著作选读书目中，《教程》依然入选。《教程》从 30 年代末移译到中国直至 60 年代初，不时形成学习热潮，影响了中国几代人。

对于《教程》，在过去相当长的一段时间内，就是以这“两百”（“百科全书”与“百年总结”）来评论的。现在，我们不禁要问:《教程》是“百科全书”，是“马克思列宁主义基础基本知识的百科全书”？通阅《教程》，这是言过其实的。《教程》确实引用了不少马克思列宁主义经典作家的著作，仅摘引与介绍列宁、斯大林的著作就有一百多页，占全书近四分之一，通过这种引证，虽然也宣传了马克思列宁主义的一些重要理论观点，但《教程》采用的是“六经注我，为我所用”，这种用实用主义的观点来对待马克思列宁主义经典作家的原著，在很大程度上曲解乃至阉割了原著的思想，这在《教程》中是不难

---

① 《毛泽东选集》第 3 卷，人民出版社 1953 年版，第 803 页。

② 即从 1921 年至 1937 年，联共（布）在过渡到恢复国民经济的和平工作时期至联共（布）为完成社会主义社会建设和新宪法之施行时期。

③ 《在职干部学习〈政治经济学〉、〈联共（布）党史〉中应注意的几个问题》，载《学习杂志》1955 年第 8 期。

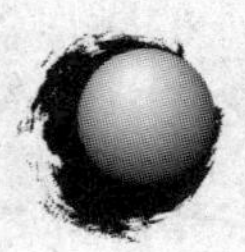



发现的。马克思列宁主义的理论,马克思列宁主义的基本知识,荦荦大端,涉及面是十分广泛的,如果一本党史著作就能包容,那么丰富多彩的马克思列宁主义不就相当乏味与狭隘了吗?《教程》在苏联出版后,法国、英国、美国、德国、意大利五国共产党作出了在共产国际各支部内如何传播、学习的决议,苏共中央和共产国际作出了《教程》是"马克思主义的百科全书"之说,这完全是一种"大党主义"的恶劣作风,与马克思列宁主义的实事求是的精神相去甚远。在这里,对《教程》的"百科全书"说,正可以借用毛泽东在《改造我们的学习》中所云,无实事求是之意,有哗众取宠之心,这不也是一种"主观主义的方法"吗?①

不过,毛泽东说的《教程》是"百年总结"之说也是不妥的。对此,高放评论说:"从横的来看,此书对联共(布)党的许多经验并未进行总结,有的总结得也不对……从纵的来看,它只总结了从1883年到1937年这55年俄国一党的历史,也并没有能概括一百年来全世界共产主义运动的历史。"②把《教程》说成是百年来国际共产主义运动的"总结",显然也是一种拔高。

消磨绚烂归平淡。《教程》从翻译出版成中文迄今,时间已过去了整整一个甲子。六十多年来,《教程》在中国传播的历史命运,让人们从一个方面观照了20世纪时代变革的侧影。如今,当附在《教程》身上的诸如"百科全书"、"百年终结"之类的绚烂的光环悄然散去以后,我们就可以以平常的心态来考察《教程》在输入中国后所带来的种种影响,尤其是它的负面消极影响了。认真梳理与总结《教程》的负面影响,这不仅在政治思想上有利于我们更好地弄通马克思列宁主义,推进我国的社会主义现代化建设事业,而且在史学思想上,有利于我们消除《教程》的反历史学科学性的弊端,推进我国的马克思主义史学建设的进程。在这里,我们把它作为与其他历史著作(党史著作)一样看待的出版物,考察一下它所宣扬的历史理论,它所散播的史学理论,这当然也会涉及到《教程》在政治思想上的问题及其对我国的影响,事实上两者(政治思想与史学思想)有时也是很难截然分开的。

1.《教程》编纂的指导思想。通览全书,《教程》是以党的路线斗争为纲,并以此贯穿全书。它从普列汉诺夫反对民粹主义的斗争写起,继而由列宁对民粹主义开展斗争,至"布哈林托洛茨基间谍、暗害者和卖国贼余孽的被消灭"止,从第一章延伸至最后一章,共写了十多次反对"反对派"的路线斗

---

① 《毛泽东选集》第3卷,人民出版社1953年版,第800页。

② 高放:《重评〈联共(布)党史简明教程〉》,载《世界史研究动态》1982年第1期。

争，可谓是由始至终。对此，《教程》在“导言”中概括为：“联共（布）在工人运动内部是与小资产阶级的党派，即与社会革命党人（更早以前是与他们的前辈——民粹派）、孟什维克、无政府主义者及各色资产阶级民族主义者作原则斗争中，在党内则是与孟什维主义的、机会主义的派别，即与托洛茨基分子、布哈林分子、民族主义倾向者及其他反列宁主义集团作原则斗争中发育和巩固起来的。”[①]在“结束语”中，又把布尔什维克同“反对派”的斗争的“经验”概括为你死我活的阶级斗争，主张要把他们从工人阶级队伍中“驱逐出去”[②]、“清除出去”[③]，这怎能具体说明这些“反对派”在工人运动中曾起过的积极作用和影响，也怎能正确阐明布尔什维克党是如何争取、利用与瓦解他们的，这种指导思想上的偏差，其结果是以偏概全，把原本一部丰富多彩的布尔什维克党的历史演绎为“残酷斗争，无情打击”的党内路线斗争史和阶级斗争史。《教程》编纂上的这一指导思想，对建国后中共党史的编纂产生了严重的影响，在我们编写的许多党史教材中，都留下了苏版《教程》的深刻的历史印记。对此，我们是记忆犹新的。

2.《教程》所体现的史学思想。在这里，《教程》必须回答历史的动力问题。推动历史前进的是谁？《教程》的回答是列宁、斯大林，尤其是斯大林，甚至在《导言》中就把联共（布）党径直称为“列宁斯大林党”。[④]《教程》不惜用一切笔墨突出、美化与神化列宁、斯大林，这就在国际共产主义运动历史上开创了“造神运动”的恶劣先例。尤其要指出的是，《教程》宣扬斯大林、神化斯大林，浸透了斯大林个人迷信精神，完全歪曲了联共（布）历史发展的事实，违背了马克思主义的唯物史观。这里仅举一例，1926 年 11 月，斯大林自己承认，1917 年 3 月“我流放回来后，有过一些动摇”，可是在《教程》中对此则文过饰非，一字未提，硬把斯大林写成如何坚定、如何正确；全书是把斯大林作为列宁的最亲密战友和唯一接班人来写的，连列宁与斯大林在 1905 年 12 月在芬兰的塔墨尔福斯城第一次会见都写到了。《教程》从 1912 年起，就把列宁与斯大林并提。但是这是违反史实的，事实上，列宁不仅从来没有指定斯大林为他的接班人，而且正是列宁在他的遗嘱中提出要撤换斯大林的总书记职务。学界曾有人称，列宁曾经指定斯大林为他的接班人，这是不符

---

① 《教程》，第 1 页。
② 《教程》，第 476 页。
③ 《教程》，第 478 页。
④ 《教程》，第 2 页。

合实际情况的。[①]

因此，美化与神化无产阶级政党的领导人物，宣扬个人崇拜，特别是突出斯大林的个人作用，这便成了《教程》中最突出的问题。《教程》宣扬与突出斯大林，大搞个人崇拜的思想，是当时苏联政治形势尤其是斯大林此时定于一尊的地位的真实反映。应当说，《教程》贯穿的这一思想是1929年斯大林50寿辰祝寿活动以来苏联国内逐渐浓烈的个人崇拜思想，与政治上实施的高度集权体制相辅相成的必然产物。不难看出，《教程》在这一点上，既对苏联史学也对我国史学（尤其是党史研究）产生了极为严重的消极影响，这是众所瞩目的。我们的党史教科书不是留有《教程》中的个人崇拜思想的深刻痕迹吗？

3.《教程》的史学方法论。历史学的方法论要求撰史者从严格筛选的第一手材料出发，秉笔直书，陈述事实，还历史以本来面目。所以，按理来说，《教程》应当成为一本历史著作，一本科学的历史著作，而非一种配合形势需要的政治读物。然而，事实上，《教程》却反其道而行之，以论代史，以史实为政治作诠释，掩盖历史真相，任意剪裁历史事实，乃至有意歪曲历史。这是一种反科学的史学方法论。《教程》的编纂者与一个具有求真精神的历史学家的称号相去甚远，而《教程》也绝不是一本科学意义上的历史著作。

4. 在编纂的具体方法上，《教程》的做法也是极其糟糕的。《教程》的论证武断，采用了一种非此即彼的两分法，充斥了形而上学和机械论，这就有悖于马克思主义具体问题具体分析的科学方法；《教程》的文风鲁莽，行文颐指气使，字里行间所显露出来的是一种蛮横的“权力话语”；在编写体例上，《教程》也大可质疑，如在书中硬要加上斯大林的《辩证唯物主义与历史唯物主义》一节，大量摘引列宁、斯大林的原著语录，特别是它开创了不顾历史背景、断章取义摘引经典作家语录的先例，每章必写会议，还有那冗长的标题等等，组合成一种独特的苏版《教程》的历史编纂法。这样做的结果，把原本多彩的历史变成了一部党内斗争史，把丰富的马克思主义变成了一种形而上学的思想体系，把色彩斑斓的世界变成了一个苏式的革命与建设模式。在那里，历史的多样性与复杂性不见了，代之以简单化与形而上学。这种很拙劣的方法，不是在我们的党史教材中屡见盲目仿效吗？[②]

---

① 此处材料引自高放《重评〈联共（布）党史简明教程〉》，载《世界史研究动态》1982年第1期。

② 参见娄胜华《论〈联共（布）党史简明教程〉在中国的影响》，载《南京社会科学》1997年第6期。作者把《教程》与我国1961年版北京市高校协作组编写的《中国共产党历史讲义》的内容进行对照比较，非常清晰地看到了两者之间“蓝本”与“摹本”的关系。

尽管如此,倘把《教程》说得一无是处,这也不是马克思主义的实事求是的科学态度。《教程》自输入中国之后,在中国的新民主主义革命与社会主义革命的特定时期,适应了中国的需要,不就有延安整风运动时期的一次学习热潮,有新中国立国前后的另一次学习热潮吗?不容否认,在那时,《教程》的学习对于提高中共全党与党外干部群众的马克思主义的理论水平,促进中国革命的胜利进行,不能说没有一点积极意义。事实上,《教程》中的真理与谬误常常混杂在一起,难以分辨;更何况,人们对事物的认识也需要一个过程,任何人也不可能瞬间就洞察一切,如对联共(布)的历史经验、对斯大林的社会主义模式等问题的认识,都需要一个过程。

撇开《教程》在政治思想上对我们的消极影响不谈,从中外史学交流的角度而言,《教程》作为一本历史著作,它的传播及其在我国的回响,使我们认识到:一种理论或一本著作在一个国家传播的程度,往往是与这个国家在某个时期所需要的程度成正比例的,故前述《教程》两次学习热潮的出现绝不是偶然的。此外,《教程》60余年的传播史给我们的史学上的警示是:历史著作不能背离历史学的科学性,求真精神是历史学的生命力之所在。在这里可以用得上这样一句名言:“真理是时间的孩子,而不是权威的孩子。”

## 五、世界通史编纂新模式的植入

从单个移入的苏联史学著作而言,对中国史学发生重大影响的,除前述的《教程》之外,当数苏联科学院于20世纪五六十年代出版的多卷本的《世界通史》。

苏联历史学家早就想编一部与西方资产阶级史学通史体系迥然不同的新的世界通史。他们确为此进行了多年的准备,至50年代苏联历史科学的发展及其所取得的成就,为编纂这样一部多卷本的《世界通史》创造了良好的条件。苏联科学院所属的有关研究所,都参加了这一集体性的重大项目。1953年12月,苏联科学院主席团特为通过决定,指出计划要完成的10卷本的《世界通史》应在1955年完成编写工作。当然,实际完成全部工作要比这个时间晚得多,直至1964年才使原定的10卷本的《世界通史》出齐。此后,又陆续出版了几卷续编,我们所看到的第13卷俄文本于1983年才面世。可以说,苏联科学院主持编写与出版的《世界通史》工作,横亘于50至60年代,延至80年代初。

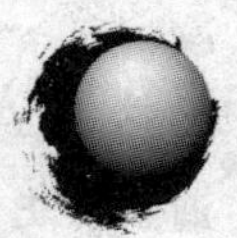



苏版《世界通史》之植入中国[①]，从1959年出版中文版第1卷开始，直至1990年出版第13卷(故我们称它为多卷本，而不用并不准确的习称“十卷本”)，持续了30余年。

1959年《世界通史》第1卷中译本一问世，便在《人民日报》上有书评介绍此书，题为《历史科学进展的丰碑》。这篇书评这样写道：

“苏联科学院主编的十卷本《世界通史》，是世界上第一部以马克思列宁主义为指导思想阐明人类社会发展过程的、规模巨大的、综合性的世界通史。”又云，“这部全面地叙述了人类历史发展的世界通史，总结了以前历史家的全部研究成绩，并且把这门学问的水平推进到空前的高度。这部著作的出版是全世界史学界的大事。现在中译本第一卷已经出版，其余各卷也将陆续出版。像这部长达千万字左右的世界通史被翻译成中文，也是我国史学界的一件大事。”“这部世界通史，运用马克思列宁主义的历史唯物主义的观点，对全世界人类的历史发展进行了综合分析。”该文最后又强调指出：“这部世界通史的中文译本的陆续出版，对于我们研究世界历史，学习马克思列宁主义理论，都将会有着巨大的贡献。”[②]

文中用词多用最高级的，如“空前的高度”、“大事”、“巨大的贡献”等等，显属溢美之词，不过也的确反映了当时中国学人在这部多卷本巨著所散发的光辉面前，真诚服膺苏联史学的心态的流露。

《世界通史》第2～6卷中译本分别于1960年、1961年、1962年、1963年、1965年出版，这几卷中译本问世前后，有几则译文与介绍文章见世，介绍中外学者对该书有关各卷的评论。

第7～10卷出版于“文革”中，被视为“苏修叛徒集团反革命修正主义路线的产物”的“大毒草”，出版的目的是为了提供“批判的材料”。这些话显示了那个特定年代的时代印记。

《世界通史》第10卷之后的各卷，未见有此类说明性的文字。它们的出版之日，正是中国新时期实行改革开放之时，已被淹没在那时蔚为壮观的“书海”之中，而不再引起人们的另外关注了，既谈不上“丰碑”，更谈不上“毒草”。

由上可以说明：一种域外史学文化的移植，总要受制于某种时代条件，尤其是与被输入国的特定的政治背景相牵连，在这种情况下，一种史学流

---

① 苏版《世界通史》的中译本共13卷，其中第1～8卷由三联书店出版，第9～10卷由吉林人民出版社出版，第11～13卷由东方出版社出版。

② 齐思和等：《历史科学进展的丰碑》，载1959年11月21日《人民日报》。

派、一股史学思潮、一位知名史家、一部史学著作等等的引入都会随之发生变化。我们在前面说《教程》在中国传播的历史命运，从一个方面观照了20世纪的时代变革的侧影；同样，我们也可以这样说，苏版《世界通史》的植入史，从1959年说的"丰碑"到"文革"年代的"毒草"到新时期的"平常"，亦从一个侧面观照了从20世纪50年代至80年代中国社会所发生的变革。

消磨绚烂归平淡，对苏版《世界通史》也是这样。现在我们可以以客观公允的态度来对它作出如实的评价，既应剥去在一切"向苏联学习"年代里所附在它身上的神圣的光环，又应洗刷在"文革"岁月中泼在它身上的污水，还其一部史学著作或代表某种史学流派的史学论见的真实面貌。

二战后，世界史学发生了根本性的变化，世界史的重构亦不绝如缕。[①] 在战后史学新潮流的影响下，不少大部头的世界通史的著作出版了。在50年代，英国著名历史学家巴勒克拉夫提出："主要以西欧观点解释事件，已经不够了，我们必须尝试采用更加广阔的世界史观点"，"跳出欧洲，跳出西方，将视线投射到所有的地区和所有的时代"。[②] 他的识见已日益获得越来越多的历史学家的赞同，虽然在写作实践上时有脱节，但在西方史家中还是出版了一些具有个性特点且视野开阔、卷帙庞大的世界通史著作，如科恩和瓦尔贾维克主编的10卷本《世界通史》(1952～1961年出版)、曼恩主编的10卷本《世界通史》(1960～1965年出版)以及稍后由斯塔夫里阿诺斯个人撰著的《全球通史》[③]等等。苏联多卷本《世界通史》筹划与酝酿于50年代，是战后世界史重构工作中的一种出版物，一种迥然不同于西方史家世界通史观念与体系的作品，一种世界通史编纂的新模式，自然自成一种流派。换言之，我们姑且称之为马克思主义史学的世界通史学派，因为苏联史家确是这样认为的。第1卷中"总编辑部的话"开首就声言："苏联科学院所出版的十卷本《世界通史》旨在作为马克思主义历史书籍中阐明人类从远古至现代所走路程的第一部综合性的著作。"[④]

这是一部什么样的世界通史？与西方学者编纂的世界通史相比，它"新"在何处？换言之，它显示出哪些显著的特点呢？

---

① 详见张广智《略论世界史在20世纪的重构》，载《学习与探索》1992年第5期。

② 巴勒克拉夫：《处于变动世界中的历史学》(*History in a Changing World*，俄克拉何马大学出版社1955年版)，第27页。

③ 斯塔夫里阿诺斯的《全球通史》中译本1988年由上海社会科学院出版社出版。

④ 苏版《世界通史》中译本第1卷"总编辑部的话"，三联书店1959年版，第1页。下引此书，版本同此。

粗略看来,可否暂列出如下几点:

1. 内容宏富与体大思精的通史之作。

现今我们看到的这部著作的中译本,共有13卷,各卷内容可分述如次:第1~2卷,叙述原始公社和世界古代史(至公元4、5世纪);第3~4卷,叙述世界中世纪史(自5世纪至17世纪中叶);第5~7卷,叙述世界近代史(自17世纪英国资产阶级革命至1917年俄国十月社会主义革命);第8~10卷,叙述世界现代史(自1917年俄国十月社会主义革命至1945年第二次世界大战结束);第11~13卷,叙述二战后至1970年的世界历史。皇皇13卷,卷帙浩繁,内容丰赡,主要是政治军事与经济方面的资料更为丰富,并多少兼及思想文化领域方面的资料。因它是动用了苏联学术界的集体力量而且是分工合作的产物,各卷主编及合编者均为这一专业领域颇有造诣的专家,因此全书具有比较高的学术水平。

我们说一部通史,应体现它的通贯性,即所谓"上下脉络,连贯一体"。苏版《世界通史》达到了这一要求。它从远古(原始社会)写至现当代世界,对自原始社会以来的人类历史作了"全景式的扫描"。前引"总编辑部的话"所云"从远古至现代所走路程的第一部综合性的著作"确非妄语。它的综合性,体现在它内容的完整性,结构的合理性,体系的严密性,说它是第一部试图用马克思主义的理论来编纂的世界通史,从史学史的角度看,也未尝不可。

2. 以阶级斗争为纲的编纂理念。

运用阶级斗争的观点来认识与分析阶级社会历史运动,是马克思主义史学方法论的一个基本特征。苏版《世界通史》对此是不遗余力地加以贯彻的。编者认为,原始公社制瓦解以后,从私有制和人剥削人的制度的出现时候起,全部历史就是一部阶级斗争史;社会发展的每个主要阶段都有一定的阶级矛盾类型和被剥削者反抗剥削者的特有斗争形式与之相适应;阶级斗争贯穿于对抗性社会的全部生活中,时而表现为公开的阶级冲突形式,时而表现为隐蔽的斗争形式,但这种斗争归根结底毕竟是一种政治斗争;革命是对抗性社会内部进行着的被压迫者反对压迫者的斗争(时而公开、时而隐蔽)的合乎规律的结果和最高形式;只有借助于社会主义革命,摧毁统治阶级的国家机器,把政权转移到劳动者手里,才能消灭剥削者的统治。[①]

在这种思想指导下,展现在我们面前的是一幅人类自进入阶级社会以

① 参见苏版《世界通史》中译本第1卷"总编辑部的话",第10~15页。

后的阶级斗争的历史长卷，一幅革命与战争交织的雄伟场景。但是，以阶级斗争为中心，势必削弱阶级社会中还存在的大量的非阶级性质的历史内容，有可能把原本丰富多彩的历史弄得单一而又乏味。检点起来，苏版《世界通史》确实存在这样的问题，这里不再申论。

3. 历史分期法的标准。

关于世界历史的分期，自近代德国学者凯勒尔著《上古、中古和新时期世界史》一书，第一次把世界历史划分为“上古——中古——近代”三个历史时期，后世西方学者沿用不衰，至著名的《剑桥三史》(即《剑桥古代史》、《剑桥中古史》和《剑桥近代史》)已发展到顶点。我们之所以说苏版《世界通史》的历史分期法是双重性的，说的是它既延续了传统，又有革新。一方面，苏版《世界通史》采用的“古代——中世纪——近代——现代”的“四分法”是前述“三分法”的继承，它不过把近代分成两大段(近代与现代，在英语中实为一词“Modern”)而已。故这种“四分法”的世界通史分期法并无新意，苏版《世界通史》历史分期法的新意在于它在采用传统的沿用已久的历史分期法时，另一方面以社会经济形态的转变作为历史分期法的标准，尤其突出历史进程中的重大事件在这种转变中的作用。这是明显区别于西方学者的同类作品的，也是它的出新之处。例如，它以1640年的英国资产阶级革命作为划分中世纪与近代的历史分界，以1917年俄国的十月社会主义革命作为划分近代与现代的历史分界。这种历史分期法，显然是有缺陷的，如1917年俄国十月社会主义革命之后的天下真的就成了“现代世界”了，那个“阿芙乐尔”号巡洋舰的炮声，真的就轰开了一扇大门，把人类带向“现代社会”;“苏联伟大的十月社会主义革命的胜利”，真能成为“世界史上最新时期的出发点”[①]?历史的发展恐怕没有那么简单，但苏版《世界通史》的编者们却很自信。他们这样辩解说:“虽然这种转变在初期只限于少数国家，可是它本身就标志着世界史过程中的共同转折点:新制度在先进国家的胜利，在一切落后国家的发展上，都盖上了深刻的印痕。”[②]

但是，现当代历史学的发展，已对传统的历史三分法(或“历史四分法”)发出了有力的挑战，更不必说苏版《世界通史》显示其特色的那个历史分期法了，那个浸润着斯大林主义的原始公社制——奴隶制——封建制——资本主义制——社会主义制的五种社会经济形态前后相继的公式，不是遭到

---

① 参见苏版《世界通史》中译本第1卷“总编辑部的话”，第7页。

② 参见苏版《世界通史》中译本第1卷“总编辑部的话”，第7页。

更强烈的挑战了吗?

4. 重视人民群众的历史作用。

这一特色,在这部通史中体现得十分明显,苏版《世界通史》还特别引用中国古语"喑呜则山岳崩颓,叱咤则风云变色",说明各个历史时期人民群众的创造力与主动性。且看《世界通史》编者的论述:

> 在奴隶制时代,罗马帝国的灭亡是由奴隶和隶农的起义所准备好的。
>
> 在封建制时代,农民起义和城市贫民的群众运动,削弱了封建专制制度,由于它们的作用促进了资产阶级革命的胜利。
>
> 在近代,人民群众是18世纪末和整个19世纪伟大的革命运动和民族运动的决定一切的力量。
>
> 在无产阶级革命以前所发生的一切革命变革中,群众的解放斗争和创造活动,是人类前进运动的基础。
>
> 在资本主义崩溃和社会主义社会确立起来的年代,作为历史创造者的人民所起的决定性作用,就表现得十分有力①;无产阶级的革命斗争成为世界历史发展的主要的、决定性的因素……②

好了,不必再继续引述,苏版《世界通史》的"人民史观"已十分明显。这些论见在各卷的叙述中得到了更详尽的描述与发挥,此处不再陈述。

由上可知,这是一部特点鲜明的通史之作,一部迥然不同于同时代或先前已经出版的西方资产阶级史家的通史之作。在试图把马克思主义的理论运用于世界历史的研究方面,平心而论,它是迈出了重要的一步,虽然这种新的编纂模式在实践过程中,也不可避免地存在着缺陷。对此,有论者指出:"它没有完全从'欧洲中心论'的陈旧观念中摆脱出来,仍然以欧洲历史的分期决定世界历史的分期。在这个分期的框架之下,它多少是按社会经济形态依次发展的模式分述各民族、各国家和各地区的历史,以此突出客观历史规律的统一。关于历史如何发展为世界历史的问题,在全书中不占主导地位,因而没有得到作为一个学科主题应当得到的全面和高度的重视。"③

---

① 此处论述(前五小点),均见苏版《世界通史》中译本第1卷"总编辑部的话",第16～19页。

② 苏版《世界通史》中译本第7卷(上册),三联书店1975年版,第5页。

③ 《吴于廑学术论著自选集》,首都师范大学出版社1995年版,第60页。又,此处论见实为毛昭晰所代撰部分,当然也代表了吴于廑的观点。

综观这部《世界通史》，这个评价是客观而又公允的。

苏版《世界通史》自50年代末最初问世以来，对我国历史学，尤其是中国的世界史学术研究与教学工作产生了重要而又深远的影响，这种影响迄今还不能说已经消失。

它的影响明显地表现在历史观念上，尤其是它的世界史观对我国的世界史学者所给予的影响。例如，关于世界历史发展的规律性的问题，亦即社会经济形态前后相承的五阶段更替说(原始社会——奴隶社会——封建社会——资本主义社会——社会主义社会与共产主义社会)；关于世界历史发展的动力，亦即人民群众是历史创造者和在历史发展中起决定性力量的观点；关于世界历史发展阶段的划分，其中最牵连的是欧洲中心论的观念等等，都因苏版《世界通史》在中国的流传而在我国史学工作者那里得到了深化。可以这样说，这些历史观念在相当大的程度上或在很长的时间内左右着我国的世界史研究者对世界历史的看法。总之，在总体上不能否认它曾经产生过的积极意义，尽管苏版《世界通史》开始发行的年代，中苏之间的政治关系已经恶化，但这种政治关系影响到史学，还不可能说是同步的，更何况人们从它那里所接受的苏式的马克思主义的唯物史观，是历史学工作者的治史理念而非现实政治，这两者虽不能截然分开但也不能混为一谈。

它的影响集中地表现在中国学者的世界通史的编纂工作中。吴于廑在1985年召开的一次中国世界古代史研究会的学术会议上，在《世界史学科前景杂说》的学术报告中曾两次说到“苏联科学院所编《世界通史》以及我国按此模式编写的世界史”[①]这样的话语，颇深刻地点出了苏版《世界通史》与中国世界通史编写之间的“母本”与“子本”之间的关系。1962年，由周一良、吴于廑主编的《世界通史》(四卷本)出版(学界通称周吴本)，这是新中国成立以来由中国学者编写的第一部综合性的世界通史之作，叙述了从人类起源至第一次世界大战结束时的世界历史，充分显示了当时中国学者对世界历史的认识和研究水平。不过它的优点与缺陷，既带有那个时代的特色，也从中观照了苏版《世界通史》对它的影响。周吴本的优点也确是继承了苏版《世界通史》的长处，而周吴本的不足又恰恰源于苏版《世界通史》的缺陷。问题的症结就是吴于廑在前面讲的这一段话。我们是“按此模式”而操觚的，有学者认为我们的周吴本“在很大程度上是前者(苏版《世界通史》)的一

① 《吴于廑学术论著自选集》，首都师范大学出版社1995年版，第44、45页。

个缩写本"[1]，此论并不为过。

这里稍稍需要往下追述一点的是，中国新时期世界史编纂的理念有不少的创新。它们力图突破苏版《世界通史》的模式，一些新编的世界史教材也取得了不少进步，尤其是吴于廑关于世界从分散走向一体、从地区隔绝到形成统一整体的全局史观，已在世界通史的编写中得到认同与体现[2]，这些且不详说。但是，即使如此，中国新时期出版的众多的世界史教材，仍难摆脱苏版《世界通史》的窠臼。有学者曾作过精细的考证，比较与鉴别了20多种世界近代史教材中从英国资产阶级革命到巴黎公社的章目名称，发觉它们的章目编排次序相同，体系格式一样，标题亦大同小异，鲜有例外。这一样式的"母本"出自周吴本的《世界通史》(近代部分)，倘再追溯周吴本的来源，原来始作俑者是苏版《世界通史》(第5、6两卷)。两者章节排列"其实一样"，可见，苏版《世界通史》才是它们的真正的"母本"。[3]

随着苏版《世界通史》的印行，随着中国学者对它所散发出来的苏式马克思主义唯物史观(实质上是斯大林主义)的接纳，由此带来的消极影响是，那种业已存在在中国学界的公式化、简单化与教条主义的作风，在当代中国政治上日益浓烈的"左"倾思想的影响下变得格外彰显，并在历史研究中更加肆虐起来，尤使中国的世界史的研究陷入误区。

事实表明，苏版《世界通史》对我们的影响，尤其是对我国世界史学科建设的影响是不可小视的。我们在评价苏版《世界通史》中译本植入我国时，要正确看待它的积极意义及负面影响。总之，我们要以历史唯物主义的态度来看待它，任何一笔抹杀(如"文革"中的评价)或任意夸大(如"丰碑"式的评价)都是不妥当的。现在我们要恢复它作为现代世界史学潮流中的一个通史学派的应有地位，唯其如此，才能在中国的世界史体系的重构工作中，对它作出必要的借鉴与正确的评价。

---

① 参见钱乘旦《社会科学的规范化——评世界史教科书的视角》，载《中国书评》1995年总第4期。

② 最能体现吴于廑这种治史思想的是由吴于廑与齐世荣任总主编、高等教育出版社20世纪末陆续出版的六卷本《世界史》。

③ 钱乘旦:《社会科学的规范化——评世界史教科书的视角》，载《中国书评》1995年总第4期。

## 六、小　结

20世纪的世界历史繁杂宏富，20世纪的世界文化交会融合。作为一种文化的史学，它在20世纪的发展行程中，也呈现出其宏富与交会的景观。如今，当我们站在新世纪的桥头，面对世界历史的宏伟与世界历史学的丰赡，顿添一种"观古今于须臾"的历史情怀，并由以上粗浅的论述中，约略触摸到历史学尤其是现代中国史学发展的脉络与特征。

中外史学交会是20世纪中国历史学发展的一个显著特征。从中外史学交流史的全局来看，严格说来，域外史学的输入及其对中国史学发生直接的影响是从20世纪初开始的。自"五四"运动后，国外有两股史学大潮流在中国学界产生了重大的回响：一是马克思主义史学的潮流，它的流行归功于一批具有共产主义思想的先进知识分子对马克思主义唯物史观的介绍和传播，如李大钊、陈独秀等人；二是西方资产阶级史学理论的移入，它的昌盛归功于当时一些留美学者，如何炳松、胡适等人。这两股史学潮流在二三十年代兴隆，并于日后都有很强势的表现，如前者在五六十年代借苏联史学的输入而尤显张扬，后者在中国新时期更有过一番"急风暴雨"式的引入，至今不衰。中外史学交会构成20世纪中国史学的重要特征，这是时代进步与社会变革使然，无须赘论。它的发展史呈现出了与近世之前中国史学发展的不同景观。

铜山西崩，洛钟东响。无论是国外引入的马克思主义的唯物史观，还是欧美输入的资产阶级史学理念，它们作为20世纪的一种强势的史学力量，在其外移的过程中，势必要释放与扩展其影响，如本文所论述的50年代以来大规模输入中国的苏联史学，又如当代中国史学所面临的西方史学的有力冲击等。由之，在我们看来，中国史学之更新，既需要改造传统史学，也需要借助外力，大力引进与输入国外新史学，接受来自域外强势史学的冲击与挑战。这是一个不容回避的现实。事实上，中国史学的现代化（或近代化）的进程与接受外来史学的挑战是难以分开的。苏联史学输入的例证，20世纪二三十年代及八九十年代西方史学输入的例证，都可为之作证。

但是，历史的经验启示我们，在国外史学输入中国的过程中，决不能舍弃中国历史学家的主体意识。一般说来，国外史学引入中国的程度，是与中国社会与时代的发展不可分的。史学的发展总要受制于历史的发展，受制

于特定时代的政治与经济的发展,这是不言而喻的。在这里,由五六十年代苏联史学的大规模地输入与引进过程中,留给我们最重要的一个教训是:一旦史家主体意识的丢弃或淡化,就必然使我们的历史认识受到制约,并影响到我们对历史客体的认识与评价,最终导致我们的史学工作误入歧途。这在五六十年代历史研究工作中的事例是不胜枚举的。事实表明,中国史学的发展,"全盘西化"不行,"全盘苏化"(或"全盘俄化")也不行。这因为,我之所求,未必是人之所予;人之所予,未必是我之所求。不管是苏联史学,还是西方史学,如果脱离了中国历史与中国历史学的实践,那就无疑是缘木求鱼,一事无成。对于中国历史学的发展,外力是不可或缺的,但它毕竟还是一种助力,而不可能是一种左右中国史学发展的决定性力量。总之,我们在引进与输入国外史学时,应该以马克思主义的求实态度去观察、介绍和评价,既不要把它们当作某种教条奉若神明,把自己的思想禁锢起来,也不是为了赶时髦,把自己尚未弄明白的域外异说玩于股掌之上,而应出于中国历史学家的主动选择,总之要"外为中用",以为中国新史学的构建作出某种借鉴与贡献。

珠辉散去归平淡。如前所述,当人们在剥去了附在苏联史学身上的神圣的光环之后,还其原貌,于是我们看到了借由一种著作、一种理论、一种方法、一种思潮等所体现的一种历史学学派。这种学派与世界史学园地中的诸多学派一样,也各有特色,互有轩轾,借用德国哲人兼史家斯宾格勒的话,那就是,世界上的每种文化,都有自己的个性,"正和每一种植物各有不同的花、果,不同的生长与衰落方式是一样的"[1]。史学亦然。不过需要补白的是,此处"平淡"并不是如宋代诗人梅尧臣所主张的"平淡","'平'得常常没有劲,'淡'得往往没有味"[2];我们所说的"平淡",是指的历史学发展行程中的一种常态。同"历史热"一样,"历史学热"也不是一种常态。史学应该复归常态,复归平淡。

本文至此已经结束,但有一点还需再作强调。苏联史学作为一种特具个性的历史学派,它所显示的某种史学思想,是一份历史的遗产。既然是历史的,我们就应以历史主义的态度来对待它,过分抬高或一笔抹杀的做法都是不可取的。这自然不用笔者在此多作饶舌了。

---

① 参见斯宾格勒《西方的没落》,商务印书馆 1963 年版,第 39 页。

② 参见钱钟书《宋诗选注》,人民文学出版社 1989 年第 2 版,第 14 页。

# 欧洲当代史中的苏维埃历史

[德]施泰凡·普拉根博格　著
蒋　锐　孙立新　译

今天看来，苏维埃史就是当代史的同义语。当代史“经典作家”的各种定义对此都没有怀疑。例如汉斯·洛特费尔斯就从俄国革命爆发和美国加入第一次世界大战的1917年中看到一个“世界历史新时代”的到来[①]，卡尔·迪特里希·布拉赫也把1917年作为他那部具有划时代意义的关于20世纪史的著作的起点[②]，而艾里克·霍布斯鲍姆的简明20世纪史实质上是与苏维埃时代重叠的[③]。这三位研究兴趣、社会与教育背景、出身和政治立场截然不同的历史学家的上述一致性，差不多可以诱导今天的史学家把20世纪称作苏维埃世纪。不过，这似乎只是在制造不必要的标签竞争，因为已经有一个作为时代称号的“德意志世纪”了。[④] 至于哪个国家可以享有冠名权——在此美国自然是不容忽视的——这不过是一个既不能引导深入分析也无助于增长知识的问题。无可争辩的是，只有把苏联包括在内才有可能书写20世纪的历史。这适用于欧洲，也符合1945年后世界的情况。

苏联的存在对20世纪历史的事件序列和结构，对国际体系，对文化关系和微观环境（这种微观环境不只局限于苏联），对政治和社会的话语，对有关政治、经济、社会的理论形成，都产生了决定性的作用。这一点尽管早已被

---

① 参见H·洛特费尔斯《当代史作为一项任务》，载《当代史研究》1953年第1期。

② 参见K.D.布拉赫《危机中的欧洲：1917年以来的内部历史与世界政治》，美茵河畔法兰克福1979年版。

③ 参见E.J.霍布斯鲍姆《极端的年代：20世纪世界史》，慕尼黑1995年版。

④ 参见E·耶克尔《德意志世纪：历史回顾》，美茵河畔法兰克福1999年版。

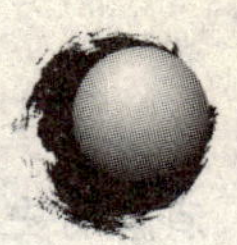



人们充分认识，我们还是要再次加以强调，目的在于提醒人们，不要把苏维埃史错误地理解为苏联疆域内的历史，就是说，不要理解为当代史部门内众多国别史中的一部。苏维埃史同时显示出欧洲和全球的维度。它波及西欧和欧洲以外的社会，直至其日常生活和生活环境。就德国的历史来说，苏维埃的成分是显而易见的，其历史遗产也可以被感觉到。不仅对于苏联和东欧国家的居民，而且对于西方社会中形形色色的反布尔什维主义势力，对于20世纪60年代晚期至80年代的大学环境(某种程度上对于联邦德国的东欧史专业)，对于安哥拉农产品的中间商，以及对于美国中央情报局的资金配备，苏维埃史过去和现在都是一种现实，一种具有重大意义的经历。这些由苏维埃引发的多重复杂关系正是当代史研究的对象，不过目前尚难预见这将对其问题、主题和方法产生什么样的后果。

问题是，怎样才能把苏维埃史的多层次性置于当代史上欧洲和全球的复杂联系中，并在当代史的研究任务中把它表述出来。一种实用主义的分割似乎是适宜的：不言而喻，苏维埃史首先是在这一地区生活过的人们的历史。对此，研究工作将继续予以关注并且要掌握大量经验性材料。至于这些材料怎样才能进一步对20世纪史的理论化作出贡献，目前尚无法得知。不过，轮廓已大致显现，这在本文中将加以介绍。此外，涉及苏联的当代史研究必须通过有关的苏维埃政治—帝国的和文化、文明化的扩张历史来加以补充。① 这一点有多么重要，下列情况可提供例证：有关冷战发展和美国政治集团接受极权主义理论的最精彩著作之一，就是由一位苏维埃史学家写的。② 这只是一个例子，说明苏联也影响到疆域之外的地方，就像普希金对客人的冷漠曾对历史产生过重要影响一样。

应当使用哪些概念和分析范畴来阐释苏维埃史，这显然将取决于认识兴趣。在一份杂志中，已经有人联系20世纪的俄罗斯历史，对1989～1991年划时代转变的意义进行了思考并且为勾勒轮廓提出了建议。③ 文章认为，必须向未来的研究者提出好的建议，要他们借助系统的理论来研究历史。不能强迫被建议者遵从这一号召，因为历史事实的重要领域是处在被建议的系统概念之外的，或者介于它们之间。此外还有这样一个问题，即在他所处的时代，在苏联衰落的影响下，苏维埃史究竟在多大程度上可以被系统地、恰如其分地理解？显然，苏联、东欧共产主义政体的崩溃预先规定了问

---

① 根据W·莱茵哈特《欧洲扩张史》四卷本，斯图加特等1983～1990年版。

② 参见A·格里森《极权主义：冷战秘史》，纽约1995年版。

③ 参见D·盖耶《20世纪的俄国：当代史问题概述》，载《历史与社会》1997年第23期。

题的提出和研究的角度，并导致了历史主线的出现。如果说两次世界大战和1989～1991年这三次划时代变革已经决定了俄罗斯/苏联历史的轮廓，并且“难以卸却的遗产负担”又宣告归来，那么，随之而来的便是对历史学家的挑战，即探求这几个时代之间的因果联系。① 相反，下列观点——尽管原则上对这个研究计划不发生怀疑——应当受到批判：(1)迄今为止，出于种种原因，研究工作走向了歧途，因为它处在构建历史工作的虚渺高空，没有找到解决真正焦点问题的答案②；(2)它坚决认定，不是第一次世界大战而是国内战争成为苏维埃史变革性的同时也是创伤性的起点，第一次世界大战作为沙俄帝国深刻危机的导火索，主要处于另一种历史作用的框架内；(3)第二次世界大战的划时代意义只是相对的，因为被希特勒德国侵袭的苏联社会早已被27年之久的内外战争、暴力和恐怖统治所毁坏；(4)第二次世界大战没有触动苏联的制度，甚至巩固了这个制度，相反的新现象却在国际关系和苏联作为世界大国的角色中显示出来。借助于革命、帝国和民族这些构建中的大范畴——根据建议——虽然可以描述20世纪的几个主要特征，但它们却基本停留在“大而化之”的状态中。相反，新近的研究探讨了苏维埃史中那些可以认识的——对当代史的定义者来说总是如此——社会政治现象、政治统治关系以及“亲身经历者”的生(幸)存与日常生活领域。归根结底，这些研究不是相互排斥的，而是一种相互补充的研究实践的有机组成部分。

与前述观点不同，本文试图在兼顾欧洲背景的情况下，突出苏维埃史的几个主要线索。它们或者不存在于前面提及的三个概念的框架内，或者存在于这个框架中别的地方。然而首先必须声明，本文只是刻画一些轮廓，特别是描述一下关于苏联当代史研究的任务，目的在于以这种方式确定苏维埃史在欧洲当代史中的地位。因此本文也不是一篇文献报告。③ 此外，对1917～1945年这个时期只进行了相当简短的论述，因为关于这段历史已有

---

① 参见D·盖耶《20世纪的俄国：当代史问题概述》，载《历史与社会》1997年第23期。

② 盖耶的建议也与他自己的研究计划有关。参见D·盖耶《20世纪的俄国：当代史问题概述》，载《历史与社会》1997年第23期。

③ 此处不作详细论证。有关文献可以在下列著作中迅速查到：M·希尔德迈耶《苏联史：第一个社会主义国家的兴亡》，慕尼黑1998年版；同样由他著的《1917～1991年的苏联》，慕尼黑2001年版；S·普拉根博格主编的《俄国史手册》第5卷《1945～1991年：从二战结束到苏联解体》，斯图加特2002年版。在此，我谨向本书和即将出版的本书第二分册的所有作者表示感谢。没有他们的著述，本文是不可能产生的。为了写作本文的第二部分，我特别参阅了《手册》第5卷。

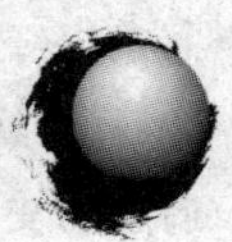



多种总结性报告了，而且当代史的困难性也不允许在这个地方重复讨论。[①]不过，考虑到欧洲的背景，应当增添几点补充性的但也许很少被注意的内容，包括零散的、关于苏联当代史机构特性的摘记。相反，1945 年后的时期却没有受到多少关注，尽管原来对 1945～1953 年后期斯大林主义缺乏研究的落后状况开始有所好转。以 1953 年斯大林去世后的年代作为考察对象的当代史研究，除了个别例外，无论在我们这里还是在其他地方都还没有出现。因此，这一部分应当受到特别关注。这个研究领域尚未得到开发，这种情况对于欧洲范围内比较当代史的编撰很不利。如果以比较的眼光来看有关联邦德国和民主德国的大量研究工作，那么不能不指出另一种明显落后的状况。这种落后状况表现在：国内从事东欧史研究的人员在数量上大大少于德国史的研究者；在联邦德国不存在专门研究苏联当代史的机构，这与对联邦德国史和民主德国史的研究形成鲜明反差[②]；因此当代史研究只能出自大学里那些不只是针对当代史的东欧史研讨班和大学外那些不只是从事当代史研究的研究所；以苏维埃史为重点的教授席位被取消了[③]；在俄国，对这个时期档案资料的查阅要比对德国史资料的搜集困难得多；俄罗斯史学家还同这个时期保持着相当的距离[④]，人数众多的美国研究机构则要么专注于 30 年代的斯大林主义，要么专注于冷战、外交和国际体系。所以本文第二部分试图就后斯大林主义时代的当代史中几个主要方面作一探讨。在此也对这个帝国发表一些个人见解，这是可以理解的。最后，应当按照贯穿于本文的有关现代化和现代的中心议题来剖析被提到的若干现象，因为苏联提出了一些理论问题，这些问题迄今还没有受到多少注意，但它们却可以把这个历史分支推向欧洲大背景。

---

① 参见 M·希尔德迈耶主编《二战前的斯大林主义：研究的新途径》，慕尼黑 1988 年版；S·普拉根博格主编《斯大林主义：新的研究和观点》，柏林 1998 年版；Sh. 费次帕特里克主编《斯大林主义：新方向》，伦敦 2000 年版；赫尔穆特·阿尔特里希特《“开放的大建筑工地——俄国”：关于“共产主义黑皮书”的反思》，载 *VFZ* 1999 年，第 47 期。

② 唯一的真正当代史专门研究机构是不来梅大学的东欧研究所，其工作重点是汇编共产主义时代东欧持不同政见者的文献并对它们进行科学研究。

③ 例如在美茵河畔法兰克福和卡塞尔发生的事件。

④ 也有例外，如 R. G. 皮乔亚的《苏联：1945～1991 年的政权史》，莫斯科 1998 年版；发表于 Ju. 阿法纳西耶夫主编的《20 世纪的俄罗斯》六卷本中的几篇文章，莫斯科 1996 年版；E. Ju. 祖伯考娃的《左翼苏维埃运动政治年鉴：1943～1953 年》，莫斯科 2000 年版；E. Ju. 祖伯考娃的《战后俄罗斯：希望、幻想与失望(1945～1957)》，阿尔蒙克/纽约 1998 年版；E. Ju. 祖伯考娃的《1945～1964 年的运动与改革》，莫斯科 1993 年版。

## 一、1917～1953 年间的基本情况

苏维埃史的全部构建都必须从损失开始,因为再没有任何一个国家像俄罗斯那样饱受各个方面灾难的打击了。第一次世界大战中就已经开始,自 1917 年起——虽然不是自十月革命起——一股瓦解的浪潮席卷整个国家,衰落的俄罗斯帝国没有一个角落不被触及。十月以后情况更加糟糕,因为布尔什维克政变(coup d'état)不仅没有阻止反而加速了这一进程。十月革命使大灾难在那些年间的欧洲畅行无阻。难以想象的大规模人员损失再一次唤醒我们的记忆:在第一次世界大战进行过程中,俄国方面有 200 万人丧生。有多少人死于 1918～1921 年的国内战争,这已无法获悉准确数字了。1926 年的人口普查表明,包括 1921～1922 年大饥荒——它导致 400～500 万人丧生,实际人口数比预计人口数少了 2800 万。特别是处于服兵役年龄段的青年男子大量减少。1917～1922 年间,可服兵役的青年男子中有 31%(670 万人)过早死亡。[①] 在欧洲任何其他地方,青年人都不曾如此大规模减少。[②] 这些数字掩盖了这样一种日常生活,它不久前在乌拉尔地区的区域研究中被称为"灾难中的生活"。[③] 这项资料确凿的研究,再一次清晰展示了一种人类生存的政治、社会与日常史的维度,就其悲惨乃至野蛮状况而言,这样的人类生存在当时欧洲的任何其他地方都不曾有过的。到下一次人口灾难出现,中间只隔了短短 11 年。尽管农业集体化和"消灭富农运动"已经造成数千人死亡,但这一数字在人口统计学上的意义远不能同 1933 年的饥饿和瘟疫相比。大约 600 万人成为牺牲品。恐怖统治则雪上加霜,使情况变得更糟。据说从 1928～1941 年大约有 800 万人死于各种清洗。在第二次世界大战中,苏联方面牺牲了 2600～2800 万人。1945 年的战争结束并没带来人口增长。1946 年饥饿期间,又有 200 多万人过早死亡。至于集中营中死了

---

① 参见 F·洛里默《苏联的人口:历史与展望》,未注明出版地,1946 年版;R·迈尔维勒、T·施泰芬斯《人口》,载 G·施拉姆主编《俄国史手册》第 3 卷第 2 分册《1856～1945 年:从专制主义改革到苏维埃国家》,斯图加特 1992 年版,第 1009～1193 页,此处引自第 1071～1103 页;M·维纳《1921～1922 发生在萨马尔省的大饥荒和苏维埃政权的应对》,载《现代俄国》1997 年第 38 期。

② 参见 C·库尔—考洛雷夫、S·普拉根博格、M·维尔曼主编《1917～1941 年的苏联青年:革命与悲观之中的一代》,埃森 2001 年版。

③ 参见伊戈尔·纳尔斯基《灾难中的生活:1917～1922 年乌拉尔居民的日常生活》,莫斯科 2001 年版。

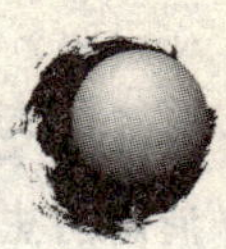



多少人,也许永远不会得到精确统计了。不过我们不要忘记,很多人1945年后被关押在古拉格集中营,其结果是,大约占苏联全体居民3%的人在斯大林主义政体的专制体制下艰难度日。

苏维埃的缔造者列宁在十月革命中

过高估计可怕的死亡数字是毫无意义的。迄今我们还完全缺乏理解这些人道灾难的范畴,这些灾难产生的原因各异,凶手、动机和情况不同。近几年的研究发现了大量记录事件经过的档案资料,其中部分已出版。但是,除了牺牲者是同一社会和国家的成员这个事实外,如果还存在某种关联,这种关联又是什么呢?[①] 似乎可以认为这些事实和事件是互相关联的,只是历史学家(其他学科的科学家也一样)目前还完全没有把握它。不过问题在于,在回顾20世纪的时候,苏联的毁灭和死亡浪潮是否只是一系列毫无内在联系的"偶然事件"。[②] 在集体流放事件中,这种联系已经很明显了,而且作为20世纪暴政史的一部分不能再被忽略了。[③]

---

① 参见N·维尔斯《反人民的国家:苏联的暴力、压迫和恐怖》,载S·库尔托斯等主编《共产主义黑皮书:压迫、犯罪和恐怖》,慕尼黑1998年版。

② 关于在某种程度上揭示这一问题的尝试,参见D·达尔曼、G·希尔施费尔德主编《集中营、强制劳动、驱逐和流放:苏联和1933~1945年德国大规模犯罪的维度》,埃森1999年版。

③ 参见H·莱姆贝尔格《"种族清洗":民族问题解决的手段?》,载《政治与当代史》1992年第46期;N. M. 奈马克《仇根之火:20世纪欧洲的种族清洗》,坎布里奇/马萨诸塞2001年版。

大量死亡只是损失史的一部分，而这个损失史在其他领域也以极度的规模表现出来。沙皇帝国崩溃了，各种组织机构瓦解了。旧的治安机构，包括民兵和正规军，也衰落了。特别是法律制度遭到严重侵蚀，以至于在俄国建立法治国家举步维艰，而且这种困难久久难以克服。于是一个持久的法治紊乱阶段开始了，而布尔什维克的法治虚无主义又使这种紊乱变得更加严重。新政府同时还打破了原有的经济和所有制制度，这早已为人所知。教堂和宗教作为价值观核心受到激烈批判，家庭作为一种机制在政治、社会和法律上被严重削弱，大部分俄罗斯知识分子，包括一些行政管理精英和文化精英，被迫流亡国外，汪达尔主义的图像破坏运动开始了对政治象征符号的摧毁，迄今还发挥作用的日常生活标志消失了，被新的标志所取代。数百万失去家园和父母的儿童与青少年成帮结伙地流浪在城市和乡村。所有这些都意味着，在苏维埃史开始的时候，传统的损失和瓦解现象发生在所有领域并伴随着人员伤亡，就其规模之大来说，在欧洲是绝无仅有的。这是一场涉及国家、经济、社会关系、价值、生存条件的根本性危机。死亡、暴力和不安全的景象随处可见。

制作一张那个年代在欧洲所发生危机的名次表似乎具有嘲讽意味。然而，没人能够回避这样的经验性结论，即苏俄危机的深度和广度是无可比拟的。20 年代初意大利发生的事件和新建的巴尔干国家——匈牙利、塞尔维亚—克罗地亚—斯洛文尼亚王国（自 1929 年起组成南斯拉夫）、保加利亚——很不稳定的政治状况与动荡的社会、种族状况，都无法与苏俄的发展相比。就是由德国的失败而造成的危机也没这么严重；德国的失败当然是完全不同的另一回事，而且它所造成的危机只有一部分可以从经验上加以测定。可以提出这样一个命题，即虽然真正的欧洲大危机发生在苏俄，但在德国，对自身危机的认同和对民族灾难的意识显然更具紧迫感。

单从人口统计危机来看我们也会发现，下列情况对于苏俄来说几乎是完全陌生的，即危机得到普遍认同，它对过来人的思想和行为产生了重要后果，国内战争中减少了差不多三分之一的那一代人都从这个事实中发展了自己的生活感受和生活态度。没有人把灾难解释为苏维埃史的基础并把后来的发展与之联系起来。不过显而易见，人们一般都对把苏维埃史描写为

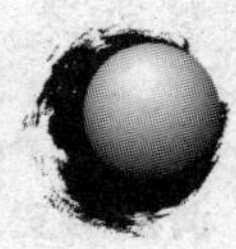



处于历史变迁中的政治、社会和经济的历史保持沉默[①]，它涉及这样一个可以论证的发展过程，其中牺牲者虽然以统计数字形式出现，但却不是历史的无言塑造者，而幸存者则没有更激进地设想自己的历史使命。如果我们开始把暴力、大量死亡和大规模破坏看作一系列事件的背景，这将对苏维埃史产生什么样的后果？一些地方可观察到的、以新形式重新回归的宗教是对危机的一种反应吗？这个危机已经把所有现存的可靠性都扫地出门了。[②]苏联、东欧共产主义国家政权凯旋式的自我描绘，连同其自导自演、喋喋不休、神话般夸张的历史目的论，梦幻般的进步乐观主义，技术官僚的未来统治和从实际情况看纯属荒谬的消灭所有暴力的社会乌托邦[③]，从这种文化史角度来看，都不完全是从意识形态中推导出来的，而是幸存者克服普遍存在的争斗与死亡的努力。这些情况加强了意识形态上早已预先确定的、把由历史所选定的人和蒙羞的"原有人"（byv ie ljudi）区别开来的简单划分。服从此种共产主义立场观点的部分青年人，可以获得一种生物学意义上的历史优先权，这个观念曾得到较低年龄段布尔什维克成员——在 1917 年平均为 29 岁——的坚决拥护。[④] 不光是布尔什维克，而且许多知识分子和 1917 年后年轻一代的成员，都曾经醉心于先锋队的角色，坚信自己是特选者，唯有自己拥有塑造未来的能力。[⑤] 如果人们继续坚持这种思想，那么国家政权在大量阅兵式、纪念日和节日上的宏伟表演就是一种在坟墓上用魔咒召唤

---

① 关于文化的思考，参见希尔德迈耶的《历史》；L·鲁克斯的《俄国和苏联的历史：从列宁到叶利钦》，雷根斯堡 2001 年版；H·阿尔特里希特的《1917～1991 年苏联简史》，慕尼黑 1993 年版；R·塞维斯的《20 世纪俄罗斯史》，坎布里奇/马萨诸塞 1998 年版；M·玛利亚的《苏联的悲剧：1917～1991 年的俄罗斯社会主义史》，纽约 1994 年版。

② 参见 S·普拉根博格《苏联早期的民间宗教狂热和反宗教宣传》，载《社会史档案》1992 年第 32 期。

③ 参见 H·豪曼《自由社会的乌托邦和暴力关系的实践：苏俄早期历史（1917～1921）研究中的未解问题》，载《社会史档案》1994 年第 34 期。

④ 参见库尔—考洛雷夫、普拉根博格、维尔曼《苏联青年》；库尔—考洛雷夫《驯服的英雄：1917～1932 年苏联青年的塑造》，哲学博士论文，马堡 2002 年。该博士论文即将正式出版。

⑤ 参见库尔—考洛雷夫《英雄》；N. B. 雷比娜《20～30 年代苏联青年工人的社会发展与野蛮制度的改造》，博士论文，圣彼得堡 1994 年；I·提拉多《青年近卫军！共产主义青年团：彼得格勒 1917～1920 年》，纽约 1988 年版；A·格萨赤《俄国革命中的青年：狂热分子、波希米亚人、罪犯》，布罗明顿/印第安纳波利斯 2000 年版；S·普拉根博格《革命文化：十月革命和斯大林主义之间苏维埃俄国人的形象和文化实践》，科隆/魏玛/维也纳 1996 年版。

生活和未来的舞蹈。[①] 苏联领导人试图在对列宁的狂热崇拜中把居民的“形而上学需求”转向国家政权。[②]

最后需要补充一点:谁如果从死亡数字得出结论说,这种死亡肯定在人的思想和著述中普遍存在,并且会经历一种与具体环境相应的、按照美学原则进行的创造,那他就大错特错了。死亡描写很少见并且以其微不足道的数目与实际发生的普遍存死亡形成鲜明对照。流行的描写是有充分历史理由的敌人的死亡。死亡,甚至杀死敌人这件事本身,成了一种解救,它克服了死亡并且引导幸存者——包括凶手——进入一种更好的生存状态。[③] 尽管随着革命的胜利这种死亡在生物学意义上已经结束了,但这一事实导致了下列情况,即通过优生学和实验医学,或者通过哲学——技术——自然科学的保持青春和防止衰老战略来克服死亡——这在严格科学的意义上不言而喻。[④]

与苏维埃开始时期相同的类似问题,也存在于1941年以后的时期,当时民众既没有从恐怖统治也没有从生活环境的大破坏中走出来,进入和平的、有序的和可计划的状态。虽然斯大林主义晚期的恐怖统治从某种意义上说是有针对性的,即他至少在回顾当中抓住了那些可列举名字的团体,但是在1945年以后,却有比战前还多的人被送进了集中营。数百万被遣返回国的人都曾在洗脑集中营中呆过。从希特勒德国活着回来的苏联战俘又陷入了苏联当局的魔爪,被视为潜在的颠覆分子。致力于研究这一时期当事者经历和心态的专著目前还很少。[⑤] 仅有的研究则展示出一个消沉与冷漠的社

---

① 参见M·罗尔夫《1927～1932年沃罗涅茨和俄罗斯中央地区的民间节日》,2000年;J·凡·盖尔德尔恩《1917～1920年布尔什维克的节日》,伯克利/洛杉矶/伦敦1993年版;普拉根博格《革命文化》,科隆1996年版,第258～288页;R·史迪特斯《革命的梦想:俄国革命中的乌托邦幻想和生活实验》,纽约/牛津1989年版,第97～100页。

② 参见B·恩科力《苏联列宁崇拜的开始》,科隆/魏玛/维也纳1997年版。

③ 参见D·威斯主编《宣传中的死亡:苏联和波兰人民共和国》,波恩等2000年版;S·普拉根博格《世界大战、国内战争、阶级战争:苏维埃俄国暴力的心态史研究》,载《历史人类学》1995年第3期;《1917～1930年苏维埃俄国的暴力和军队》,载《东欧史年鉴》1996年第44期。

④ 参见A.N.森辛《俄罗斯的第一个优生学立法》,载《社会共同体》1924年第3期;M.B.亚当《优生的科学:德国、法国、巴西和俄罗斯的优生学》,纽约/牛津1989年版;M·哈戈麦斯特《尼古拉·费德洛夫:关于其生活、事业和影响的研究》,慕尼黑1989年版;同一作者主编《V.N.穆拉维耶夫:把握时代》,莫斯科1924年版,慕尼黑1983年版。

⑤ 参见这方面已被引用的E.Ju.苏伯考娃的研究,以及B·费塞勒《战后时期的内部政策》,载普拉根博格《俄国史手册》,斯图加特2002年版,第36～77页;V.F.西玛《1941～1945年战争中俄罗斯民族的文献》,莫斯科2000年版。

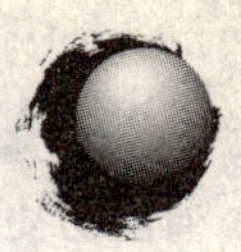



会。战争期间的自由主义“间歇”,作为国家政权的微少自由和容忍迅速结束,这使形势变得更糟。自身和家庭十多年的高压经历、屈辱、始终存在的生存威胁、担惊受怕、对暴力机器的顺从、始终是最低限度的社会和物质生存,所有这一切对于一个社会,对于它的人道条件(condition humaine)及其革命后的、据说是世界历史性的文明方案来说到底意味着什么?破坏、毁灭和死人这些初期行动对于以后的发展具有什么样的深刻影响?不论对于精神创伤、社会内部状况来说,还是对于力图淡化暴力史方面的研究来说,以下事实都是具有重要意义的:后斯大林主义社会的历史,的确应当从集中营的幸存者开始撰写。①

赞成写作暴政和暴政后果史不应当导致对其他任务保持距离。它也不意味着不加区别地对待从1917年到1953年的发展,把它写成一部没有差别的犯罪史,或者完全忽略其他必要的研究方向。恰恰从欧洲比较当代史的角度来看,在其他领域,尤其是社会史领域——在这里,社会史被理解为包括文化史的扩展——还有许多事情要做。比如,还需要研究妇女史,它要超越眼下已经得到深入研究的20年代,仔细考察妇女在斯大林主义社会主义建设中的作用。② 有一项开拓性研究描绘了二战期间和二战后女工以及苏联“废墟妇女”的情况,这些妇女承担了大部分重建工作。③ 与之相联系的似乎还有一篇关于尚未得到很好研究的苏联性别史的文章。④ 对于其他不能被包括在“工人”、“职员”和“农民或集体农庄成员”范畴内的社会群体,也需要进一步研究。⑤ 尤其值得抱怨的是,区域研究很不够,人们习惯于“自上而

---

① 参见N·阿德勒《古拉格集中营的幸存者:苏维埃制度的另一面》,新不伦瑞克/新泽西/伦敦2002年版。

② 参见R·迈耶《“妇女占我国人口的一半”:斯大林对女性的考虑》,载普拉根博格《斯大林主义》,柏林1998年版,第243～266页;R·萨托尔提《“纺织是全国的幸福”:一种理想女性的导演》,载普拉根博格《斯大林主义》,柏林1998年版,第267～292页;C·施艾德《儿童、厨房、共产主义:从莫斯科女工看1921～1930年苏联妇女的日常活动与妇女政策的变化》,苏黎世2002年版。

③ 参见S·孔策《40年代的苏联女工:二战对1941～1950年苏联妇女职业的影响》,斯图加特2001年版。

④ 参见N·施泰格曼《西方思想模式影响下的东欧妇女:关于东欧历史与性别史的关系》,载《东欧》2002年第52期。

⑤ 参见S·沙腾贝尔格《斯大林的工程师:30年代技术与恐怖之间的生活世界》,慕尼黑2002年版;D·诺伊塔茨《莫斯科地铁:从最初计划到斯大林主义的大工地(1897～1935)》,科隆/魏玛/维也纳2001年版;R·迈耶《1935～1938年斯达汉诺夫运动:斯达汉诺夫主义作为苏维埃社会斯大林化的承担和促进因素》,斯图加特1990年版;L. H. 西格尔鲍姆主编《苏联的制造业工人:权力、阶级和身份认同》,伊萨卡1994年版。

下地”看地方的情况，苏维埃史始终是出自莫斯科视角的历史。不过，目前已有的研究成果和正在进行的研究已经表明①，暴力无处不在，所有人致力于或必须致力于研究这一现象，如果他们想要提供一篇可以理解的、关于斯大林主义历史的文章的话。所有关于斯大林主义的历史著述都得服从这个

在苏共 17 大上，来自苏联各地的女工争先恐后地与斯大林握手

强制性的命令。没有一部不涉及恐怖的地质学史②，没有一部关于苏联教育学的著作不提到对教师的肉体摧残③，编辑出版的自述文献没有一篇不提及暴力经历④，没有人在论述少数民族时不提到对包括俄罗斯族群众本身进行

① 差不多每年都举行的“斯大林主义研究”会议，主要由较年轻的历史学家参加。他们常在会上介绍自己正在进行研究项目。作者感谢 2001 和 2002 年会议的发言人。会议在汉堡举行，并受到汉堡社会研究所的资助。

② 参见 Ch. 米克《斯大林主义下的科学和科学家》，在普拉根博格《斯大林主义》，柏林 1998 年版，第 321～364 页；D・贝劳《知识分子和持不同政见者：1917～1985 年苏联中的俄罗斯教育史》，哥廷根 1993 年版，第 75～155 页。

③ 参见 G・希里西《苍白的面孔：被遗忘的人——A. S. 玛卡连柯的 28 幅“朋友”和“敌人”肖像》，不来梅 1999 年版；同一作者《“白色恐怖”年代的玛卡连柯》，马堡 1998 年版。

④ 参见 V・嘎罗斯、N・考莱诺夫斯卡亚、Th. 拉胡森主编《隐私与恐怖：30 年代苏联大清洗》，纽约 1995 年版；J・海尔贝克主编《1931～1939 年莫斯科日记》，慕尼黑 1996 年版。

大屠杀的暴力和镇压[①],如此等等。在论述1953年以前的苏联史时,没有人能够对暴力和毁灭加以轻描淡写。事实上,近几年来已经出现一些持这样见解的著作了。然而过去却不总是这样。最近25年间,关于两战期间苏维埃史的编纂在这方面已经发生了重大变化,今天人们已经不再认为,斯大林主义就是以1928/1929年的五年计划和农业集体化为特征的新计划经济时代了。[②] 然而某些方面仍有欠缺。能够与关于大众汽车厂的著作[③]相比较的研究还没有出现,不过已经有了关于个别企业,或者更确切地说,关于企业环境的地方研究。[④] 关于这一时期的经济史似乎绝迹了,这也与机构缺乏紧密相关。[⑤]

在此,指出这种研究趋势的一个特殊性是有必要的。在历史科学发生所谓的范式变化之后,无论在德语区还是在盎格鲁萨克逊语区,文化史都占据主导地位了。在美语苏维埃史学中,语言学转向(linguistic turn)的若干游戏类型已登上前台,只是难以让人明白:第一,它们如何批判性地摆脱专制政体的风格;第二,它们如何"根据文本"哪怕比较接近地诠释斯大林主义的核心问题,即暴力。被枪毙的绝不是话语问题。所以语言学转向就在那

---

① 参见J·巴波罗夫斯基《作为帝国现象的斯大林主义:苏联的伊斯兰地区》,载普拉根博格《斯大林主义》(柏林1998年版,第113～150页)及散布各处的其他关于这一主题的文章;R. G. 萨尼、泰里·马丁:《多民族的国家:列宁和斯大林时代的帝国与民族划分》,牛津/纽约2001年版;Ch. 嘎森施密特《革命和党的欺骗:1924～1941年的伏尔加德意志苏维埃社会主义自治共和国》,波恩1999年版。

② 参见J·巴波罗夫斯基《变迁与恐怖:1928～1941年斯大林统治下的苏联(文献报告)》,载《东欧史年鉴》1995年第43期;M·希尔德迈耶《斯大林主义解说》,载《历史杂志》1997年第264期;Sh. 费茨帕特里克《构造斯大林主义:改变西方的和苏联的视角》,载A·诺夫主编《斯大林现象》,伦敦1993年版,第75～99页;J·许斯勒《斯大林主义的苏联和俄罗斯解说》,载普拉根博格《斯大林主义》,柏林1998年版,第35～70页;S·普拉根博格《西方研究中对斯大林主义的最重要处理方式》,载《斯大林主义》,柏林1998年版,第13～34页;普拉根博格《德国的斯大林主义研究》,载《社会运动》2001年第196期。

③ 参见H·莫姆森、M·格瑞格《第三帝国的大众汽车厂及其工人》,杜塞尔多夫1996年版。

④ 参见S. V. 祖拉夫列夫《"年轻人"和"历史":1920～1930年苏维埃历史中莫斯科电气厂的外国人》,莫斯科2000年版;S·考特金《有磁性的山:斯大林主义作为一种文明》,贝克雷1997年版。

⑤ 吉森原有一个专门从事农业研究的中心,它对苏联的农业进行了大量基础性研究,现在已经关闭。关于二三十年代的农业,可参见S·迈尔《苏联集体化的开始:向国家调节农村产品—市场关系的过渡》,威斯巴登1985年版;迈尔主编《苏维埃政权与农民:关于"军事共产主义"和新经济政策时期农业政策与农业发展的文献》,柏林1993年版;迈尔《农业市场与新经济政策:1925～1928年苏联政府控制农业的开始》,慕尼黑1981年版;迈尔《斯大林统治下的农民:1930～1941年苏联集体农庄制度的定型》,柏林1990年版。

些牺牲者身上搁浅了。[①] 不过，也许存在使之成为可能的话语[②]，它们可以预想行动并且有助于减少行动的阻碍。

使暴力史维度得以认识，这首先是俄国人研究中的一项功绩，他们自1991年以来就做了大量工作，以便填补“空白”。这里所涉及的不只是诸如卡钦(Katyn)、战后遣返回国者和德国战俘等在我们这里也引起轰动的问题，而且还涉及苏联领导人亲身参与犯罪的情况。有关政治局内部活动和决策过程的重要认识已是众所周知的了。[③] 尤其是俄罗斯同行们编辑出版了大量档案文献，如果要对这些工作进行恰如其分的评价，本文就会变得臃肿不堪了。斯大林主义的大部分和重要的清理工作，是由号称“纪念碑”的团体做出的。这得感谢俄罗斯历史科学的后共产主义环境；而这种清理工作既没有得到国家支持，也不与专业研究发生组织关系。然而，仍有若干历史领域还一直处于封闭状态。特别令人讨厌的是下列事实：最关键的文档还受到政治监控，档案的开放在很大程度上是随意的，档案立法使档案保管员不知所措：如果涉及到人事的或“敏感的”案卷，其公开出版就会受到严格限制。人们不能肯定，这些案卷是否会损害那个通常被称为“民族形象”的、轮廓模糊但仍神圣不可侵犯的构造物。而要作出判断，在许多情况下要听凭档案保管员的好恶，而他们则由于没有明确证据宁可坚持正面的职守。

大体可以说，俄国人的当代史研究把重点放在了史料的搜集和出版上。这同档案馆和档案保管员糟糕的财政状况紧密相关。他们被迫依赖于外国通过出版项目或研究计划而提供的财政资助。因此，概念的“进一步加工”大都留给西方史学家们来做，这与其说是由于缺乏专业力量不如说是由于下列事实：单靠无聊的思想工作难以为家庭挣来每日的面包。这样，苏联时代的传统尽管已经发生变化(mutatis mutandis)，但可惜仍在继续，而那些范式上已经作了重大调整的西方史学家，同样还要利用苏联的研究作为自己解说的采石场。

---

① 参见E·奈曼《公众中的性话题：早期苏维埃意识形态的肉化》，普林斯顿1999年版；同一作者《Chubarov Alley个案：集体意识、乌托邦的期望和新经济政策的心态》，载《俄国史》1990年第17期；考特金《有磁性的山》。

② 这一概念来自卢茨·尼塔哈默。

③ 参见O.V.契列夫纽克《政治局：1930年政权的专制主义》，莫斯科1996年版。

## 二、关于后斯大林时代苏联的当代史研究

如果说我们在导言中已经指出,1953年是苏维埃史上的一个转折点,那么我们就不应当隐瞒有关这一日期的疑难问题。它不仅与在二战中大大扩展的苏维埃帝国相关,而且也涉及到苏维埃联盟长期延续的结构特征。像德国在1945年那样的深刻转变,在苏联是不存在的,1953年也不是。退出政治舞台的是个人专制的掌权者;过去,他不发话,任何重大决定——特别是在对外政治上——都不会作出。斯大林去世及其对以后发展所带来的后果,首先证明了这个日期(1953年)的合理性。但是也有大量理由否定其转折点的意义:整个体制既没有崩溃,其核心部分也没有被摧毁。机关干部还是原来那些人,政治术语似曾相识,斯大林死后的"集体领导"一律是由斯大林分子组成的,他们原先就在斯大林最亲密的小圈子里工作。斯大林主义建设时期的"成就"、计划经济、集体化农业、1936年宪法、秘密警察的无所不在、分裂成原子的社会甚至集中营,都(暂且)一如既往地存在着。[①] 只是因为斯大林死了,大规模的(在国内战争中,在第一个五年计划中,在集体化和"消灭富农运动"期间,在30年代的恐怖统治中,在二战前和二战中的放逐时期,通过逃亡、疏散和迁徙——顺便提一下,这在1941年前也发生过——以及最后通过迁回以前被占领的地区,通过重建以及由工业化引起的强劲城市化)始终骚动不安的社会状况和社会关系也不稳定、不巩固了;不计其数的迁徙者直到60年代才停下来;他们曾成百万地穿越苏联并且展示了苏维埃史的另一个特征。城市化在1953年以后继续发展甚至进一步强化。庞大的空间开发措施,如在偏远地区和原始森林地区获取原料、垦荒运动或建立新城市等,构成了1953年以后时期的特征,再一次推动了苏联内部的强制迁徙潮流。就人们所知的情况而言,这种大规模的迁移与20世纪整个欧洲的放逐和迁移运动汇成一体。[②] 如果说迁徙——其中包括而且大部分是强制性的迁徙——构成了20世纪欧洲史的一大特征的话,那么苏联内部的迁徙运动也是其一部分;迁徙是在1912～1913年从巴尔干开始的,随后一直扩展

---

① 参见《1923～1960年苏联劳动集中营的研究》,斯普拉沃契尼克/莫斯科1998年版;A. I. 克古林、N. V. 比特洛夫主编《1917～1960年的集中营:资料》,莫斯科2000年版;G. M. 伊万诺娃《野蛮国家制度中的集中营》,莫斯科1997年版。

② 参见K. J. 巴德《运动中的欧洲:18世纪晚期至当代的迁徙》,慕尼黑2000年版。

到整个欧洲，直到 20 世纪最后十年又在巴尔干大规模地发生了。对整个民族的放逐，同数以百万计的强迫劳动者及其家庭的迁移以及政府号召下的向新开发工业区和新居民点的自愿工作迁徙一样，都属于这一潮流的一部分。仅仅苏联内部的迁徙运动——可惜对它还缺乏长时段研究——在规模上——就人们所知——就已超过了中欧和西欧。对于它所造成的社会后果，尚需进一步研究。[①]

有足够的理由使 1953 年的转折意义相对化，而且所有这些理由都支持这样的努力，即在不否认每个时期特殊性的情况下，转而把整个 74 年的苏维埃史置于一个解释框架中。只有这样，有关研究才能把握苏联的全部试验并把它从孤立的、零星的信息中引导出来。然而不少人仍沿用下列已经毫无意义的划分，即以 1917～1929 年为一个考察时段，继之而来的是直到 1941 年的斯大林主义研究，然后再考察第二次世界大战，最后则以晚期斯大林主义为研究对象，对于晚期斯大林主义，正如前已经讲过的那样，也还没有出现系统的研究。[②] 然而，正如斯大林主义前有车后有辙一样，1953 年以后结构上的连续性也是清晰可见的。

另一方面，1953 年后新时代的开始又是不能忽视的。除了斯大林的去世，能够说明其转折意义的还有对斯大林主义政治的背弃。这是一个显著的、把两个时期相互区别开来的标志。仔细考察，可以看到这一转折开始于 1954 年初，即在 1953 年 12 月底拉夫列金·贝利亚被形式上已经取消的特别法庭宣判死刑并与几位同事一起被处决之后——他们是斯大林主义惯用的、技术高超的镇压反对派方法的最后牺牲品。[③] 就是为什么当代史研究实践把 1953 年当作一个明确转折点的重要理由。它大概会比目前流行的、把对 1941 年以前的斯大林主义研究同对 1945～1953 年的斯大林主义研究区别开来的做法持续更长时间。

对这个相当精确的苏维埃史的第二部分，可用一个简单的标签来加以

---

① 参见 Th. 鲍恩汇集整理《人口与社会结构》，载普拉根博格《俄国史手册》，斯图加特 2002 年版，第 595～657 页。

② 比如，这一点也适用于（迄今为止）与众不同的历史学家如塞拉·费次帕特里克的著作，甚或具有一定的典型性，其作品尽管进行了大量个案研究却没有对 1917～1941 年这 24 年给予系统的论述。与此相反，希尔德迈耶《历史》中包含有评论性的综述。

③ 参见 V·纳乌莫夫、Ju. 西加谢夫主编《1953 年的拉夫列金·贝利亚：苏共中央六月全会的会议记录和珍贵资料》，莫斯科 1999 年版；S·迈尔《贝利亚和赫鲁晓夫：反斯大林化还是维持现体制？关于斯大林死后苏维埃政治的主要困境》，载《科学与教学史》2001 年第 52 期；A·奈特《贝利亚：斯大林的第一副手》，普林斯顿 1993 年版。

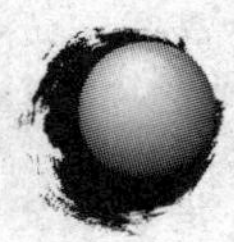



概括:不同步的非斯大林化。[①] 与之同时还应强调指出,斯大林主义构成了苏维埃史的轴心和枢纽,它的遗产给以后的许多岁月留下影响。也就是说,所有的后斯大林主义政府都首先面临使自己摆脱斯大林主义的问题。这是在领导人力图保住自己权力的严格意志下发生的。自然,它在不同的领域、以不同的强度、在不同时期发生,并且形成不同的成果。一定程度上,它在1953年就以贝利亚实施的几个措施开始了,这些措施当中最重要的,是对大约180万集中营囚犯实行大赦。就是说,它开始于消除不经济的、低效的斯大林主义强制劳动。但它既没触动斯大林主义结构的核心,也没触动斯大林的组织机构和他本人。这两个问题到赫鲁晓夫时期才被提到日程上来。在此我们不能对每项具体措施都加以深入讨论,但可以说,从1954到1990年的长期任务就在于改变斯大林主义的结构连续性。众所周知,这一点从没有成功过。

暴力史产生了多么严重的后果,这一点可从下列情况看出,即非斯大林化是从清算斯大林的错误和废除集中营开始的。赫鲁晓夫亲自敦促出版了索尔仁尼琴描述集中营生活的《伊万·丹尼索维奇生活中的一天》。这在当时是令人惊诧的,同样也证明了这种联系。[②] 不同步的非斯大林化后来也继续发生在其他领域。无论在经济、经济管理领域,在党内和经选举产生的专门委员会内,还是在外交政策特别是在与第三世界的关系上,都清晰可见。结果表明,只有彻底打破旧体制,才能实现普遍的变革。赫鲁晓夫独断专横的风格对此做出了贡献。但是,这位第一书记和部长会议主席1964年的垮台却令人信服地说明了维持体制的必要性。此后,非斯大林化只限于官方规定的范围。最终,改革构成了彻底非斯大林化的第二阶段。它包括重新定向需要的所有成分:清算斯大林主义、公开的历史辩论、为斯大林主义的牺牲者恢复名誉、斯大林时代工农业的亏空、作为斯大林时代遗产的居民消费水平低下、苏维埃民主制度的程序,以及最后——从强度上说是新出现的事物——直到当时仍在很大程度上受到压制的民族问题。在改革中,人们期望用前斯大林主义时代的“成就”,即列宁那种“好的”和“美妙的”但却被斯大林扼杀的新经济政策(NEP),来动员民众。这个事实足以说明,斯大林时代的结果多么灾难深重。这个时候,领导人还没认识到继续维持这样一

---

① 参见普拉根博格的《俄国史手册》中的专题论述和文献索引。尚未出版的第5卷第2册中的文章将在其中具名提及。

② 参见W·艾格林《1953～1970年间的苏维埃文学政策:非教条化和连续之间(分析和文献汇编)》,波鸿1994年版。

种历史划分的错误性。但是，鉴于已有的关于这个时期的历史编纂，人们不能不宣告政体的失败；这种政体在彻底瘫痪的前不久回到了自己的发源地。

然而，决定1953年以后阶段的，并不仅仅是减弱斯大林主义的企图。标志新动向的有这样四大主题：苏维埃社会国家、合法性基础的改变、社会转变和帝国。下面就对它们作一简要评介。除此之外，似乎还应谈谈经济和民族问题，但限于篇幅不作论述。①

赫鲁晓夫在苏共20大上清算斯大林

从大约1956年起，除了尤其在知识分子中影响持久的非斯大林化，还显露出另外一些标志着新时代出现的迹象。首先是把苏维埃体制改造成一个社会国家的努力，尽管仍停留在较低水平的层面上。这个发展趋势从1956年的社会立法开始，在1965～1975年即勃列日涅夫时代的头十年逐渐加强。提高最低工资标准，减少每周工作时间，增加度假天数，为妇女产假提供补贴，增加或者部分地新引进事故和残疾人抚恤金，建立国家休养机构。实际收入连续增长，其核心就是到当时为止一直相当微薄的、只能用来维持社会稳定的养老金。苏联产业工人在辛辛苦苦为社会主义建设出了一辈子力后，自1956年起开始获得明文规定的享受养老金的权利。政府决定，自1964年起，也为集体农庄的农民支付养老金，这一决定具有深刻的转折意

① 关于经济方面，参见普拉根博格《俄国史手册》中的相关章节；关于民族问题，参阅U·哈尔巴赫《民族问题和民族政策》，载普拉根博格《俄国史手册》，斯图加特2002年版，第659～786页；同一作者《苏联的多民族帝国：民族政策和民族问题》，曼海姆1992年版。

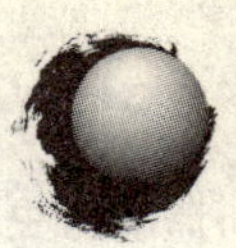



义。只要回顾一下这些措施出台之前农村居民尤其是年老者——他们在农村居民中的比例因为年轻人的出走而大幅度提高——苦不堪言的社会境况,这一点就可以理解了。这种社会政策在苏维埃史上是前所未有的,其影响也未得到足够高的评估。可以依据领取养老金者的数目来作出判断。1941 年只有 400 万人可以享受养老金,通过扩大符合条件者的范围,60 年代领取养老金者的数目便高达 2100 万人了。在农村居民被纳入享受养老金范围之后,1964/1965 年度又增加了 800 万农村享受养老金者。通过确定终生工作时间——妇女到 55 岁,男子到 60 岁,1969 年仅农村享受养老金者的数目就上升到 2240 万。70 年代末,每三个农村居民当中就有一人为养老金享受者。[①]

对于原先的苏联理论家来说,"社会政策"纯属荒谬之事。因为他们将其视为对资本主义的修修补补,现在它则不只是出了政府非斯大林化的好意而形成了。自斯大林去世以后,要求为其匮乏提供补偿的怨愤之声在居民中不断出现并日渐强烈。最后,1962 年在诺沃谢尔卡斯克爆发的起义表明,只有动用全副武装的军队并且杀死一大批人,才能把那里的起义民众连带他们的要求镇压下去。[②] 于是,考虑到居民的需求,提高社会福利、促进消费、改善医疗护理、兴建住房、扩大教育领域、补贴主要食品和有宪法保障的完全就业就成为一种投资巨大的社会政策,国家政权试图借此换取居民的忠诚。有人把民众和国家政权之间政治—社会关系的这种混合概括为苏联的"福利国家专制主义"(welfare-state authoritarianism)。[③] 在很大程度上,政府达到了目的。除了个别持不同政见者——他们甘冒物质损失、被捕和强迫精神病治疗之险,勇敢地讲出自己的反对意见——的小打小闹外,大规模的民众抗议在 1964 年以后不再出现了。然而,国家政权为这个政策付出的代价远远超出了自己可承受的范围,最终因为经济效益下降而不能兑现。苏维埃联盟在社会方面"伸展过长了"。

对于社会政策蔚为重要的是,苏维埃国家从没放弃与阶级对手的竞争。苏联一直与美国攀比,不仅在国际体系中和军备竞赛方面,而且也在生活水

---

① 证据见 S·普拉根博格《生活境况和日常生活问题》,载普拉根博格《俄国史手册》,斯图加特 2002 年版,第 787～848 页。

② 参见 S. H. 白隆《苏维埃联盟流血的星期六——诺沃谢尔卡斯克 1962 年》,斯坦福 2001 年版。

③ 参见 G. W. 布雷斯劳尔《关于苏维埃福利国家专制主义的适应性》,载 E. P. 霍夫曼、R. F. 莱尔德主编《当代苏联的政治形态》,纽约 1984 年版,第 219～245 页。

平和社会保障领域，不过在这方面它却没有后者那样的眼界。苏联极力批评美国与西欧和北欧相比十分差劲的社会制度，与此同时，政府各部却接到指示，建立专门机构，从各自负责的领域出发研究与美国的竞争。究竟谁怕谁，这还是一个没有最后明确答案的问题。颇具典型意义的是，苏联虽然对美国横加指责，自己却不诚心实意地以斯堪的纳维亚的社会民主模式为导向。苏维埃专业文献的读者对后者的成就自然一无所知。

合法性基础的问题，是与社会制度密不可分的联系在一起的。如果断言在伟大卫国战争中的胜利对于国家政权来说来得正是时候，这一点也不夸张。慢慢地，有关合法化的观点发生了变化。1917 年以列宁为首的最初革命行动自然没有受到怀疑，但是非斯大林化要求人们注意，斯大林领导的社会主义建设时期并不像一个胜利故事那样凯歌高奏，而且这种认识完全符合居民的经历。简言之，战争的胜利代替了斯大林时代存在着矛盾的功绩。原先那种违背事实地把斯大林刻画为苏联“格吕伐茨”(Grüfaz)的做法，使人无法看到他所犯下的错误。同时，爱国主义思潮又可以被引导到对国家政权有利的方面。代价高昂的胜利把国家政权与民众结合在一起，而获得胜利的反法西斯主义——与在民主德国的情况不同——却是苏联公民的一种亲身经历。不过，不应当把这个论断田园化。在因希特勒、斯大林所签条约而被兼并地区居住的民众，是不会以这种方式对国家政权产生好感的。战争开始阶段所表现出来的合作意愿已经说明，这个国家政权并不值得当地居民感谢。对于合法性基础的改变来说，具有独特意义的是下列事实，即非斯大林化与经过艺术加工的胜利者的神话携手并进。因此，参加过战斗的老兵自 1956 年起才被批准公开地和有组织地出现。[①] 然而，战争中的胜利作为合法性的基础，则在赫鲁晓夫非斯大林化失败和勃列日涅夫集团重新强调过去的价值并且要为斯大林恢复名誉时，才获得充分认可。直到 60 年代末，关于伟大卫国战争中战役、牺牲者和胜利的不计其数的纪念场所和纪念碑，才像出土的蘑菇一样大批涌现。[②]

与社会政策相联系，产生了一种新的物质与心态坐标体系，据此，苏联

---

① 参见 B·费塞勒《来自社会边缘的声音：50 年代“解冻”中的苏俄战争致残者》，载《东欧》2002 年第 52 期。

② 参见 H·阿尔特里希特《在伟大卫国战争中的胜利和成为世界大国：俄罗斯—苏联人眼中的 1945 年》，载《1945～1995 年：第二次世界大战结束后 50 年代的开始和经历》，埃尔朗根 1998 年版，第75～98页；S.R.阿诺德《苏联人记忆中的斯大林格勒：极权国家中的战争回忆和历史观》，波鸿 1998 年版。在伏尔加格勒和基辅建造大型纪念碑的计划可追溯到赫鲁晓夫时代晚期。

公民应当怀着自豪心情来看待国家政权的胜利——而且他们也确实这样做了。意识形态一再淡化，党越来越成为一个失去了意识形态和社会锋芒的群众组织，成为一个机会主义者投机钻营的升迁跳板。国家政权不再以亮丽的身姿出现于国际舞台了，它只在纸面上自封为合法者，正如西方理论家早已习惯了的那样。在苏联的实际关系中，情况已发生根本变化：革命传统已经珠黄色衰，国家政权只用一条腿站在反法西斯主义胜利的坚实基础上，另一条腿已站在摇摆不定的社会福利制度——它的实施在很大程度上取决于经济发展情况——和社会动员机会的土地上了。

第三个领域，即苏维埃的社会，是最难把握的研究对象。事实上，苏维埃社会在苏维埃历史发展过程中经历过一个根本性转变，必须借助宏观社会学范畴来命名。直到60年代末，工业化和城市化才基本完成。这时已有一半居民生活在城市，从工业劳动工资中获取收入了。货币工资基本排斥了实物补偿。1917年那种具有地区、性别和代际差别的文盲现象已经被教育社会所取代。[①] 苏维埃社会在某些社会学指标上已经接近现代西方社会甚或与之持平了。工业社会概念也可应用于苏联。

表面上看，苏维埃社会与西方社会具有很大的相似性，因为现代化导致了大体相同的基本特征。但是这个看法具有迷惑性。首先，它把社会内部组织与一致化的地方搞混了。但是它们恰恰构成苏维埃社会的典型特征。此外，其结果不仅适用于苏联，而且——尽管已经发生了变化（mutatis mutandis）——适用于欧洲所有社会主义社会，包括南斯拉夫的社会主义变种。处于中心地位的是工作岗位、各种类型的企业、行政机关等等。人们在其中从事劳动的公共机构，成为苏维埃社会的核心。“企业”（就一般形式而言）不仅保障了劳动者的收入，而且构成社会联系体系。它们组织各类项目并使之成为可能：到自己喜欢的休养所度假（用民主德国的德语来说就是“送走假期”）；进修深造；社会升迁和与之相应的物质改善；职工子弟的学前护理；得到一套属于自己的住所。社会关系经常局限于职工内部。企业职工大都居住在本单位的宿舍区。尤其独特的是，许多婚姻也发生在同一企业的成员之间。大部分文化活动，包括政治教育，都在企业自己的俱乐部或“文化宫”中进行。

企业及其经济状况就是以这种方式进入苏维埃社会内部组织的中心。苏维埃社会显然分散为许多经营型的劳动集体，它们只具有小范围的社会

---

① 参见A·雅克尔《教育体制》，载普拉根博格《俄国史手册》，斯图加特2002年版。

联系。大跨度的组织既没有社会凝聚力，也不能塑造社会。从数量上说，工会是最强大的组织，但是它们同党或共青团或其他“自愿结合的”协会——正如它们在苏联用语中被称呼的那样——一样，都不能在这些小社会[①]之间架设桥梁。结果是，必须把完全公开的、由国家政权控制的、社会的有关设想驱逐到神话王国中去。自50年代以来，苏联人日益增长的私人化已不可忽视。

要写作20世纪的比较社会史，就必须注意社会主义东欧的这个特征。在此，不仅社会主义社会的比较史是有意义的和迫切需要的，而且，为了正确认识社会主义社会形态——它们不允许被看作是受到完全控制、“从上面”加以构造的，并且，尽管有各种各样的社会操纵（social engineerings）、国家干预措施和调整程序，它们始终保留着一种独有的生活——我们还需要从社会历史的宏观层面出发进行研究。舍此，人们只能得到一些关于苏联（和东欧社会主义）社会的不真实描述。用过激的言词来表述就是：我们迫切需要一系列企业研究，以便获悉苏维埃社会到底是个什么东西。只有这样，我们才能成功地进入社会关系和心态的内部，进入决定着被研究者政治和社会行为的复杂背景。相反，依靠“教育社会”和“工业社会”等概念我们无法前进，因为它们在现代化理论的意义上假设有一种与西方社会的一致性，而实际上这种一致性是不存在的。类似情况还表现在其他一些方面。

从以上论述得出的结论是：苏联、东欧社会主义国家的社会史是碎片状的历史，并且接近于一种日常生活史。它只在地方环境中显示出政治、经济和文化生活的网络化及其结构化冲动。这是令人信服的，因为只有这样，才能用西方语言复述国家政权局部的、不可否认的成功故事。苏联的宣传极力鼓吹共产主义时代的伟大成就，它们以这种方法被人（包括西方学者）接受为唯一质量标准，但是，它们不能正确说明社会主义社会的根本他样性及其形成过程——在此，我们只能以加引号的方式来称呼前面刚刚提到的条件下的社会。

如果从上面列举的视角来考察苏维埃社会，就可以回答这样的问题：为什么苏联可以以令人吃惊的和平方式崩溃，而且，当人们获悉这一崩溃时，几乎都无动于衷；实际冲突几乎只发生于种族领域，并且与帝国的状况和维持相关。只有把改革时期的社会衰竭视为它的前提条件，这个事实才好理解。此外，它也与上面所概述的“企业关系”密切相关。简言之：当经济形势

① 参见W·泰肯伯格《苏联当代社会》，未注明出版地点，1983年版。

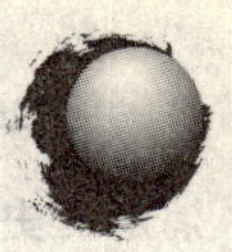



迅速恶化、劳动生产陷入困境、跨企业组织的社会体系由于财政负担过重而瘫痪、生活水平下降、企业不再履行供应和社会网络功能时，对国家政权的效忠就合乎逻辑地消失了。这种情况最终还是发生了，尽管国家政权后来对社会舆论（公开性）采取了宽容态度。但是它解决不了根本问题。从这个事实中可以看到，政府是把公开性作为补偿提供给已虚脱了的社会主义福利国家的，目的在于用这种方法制造效忠，因为它在物质方面已经没有东西可提供了。然而，对于多数居民来说，与社会衰落相联系的意见表达并不是什么值得珍爱的选择物。无论贫穷的工业工人还是社会地位摇摇欲坠的知识分子，都看不到支持这个国家政权的理由了；它已经成为无关紧要的了，尽管它产生于光荣的革命传统，多数居民并不特别看重这个受人操纵的公开性，况且这个公开性刚刚出台就因切尔诺贝利事件丧失了自己的清白。许多党员干部是第一批作出重新选择的人，青年团干部也同样如此。即使苏联社会是一个教育和工业社会，这种认识也不能说明与体制崩溃相关的任何问题。但是（走样的）效忠、供应机构、社会关系和社会行为在小环境中的紧密结合，却同那些想与莫斯科中央政府的大人物作对的地方"英雄"的出现一样，可以使人理解悄然崩溃这一事实。在这里，社会国家、效忠和合法性问题的相互交叉可以被加以描述，并被转用到历史分析之中。

与目前为止的论述相对应，我们也不能仅仅依据当时杂志中所提出的建议来讨论帝国问题。显而易见，一部分研究致力于冷战和苏联向东欧扩张的问题，因为国际政治问题涉及到历史科学的古典任务领域。H. P. 施瓦茨新近在其概括介绍 20 世纪史并为进一步的研究工作制定任务的著述中，就突出强调了这些主题。[①] 有不少当代史史学家正在研究 1945 年以后的国际关系问题和个别外交政策问题。如果档案得到开放，与之相近的主题成为研究任务的话，传统的外交史著作——尽管常常听到有关主题、观念和方法更新的声明——一直在增多，这并不奇怪。毫无疑问，必须开发利用新文献，获取新知识，但是怎样结合苏联的情况从理论和方法上重新编写国际体系的历史，这仍是一个迄今尚未得到回答的问题。就是在俄国方面也没有出现任何动作。因此，这一部分苏维埃史——可以看出不仅仅是苏联的历史——最需要加以更新。

一部苏联的帝国史必须应对的任务存在于多个层面上。第一个任务涉及这样一个在这里不必详加说明的人所共知的事实，即苏联在其疆界内部

① 参见 H. P. 施瓦茨《关于 20 世纪的问题》，载《当代史研究》2000 年第 48 期。

表现出一种帝国结构。莫斯科中央政府对“帝国的边缘地区”采取了一种帝国的姿态，这是不容怀疑的，自沙皇时代以来的帝国的连续性也是不能忽视的。苏维埃国家政权，特别是其斯大林主义的粗暴版本，将其帝国装扮的特殊文明化使命(mission civilisatrice)带到了苏联内部的殖民地当中，并且建立了一种从长远看纯属剥削的关系。① 但是这个问题后来只是由于下列情况才变得引人注目，即自1924年以来，由宪法联系起来的、众多共和国的联盟的扩大，成为结构上却毫无变化的帝国的“第二环”②。1945年以后的苏联，对内仍是“一国内的社会主义”国家，对外却成了一个世界大国，它吞并了巨大的东欧“前滩”，并且作为帝国强权不打算与它先前在“第一环”中的所作所为发生有任何差异的变动。共产主义的东欧，在结构上就像苏联内部关系风格的苏维埃帝国的扩展。从这个宏观角度来看，斯大林之后，例如保加利亚的角色和法律地位与乌兹别克斯坦并无根本区别，无论在政治领域还是在经济和文化领域。归根结底，葡萄酒和玫瑰香精或者棉花和西瓜是否被运往莫斯科并不重要，谁是党的领袖也无所谓——只要他不对莫斯科的霸权提出质疑就行——至于对哪个地区和哪些居民进行俄罗斯文化改造，就更是鸡毛蒜皮了。

然而，具有决定性的却是苏维埃政权为维持其帝国所付出的代价。现在可以总结帝国对东欧的功绩了，这里有一个简单的问题，即苏联在经济上和财政上从这个帝国中获得了好处吗？或者——这是一种自动显露的情况——它为此支付了大量的、大大超出自己经济生产能力、原材料储备和财政资助能力的资金？苏维埃帝国自己没有精打细算，各“卫星国”也没有从苏联的帮助中得到什么好处。从中等时段来看，苏联的工业化建设成就和基础设施的效益难说合算。相反，它们却引起了生态灾难，使已经工业化的国家和社会倒退了十年，以至于它们只能把自己战前的工业水平送到巨大的工业博物馆收藏起来。

不过，文化—文明史研究已经把这个多少带有传统性的帝国史主题赶到一边了。有人提出了几个新的理论和方法论建议，当然并非特别考虑到

---

① 参见G·西蒙《苏联的民族主义和民族政策：从极权独裁到后斯大林社会》，巴登—巴登1986年版；哈尔巴赫《多民族的帝国》、《民族问题》。关于高加索地区，参见E.M.奥赫主编《生活和冲突地区——高加索地区：高加索民众历史上和当前的共同生活世界和政治观念》，大巴库1996年版；巴伯罗斯基《地区》。

② 参见H·阿德梅特《帝国的过度伸展：从斯大林到戈尔巴乔夫苏联政策中的德国：基于文献档案、回忆录和采访的分析》，巴登—巴登1998年版。

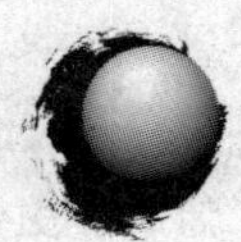

苏联的情况。[1] 总体上可作如下总结：需要一部苏维埃扩张史，因为自发形成的帝国不仅创造了外交和政治关系、中心和边缘的人员网络（在此，双方关系本身就已经需要研究了）[2]，而且造就了新的精英并使米歇尔·吉莫费耶夫·卡拉斯尼克夫成为世界上最著名的俄罗斯人。此外，还有一系列东欧和第三世界的苏维埃现代化的复制品，其经济、社会和文化后果至今仍清晰可见。可以大胆提出这样的命题，即世界许多地区都认识了以苏维埃形式扩张的欧洲文明的第二次浪潮。但是直到现在，有关其进行的形式和成就的知识仍然十分欠缺，因为迄今人们只看到政治、外交和军事方面的情况。大部分已公布的研究成果均有不足，因为它们与今天对史料、方法和研究观念的要求不相符合。然而，应在帝国史的框架内跟踪这些深入到虽然以苏联模式实现了现代化但某种程度上仍属于部族社会的文化形成进程的相互影响。

这样一种帝国史研究的战略思想，对于前苏联帝国的国家也具有重要意义。就是说，由此可以得出这样的结论，即针对原先——尤其在东欧——主要以民族史为导向，并且带有强调苏联政治霸权、淡化或否认通过当时已开始瓦解的苏联所进行的文明化建设倾向的历史科学，应当提出一个不是从合法性论证需要推导出来的研究观念。只有当这个历史编纂学的重新定向"阶段"——其形成和建立是很容易理解的——完结，或者更确切地说作为死胡同（因为它在共产主义时代带有——自我表述的——政治使命）被人们所认识的时候，苏维埃帝国的维度才开始借助现代帝国史的视角闪亮起来。这样的帝国史不再把自身理解为卡在霸主和被压迫者的二元论之中的统治史。

## 三、理论问题

最后，我们不得不就这些问题提出一些尖锐的意见。如果建议历史学家借助集中的系统概念进行工作，那么上面的论述无疑允许超越在被引用论文中所提到的内容而作进一步发挥，使20世纪苏维埃史的轮廓更加清晰，分析更加缜密，与欧洲史的联系更加明确。可以用几个简单提问来表达它

---

① 参见J·奥斯特哈迈尔、W·劳特《民族间的历史》，慕尼黑2000年版。

② 参见D.R.凯姆珀特恩、T.D.克拉克《联合还是分离：前苏联的中心、边缘、联系》，韦斯特波尔/伦敦2002年版。该书论述了苏联内部的关系，但是据我观察，对东欧的研究尚显缺乏。

们的难点：暴力和恐怖具有什么样的功能和作用？如何理解“苏维埃”社会？苏维埃条件下的国家是什么？没有人能够马上对这些问题作出回答。这种情况是与深深影响着当代史研究的一个非常难的问题联系在一起的。用来对苏维埃的关系作出合适分析的现成理论是没有的，或者说，历史学家一向乐于使用的理论、理论概念和分析范畴，对于苏维埃史无能为力。例如，鉴于 1921 年、1933 年、1946 年因毁灭性饥荒——它们在很大程度上是由人为的农业政策引起的——而造成的数百万人死亡，由于国家忽视而出现的大量人员损失，整个社会群体和部族的大批放逐，集中营制度和强迫劳动，暴力的无所不在，恐怖统治下的群众性大屠杀和向民众施加酷刑折磨等等，主张在现代化进程中不断提高文明化程度的现代化理论①就遭遇到灾难性失败。谁若是在认真审查了苏维埃史之后还断言现代化和进步本质上是正面的、有积极意义的概念，他肯定会被指责为幼稚肤浅。相反的证据多如牛毛，但是布尔什维主义进行的试验却提供了这样一个典型的“现代性悖论”②事例，以至于今天的史学家在考察发展时也在胜利面前头晕目眩了。布尔什维主义试验本来应当成为一种大规模的现代化，对此，专家们毫无异议。但是我们说的理论破产的事实，会对现代化和现代性理论产生什么样的后果呢？

类似的问题也出现在对苏维埃国家的研究上。哪一种理论会如此宽泛，可以从比较的角度并且在经过加工处理的实证性结论基础上，把苏维埃超国家理解为 20 世纪国家的表现形式呢？③ 以极权主义理论为依据的研究在此期间已经陈旧过时了，其中所包含的国家观念也是如此。苏维埃国家在苏维埃政权初年建立起来并且一直保持到改革时代，这证明它是一个牢固的机关，而且——与苏联的其他大部分结构不同——早在斯大林统治之前就在机构上得到了进一步的巩固。这个国家把民主的基础组织（苏维埃）、机构—功能的扩展、机构化的利益冲突和个人化的统治与扈从团体结合在一起，用现行理论概念表述就是：把“现代的”现象与“前现代的”现象结合在一起。作为一党专政的国家，它拥有这样一种与 20 世纪的独裁政权相

---

① 参见 N·埃里亚斯《关于文明的进程：社会遗传的和心理遗传的考察》两卷本，美因河畔法兰克福 1978 年版。

② 参见 Z·鲍曼《现代性与矛盾心理：明确性的消失》，汉堡 1992 年版；马克斯·米勒、汉斯—格奥尔格·隋弗勒主编《现代性与野蛮性：20 世纪末的社会学时代诊断》，美因河畔法兰克福 1996 年版。

③ 参见 W·莱因哈德《国家暴力的历史：从古代到现代的欧洲宪法史比较研究》，慕尼黑 2000 年版，第 458～479 页。

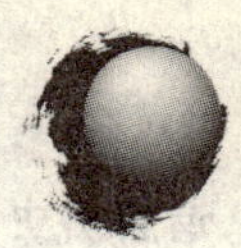



应的外表。但是，这个国家越是充满权力，越是容易瓦解，因为它和它的暴力从未在全社会中得以贯彻，甚至没有——或者这样说更好些：特别是没有——在恐怖统治最严厉的30年代得以贯彻。[①] 国家的主要变化只是在赫鲁晓夫的机构改革之后才出现，当时国家统治机器已经得到了巩固，越来越强大的机构化利益团体已经形成。政治决策、国家行动和机构化表面的系统功能性得到了很大发展。然而，这是个假象。这个国家并不像可被描绘的外部形式那样存在着，因为内部功能、干部和职能部门都是临时安排的，也是经常变动的。

现代化理论试图让我们相信，在所谓的进步过程中，国家、官僚体制和社会均是合理的、有效率的，个人享有自由、得到解放并且可以作出自我决定，制度也越来越包含选择性。关于苏联的个人自由机遇在本文中无须赘言。至于国家，这里出现的是一个专制、中饱私囊、腐败堕落的官僚体制的国家，国家领导人最终也从这个官僚体制中牟取私利。[②] 反腐败斗争在苏联的最后年代紧锣密鼓地开展起来。苏维埃的职员们每天都要处理堆积如山的公文，但是没有一个职权部门能见到一点效益。国民经济连同其分支众多、混乱、过度臃肿并且在争权夺利中愤懑不平的行政管理部门一起，使任何效率和合理化标准都成了嘲讽的对象。所有改革、激活按照斯大林主义建立起来的计划经济并使之合理化的努力都失败了，或者说搁浅了。而斯大林主义计划经济原先是被想象为一种现代经济形式的，因为它企图根除经济上和社会上令人不愉快的市场的副作用。改革只构成一种——正如它自己所强调的那样——对一如既往的斯大林主义经济体制加以扶助的最后尝试。

在这个十分简要的关于国家和经济情况概述的背后，所隐藏的是迄今尚未得到解决的关于苏维埃现代化彻底失败的问题。这一点可以根据工业化的例子来加以说明。俄国/苏联曾经有过三次工业化浪潮。第一次开始于19世纪下半叶。但是其成就大部分在1914～1921年的战争中被毁掉了。

---

① 参见G.T.里特斯鲍恩《斯大林主义者的简单化和苏联的复杂性：1933～1953年社会紧张和政治冲突》，丘尔1991年版。里特斯鲍恩在大量论文中总是试图证明，社会团体和小型组织并不受国家的完全控制。另参见Sh.费茨帕特里克《斯大林的农民：集体化以后俄罗斯农村中的抵抗和生存》，牛津1994年版；同一作者《斯大林主义的每一天——非常时期的正常生活：30年代的苏维埃俄国》，纽约/牛津1999年版。

② 参见K·斯密司《苏联：腐败的社会》，纽约1982年版；W.A.克拉克《苏联官方的犯罪和惩罚：1965～1990年政治精英中的反腐败斗争》，阿蒙克1993年版；J.K.米拉《小买卖：勃列日涅夫对可望得到的社会主义的贡献》，载《斯拉夫时事评论》1985年第44期。

斯大林以极端残酷的方式打着社会主义旗号强制进行的第二次工业化本来可以把作为农业国的苏联改造成为强大的工业国。这次工业化的大部分成果也在第二次世界大战中丧失了,尤其在那些成为德国军队占领的牺牲品的地区。虽然最重要的工业部门几年之后又可以达到和超过战前生产水平,但是整个工业水平却受到破坏后果的严重影响,与战败国联邦德国和日本迅速繁荣的战后经济根本无法相比。因此,人们必须牢牢记住,如果以常用的标志如国民生产总值、货币收入的分配与范围以及农业和工业之间在生产、资本转运、投资和就业人数方面的关系作为衡量标准的话,苏联直到60年代才结束它大约持续了100年的工业化。与之平行,前面已经提到的事实具有重要意义,城市居民在全体居民中的比例同样较晚才超过50%这个标志点。单单这几个指标就可以使人明白,苏维埃工业化还要与哪些缺陷进行斗争。然而根本问题在于,它并没有达到现代性,因为从它自身迸发不出进一步发展的推动力,只能呈现出相对而言变化较大的发展曲线。在改革中现代化的失败最终得以公开,当时,苏维埃内部危机、外交政治形势同活力差别很大的西方市场经济的比较,使苏联领导人认识到必须脱离不良的、在很大程度上具有临时性并且是低水平的体制。这个事例所显示的是一种没有现代性、不起效果的现代化。这是一个历史学的冰期,然而它把问题清楚地摆了出来:在改革中布尔什维主义现代化的示范项目——工业,比集体化以来同样没有实现现代化的农业更迅速彻底地虚脱了。这个结论意味着:付出高昂代价的苏维埃工业化需要半个世纪才能达到的工业水平高度,只需5年就可能完全崩溃。苏维埃工业化变种的成就现在已丧失殆尽。这样的发展道路如何能被置于现代化理论之中呢?

类似结论也可以转用于苏联的学术界。在这里,苏联现代性的两难困境表现得更清楚。对抗现代思想,抵制现代思想影响,这是苏联学术界的一个基本特征。自然科学的发现和认识论早在1900年前后就使根本的重新定向成为必要了,但它们——就总体而言——只在技术的意义上得到接受,苏维埃国家在此只把“资本主义”科学的成就工具化并只承认其使用价值;它们从未融入苏联的知识领域,即使在最好的情况下也只导致了一种亚文化的“地窖”状态。尽管苏联在制造原子弹、氢弹方面取得成功,也掌握了较高水平的火箭技术和飞机制造技术,但也不能否定上面的结论。没有社会与文化人类学,没有超越列宁1908年《唯物主义和经验批判主义》的哲学,没有实证社会学,只有晚至60年代才出现的蹩脚的心理学,没有现代的、建立于孟德尔学说基础上的遗传学,江湖骗子特洛费姆·李森科反而能大行其道。

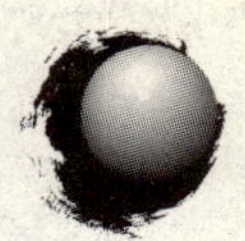



爱因斯坦受到批判，心理分析被看作是资产阶级意识形态的一个有机组成部分，对控制论和行为主义的接受则表明，“西方的”科学是如何服从于行政管理和社会技术需要的。我们可以根据这些情况做些什么呢？怎样把它们放到现代化的关系之中？并且这样做会对现代化理论产生什么样的后果？

1945年以后才被制定出来的现代理论，主要是建立在对西欧和北美社会考察的基础上的，因此它也是一种自我描述。现代是具有现代性的东西。它们根本未考虑把苏联也包括进来，并且从理论上把握现代性。而这一做法只有令人信服地证明布尔什维主义的试验不在现代关系之列，才是可接受的。然而，无论历史学家还是社会学家都不去费力论证——实际上这也是无法得到证明的——因此必须很遗憾地指出，恰恰是新近出版的社会学现代性理论，粗心大意地淡化了东欧的情况。[①] 正如理论问题总要被发展一样，就苏联而言，现在有一点已经可以断定：概念失效，理论前提就像是脱离了大陆的孤岛。但是为什么还要用西方的概念来指导研究呢？这些概念只在某种抽象的意义上适用于苏联。这类检验结果很久以来就已经出现，而且对于其他时代也同样存在[②]，这种情况值得在理论表述领域深思。

---

① 此外，下列事实受到忽视是令人惊诧的。这个事实就是，现代社会学创立者之一马克斯·韦伯曾经对他那个时代的俄国的变革有相当精确的观察，他也试着从理论上对这个变革作出分析。但是如果考虑到在(新的和老的)联邦德国只有一个东欧社会学教授职位，并且这个职位多年空缺，没有人对东欧社会学作出实证的和理论的探讨，上面所提到的忽视情况又是容易理解的。

② 参见早期近代史领域围绕“教派化”、“社会驯化”以及专制主义和等级国家等与现代化问题密切相关的争论。

# 19、20世纪之交俄罗斯外省城市居民的日常生活

［俄］奥莉加·亚赫诺　著

王尊贤　译

由于种种原因，俄罗斯历史学界对人们日常生活的研究至今缺少应有的重视。对于经济、人口、社会或政治进程的研究，远胜于对人们行为及其生活习惯特点的社会——心理基础的研究。尽管人人都同意，舍此便无法描绘出历史进程的全景。何况生活方式的嬗变乃是整个现代化进程的组成部分。研究20世纪初叶城市居民在其日常生活中所遵循的价值观念，便能够对这一时期的普遍意识有一个较真切的理解。

历史研究的新层面，新的课题的引进，不仅为描述以往各个时代的文化开辟了新的可能性，而且可以引入新的史料。自19世纪开始，俄罗斯文化传统一直赋予话语以绝对的优先权。普遍认为，作品的思想内容高于其形式。由此，即便对研究思想在实际事物中的体现也未能给予足够的重视。由于教育与修养的缘故，俄罗斯人往往“鄙视”物质世界。这一事实使得这些事物本身成了研究特定时代的令人倍感兴趣的材料。

通常，一个人并不会去分析自己的爱好，不会对服装或室内装饰各个细部的含义和特征多加考虑，因此，在研究者专注的目光之下，它们便成了宝贵信息的载体和一部“打开的巨著”。文化的直观存在乃是其核心的环节。人们在精神方面无论如何高尚，也不得不维持自身的肉体存在。借以保障这一点的各种手段已经带着特定时期文化的印记。非传统（非书面）的资料为重构日常生活的某些特征提供了极大的可能性。

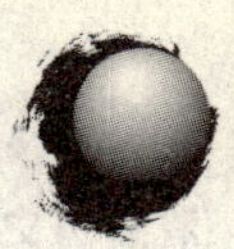



实物语言与姿态语言一样，依靠的是光学密码。人的肉体充当着此类语言初始的信号系统。西方人探讨周围世界和自己身体时，着重的是具体实物原则。通过各种物体，一个人向周围世界阐述着自己。欧洲人不懈地从事着与自然界的斗争，因而整个文化便构建在对立之上：森林与房屋、房屋与人体，等等。俄罗斯由于自身历史发展使然，与西方这一实体准则向来疏离，"在这个准则里，人体充当了具有典型的自白倾向的'会说话'的实体"。[①] 根据这一传统，我们可以将具体物质环境视作集中了日常生活领域所发生的种种变化的历史文献。

运用经由颜色、外形、比例、表面特征所发出的独特语言，一个物体不仅能够说明它是什么、为何目的而制造，而且能够说明是为谁制作的、什么人在使用它。一种形式，并不模拟某个人，但却可以塑造出该人的形象——一个特定的时代、民族、社会地位和气质的人。对服装进行分析尤其可以揭示一个时代审美方面的某些主导思想。服装的质地、外形、舒适程度可以说明其工艺水平、空间形象、穿着者的运动速度。选择整套物品的个人动机，反映了日常生活中每一个单独的人实现创造潜能的程度。因此，分析物质环境无论对于理解当今或往昔都不失为一种重要的渠道。在研究社会经济进步特别显著的一些历史时期的过程中，类似的方法尤其富有成效。这些新的渠道有助于根据间接资料更全面地评价一个社会所发生的种种变化的深度。况且口头历史文献在很大程度上被意识形态化了，明显地从属于某种思想，并曾遭受过审查。"普通"人的物质环境在绝大多数情况下却不会被这些负担所托累。

当一整套用品中包含有足以表明新旧时期不同价值的物件时，重现变革时代一个人的形象是饶有兴味的。博德里亚曾经强调指出，在我们的日常生活环境中同时存在着许多功能迥异的物品，仅仅由于人们出于自身的需要，才强使它们同时共存在一起。[②] 我们感兴趣的这个时期有如此众多的各式各样的物品。它们通过照片、报章杂志上的广告、博物馆的收藏品得到了再现。

20 世纪初叶这方面的典型特征，便是试图将个人完成的、独一无二的制作与大批量的标准化生产结合起来。这种现象是俄国社会 19 世纪后半叶开始的更为普遍的种种变化的一个部分。在现代化变革时期，由于社会生产、

---

① 参见弗·勒·克鲁特金《人体本体论》，哲学博士论文，叶卡捷琳堡 1994 年版，第 99 页。

② 参见博德里亚《物品体系》，莫斯科 1995 年版，第 7 页。

社会需求和社会关系性质的改变，日常生活的方方面面都更加复杂化了。而且不仅仅是在首都，即便在俄罗斯外省各地也是如此。以乌拉尔地区为例，这类变化便清晰可见。农奴制度的废除和不断发展的非手工业促进了城市人口的增长。19世纪的最后30余年间，城市吸引着周边地区最具应变能力的居民，使得男人和女人、不同阶层和民族的代表人物在社会经济地位、权利和利益方面变得平等起来。

城市人口的数量及其增长速度，相当全面地反映着一个城市及其周边地区发展的普遍社会经济规律。总体而言，乌拉尔的城市都小于俄罗斯城市。然而，1863至1897年间，乌拉尔人口过万的大城市便从7个增加到了19个。该地区有8个城市1897年(全俄首次人口普查前夕)居民的数量已超过2万人。其中除几个省会外，还包括一批县级城市，比如叶卡捷琳堡。正是这些城市成为了吸引工商业资本和劳动力的主要中心，整个地区的文化和行政活动都集中在这里。

都市中各阶层的代表人物就是新思潮的实际体现者、当时的现代化生活方式的拥护者。上述时期居民的构成，无论就阶层抑或职业界别而言，都发生了相当大的变化。19世纪最后的20余年间，城市中贵族和荣誉公民的数量在增长，尽管他们所占的比例几乎毫无变化，仍然为9%左右。城市中商人阶层的缩小不仅是相对的，而且是绝对的。为了经商，并不一定需要转入商人阶层。城市各阶层中，数量最大的是小市民。他们在各个城市的居民中所占的份额都超过43%。农民在城市人口总数中的比例大致与此相当。这基本上都是些不很久之前来自乡村地区的居民，实际上已经丧失了与以往生活习惯和活动领域的联系，变成了产业工人、企业主、手工业者、买卖人，亦即享有充分权利的城市居民。[①]

20世纪初叶，按照所从事的职业和获取收入的方式划分社会阶层的必要性日益清晰地凸显出来。彼尔姆省的人口之中，社会和经济活动中最为活跃的一部分人所占的比重在不断增长。1887年叶卡捷琳堡拥有自己的工资和其他收入的居民为45.8%，而1897年已达53%。[②] 城市家庭中单纯从事家务劳动的成员日益减少，被迫为自己寻找一份活计的妇女和儿童则日益增多。

---

① 参见叶·尤·阿尔费罗娃《改革后时期乌拉尔城市居民的职业—阶级构成》，载《资本主义时期(1861～1917年)乌拉尔的工业与工人》论文集，斯维尔德洛夫斯克1991年版，第78页。

② 参见《1887年3月26日叶卡捷琳堡市的一日调查统计及其结果》，载《叶卡捷琳堡市》，1887年，第84～85页；《1897年的首次人口普查》，第31卷，第176～183页。

乌拉尔城市居民的从业结构与全俄的指标相近似。该地区的城市纷纷发展成为商贸和工业中心。叶卡捷琳堡1873年和1897年期间人口职业构成的比较表明，它正在从行政和通信中心向商贸和工业中心转变。但彼尔姆省也有一些城市，其经济结构使人感到更像农村居民点。在与资产阶级的发展进程相隔绝的索利卡姆斯克、卡梅什洛夫、上图里耶，从事农业的人数要占到全部"生产性人口"的60%。

乌拉尔的城市与全俄的城市一样，发展并不均衡。它们在各自的历史、工商企业集中的程度、距离交通干线和贸易中心的远近及其周围地区的专业化状况等方面互不相同。不过其中也有几个城市颇为突出，成了都市化进程的先锋。比如，我们可以举出省会彼尔姆，还有叶卡捷琳堡。城市中各种新的行为模式的形成，对同一地域其他居民的生活方式产生着明显的影响。换言之，它们会成为该地区产生变革的名副其实的催化剂。

在经济、社会和政治生活方面，这表现为各种制度专门化和合理化的不断增强。在日常生活领域，则明显表现为各种物品不同功能的详细分工。在城市中（而城市正是19世纪末至20世纪初现代化的组成部分），这个过程发生得较为连贯，可以相当清晰地觉察出来。

作为社会调节器的习俗的主导作用，临近20世纪之际遭到了破坏。它开始受到时髦现象的排挤。社会性流动的加强、不同文化之间联系的扩大、工艺的革新、科学知识的发展和普及，必然需要改变人际关系、制定新的行为准则和规范。一时风行的是制度性观点从属于自发形成的种种思潮。无论看待各种社会文化新事物的态度和对相互竞争中的文化类型的群众性抉择都是如此。细心的观察者只需懂得不同标志的含义，便能根据居于主导地位的"时尚"判定社会上占据主导地位的明显的和潜在的价值标准。①

在人们的日常生活中，这反映在对待饮食、衣着、日用技术、时间和金钱支配等的理性态度正在不断增强。20世纪前夕科学和教育的成就，使得卫生观念开始更广泛地深入到乌拉尔城市居民的各个阶层之中。"卫生已关系到我们个人和社会的全部生活条件，进入了我们日常的家庭生活环境，进入了学校、车间，进入了人们聚集和一起工作的所有地方，照亮了不堪入目、极不健康的人类生存环境。"②各式各样的消毒剂广告正在成为一种常见现象。"当代健康美丽的人应归功于生活中的此类要素，首先是正确地照料身

① 阿·布·戈夫曼《时髦与人》，莫斯科科学出版社1994年版，第34页。

② 《家务与卫生》，载《主妇》1902年第55期。

体。整洁在这方面发挥着首要的作用。使用石炭酸皂洗脸洗澡，特别是每餐饭前用来给手消毒，堪称预防传染病的最佳措施。”①

合理的健康观念的传播乃是社会现代化进程不断发展的证明。健康正变得不可或缺，工作能力和职业成就都取决于它。商品和劳务的市场迅即对这些时代要求作出反应。开业医生的数量不断增加。他们正日益变得易于被接受。非处方销售的药品数量在不断增加。在地方药房中，除了各种牙粉和漱口配剂之外，还可以买到治疗伤风的原木心、治鸡眼和疣子的膏药、能够“祛除雀斑、晒黑的肤色、黄斑、疖子和痤疮，并可防治出汗过多”的肥皂。②

地方和中央报刊上开始公开谈论一向被认为最具隐私性的话题：性病及其预防或治疗的保健品和药品、性障碍、妊娠问题，等等。这也是从建立在隐秘基础上的传统文化向理性的、在更大程度上依托客观科学知识，可以公开讨论任何问题的文化过渡的征兆。

美容、化妆品生产的最新成就，既可以为妇女也可以为男人整容并使其长久地葆有青春。乌拉尔当地的报纸纷纷向公众进言：“一头秀发乃是少数幸运者的财富。哈诺林牌新型香皂效果绝佳，可彻底去除头屑，异乎寻常地促进头发生长。”③报纸上还推荐五花八门的舶来品：“日本万载牌雪花膏去雀斑、黄斑、皱纹和粉刺”④，“雅沃尔为您护发”⑤，诸如此类。

还有一种我们耳熟能详的剃须刀广告，早在20世纪初已经试图使乌拉尔的居民们相信：对男人们而言，再也没有比它更为令人满意的了。“卡德牌保险剃须刀配备名副其实的吉列刀片。物美价廉，独一无二。”⑥

有关美、驻颜之术和最佳年龄的认识已明显改变。“当代女性借助于风情十足和注重卫生，无须任何人为的修饰，年届半百依然青春永驻；如今并无‘老迈’妇女一说，唯有年轻与年长之分而已。”⑦

作为社会另类结构的标志、随时应变的需求，产生了一种独特的“青春意识”。对儿童的健康、教育、闲暇时间安排的态度转变便是重要的证明。只有在新时代，低龄阶段在社会公众的心目中才受到了高度的重视。就传

---

① 1914年5月15日《乌拉尔生活报》。
② 参见《叶卡捷琳堡周刊》1894年第39期。
③ 1909年6月14日《乌拉尔生活报》。
④ 1910年7月4日《乌拉尔地区报》。
⑤ 1909年5月22日《乌拉尔生活报》。
⑥ 1910年8月1日《乌拉尔生活报》。
⑦ 《着装技巧》，载《妇女世界》1912年第6期、第27期。

统社会而言，年龄乃是社会组织的基础。正因为如此，当时低龄人在基本角色和关键位置的分配上拥有的权利都很少。

儿童专用服装的问世是19世纪末值得纪念的一件事情。人们开始根据身材的比例和活动的种类，而不是笼统地当作小娃娃来为儿童着装。从那时候开始，海员服一直被公认为是最流行最有名的服装，小市民家庭和贵族世家的孩子全都穿它。水手衫的方领可以用深色丝绒或绸子制作，同时镶上丝织的白色编织带。方领后面装饰着几件刺绣的船锚。白色的前胸上往往也有一件锚饰，遮掩住领子的开口。前面衣领下常常系一条黑色的领带。袖口的颜色（不单是蓝色，也有红色）和装饰品须与衣领相称。这一切都使得这种服装模仿出了水兵制服的鲜明和漂亮。根据新闻纪录影片镜头和照片可知，沙皇尼古拉二世的孩子们也都穿用这种样式的服装。

合理（即简便而舒适）已提到了成人服装要求的首位。日常女装发生了显著的变化。妇女正在从许多世纪的传统所确立的种种陈规虚礼中解放出来，施展才能的范围大大扩展。她们在区域性社会群体中的作用令人刮目相看。新的活动（职业性的或业余的）促使衣着及其样式简化。现代服装的创立乃是一个重要的时代特征。女式服装由裙子和女衬衫组成，男式服装则是短上装和长裤。这种套装成了通用的首选衣着，大多数城里人都穿用。在城市所有阶层的代表人物——官吏、各类职员、教师、医生、直至农民的衣柜中，都可以见到这种服装。

物品数量不断增加并多功能化和时髦标准更迭迅速的共同原因，20世纪初年的报刊认为应是机械化生产以及社会领域所发生的种种变革。“当今时髦的新鲜事物正以闪电般的速度风靡整个文明世界，在各阶层人士中都不乏其崇拜者。”①

因此，机械化生产最先带来的重大变化便是：摒除了“主观成分”，市场上出现了“供适合现成型号的人购买的模式化商品。大众化的商品也拥有大众化的顾客。成衣工厂就是为中产阶级和财产无几的阶级提供服务的”②。较富有的主顾则具有支付单独定制的能力。

在导致服装样式改变的种种原因之中，需要指出的是人们生活的物质条件（气候、活动等等）、社会的以及心理的种种动机。“任何社会都存在着模仿风气。大多数情况下，人们总是力求效仿那些在社会公众心目中堪称

---

① 《家务与时装》，载《主妇》1902年第45期。

② 斯·伊·古利尚巴罗夫：《一些主要国家的服饰》，载《皇家地理学会通报》1903年第39卷，圣彼得堡1905年。

本阶层佼佼者的人物(假冒斯文);正是这些出类拔萃之士给其余众人提供了所需要的东西”。[①]

20世纪初衣着方面由复杂过渡到简单的典型是对复杂的样式进行摹拟。人们使用镶贴或缝线的手法代替真正另接部件。日渐流行以较廉价的塑料代替价值昂贵的鲸须。新型苯胺染料使得毛织品的色泽更为鲜艳。俄罗斯棉布取代了丝绸,从而可以缝制出价格不高却色彩斑斓的服装。在叶卡捷琳堡也随处可见的《巴黎时装》杂志不断向人们推荐价格昂贵的新款外套和连衣裙。不过当时就有人指出:“此类款式可根据个人爱好以呢绒或毛料仿制(不必用缎料),以较低廉的毛皮取代紫貂皮”。今天叶卡捷琳堡、彼尔姆、伊尔比特等地的博物馆所提供的正是这类展品,它们从来就不属于女性小市民、商人的妻子或工厂女工。

城市居民中处于较低社会等级的一些阶层,总是模仿身居高位的人们的服装。可以认为,对小市民和城市职员阶层而言,摩登贵族夫人的形象就是他们所追求的理想目标。可以想象得到,在叶卡捷琳堡或彼尔姆市内的街道上,实际常见的是较为合理的衣着款式,使典型的摩登身材隐约可见,流畅的线条与躯体的天然轮廓相互吻合。这种流行趋势在照相馆和业余爱好者所拍摄的照片中以及某些速写画中已被记录了下来。[②]

农民出身的人也力求装扮得像城市中等阶层的人物一样。有时他们短上衣的款式在细节上兼有城市服装和乡村服装的特征。比如,可能在袖子上镶着仿效农民服装样式的菱形块,而不是城里裁缝们惯常采用的褶皱。此外,20世纪初的农民服装中开展常见利用工厂生产的现成花边作为装饰。在偏爱的颜色方面也存在着差异。城市老住户的妇女大多喜欢挑选柔和的不太鲜明的颜色,即便节日服装也是如此,例如淡褐、灰黄、浅黄或者黑色,而农民服装却具有鲜艳夺目的特点。农民阶层的人常穿红色、绿色、雪青色。他们的服装大都堆砌着种种装饰品。如若使用刺绣品点缀,则色彩和图案同样符合农民服装的传统。不仅根据穿着的式样,而且可以根据留平分头的发式,就能在仆役、家庭女教师中准确无误地识别出农民出身的人。至今还可以见到一些照片,上面拍摄的常常是年轻女人,她们身穿城里人的简朴的连衣裙,却戴着按农村传统缀成数排的珠串。

---

① 弗·列尼奥:《服装及其起源、决定服装样式的规律和科学的评论》,载《主妇》1901年第4期。

② 参见姆·伊·季哈切克:《叶卡捷琳堡写真:姆·季哈切克作品选》,斯维尔德洛夫斯克中乌拉尔出版社1983年版。

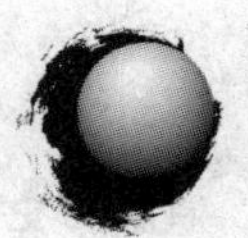



在上述时期，作为社会标志的浮华风气大多反映在女性小市民和商人的妻子身上。这又主要表现在过多的装饰和色彩的艳丽夺目，并一味追求以廉价的手段模仿资产阶级的奢华作风。有时候色彩、面料和做工的配合都很蹩脚。对于这一点，当时的人们也有所察觉："如今所有商品的价格，由于使用机械化的工业方式进行生产，都已大大降低；因而那些从前堪称奢侈品的物件，已经成为极其寻常的化妆或陈设用品。"①

普通消费者都有了机会享受艺术的最高成就。美丽大众化成了时代的口号。"为穷人提供美"的主张也提出来了。"模仿的热情和底层民众的向往都倾向于处处追求高档，这关系到生活的外部结构，从未如此广泛流行。各种商品价格的降低，使民众也能享用从前只能算富人和名人的特权的许多东西。"②城市居民已有机会先于农村居民在衣柜中挂满成衣、在室内布置上成品家具和饰物，使其不仅符合时代精神，而且满足了审美的、心理的和物质的个性化需求。

形成物质环境某种风格的首要条件是主导着一切的世界观，因为它会影响人们的行为标准、生活追求、兴趣、劳动和日常生活。对社会变化反应最快的是"小"物品：各式各样的家用器具。城市中产住户家中的厨房和餐厅用具的数量日渐增多。厨具的品种和数量大体上取决于家务本身和主人的财力。据不同的妇女读物介绍，单是专供做饭使用的五花八门的物品名目即平均将近100种。厨具越来越多地由工厂生产，其材料和造型原则也不断翻新，产品日益专业化。例如，采用铝材制作厨具和盥洗用具、旅行餐具便是一种新风气。

技术渗入了人类生活最为保守的领域——饮食烹调方面。厨房里开始日渐充斥着种种设备和装置：绞肉机、蒸锅、榨汁机、擦板。

城市环境里的家庭洗涤工作，各种出版物都纷纷劝告人们采用不同结构的洗衣机。熨斗大多使用铁质的，规格繁多。不过，内部以炭火加温的、电热的、蒸汽的和烧酒精的当时都统统被视为现代化的熨斗。

房间里同样充斥着五花八门的东西，数以百计：家具、鲜花、装饰品和小摆设，简直将房间塞得满满当当。商店和作坊为每个房间提供专用配套器具。时装杂志带插图的增刊登载花样繁多的刺绣、烙烫、锯解的图例，建议读者制作大批有趣的东西：各式搁板、支架、格架、盒子、套子、灯罩、烛挡等

① 《家务与时装》，载《主妇》1902年第46期。

② 《家务与时装》，载《主妇》1902年第46期。

等。妇女手工制品就更不消说了，绣花的餐巾、枕头、图画、珠串制品家家户户里都相当常见。题诗和作画的纪念册、保存刊物或乐谱的器具、相框和画框也往往是绣花的。

一方面，这足以证明人们试图构建一个单独的空间用于各种工作和消闲；同时也将一应用具按照其功能进行严格的专门分工。对舒适(合理与方便相结合)的理解成为认识不断转变的最重要标志之一。

除此之外，人们开始抛弃以往将日常用品视作某种资本(储备衣服或家什以备不时之需)的态度，那样做阻碍了它们的更新。从精神上认定物品老化这一因素，对消费潮初级阶段的形成具有重大的意义。20 世纪初的论者们指出，追求迅速更换用品，乃是现代文明人的显著特征。“在所有比较殷实的人家，如今都习惯于每隔 8～10 年左右更新一次陈设。”①

日益普及的不仅是物品的消费，而且还有闲暇时间的消遣。记者们在报刊上发表的文章中愈来愈坚持认为，休闲理应成为一种有益的活动或者用于获取知识。与孩子们一起消磨时间尤其备受关注。富裕家庭中开辟“游戏”室的做法十分普遍。这是备有五彩斑斓的小人书、洋娃娃、供玩耍的家具设备、小锡人、狼崽子等的玩具王国。② 在 20 世纪最初 10 年还出版了一批专门刊物，以供家人或儿童开展“不致令人疲倦”的阅览活动。仅仅列举其中几种刊名即已可见一斑，如《儿童阅读》、《娃娃杂志》、《学前教育》、《儿童之友》等等。

当全家人围坐在“茶炊旁”之时，同样需要读点儿东西。于是便有了形形色色的专供愉快有益的休闲之用的出版物：《家庭成员》、《图片新闻》、《休闲与事业》、《大钟王》、《世界画报》、《室内花草鱼类爱好者协会》等等。虽然这些刊物大部分是在莫斯科和圣彼得堡出版的，但无论在彼尔姆还是叶卡捷琳堡都相当流行。

世纪之交，让孩子和成人同桌参与的一些生动活泼而又富有知识性的桌上游戏日益成为引人入胜的儿童活动。可供一家人消磨晚间时光的游戏有：“家庭赛马场、真实赛马幻想、桌上足球、带赛马赌金计算器的快步大赛马、莫斯科电车(莫斯科平面图、10 节车厢、仿真车票)。”③工业革命时代使儿童游戏为之一变。在摇马近旁，自行车和溜冰鞋占据着应有的地位。小锡兵组成的军队与铁皮火车、轮船为邻。“圣诞节前街边地摊上出售着锡制的

① 《家务与时装》，载《主妇》1902 年第 44 期。

② 参见 E·瓦休京斯卡娅《俄罗斯童年二百年》，载《少年艺术家》1944 年第 5、6 期合刊。

③ 《舞台与生活》1913 年第 43 期。

自动玩具”,一起摆放着的还有旋转木马、日本娃娃、杂耍演员和汽车。[①] 可以明显地发现一种趋势:民间手工玩具正在被更廉价的工厂制造的产品排挤出市场,导致前者逐渐归于消失。

圣诞节前夕,各家报纸纷纷登出五光十色的销售枞树玩具的广告。尤其是在20世纪初年,几乎家家户户都已时兴在节日前布置枞树。孩子们和成人们预先为枞树准备节日盛装的时间更早。节前一星期,此事便成为漫长的冬日晚间最重要的活动。自制品以纸张、混凝纸浆和金属丝为原料。坚果、蜜糖饼干、水果、糖果以及各种甜食都可充当装饰品。它们同时也是礼品。正是从这一时期开始,成人着手为孩子们安排专门的儿童早场戏,这种戏至今依然使用着“枞树”这一名称。专门的冬季儿童节日的出现,表明了对童年的自身价值的承认。童年已不再被视作成人的草图、开端和前期了。

为成人们也安排了各式各样的化妆舞会。为了迎接这种大狂欢活动,人们都要准备专门的服装。在档案馆和博物馆收藏的上世纪初的照片上,身着俄罗斯、乌克兰民族服装和其他打扮的小姐和太太至今一一呈现在我们眼前。[②]

参加在叶卡捷琳堡公共集会大厅或工厂俱乐部举行的节日晚会,跳舞服装必不可少。当时常被提及的有各色丑角的面具和假扮“彼得鲁什卡”、“勿忘我”、“夏天”、“渔妇”等传统戏剧中人物的衣着和其他一些服装。[③]

对住房、家常用品和节日用品、消闲等日常生活的重要方面的分析表明,城市居民中不同阶层的日常生活具有普遍的同一性。城市住宅室内用品不断增加的趋势明显可见。在工厂化大批量生产各种用品的同时,工艺美术设计也在不断发展。它开始愈来愈决定着日常用品的造型、服装的款式、这些东西的色调。

19～20世纪社会变革时期所特有的日常生活合理化现象,已经开始排斥传统文化的游戏准则了。比如,服装的天然功能在发生变化。由于社会的嬗变,性别年龄和等级制度的功能消失了。服装和家用器具的神奇功能正在发生转变。但市民们并未察觉细节的独特作用和风格的隐秘语言,因而便能身披着各种不同社会群体的识别符号。在市场关系形成时期,作为

---

① 参见《彼得堡生活》1903年第744期。

② 叶卡捷琳堡历史博物馆,捷列霍夫库,第256号;彼尔姆州国家档案馆,第1331宗,第1册第257案卷,巴扎诺夫家庭影集。

③ 参见《叶卡捷琳堡周刊》1896年第4期;1908年1月23日《乌拉尔地区报》。

一个历史进程的积极开端，个性开始突出起来。

20世纪初期发生的各种事件为人们创造了独特的生活环境。不断变化的种种条件提供了试穿“他人的”衣服的机会，迫使人们部分地过一过“另样的”生活，宛如置身于舞台。生活具有了普遍的戏剧意味。可以同时观察到两种截然相反的倾向：渴望与众不同，又试图符合一定的标准。“在不断演变的社会中，个人生活常常会失去平衡。时髦提供了表达趣味、进行判断并从而加以确定和巩固的可能性。”①的确，外表上所展现的，与其说是小市民知足和简朴的精打细算，不如说是对财富和体面的贵族式理想。虽然如此，生活空间的另类外观不仅仅是价值观念新的体系、初露端倪的新文化观念的证明，而且它强迫着城市居民们改变自己的行为和采取决定的战略，这不但涉及社会生产领域，同时也表现在日常生活之中和家庭交际圈子里。

① Г·布卢梅尔：《集体行为》，载В.И.多布连科夫编《美国的社会学思想：文本》，莫斯科大学出版社1994年版。

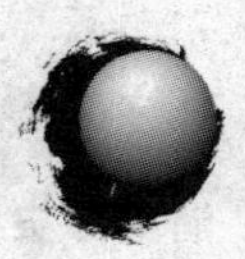

选自姆·伊·季哈切克《叶卡捷琳堡写真：季哈切克作品选》，斯维尔德洛夫斯克中乌拉尔出版社1983年版。

20世纪初的摄影护照(现代派的装饰图案)

20 世纪初不富有的小市民家庭的沙发(俄罗斯伊尔比特方志博物馆收藏)

20 世纪初医生家庭用的沙发(俄罗斯伊尔比特方志博物馆收藏)

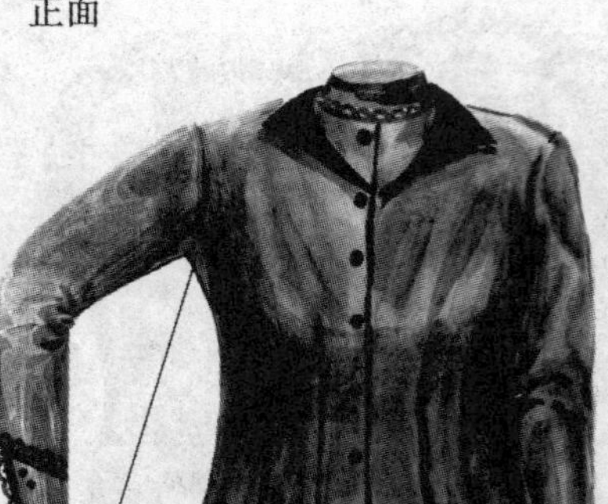

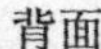


20世纪初，伊尔比特市小市民穿的女用短衫，深棕色绸面，镶以黑布和花边，用综布色的纽扣（俄罗斯伊尔比特方志博物馆收藏）

20世纪初，出身农民的城市妇女的婚装：牛奶色女用套装（女短衫和裙子），短衫镶有凸花花边（俄罗斯伊尔比特方志博物馆收藏）

## 专家访谈

# 欧洲中世纪与历史理论

## ——访法国历史学家勒高夫

彭友钧(整理并翻译)

在陈启能和马胜利两位老师的鼓励下,我接受了翻译雅克·勒高夫(Jacques Le Goff)的《炼狱的诞生》一书的任务。为了能对该书作进一步的了解,更想借此机会拜访一下这位著名的年鉴派历史学家,我向作者提出了进行访谈的请求。勒高夫于2003年5月19日和11月4日在他巴黎的寓所接受我的拜访,并在年事已高和健康状况很不佳的情况下与我作了两次长谈。自责之外,深为其不倦的治学精神感动。现特征得他的同意,将访谈的内容作了整理和翻译,以供国内的读者参考。

我在此再次感谢勒高夫教授。

彭友钧:首先,我对您能接受与我交谈表示诚挚的谢意。我也希望能通过我们的谈话能使中国读者对您和您的学术生涯及成果有一个基本的了解。

勒高夫:是我应该谢谢您。是您让中国的读者来了解我的作品。要知道，我应中国社会科学院的邀请去过两次中国，一次是在1978年，一次在1993年。我不得不说，由于中国和西方之间的文化差异很大，相互的理解有时显得比较困难。其间，和广州同行的接触要比在北京时容易得多。我也进行了一些游览，参观了一些历史古迹，如长城。1978年，我当时住在长安街上的一个饭店，我曾到老城区散步，虽然有卫生设施的问题，但那些老城区有着极强烈的魅力。最近，我看了一个有关北京为奥运而进行大规模的城市改建的影片。唉（叹气），这部片子让我发抖。对我来说，这是北京的毁灭。

彭友钧：我也深有同感。我10年前曾去过北京，今年再去北京时，已是面目全非了！这是个令人痛心的题目，我们还是来谈您吧。您能简单地介绍一下您的学术生涯吗？

勒高夫：我是在土伦[①]和马赛（Marseille）读的中学，而后进了法国高等师范学校（Ecole Normale Supérieure）。毕业以后去了一年牛津大学，然后在罗马法国学院呆了一年。其后在里尔（Lille）大学当了五年的助教，后来还当了几年法国高等社会科学院院长。我的整个职业生涯都是在教学和科研中度过的。

法国历史学家雅克·勒高夫

在政治方面，二战时曾参加过一点法国抵抗组织，后来参加了反对阿尔及利亚战争的活动，1958到1962年间，还曾是新社会主义党党员。

彭友钧：您的著作的数量非常大而且涉及的范围也很广泛，您能不能给我们介绍一下您在学术思想方面的成长过程，比如您都受到了哪些学者或思想的影响？

勒高夫：我年轻时曾对马克思主义哲学很感兴趣，也读了一些马克思的著作，因此可以说我受到了一些马克思主义思想的影响，但并未因此而成为马克思主义者。至今我仍认为他的“阶级斗争”的思想不失为学术史上的一个重大的发现。在历史学方面，我深受马克·布洛赫（Marc Bloch）和吕西

① Toulon，法国南方城市，也是勒高夫的出生地。

安·费弗尔(Lucien Febvre)的影响。他俩是年鉴派的创始人,马克·布洛赫是我在历史学上的导师。另一个对我影响很大的是莫里斯·隆巴德(Maurice Lombard),他将空间引入到了历史学中。您一定知道,在法国的学科的设立中,历史、地理是不分家的。我试着为中世纪找到一个空间。目前,我唯一的政治活动便是希望欧洲的建立能早日实现,并为能给欧洲各国找到一个共同的历史和文化空间而努力。①

彭友钧:您既然谈到国际政治方面的问题,如果您允许的话,我很想提一点这方面的问题,因为国际政治是我的主修专业。

勒高夫:请便。

彭友钧:中世纪是否存在着某种形式的"国际关系"(Relations internationales),如果是,它们是否可以同当今的国际关系作一个比较?

勒高夫:中世纪还不存在今天意义上的国际关系,这是因为中世纪还不存在国家。但存在着一种宗教与宗教之间的关系,比如,基督教与新教之间、基督教和伊斯兰教之间的关系。在基督教世界之内也有拉丁世界和希腊世界(以拜占庭为中心)之间的矛盾。随着蒙古人的到来,情况有所不同。您一定知道,蒙古人出蒙古草原后一直入侵到了欧洲的东部和中部。那个时期曾有过使馆,也有很多基督徒到蒙古去旅行,针对这一阶段,我们可以说基督徒与蒙古人之间存在着一种"国际关系"。否则,从总体而言,我认为中世纪时期是没有真正的国际关系的。

彭友钧:但是,我们是否仍然可以认为"教廷"乃是一种"国际组织"呢?当然了,国际组织一词应加上引号。

勒高夫:是的,显然如此。但教廷与今天的联合国仍有很大的区别,这是因为尽管这个组织控制着(当时)几乎所有的基督教地区,但它并不具有"国际性"(international)。如果一定要找到一个接近的词,那么我认为"超国家性的"(supernational)一词更为合适。

彭友钧:我很想知道您为什么一直对时间和空间那么感兴趣?因为在您的大部分著作中,您都直接地或间接地涉及到了中世纪的时间和空间概念问题。如果您容许的话,我几乎可以用"顽念"(obsession)一词来形容了。

勒高夫:(微笑)绝对如此。这是因为历史是处于时间和空间之中的。而时间在某种形式上是历史的一种"衣料",历史学家的工作则可以被认为

---

① 在我与勒高夫进行第二次谈话之前,他又出版了一本新书:*Europe est-elle née au Moyen Age?* (Paris, Seuil,2003)当前整个欧洲都在探讨未来的欧洲宪法,特别是宗教问题,这本书来得很及时,并打破了法国知识分子对这个问题的沉默。

是一种以控制时间为目的的工作。正因此我认为所有时间的概念以及所有用来衡量时间的方式及努力极其重要。也正是如此,我研究了各种不同的时间的概念。我认为,中世纪极重要的一刻是教会如何开始给时间下定义,并衡量、垄断时间的那一刻。这是因为年历是宗教年历,时间的衡量也是为教堂的钟声所规范的。从那一个被我称为“时间的世俗化”(laicisation du temps)的时刻,一种新的衡量及统治时间的办法产生了。我认为,最早是那些商人首先感到了对时间衡量的需要:这时间既是工作时间,比如工人制造某件产品的时间,也是旅行的时间,也是船只环行的时间。我曾写过一篇关于这个问题的文章,此文曾引起过一定程度上的反响。

中世纪诸多重大事件之一便是13世纪末期时钟的诞生。我们终于可以均等地衡量时间了!这是一次真正的革命!在14世纪时,时钟在整个基督教的西方普及。而到了14世纪末,在所有的城市都能看到时钟了。15世纪初商人和作家们孕育出了一种对时间的商业化,这也导致了19世纪一句著名的英国成语:时间就是金钱(Time is money)!

您看,这个时间的概念也是一种经济的、社会的甚至哲学的演变。这完全可以纳入到马克思的课程里去了。

彭友钧:如今,这个西方世界的“线性”的时间概念已经控制了整个世界……

勒高夫:确实如此。

彭友钧:当前在中国北京对古城的破坏是否也是与中国人对时间概念的转变有关系呢?当然了,我不是要将所有中国人犯的错误都推到西方人的身上,只是过去中国人的时间概念是轮回式的,而不是线性的,所以不会有进化论的思想。而进化论必然导致对历史的毁灭。

勒高夫:您说的完全有道理,这一点是非常重要的。其实,就是在西方,这种时间的概念实际上也是个新生事物。中世纪时期的时间在一定程度上也是轮回式的,部分性的,这是由于那时有一个年历,其中的节日每年都循环往复。什么是中世纪的新生事物呢?那就是基督教中的时间概念,它给中世纪引进了“时间终结”的概念。如此一来,时间就只能作为线状的时间了。尽管中世纪尚未完善“进步”这一概念(大家都知道,“进步”这一概念是到18世纪才开始盛行的),中世纪仍未被线性的时间所影响。

彭友钧:在您的历史研究中,您是如何谐调时间和空间这两个概念的呢?

勒高夫:在被时间所衡量的最重要的事务中存在着旅程及迁移,中世纪

与我们过去所想象的刚好相反，它的时间概念是活动的，一个移动的时间。那时的人们的流动性很大，有很多移民现象，比如从农村到城市的移民，也有很多因商品流动而形成的人口流动。在宗教领域里，正如您所知，有一个被教会认为是宗教之本的行为，即“朝圣”(pelerinage)。

在当今世界里，您还可以找到一个国家，它的朝圣还有着如同西方中世纪时那么重要的地位：这个国家便是印度。我不知道您是否去过印度，我去过三次，我对这个国家非常感兴趣。最让我惊讶的是印度人的移动性，他们有着一种与众不同的旅行方式。我对中国人流动情况不太了解。(我摇头表示中国人的移动性没有这么大。)是的，我在中国时似乎也没有这个印象。在旅行上，特别是在朝圣方面，印度人是非常不同寻常的。我们(指的是他自己和他的妻子)去印度时也参加了几次朝圣的长途旅游。神奇极了，而且我可以说印度人是非常友好的。这是因为我妻子爱好摄影，我虽不拍照片但爱看她的照片，尤其是当它们拍的很成功的时候。每次拍照片之前，我总是先征求人家的同意，而他们总是欣然地同意。您看，时间和空间总是在一起。

彭友钧：是啊，跟印度人相比，中国人的流动性要小得多。这也许与中国人对“稳定”这一概念的误解和迷信有关吧。

勒高夫：对。

彭友钧：比如户口制度，有点儿像法国的户口，只是更“稳定”也更古老，其主要目的一直都是为了使老百姓不移动。

勒高夫：也是为了管理和控制社会。

彭友钧：您认为在中世纪的法国以及今天的印度，人口的流动是为宗教朝圣所决定的吗？

勒高夫：您一定知道，在中世纪的西方有三个最重要的圣地。首先是耶路撒冷。对于十字军东征，我们管这个叫“朝圣的反常”(perversion du pèlerinage)。我本人是非常憎恶十字军东征的。我认为它对所有的人来说那都是一个巨大的灾难。[1]

彭友钧：而且到今天尚未终结。

勒高夫：不幸的是这的确尚未结束。美国人又重新开始了。尽管，我在报纸上看到，在准备对伊拉克作战的前期，布什引用了十字军东征这一历史性概念，但他的智囊团曾劝他避免使用这一词。唉，无论过程和用词如何，

---

① 可参见 *La Civilisation de l'Occident médiéval*，Paris，Arthaud，1984。

思想还是在那儿！

第二个圣地是罗马。最后一个是圣·亚克·德·贡德思德勒(Saint Jacques de Compostelle)。您看，从空间和移动性的角度来看是很有意思的：这三个圣地都是在基督教世界的边缘，甚至之外。尽管罗马是古代西方的中心，中世纪时也只是出于远离中心的地位。至于圣·亚克·德·贡德思德勒，在西班牙的边远的加利西亚地区，常被称为“地球的尽头”。所以这个思维方式有些出奇。话又说回来了，在伊斯兰教里，朝圣曾经有着比今天更重要的地位，去麦加朝圣是伊斯兰教中必不可少的宗教义务。

彭友钧：而在今天的基督教徒中已不是这样了。

勒高夫：是的，朝圣的地位要小多了。

彭友钧：另一个让我感兴趣的问题是有关中世纪时期的“个人”(individu)的概念的问题……

勒高夫：这是个很困难的问题。而且在这个问题上我的同事们与我有意见上的分歧。大多数中世纪史研究者都认为中世纪的人们没有“个人”这个概念，他们认为统治中世纪最主要的观念是“家庭”意识、集体意识，而不是“个人”。但我认为在世界史上，很多古代文明里都产生过“个人”概念的雏形。我想印度的佛教便是个例子。佛教似乎很利于“个性”(individualité)的发展。我自问，如果我说错了话，还请您原谅我，对中国的文化，我了解得不多，儒教是否也很有利于“个人”的发展呢？

彭友钧：是的，从某种程度上而言的确如此。不过，我认为中国文化中最有利于“个人”思想是道教，尤其是其中的一派：杨朱。遗憾的是这一派书全都给毁了，我们对其思想的了解只是通过其他人著作中的反映，而这些反映常常是负面的甚至是讥讽式的。

勒高夫：在中世纪的西方，我认为出现过一种“个人”，这体现在“圣徒”的重要性上，他既是一种集体现象也是一种个体的表现。不要忘了，圣徒们也是些“个人”，哪怕他们是集体迷信的偶像，他们也仍是一些个人。这是因为在中世纪“圣徒”是极其重要的，这是一种以基督教的方式来对个人的神圣化，正如古希腊、古罗马时代对个人英雄的神话一样。早在《伊利亚特》和《奥德赛》里，荷马便强调了个人：尤其是阿基里(Achille)和赫克托(Hector)。

彭友钧：在您的《中世纪的知识分子》中，也是您的一本书名，有没有“个人”的出现和解放的问题呢？

勒高夫：有，有，有。其中有一个人物起了很大的作用，即阿贝拉尔

(Abélard),他是第一个新时代式的知识分子,是一个作为"个人"而存在的知识分子。关于中国古代社会……

彭友钧:我很想听听您的看法。

勒高夫:当然了,我对这个年代中国的薄弱知识只是来源于很久以前我读过的一个曾在中国呆过的荷兰外交官写的一套侦探小说:《狄仁杰探案》。(笑)这让我自以为对中国古代有所了解。我有个朋友和同事叫瓦丁·叶利谢耶夫,是一个俄裔中国古代文化的专家。他曾对我说:"我们应该一起写一本书来比较你研究的西方知识分子和中国古代的文人。"遗憾的是他前年去世了。他认为中国古代也存在一种"知识分子",尽管他们,正如您刚才所说的,与西方中世纪的知识分子有很多差异。如同在中世纪,他们也是控制社会的保障。

彭友钧:关于中国古代知识分子的问题,无论是在中国还是在西方研究得都不够。

勒高夫:啊,是吗?

彭友钧:特别是没有从社会学这个角度对中国古代文人历史的研究。在中国历史研究领域里,政治是仍然占绝对主导地位的。

勒高夫:我知道。我之所以知道,是由于当我在北京时曾与历史博物馆馆长聊了一个上午……

彭友钧:哪一年?

勒高夫:1978 年。我不记得当时使用法语还是用英语交谈了,但我还记得我们试图比较关于历史的概念问题和研究历史的方法。区别的确很大,他也对我说历史学仍是叙述性的。但他为他的观点而辩护道:这不是一个理想,而是一种必要:为能达到解释性的历史,必须先要对事件、人物有着较深入的了解。他赋予传记极重要的地位。这让我非常感兴趣,也令我高兴。他当时正在重新组织博物馆,出于礼貌和好客,他给我介绍了博物馆如何在文化大革命之后重新组织展厅。这一切都让我觉得很有意思。总之,这一切都确实与西方决然不同。

彭友钧:说到传记,我个人认为从各种文学作品出发,我们也许可以重新找回古代中国文人的世界。总之这不失为一种研究途径,而且会很有意思。

勒高夫:我以为这一定已经有人做过了。是不是如此?

彭友钧:我想还没有,这是由于我们对跨学科式的研究还重视得不够,还没有真正意义上的"社会历史学"或"人类学观点的历史学"。

勒高夫:那应该倡导这个!

彭友钧:您能不能用几个概括性的词来给向我这样的门外汉介绍一下什么是中世纪,因为这段时期实在是太复杂了,您可以帮助我们理解这段历史。

勒高夫:我认为中世纪是现代文化和现代社会构造的最初阶段。尽管中世纪的哲学家和神学家们都从古希腊、古罗马吸取了很多知识,但我认为他们尤其创造了新知识的基础。其中我认为最为重要的一个特征就是给了"理性"(raison)越来越显著的地位。显然,中世纪是一个信仰宗教的时代,但它也强调了理性的重要地位并渐渐依靠理性来思维。而中世纪的神学本身就是理性在宗教史中的应用。这是一些可以给中世纪来下一个定义的现象中的一种。还有,从人口数字上来看中世纪是一个农业社会,是一个农民的世界。但城市占的地位越来越重要,因为中世纪是一个了不起的城市化时期。城市化过程中也就有城市学校的建立和发展。其中有的是让孩子们学会认字、书写及算术的普通学校,也有较高级的学校。正如您所知,中世纪也是一个大学创立的时期。尽管教会在当时的大学里的势力很大,但(大学里的)人们仍然从根本上开始对理性更感兴趣。

另外,中世纪也是一段经济发展的时期。尤其是商业方面,稍后我们可以看到在商品交换的基础上出现了市场。

还有,中世纪也是各种艺术发展的时期。在这些艺术种类中,我尤其想强调的是雕塑、绘画、建筑和音乐。当然,在古代人们已经开始对雕塑、绘画、建筑和音乐感兴趣了,但我认为是中世纪推动西方社会进入到了对这些艺术的实践和享受。我们可以以音乐为例,在 11 世纪的中世纪有一个重大的发现,或者应该说是发明,那就是一个新的音乐记谱方法产生了。我们今天还可以在乐谱上看到这些记录音乐的标记和符号。而这方便了音乐的谱写,并大大地推动了对音乐的普及和提高。这只是中世纪中的一个创新。我想,如果我们研究乐器的话,我们会发现有一些乐器能大面积地传播音乐作品。首先是管风琴,尽管它是古代的发明,但它是在中世纪才得到了充分的利用。中世纪给了管风琴一个重要的地位。在十二三世纪时,巴黎圣母院开了个管风琴的学院。还有一些乐器孕育了小提琴的诞生,比如诗琴(luth)。所以我认为这儿存在着一个现代化的过程,它对我来说很重要,这是因为中世纪的演变显示了在经济领域或在音乐方面一定的"民主化"(démocratisation),即使农民也进入到市场来卖他们的产品。对理性的实践也在社会中得到了推广和普及。

我甚至可以说：中世纪是现代民主的第一个草图，哪怕那时还存在着森严的社会等级。

还有一个观点，是我个人的看法，我认为中世纪并不以15世纪为其终结。对我来说，中世纪是直到18世纪末才告终结的。因为那时社会和政治才有了很多根本性的变化：在政治上，是法国大革命；在经济上，是工业大革命。除了几个变化之外，中世纪的社会与政治系统实际上一直持续到了18世纪。

彭友钧：只是，我有一个小小的不同意见，如果我拿您的这个"长时段的"(longue durée)中世纪的初期和它的末期相比，他们之间的差异还是很明显的。

勒高夫：当然，当然。这是因为在中世纪的初期，管理社会和经济的政府形式都还是相当的"原始"。一直到18世纪，存在着不断的"进步"(progrès)。我对使用"进步"一词一直都有困难（笑），因为在中世纪还不存在这个词。但这个事实却在那儿。中世纪时期产生了一个有趣的概念，即"复兴"(renaissance)。这是由于当时没有进步的概念，所以他们便说这是对古代繁荣的复兴。首先是我们所谓的"加洛林王朝时期的文化复兴"(renaissance Carolingienne)，这是查理大帝和他的继承者们的那个时期——9世纪。接下来的是12世纪的文艺复兴，我认为这一时期是有重大"进步"的时期。12世纪是中世纪的一个最关键的世纪。然后是15和16世纪，亦即被我们通常简称为"文艺复兴"(Renaissance)的时期。此处，我想让我自己高兴一下，我想用"进步"(progrès)这个词。举个例子吧：大学的创立就是一个巨大的进步。市场的形成也是一个了不起的进步。从政治角度出发，进步表现为国家(Etat)的产生。

彭友钧：国家的产生是从什么时候开始的？

勒高夫：13、14世纪。英国是12世纪末期。英国可能是最早拥有国家形式的地方。

彭友钧：在法国，是什么时候呢？

勒高夫：在法国，大约是13、14世纪之间菲利普·奥古斯特(Philippe Auguste)国王统治时期。而后是"美男子菲利普"(Philippe Le Bel)统治时期的13、14世纪之间。最高是国王(roi)，其次是议会(Assemblées)，而后是官僚(fonctionnaires)。不是王室官僚，他们只是从美男子菲利普时才开始存在。

彭友钧：我对国家诞生这一问题非常感兴趣。我想向您提一个超出中世纪期限的问题，但却并没有超出您刚才所说的“长时段的”(longue durée)中世纪的范围：在国家的形成过程中，红衣主教黎塞留到底起了什么作用？这是因为我很喜欢读大仲马。

勒高夫：(笑)您可以说他也算能进入“我的中世纪”，但我还是停在了15世纪末，这超出了我的学术范围。(稍微停顿)我认为黎塞留在其中的作用很大。尤其是他在国家的中央集权化的过程中的作用很大，这伴随着总督的重要性的增长。说到这儿，黎塞留的时代我们就能讲“国际关系”(relations internationales)的问题了。黎塞留在欧洲几个不同的王朝之间的敌对中有极重要的地位。

彭友钧：对我来说，他对在法国历史上“民族”(nation)概念的诞生起了很大的作用。

勒高夫：的确如此。但您要知道“民族”(nation)是法国大革命的产物。在中世纪是不存在民族国家的。我的一个历史学家同事兼朋友贝尔纳·盖内(Bernard Guené)曾说过一句非常正确的话：“在法国，是国家(Etat)建立了民族(nation)。”直到15世纪末期，国家还很年轻也太弱而无法建立民族，民族实际上是19世纪的一种现象。法国历史里最重要的时刻无疑是法国大革命。但您知道，就像用石片打水漂一样，大多数其他欧洲王朝，如英国、德国、意大利，都因为对法国大革命的反弹作用而产生了民族。西班牙和德意志民族就是在拿破仑时期诞生的。

《炼狱的诞生》法文版封面

彭友钧：我然后想问您几个关于《炼狱的诞生》(*Naissance du Purgatoire*)这本书的问题。您已经写了很多有关中世纪的书，《炼狱的诞生》在其中处在一个什么样的地位呢？

勒高夫：出于好几种缘故，我认为这是我最重要的一本书。首先，是由于这个念头产生的方式。我是如何找到这个主意的呢？我认为这很重要，并且这对于历史学者来说是很正常的。当我在社会科学高等学院(EHESS)任教时，我介绍并翻译了不少拉丁文的著作，其间有一个题目很让我感兴趣："想象"（imaginaire）。这也是历史学中最让我感兴趣的题目之一。这是因为我认为"想象"是社会生活中非常重要的一部分。我研究了一系列从8世纪左右起介绍到冥世旅行的著作和文章。它们讲的或是一些人在梦想，或是一些人物、仙人或圣人的显身。他们在另一个世界里旅行。您知道，这个题目引出了中世纪西方最重要的文学作品：但丁的《神曲》。它讲的就是到冥世的游记。在翻译的过程中，我发现在相当长的时期里冥世里只存在两处地方：天堂和地狱。只是到了12世纪后半期，我才看到了第三处地方的出现。

我于是试着搞懂这"第三处地方"的诞生原因及其所造成的后果。然后我发现如果我们不试图解释整个社会的状况和社会系统的运转是无法搞懂这个现象的。因为当时有一种从这种天堂、地狱之间的严格对立中走出来的愿望。这个时期的人们，包括知识分子在内，以为他们只能从天堂和地狱这两个永恒的地方作出的选择。

而后，人们开始设法开创一个"中间地"和一个中间性的时间，这是因为炼狱不是一个永久性的地方，而只是在死后和最后的审判之间的一个去处。您看，这同时也是对时间和永福（Salut）概念的一个震撼。另外，炼狱的教义和实践也牵扯到生者的参与。人一旦死去，他便不能自救了。当一个人死时而没有犯太大的罪恶时，他会被拯救。但是，这个如果要将其从炼狱里拯救出来的可能性变成现实还须生者的帮助，还须死者的家人或教友做祈祷和施舍。因此，炼狱从根本上将生者与死者的社会关系改变了。

我也证明了，至少我希望如此，渐渐地形成了一种有关冥世的"会计学"（comptabilité）。这是由于很少有人死后被判到炼狱直至"末世"（fin des temps），一般会在这之前出来。但是，如何计算在炼狱里过的时间呢？这要依据两件事：一是根据罪恶的数量及其严重性，这是因为在炼狱的净化过程取决于生者们所做的祈祷的数量、质量及施舍的多少。这在当时的语言里被称为"投票"（suffrages）。我刚才谈到了新教徒尤其是马丁·路德认为这是对冥世的一种让人难以忍受的商业化。这导致了教廷和信徒们做起了算计，这使一套新的"会计系统"（système de comptabilité）进入了冥世和人们死后的命运中。当我在读这些文献的时候，有一件事深深地触动了我，那就是当那些文献里谈到某某死后显身对其家人或教友们说："你们为什么不帮助我呢？要知道炼狱可不是闹着玩儿的。它就是一种地狱，只是不像地狱那样用酒，但也持续很长的时间。炼狱是如此令人难受，以至它的一天让人感觉似乎过了一年。"还有一些文章更有意思，比如有一篇讲的是一个非常年轻的女教徒，去世之前因与一个修道士私通而生下了一个死婴。她死后显身对家人道："你们怎么什么也不为我做呢？既无祷告，也无其他表现。"他的家人回答道："我们以为在你犯了如此可怕的罪行之后，已经是无法挽回的了。"她说："不，不。如果你们多做祷告和善事，主会对我发慈悲之心的，这样你们就能把我从这儿解脱出去了。"

您瞧，这在中世纪几乎是相当于当今时代死刑的废除。好吧，不完全是死刑的废除，这是由于还是有很多死者去地狱，但是越来越少。我想给您举一个很有趣的例子：比利时列日市的一个放高利贷者去世后，这儿刚好相反，是他的妻子在设法使他从炼狱里解放出来，她做起了"隐士"(recluse)来了。在中世纪"隐士"指的是某人住在一个很小的窝棚里，让人送一点食物，从而借助孤独的生活洗清自身的罪恶。而她是为了替她的丈夫赎罪。所以几年后，她的丈夫显身，他上身着白，下身着黑，对她说："啊，你太了不起了，我对你是谢之不尽啊。你瞧，你已经救了我一半，我的罪已经被赎了一半。发发慈悲，再继续几年我就得救了，我便能从炼狱到天堂去了。"这篇文章是一个德国修道士写的，他的结束语是这样的："炼狱，就是希望。"您看，这多好啊，这是给一个社会注入了希望。

围绕着炼狱，还有很多事情可谈。比如，教会和上帝之间的权力分配的问题。直到12世纪，人们都认为人生时归教会所管辖，死后便是上帝来决定灵魂了。这是因为教会只是一个尘世机构。随着炼狱的诞生，教会便可以部分地支配灵魂了。这是因为必须由教会来做祭献仪式、祷告以及施舍。也就是说，教会的法律扩展了它的管辖领域。其职权也随之扩大了，这无疑从根本上打乱了机构间的平衡。

还有就是，炼狱被当时的文献定义为一个"中间地带"或"中间状况"，这也引起了一系列的对"中间"这一随着炼狱而产生的概念的算术和数学方面的思考。所以您看，炼狱的诞生是一件对中世纪时期的人们来说非常重要的一个社会现象。对它的研究可以让我们搞清楚社会的一些深层性的变化。

彭友钧：我觉得炼狱似乎改变了基督徒们的善恶二元论的世界观？

勒高夫：更准确地说，这缓和了善恶二元论的世界观。在天堂与地狱之间正如黑与白，而炼狱给人们带来了一个中间性的东西。因此，您完全有道理，炼狱降低了基督世界里的善恶二元论倾向。

彭友钧：炼狱的以后的消失是否又促进了善恶二元论世界观在西方世界的巩固呢？

勒高夫：是的。我认为新教对炼狱的拒绝导致了新教徒比天主教徒更倾向于善恶二元论。但新教对整个冥世的信仰却并未削减。

彭友钧：对您来说，炼狱在中世纪是否具有一个重要的地位？在您的作品里，您通常是研究很综合性的课题，而这儿，为什么偏偏是炼狱呢？

勒高夫：是的，我一直都有写综合性题目的倾向：中世纪的文明，中世纪的知识分子、银行家、商人等等。而这儿，我应该说它是一个点状的研究。从这一点状现象出发，我试图解释所有与其有关的周围。很久以前，我曾与我的一个朋友皮埃尔·杜培尔[①](Pierre Toubert)一起写过一篇文章来探讨是否有可能作中世纪的"总体历史"(histoire globale)，我们设想并推出了一些令我们感兴趣的并被我们总体化(globalisant)的研究对象、研究课题及题材。也就是说，如只是停留在个体和局部而不关心它周围的情况，这个局部也是不会被澄清的。对于我来说，炼狱便是一个总体化的研究对象，而年鉴派一直都对"总体"历史感兴趣，因此我应该是算很忠于年鉴派思想的了。

彭友钧：……我想知道您的"总体历史"(histoire globale)与"普遍历史"(histoire universelle)有些什么区别？

勒高夫："普遍历史"是对所有的文化(civilisations)作为一个整体来考察，而"总体历史"完全不同，它则是对文化的某一个现象来研究这一文化。因此"总体历史"是研究个别文化，但是这一文化的整体。对我来说，"普遍历史"完全是另一回事，我认为它只有在搞历史比较研究时才真正有意义。否则，我对此毫无兴趣。这是因为我认为历史学者总是为社会的独特性及他们所研究的阶段所吸引。普遍性对历史学者来说没有太大的意义。只是我应一个犹太籍作家及思想家埃利·韦泽尔(Elie Wiesel)的邀请参加了"世界文化科学院"(Académie universelle des cultures)，我还有幸成为了这个世界性科学院最初的14个创立者之一，而我这一辈子一直在拒绝各类型的院士头衔，因为我不喜欢学院派的东西。说到这个世界文化科学院，我想说，在寻找日本文化和中国文化的代表时我们遇到了很多困难，而一个世界性的文化科学院没有中国代表人是无法运转的。这个科学院有一点不同，其目的是为了支持世界各文化的多样性，推广各文化之间的宽容和共存，我们称此为"多元文化主义"(pluriculturalisme)。您可以看到，因身体缘故我已不能出门了，他们找人来家拍摄我的讲话并在科学院聚会时放给其他院士看，这样一来我还能参加他们的活动。这一活动很重要，其中有基督教文化

① Pierre Toubert(1992～2003)，法兰西学院(Collège de France)院士。

的人，有伊斯兰教文化的人，我们能听到各种不同的声音，是真正的（文化）宽容。所以这一活动与我对历史研究理论和实践的看法并不矛盾。

彭友钧：对您来说，是否有一天世界上的所有的语言文化会融为一体呢？

勒高夫：也许吧。但那一定是世界的终结。我认为，遗憾的是这只能在世界的终结时才可能实现。

彭友钧：我个人对法国的文化和历史有着偏爱，但布罗代尔（Fernand Braudel）的一句话令我很失望："必须作为法国人，才能理解法国的历史。"还有，我觉得法国的历史学家往往只对法国本国的民族史感兴趣。不知您是如何看待这个问题的？

勒高夫：我自己一直对我本国的民族史不感兴趣。这也是我为什么对中世纪感兴趣的原因之一，因为中世纪没有民族国家。至于布罗代尔，我一直都试图与他拉开距离。他的确很民族主义，要知道他是洛林地区（Lorraine）的人，那儿是法国民族主义的心脏。尽管如此，他仍不失为一位伟大的历史学家。

彭友钧：您能不能谈一下您对历史研究方法的看法？

勒高夫：历史应是跨学科性的。年鉴派的贡献之一便是对各学科之间的间隔的摧毁。至于方法问题，首先是应使用尽可能广泛的文献资料，尽可能使用各种不同类型的资料。然后是要解释您所获取的资料，要让它们开口说话，但历史学的目的不在于讲述，历史的目的是"解释"（expliquer）。正如我上面所说，历史学家应设法找到"总体历史"的课题。最后，历史绝对不是"研究过去的科学"，而是一门为了理解现实而存在的科学。而我们只能通过"长距离的历史"才能理解某种社会现象。这是因为人类在不停地变化，历史也是运动性的。

彭友钧：您是如何看待当前的法国历史编纂学的新倾向，如果可能的话，请您来给我们描述一下当前法国历史研究的概况。

勒高夫：我不知道我们是否能谈到法国历史编纂学的新倾向。十几年前，大家曾谈论年鉴派的危机，说到危机，似乎有些夸张。我认为这更像是一个"喘息"阶段，而这完全是正常现象。所有的理论、概念或方法到一定的时期后都会有个喘口气的过程。而年鉴派至今已有 70 年了，它的这个"喘息"阶段是无可置疑的。但应注意到，当今没有任何一个学术杂志或学术流派能取而代之。我认为真正衰退的倒是年鉴派内的跨学科倾向。如果存在着一种"危机"（crise）的话，那这个危机应叫做社会科学的危机。另外，我也不太喜欢“危机”这个词，我更愿意用“转变”(mutation)一词。当前我们的社会正处在深层的转变过程之中，而研究社会的科学也是如此。历史学家们也处在这个转变过程之中，他们不是预言者，所以现在还无法谈到出路。

如果存在着新倾向的话，那么应该说是来自年鉴派的一个“非欧洲化”(déseuropéanisation)的倾向，尤其是在历史学和历史编纂学方面。但遗憾的是我们还看不到新的“非欧洲”的历史编纂学的形成。您在中国看到了吗？

彭友钧：在我所知甚少的情况下，我还尚未了解新的历史编纂学的形成。

勒高夫：我认为，日本或那些所谓的发展中国家也都还尚未形成新的历史编纂学，尤其在非洲，几乎一直都是一片空白。另外，我认为由于欧洲正处在一个统一化的过程中，因此历史在欧洲文化的地位也就越来越重要了。相反，美国那边的文化和政治倾向表明他们正在削弱历史的地位。说到美国历史，它只是从 19 世纪末才真正开始。这是因为他们几乎彻底地摧毁了印第安人的文化和历史。他们不仅没有吸取印第安人的历史，也没有试图从中探索出一个新的历史来。

在当前的历史编纂学的倾向中，尤其在法国，存在着一种对 20 世纪后半期诞生的一些理论和概念进行巩固的倾向，而这些理论多多少少都出自于年鉴派或与其紧密相关。比如精神面貌或心态史(histoire des mentalités)及感觉史(histoire des sensibilités)，还有一种历史让我本人很感兴趣，即想象史(histoire de l’imaginaire)。

我认为考古学的活动带动了并仍在带动历史学的更新。(近来)不少最有价值的历史发现都源于考古学。您知道，直到 20 世纪中期，至少在西方，考古学一直仅为古代史研究服务。我还记得，我曾参加过一次法国国家科学研究院的一个委员会，当时我惊奇地发现法国的考古学委员会的活动都以公元后 800 年为极限。对公元后 800 年的历史没有任何考古活动。尔后我们扩宽了它的领域。这对于中世纪以及工业革命初期历史的了解起了极为重要的作用。考古学丰富了，至少更新了，对新技术工厂的建立方式的认识。对中世纪史，也同样如此，比如考古发现使我们能更好地认识西方在 10 世纪左右发生的巨变(grand essor)并能更准确地确立其年代。考古也在对 13 世纪末和 14 世纪初的社会危机有了更精确的了解，此时我们可以用“危机”(crise)一词，其最明显的特征是对可耕地和村庄的放弃。法国称之为“抛弃的村庄”(villages désertés)，而英国的历史学家和考古学家称之为“失去的村庄”(lost villages)。

彭友钧:在年鉴派的内部有没有革新或更新呢?我也请您给我简单谈一下年鉴派的演变过程。

勒高夫:您知道,(年鉴派的)杂志在继续,而且,正如我先前所说,它在继续并更多地对“非欧洲”的历史感兴趣。我们尝试着提倡跨学科性,但我不能说我们取得了什么大的成功。例如,在《年鉴杂志》的编委会①的领导集体里,为能更新成员及推动跨学科研究,我们吸收了一位经济学家和一位社会学家。但遗憾的是,他们没能真正的改变什么,而一切都在继续。尽管如此,我必须重申一次:不仅在法国,在全世界的范围内我还没有看到一本同样类型的杂志出现。极少的几本杂志也是极专业化的,并主要是针对当代史,这在法国被称为“现在时的历史”(l'histoire du temps présent)。最近二三十年来社会学,更准确地说是政治学方面的杂志渐渐地开始引人注意。

彭友钧:我认为,得益于年鉴派的研究方法的推广和影响,政治学领域内研究方法也有了一定程度上的革新。

勒高夫:完全可能。反正,不管对于年鉴派的历史学来说,还是对于政治学家的历史学来说,我认为(20世纪)70年代到80年代间是一个很重大的转变时期。尤其在政治学领域,“政治史”(histoire politique)被“政治的历史”(histoire de la politique)所取代了。比如在法国,布尔迪厄(Pierre Bourdieu)在这一点上的影响很大。很长一段时期,他曾是个很“时髦”的社会学家。

彭友钧:您谈到布尔迪厄,中国的读者对他也有所了解。我想顺便问您一下,布尔迪厄是否对法国的历史编纂学起过一定的影响?

勒高夫:当然了。比如,他的“习性”(habitus)的概念就很令历史学家们感兴趣。但我认为他的影响并不是特别深。

彭友钧:那么米歇尔·福柯(Michel Foucault)的影响呢?

勒高夫:福柯就重要得多了。福柯对历史学有真正意义上的影响。首先,我认为他是渐渐地把他自己造就成为了一个真正的历史学家,他不是一个仅仅对历史感兴趣的哲学家,而是由哲学家变成了历史学家。另外,他的书目也证明了这一点:《疯狂史》(*l'histoire de la folie*)不仅是哲学界的一件大事也是历史编纂学上的一件大事;然后他也写了有关性史及性压抑史方

---

① 勒高夫退休之后,尽管年事已高和身体不便,但仍在继续著作的同时,继续参与《年鉴杂志》的编辑工作。

面的著作，这些都深深地影响了历史学家。他有关社会科学的考古学的研究成果也对历史学家有着真正的根本性的影响。

彭友钧：是在研究方法上呢，还是在内容方面？

勒高夫：两者都有。

彭友钧：在 1978 年，您提出了一个新的名称叫“新史学”(nouvelle histoire)，这个新的流派也是从年鉴派继承发展而来，并从根本上革新了传统历史的研究方法和研究对象，您能不能给我概括性地解释一下什么是“新史学”？

勒高夫：正如您所说的那样，而且您谈到了它产生的年份，如今这个“新史学”已经老了。我不是唯一使用这个名词的人，我们是几个人。使用这个词的目的是为了表明历史学在年鉴派影响下的重大革新。在我的记忆中，似乎是布罗代尔在这个名词的推广上起的作用最大。60 年代末 70 年代初，我同他的关系很密切。要知道，这个“新史学”从理论到实践都是为了与过去的历史学脱钩。这一概念是吕西安·费弗尔发明的。您知道，“新史学”的最根本(任务)是向 19 世纪末、20 世纪初的实证主义历史(histoire positiviste)的后遗症挑战。实证主义历史尤其曾在法国和德国盛行，索邦就曾是它的堡垒。德国的“历史主义”(historicisme)归根结底还是实证主义的历史观。

实证主义历史是建立在一种很幼稚的信仰上：以为只需好好地寻找、好好地研究文献资料，历史就自然而然出来了。这样的历史是将历史学者降低到只是阅读和批评文献资料的“工匠”或“技术工人”。

年鉴派一直到坚持强调“历史事实”(fait historique)是不能自我单独存在的，“历史事实”只是历史学家所创造和确定的，并将历史以各种问题的形式呈现出来。我也认为，年鉴派留下的对今天影响越来越大的重要遗产之一就是这种“现在”(présent)与“过去”(passé)的联系。而历史学家对编纂历史的“信念”(conviction)只能是来源于这一双向运动：从过去到现在，从现在到过去。历史学家针对过去而提出疑问和问题时所受到的“现在”的影响常常要比文献资料的影响要大得多。文献资料往往只是在历史学家已经找到了“问题”(problématique)之后才真正被使用。说到这儿，我认为当前的欧洲就是个好例子。为了建立一个统一的欧洲，在经济领域、在政治领域，其次在文化领域(当然了，我对文化的次要地位感到遗憾)，大家到欧洲的过去中寻找基础和先例，与此同时，大家在以“今天历史”的问题去回首过去。比如，在欧洲联盟扩展时出现了与俄国边界的问题，因此欧洲与俄国边界问题的提出方式便被更新了。我认为这个问题在冷战时一直都被掩盖、隐藏着。冷战时西方、东方成了一对矛盾。而如今这些问题都在很大程度上被放弃。有一个新的问题正在出现了，我认为它对理解当今的世界形势很重要：这就是，目前西方已不再是一个整体了，而是存在着两个西方。一个是“美国式西方”(Occident américain)，另一个是“欧洲式西方”(Occident européen)。当然了，这两个西方有不少共同点，其中最重要的一个共同点即民主制度，但同时美国式的民主与欧洲式民主也有所不同。此处，我又回到了我上面对您谈到的历史在这两个不同的西方社会里的不同地位。历史在“欧洲式西方”的位置很重要，而它在“美国式西方”的地位就弱的多了。

彭友钧：只是美国人也是西方人，而且他们的祖籍也大多是在欧洲。欧洲的过去和历史对于美国人来说否也很重要呢？

勒高夫：您说的完全有道理。直到第二次世界大战，欧洲和美国之间的联系一直都是很紧密的。美国人一直都实际上是欧洲人，他们只是最近才变成了美国人。一直到20世纪中都还有欧洲移民。而这个移民人口已大大下降并为中美洲国家的移民所代替。这也是在美国西班牙语范围逐步扩大的原因，比如纽约的很多街道都是用英语和西班牙语同时注明。

彭友钧：您谈到目前欧洲的建立，我想知道欧洲的统一是不是正在以对美国的对抗而作为它的目标呢？

勒高夫：很低的程度上来说是这样的。

彭友钧：您谈到了历史学与当代社会的关系，对您来说，历史学家在社会里应扮演一个什么样的角色呢？您是怎么看历史学家的“教育者”的角色的呢？

勒高夫：我认为，从某种程度上而言，(当前)历史学家的社会角色既有些像19世纪时的历史学家，同时也有很多不同点。您知道，19世纪时期，历史学家是为了民族主义的建立而服务的，他们更是一种建立“民族意识”(conscience nationale)的工匠。我认为今天，不论愿不愿意，历史学家都是深处于“世界化”[①](mondialisation)的运动里了。这也是为什么我们越来越对非欧洲历史感兴趣的缘故。因此，(今天)历史学家的角色就有点像19世纪确立民族的概念时一样来给这个“世界化”下个定义。另外，尽管经济在“世界化”的过程里的地位是很明显的，但文化的作用是不容忽视的。说到

① 以前法国的研究领域或新闻媒体还同时使用“全球化”(globalisation)和“世界化”(mondialisation)两词，最近几年，特别是随着反全球化运动在法国的影响，似乎世界化这一更中性的词已为媒体及学界所认同。

文化，我更喜欢法语里的“文明”(civilisation)一词，它要更广泛而且其中也有寻求进步的愿望，意味着与原始和野蛮的决裂；而“文化”(culture)一词就很中性，没有改良的因素在内。您一定知道美国人对21世纪“文明的冲突”的预言(笑)，时不时美国人总是喜欢闹出一两个愚蠢的预言来。首先，我认为这个预言是错误的；其次，我认为历史学家的任务恰恰是应该避免这种所谓的“文明的冲突”，他们任务应是促进各文化之间的对话与交流。

在历史上，如果存在一个教训的话，那就是：进步(progrès)是紧紧与各种文化或民族的融合(métissages)相结合的。所有寻求进步的“文明”(civilisations)都是开放的文明。看看中世纪初的欧洲，两个事件带来文明的进步：一是基督教的进入，它是统一欧洲的一个工具；第二是罗马帝国原住居民与北方入侵的“野蛮人”之间的融合。欧洲便是从各种民族融合中诞生的。我认为，融合是使社会进步的一个条件。

彭友钧：这也很符合中国古代的情况。

勒高夫：完全正确。我也想到了这一点。我认为我们可以说中国古代也是如此，古代中国曾经是一个很大的多民族融合的国家。

彭友钧：这一点上刚好同大多数西方人所认为的相反，他们常常认为中国是一个封闭的帝国。

勒高夫：是的，的确如此。我也可以肯定地说：古代中国的进步、成功及其昌盛的原因之一便是(民族的)融合。我也想冒昧地加一句：我也希望目前中国的开放能给中国带来新的文化融合。

彭友钧：谢谢您的祝愿。如果我对我最后的这个问题做个总结的话，历史学家的角色应该是参与者，而不是一个旁观者？

勒高夫：是的，绝对如此。马克·布洛赫(Marc Bloch)曾说过一句很正确的话：“人不仅是父母的更是历史的孩子。”

彭友钧：最后，因为我在翻译您的《炼狱的诞生》，而此书与宗教关系密切，我想冒昧地问您一个在法国很忌讳的问题：您相信上帝吗？

勒高夫：(笑)我也不知道我是否相信上帝，但我一点也不信教。如果我相信上帝的话，我可以肯定他一定不是任何一个宗教或信仰里的上帝。

## 人物剪影

# 史学史拾零：卡尔·奥古斯特·魏特夫*

[俄]Г. Г. 皮洛夫著　陈启能译

德国历史学家
卡尔·奥古斯特·魏特夫

译者按：魏特夫和他的著作《东方专制主义》在我国史界是并不陌生的。他的"治水社会"理论歪曲东方社会性质，具有明显的政治目的，但他的书也涉及许多理论问题，如"亚细亚生产方式"等。虽然我国学者对他和他的书已有不少评论，但对他的学术生涯和在西方、俄国的反响，并不很了解。皮洛夫的文章比较详细、全面地介绍了这些问题，现特译出供读者参考。译文稍有删节。

不久前是我们时代的一位著名历史学

* 原载俄罗斯科学院世界史研究所心智史研究中心编，洛里娜·彼得罗芙娜·列宾娜主编《与时代对话——心智史评论》第8辑，莫斯科2002年版。

家和理论家卡尔·奥古斯特·魏特夫(1896～1988 年)诞生 105 周年纪念日。但不得不遗憾地指出,他"真正的"的纪念日(百岁诞辰),不仅在我国[1](这在一定意义上说并不奇怪),而且在西方,都是默默无闻地过去的。正如 B. H. 尼基弗罗夫当年说的:"离奇的是,魏特夫尽管很有名气,但却比任何别人都不被大家提起。他认为自己在理论上是马克思的追随者,但却与大多数西方作者格格不入,不被他们理解;另一方面,他又被多数马克思主义学者看作是共产主义运动的叛徒、反苏分子,与他接触本身就要受到指责;在苏联,魏特夫的书不向图书馆的读者出借。"[2]

本文的目的不仅在于在魏特夫纪念日之际重新提起这个被遗忘的研究者,而且要指出当代人(已经是后代人了)对他的不公正的态度。这里的问题不只在于魏特夫观点的某种乌托邦主义,就像过去曾经有人评论的那样。[3] 在我们看来,重要的是,应该把他对整个历史科学(其中包括东方学)的贡献的重要性讲清楚。

1896 年 9 月 6 日,魏特夫生于汉诺威一个地方不大的叫做沃尔特多夫村的一个教师家庭。他毕业于吕内堡的中学,之后在莱比锡和柏林的大学学习。还在学习期间,就开始写作文章、剧本和诗。在当时的德国,他的剧本[《红色的士兵》(*Rote Soldaten*,1921 年)、《有思想的人》(*Der Mann der eine Idee hat*,1922 年)、《母亲》(*Die Mutter*,1922 年)、《逃亡者》(*Der Fluchtling*,1922 年)、《谁最蠢?》(*Wer ist der Dummste?*,1923 年)]被认为是无产阶级的和革命的作品。魏特夫在这些作品里保留了浪漫主义戏剧的某些传统(主题的异乎寻常、有异常经历的主人公、复杂曲折的情节、戏剧性的效果等等)。但这并不妨碍他在创作中的独创性。他的剧作短小,人物不多,布景简单,便于在工人的剧

---

① 指俄国,下同。——译者注

② 并不奇怪,"长期以来,马克思主义学者(而且是西方的)都避免引用魏特夫"。参见 B. H. 尼基弗罗夫《卡尔·奥古斯特·魏特夫在"大辩论"历史中的地位》,载《亚非人民》1990 年第 5 期。

③ "我们发表本文,并不是只想恢复公正,而且想把至少可与奥威尔相比的一位人物引进苏联的历史文化中。两人的相似之处不仅在于生平的细节上(重要的是看到叛徒本质),而且在他们的哲学'罪恶'上。在全面体现乌托邦方面,不管是奥威尔,还是魏特夫,还是别人,都成了反乌托邦的创始人。诚然,魏特夫的反乌托邦作品(亚细亚生产方式理论)不是文学,而是科学。但要知道,魏特夫反对的体系是建立在很科学的理论之上的。因此,广泛发表奥威尔的作品,而忽视并不少有影响和意义的另一人魏特夫是不公正的。"参见 B. H. 尼基弗罗夫《卡尔·奥古斯特·魏特夫在"大辩论"历史中的地位》,载《亚非人民》1990 年第 5 期。[奥威尔(George Orwell,1903～1950),英国作家,政治讽刺和寓言作品《动物农场》和《一九八四》的作者。——译者注]

场中演出。[①] 魏特夫积极参加了德国的青年运动。有一段时间，他与带有浪漫主义倾向的青年组织有联系，还在军队里当过信号兵。在德国1918年革命后，他对马克思主义发生了兴趣，并对马克思的《资本论》着了迷。在这些年，他开始对东方的历史和文化发生兴趣。他对中国文化，尤其是道教的兴趣是如此之大，以至革命报纸《红旗报》(*Rote Fahne*)在1919年评论魏特夫关于中国的系列公开讲演时称他为独特的"马克思与老子的组合"。

在世界的急剧变化的冲击下，他幼时就有的当牧师的理想逐渐淡薄了。他关于中国的知识激发了听众们的想象，很快他就成了一个工人学校的教师。1920年底魏特夫参加了德国共产党，为此很快就丢掉了这个工作，因为被谴责进行"共产主义宣传"。有段时间，他成为《红旗报》的固定撰稿者，并与费利克斯·魏尔创办的法兰克福社会研究所合作。奥地利—匈牙利社会学学派对他有很大影响。

1921～1922年，魏特夫在著名汉学家A·孔拉季和E·艾尔克斯的指导下，开始在莱比锡认真研究中国史。但仍保留着对文学的爱好——此时他为德国著名的"左翼"导演艾尔文·皮斯卡托尔[②]写作剧本。皮斯卡托尔创立了新"政治"戏剧。事实本身很有意思：对周围现实的广泛兴趣，不愿意囿于学术"象牙塔"。这些特点不仅成为这位研究者性格和生活方式的特征，而且帮助他在学术中进行勇敢的、极可能的是有风险的类比。这在当时也反映在他的形象上。有人谴责他不仅混杂了马克思主义和道教，而且有无政府主义倾向。

---

① 作为例子，我们可以举出两个已在我国翻译出来的剧本。《红色的士兵》是献给列宁的一出政治悲剧。H·阿谢耶夫写道，作者处在"印象主义手法的影响之下"，他的"自然主义倾向使他既温情又沉重"，但他终究"为自己找到了一条正确的道路，摆脱了笼罩在表现主义者头上的神秘的迷雾和混乱的手法"，"贪婪地聆听"现实。剧本读起来很有兴趣。它适于演出，引人入胜，而充满全剧的英雄主义激情，随着剧情的巧妙发展具有很强的吸引力。剧情与资本家的秘密社会和共产党员、知识分子安德烈·巴尔夫顿的斗争有关。后者破坏了攻打俄国的计划。《逃亡者》最引人注目。它总共只有一个人物——一位从疯人院逃出来的革命者。他是被掌权者投入疯人院的。整部戏围绕着七个电话展开。在短篇小说《安东尼奥·马斯卡洛》(*Antonio Mascaro*，1924年)中，他从表现主义的立场出发，描述了中世纪意大利的农民起义。魏特夫的书译成俄文的有：《红色的士兵》、《逃亡者》，A. H. 戈尔林和 Л. Я. 克鲁科夫斯卡娅译，彼得格勒国家出版社1923年版；《安东尼奥·马斯卡洛：十二岁的自由战士的奇遇》，莫斯科青年近卫军出版社1926年版；《马约克农民起义时十二岁英雄安东尼奥·马斯卡洛的奇遇》，列宁格勒浪潮出版社1926年版；《有思想的人》(四幕色情剧)，Л·乌拉加伊—克拉索夫斯基译，A. H. 别列茨基编，哈尔科夫乌克兰国家出版社1925年版；《谁最蠢？命运决定的问题》(四幕序幕剧)，A·皮奥特罗夫斯基编译，列宁格勒浪潮出版社1924年版。

② 艾尔文·皮斯卡托尔(Erwin Piscator，1893～1966)，德国导演。1919年加入德国共产党。1927～1932年为柏林皮斯卡托尔剧院领导人。1933年后先后侨居苏联、法国、美国。——译者注

正如他在生命终结时承认的那样，他的精神生活中最大的事件是读了马克斯·韦伯的书。他在晚年承认，正是韦伯向他提示了前殖民东方社会"独特性质"的思想——它既非资产阶级的，又不是封建的，也不是奴隶占有制的，同时也向他提示了他一生的主要思想——"东方专制主义"理论。[①]

还在(20世纪)20年代上半期，魏特夫已经形成了相当完整的历史观念，其实质如下。全体人类都经历过原始公社社会。各族人民同样都要进入第一个对抗性阶级社会——魏特夫称之为封建社会。在这之后，人类的发展就开始复杂多了。西方走的是奴隶占有制和古典希腊罗马社会的道路，而在东方则出现了"亚细亚生产方式"的官僚制度，它的明显区别是缺乏生产资料私有制。"东方"型的社会是没有出路的，因为不能独立地进入更高的发展阶段——资本主义。缺乏自由劳动力导致停顿，社会发展停滞不前。仅仅这一点就可说明，"东方"道路和"西方"道路是根本不同的。

魏特夫归入这两个概念的，不仅是东方(亚洲)和西方(欧洲)本身。在他看来，这里还包括哥伦布之前的美洲和沙皇俄国。它们的"亚细亚"专制性质是由外部因素强加的，例如，蒙古的对外征服。在俄国，他看到了十分明显的、典型的"东方专制主义"的特征——农村公社和官僚制。B. H. 尼基弗罗夫正确地指出，大约在魏特夫那时的著作里，已经反映出他对"未来的无产阶级国家蜕变为全面国家化体制的担心"。[②] 未必可以说，这位研究者当时已经彻底"背离"了马克思主义，尽管正是在这点上他开始遭到谴责。

魏特夫积极参加共产主义运动。他是第八届德国共产党代表大会(1923年1～2月，莱比锡)来自吕内堡的代表。大约在20年代中期，人们开始明白，对西方无产阶级革命的希望已无法实现，并开始把亚洲的反帝国主义运动，尤其是中国革命(1925～1927年)的开始看作是推动世界革命的可能动力。魏特夫在汉学上的学识帮助他在1925年完成了一本书，而且很快在苏联出版。这本书的标题很有特色：《觉醒中的中国》。到20年代末，魏特夫已被认为是德共内最著名的中国问题专家。1928年，他正是以这种身份访问了苏联，并与国际土地问题研究所所长C.C. 杜勃罗夫斯基相遇。后者

---

① 1978年12月，他在纽约与B. H. 尼基弗罗夫谈话时也确认这一点(参见B. H. 尼基弗罗夫《卡尔·奥古斯特·魏特夫在"大辩论"历史中的地位》，载《亚非人民》1990年第5期)。韦伯著作的这种影响并不令人感到奇怪。就是在我国，那些在所谓"大辩论"前夜对传统东方的社会制度问题感兴趣，并捍卫"特殊的亚细亚制度"观念的学者(如E. C. 瓦尔加，1925年；A. Я. 康托罗维奇，1926年)，也是不引证马克思主义经典作家，而是引证马克斯·韦伯。

② 参见B. H. 尼基弗罗夫《卡尔·奥古斯特·魏特夫在"大辩论"历史中的地位》，载《亚非人民》1990年第5期。

邀请这位德国客人在研究所发表有关中国土地问题的报告,同时被邀的有亚细亚生产方式理论的支持者马加尔(Л. И. Мадьяр)、E. C. 瓦尔加和马克思恩格斯研究所所长Д・梁赞诺夫。魏特夫再一次访问我国已是1931年,身份是纪念黑格尔逝世100周年学术会议的代表。

值得注意的是,同年在列宁格勒举行的关于亚细亚生产方式辩论的会议并没有邀请魏特夫。很可能,这不能简单地以健忘或苏联和外国研究人员之间联系不多来解释[①],而是由于魏特夫已很清楚地形成了自己的独立立场,它与"大辩论"的某些参加者的思想是不相容的。[②]

1932年,魏特夫第三次访问苏联。他的陪同者是苏联人奥莉加・越飞,她是《劳动报》的记者、物理学家A. Ф. 越飞的侄女。魏特夫很快与自己的第一个妻子离婚,并与奥莉加结了婚。[③] 1932年11月7日,即伟大的十月革命纪念日,魏特夫被邀请参加苏联驻柏林使馆的庆祝活动。参加这次活动的有德国著名的文化活动家布莱希特[④]、艾尔文・皮斯卡特尔等。

对许多德国学者来说,30年代是艰难的时期。魏特夫在美茵河上的法兰克福工作。他的立场是支持反对社会民主党的机会主义的斗争,把社会民主党人看成是"纲领上的社会主义者,实际上的法西斯分子"。魏特夫在瑞士时,得到希特勒上台的消息。他已写过不少文章和小册子谴责希特勒、国家社会主义和法西斯"哲学"。朋友们建议他不要回德国去,但他还是回去了。在议会纵火和大规模逮捕开始后,魏特夫躲藏了一段时间,想逃到瑞士去,但在边境站被捕。在不同的监狱和集中营呆了一段时间后,他被释放,并于1934年11月2日来到伦敦。关于他突然被释放的说法有好几种。其中之一是说,魏特夫真正的"北方人种"、"雅利安人种"身份起了作用。他是北方德意志的本地居民,会说北方方言"低地德语"。另一种说法是,普鲁士内务部长费舍尔是一个狂热的星相家,他占卜星相得到的启示是放掉魏特夫。

---

① 参见B. H. 尼基弗罗夫《卡尔・奥古斯特・魏特夫在"大辩论"历史中的地位》,载《亚非人民》1990年第5期。

② 参见C. M. 杜勃罗夫斯基《关于"亚细亚生产方式"、封建主义、农奴制和商业资本的实质问题》,莫斯科1929年版。

③ 这次婚姻延至1939年,1940年魏特夫与美国人艾斯捷尔・戈德弗兰克结婚。戈德弗兰克后来成为著名的人类学家。

④ 布莱希特(Bertolt Brecht,1898~1956),德国著名作家、导演。1933~1947年因反对法西斯而流亡国外。作品有《三分钱歌剧》(1928)、《大胆妈妈和她的孩子们》(1939)、《伽利略传》(1938~1939)、《四川一好人》(1938~1940)、《阿图罗・魏的他限发迹》(1941)等。——译者注

魏特夫携妻从英国到达美国。在美国，他的朋友、汉学家欧文·拉铁摩尔和埃德加·斯诺帮他安顿好。1939年，他取得了美国国籍。1935～1937年，魏特夫和妻子在中国逗留。我国史学界普遍认为，从这时起，魏特夫已“与进步运动决裂”[①]。

的确，魏特夫实际上脱离了共产主义运动。他相当严厉地批评了苏联的政治审判，而在1939年希特勒与斯大林签订了协定后更是正式宣布与共产党人决裂。这一分道扬镳的原因至今没有彻底弄明白。B. H. 尼基弗罗夫最终得出结论：魏特夫的做法与苏联许多以前的朋友（马尔罗[②]、纪德[③]等）一样。也有另一种观点：“魏特夫（华盛顿大学中国史教授、哥伦比亚大学中国史小组负责人）现在已不能原谅自己，因为过去曾‘应用过马克思的社会经济准则’。”[④]最可能的答案是，这位研究者在发展自己的历史观的道路上已经走得足够远了，又深信自己的正确。下面一点也可证明这点，即在中国革命胜利后，他向（美国）国务院提出建议：在“亚细亚专制主义”理论的基础上制定相应政策。他完全反对斯大林关于中国的社会制度是“封建的”定义。实际上，他的看法是，中国革命的目的是“形成新的统治阶级”，它的类型与“在苏联统治下的”那种一样。

1951年，在麦卡锡主义盛行时，魏特夫曾被参议院的麦卡莱分委员会召去作证。这个分委员会是为调查《美国—亚洲》（Amerasia）杂志周围的美国汉学家的“案件”而设立的。[⑤] 魏特夫的讯问记录被保留了下来。根据这份记录，很多人指责他的叛变和告密行为。这种指责的根据之一是，他确认欧

---

① Ю. А. 列瓦达：《卡尔·A·魏特夫：东方专制主义》（书评），载《苏联中国学》1958年第3期。“我们遗憾地与过去的卡尔·奥古斯特·魏特夫——一位进步的史学家、哲学家，我们的志同道合者，苏维埃国家的朋友永别了。今后我们见到的他已经是完全不同的人了。”（B. H. 尼基弗罗夫：《卡尔·奥古斯特·魏特夫在“大辩论”历史中的地位》，载《亚非人民》1990年第5期）

② 马尔罗（Andre Marraux，1901～1976），法国作家，戴高乐的追随者。长篇小说有《征服者》（1928）、《王家大道》（1930）、《人类的命运》（1933），描写各国人民反法西斯斗争的有《可鄙的时代》（1935）、《希望》（1937）等。——译者注

③ 纪德（Andre Gide，1869～1951），法国作家。作品有长篇小说《蔑视道德的人》（1902）、《梵蒂冈的地窖》（1914）、《伪币犯》（1925）等。1936年，纪德应邀访问苏联。1937年发表《从苏联归来》，对苏联的阴暗面（主要是苏联对斯大林的个人迷信）表示不满。1947年获诺贝尔奖。——译者注

④ Ю. А. 列瓦达：《卡尔·A·魏特夫：东方专制主义》（书评），载《苏联中国学》1958年第3期。

⑤ 参见 B. Б. 沃伦佐夫《〈美国—亚洲〉案件：美国围绕中国问题的政治冲突》，莫斯科1974年版。

文·拉铁摩尔运用了共产主义术语“封建主义”，而其观点又接近共产党人。[①] 8月7日，他在参议院分委员会就国内安全问题作证。这次讯问由法律咨询员罗伯特·莫里斯主持。下面从记录中摘引几段：

魏特夫博士：我是华盛顿大学教授，在那里讲授中国史。同时，我还领导中国史研究所。这个研究所由我们的大学和哥伦比亚大学共同主管。1920年我加入了德国共产党，直至1932年冬天或1933年初希特勒上台。我并不赞成这个党的政策。

莫里斯先生：魏特夫博士，您退出共产党后是否还继续支持共产主义观点？

魏特夫博士：如果您指的是问题的意识形态方面，那么是的，我继续支持。

莫里斯先生：换句话说，虽然您形式上已不在这个党内，但她的成员还把您看成是自己人，对您怀有好意，是不是这样？

魏特夫博士：是，完全正确。

当时，他在分委员会上说：“共产党人把全部问题集中在他们称为的‘封建的’土地所有制上，以便把农民的能量聚集到所有制上，而把他们从官僚统治引开。官僚统治，在共产党人那里，不仅过去有，而且将来要在到处培植。”[②]

但是，在极度政治化的美国，这种行为被看成是政治行动。这位学者的“孤寂生活”时期开始了。他在哥伦比亚大学（纽约）和华盛顿大学（西雅图）讲课，培养学生。[③] 只是在魏特夫死后，人们才说，他至死没有放弃马克思主义思想，并成为这些思想在西方的独特的传播者。不过马上就补充说，他

---

① 这里没有任何叛变，正如B.H.尼基弗罗夫公正地指出的：“建立在‘东方专制主义’理论基础上的观点体系必然会逻辑地得出魏特夫的类似看法。”（B.H.尼基弗罗夫：《卡尔·奥古斯特·魏特夫在“大辩论”历史中的地位》，载《亚非人民》1990年第5期）。

② B.H.尼基弗罗夫：《卡尔·奥古斯特·魏特夫在“大辩论”历史中的地位》，载《亚非人民》1990年第5期。

③ 这些学生中最有名的是乌尔曼，其著作中包含了魏特夫生平的所有基本资料。参见乌尔曼《社会的科学：对卡尔·奥古斯特·魏特夫生平和著作的理解》（G. L. Ulmen, *The Sciences of Society: Toward an Understanding of the Life and Work of Karl Augustus Wittfogel*, Hague, 1978）。

“曾顽固地坚持那些理论公式，虽然其中有些已明显地与事实不符”[①]。魏特夫本人对马克思主义的态度很复杂。例如，这从他《致读者的信》（为《东方专制主义》一书的法文版而写）和《前西班牙时期中美洲的治水问题》一文可以看出。[②] 魏特夫只建议可以在马克思的遗产中应用那些与分析古代治水社会有关的思想和马克思早期著作中关于“亚细亚生产方式”的提法，而对社会经济形态更替的学说则很谨慎。魏特夫在自己的《东方专制主义》一书中（此书在我国因列为禁书而声名大噪），责备马克思和恩格斯在探讨“亚细亚生产方式”问题时不彻底，因是而“对科学犯罪”。[③]

魏特夫本人在马克思主义史学史上的地位相当独特。尽管所谓五形态说（五个社会济形态更替说）广泛流传，但在马克思主义中始终存在着强大的多线说传统。说起来，这个传统还来自马克思本人（例如，普列汉诺夫是它的支持者）。这一传统把亚细亚生产方式作为一种独立的发展变体单列出来。这种“多线的马克思主义”成为不多的知识者的领地，魏特夫是其中之一。他把社会形态理论看成是“单线的和僵死的发展”。魏特夫完全自觉地反对马克思主义辩证法的一条基本原则——从发展来看自然和社会中的一切现象。他直截了当地说，并不是所有的社会都是发展的。他用“转变”和“变化”概念来取代“发展”概念。他企图证明，进步是一个相对的概念。只有少数社会具有受内部制约的变化（转变），而历史中最重要的和决定性的因素是“影响”（主要是政治影响）和“自由选择”。

魏特夫思想的独特的要义是他创造的“东方专制主义”理论。还在30年代他从中国回来后，他就打算在中国王朝史的基础上写一部多卷本的《中国经济史和社会史》。这部著作应该可以证明他关于在前资本主义社会中东方官僚制占统治的出发点。严格说来，关于古代东方的专制组织与基于水

---

① B. H. 尼基弗罗夫：《卡尔·奥古斯特·魏特夫在“大辩论”历史中的地位》，载[苏]《亚非人民》1990年第5期。

② K. A. Wittfogel, *Lettre au lecteur*, *Les editions de minuit*, p. 1966; K. A. Wittfogel, *The Hydraulic Approach to Pre-Spanish Mesoamerica*, *The Prehistory of the Tehuacan Valley*, Ed. R. S. MacNeish, Vol. 4, *Chronology and Irrigation*, L. Dallas, 1972. Ch. 2, pp. 50-80.

③ 参见K. A. 魏特夫《东方专制主义——对极权权力的比较研究》，纽黑文/伦敦1957年，第387～388页（下引此书，版本同此）。同时，魏特夫断言，马克思至死没有放弃“亚细亚”的概念，而恩格斯，尽管有矛盾，也至死在这一问题上支持马克思（《东方专制主义》，第52页）。只是在无政府主义者批评的影响下，马克思和恩格斯才不再提“亚细亚”的概念。这是由于从这个概念中不可避免地会引申出对未来无产阶级国家极权主义灾祸的明显的暗示。魏特夫责备马克思有意回避下述事实，即在东方专制主义条件下官僚是统治阶级。

利的农业相互联系的思想并不是原创的。亚当·斯密、约翰·斯图亚特·密尔(又译穆勒)、R·琼斯早就说过。

在魏特夫写的前言中,可以看出“地理唯物主义”的强烈影响。他自己也没隐瞒这一点。在他看来,经济过程和政治机制都从属于“物质环境”,后者同样还决定社会发展的水平和它的结构。① 与马克思一样,魏特夫应用了地形、种族、土壤、气候这样的因素。这些因素并不直接影响政治历史,但却影响它的特征。他在自己所有的著作中,都研究像人、自然、劳动、生产这样的概念。在魏特夫看来,没有这些因素,对地理政治的分析就不可能是科学的和有效的。与思辨的资产阶级科学不同,正统的马克思主义拥有历史的综合方法——这种方法可以描绘出一幅整体的和完整的图画。

为了避免被指责犯有轻率的地理决定论和经济决定论,魏特夫在自己的纲要中加进了选择今后发展道路的可能性:“没有任何不可克服的必然性,似乎它非要人们去利用这些新的可能性。形势是敞开的,治水农业道路只是几种可能的选择之一。然而,人们却经常选择这条路,而且在这样众多的不同区域内,以致我们可以承认不论在评价上还是程序上都存在着规律性。”②

---

① 他在《地理政治、地理唯物主义和马克思主义》一书中批评了这样的说法,即马克思似乎对研究自然不感兴趣。

② 魏特夫:《东方专制主义》,第 16 页。在魏特夫拟定的道路上,近年有一些有趣的发现。现在承认社会进化的重要因素是生物居住的自然环境的自生的变化:气候、海平面、地壳活动的变化等等。例如,更新世结束、全新世开始时全球气候的变化导致了巨型哺乳动物的灾难性灭绝,而捕猎这些巨型哺乳动物保证了上旧石器时代居民的基本食物来源,因而,它们的灭绝就成为部分人类从攫取经济向生产经济过渡的重要原因之一。Д. В. 普鲁萨科夫提出过一个逼真的假设,说公元前 4000 年时海平面的升高在古埃及国家的形成中起了重要的作用(Б. Д. 普鲁萨科夫:《社会—自然危机与古埃及国家的形成》,载《东方》1994 年第 3 期)。А. Л. 奇热夫斯基早已提出的关于太阳活动的变化对社会进化影响的假设是众所周知的(А. Л. 奇热夫斯基:《历史过程的物理因素》,卡卢加 1924 年版)。П. А. 格里亚兹涅维奇指出,自然区域地质构造活动的变化对南阿拉伯社会的演进起了重要的作用(П. А. 格里亚兹涅维奇:《古代和中世纪也门的历史考古古迹》,圣彼得堡 1994 年版,第 34 页)。关于阿拉伯半岛干缩的自然过程对阿拉伯社会的社会演进的影响已有研究(А. В. 科罗塔耶夫:《社会演进诸因素》,莫斯科 1997 年版,第 11 页)。近年来,З. С. 库利平积极地对社会自然史概念进行了研究(З. С. 库利平:《中国的人和自然》,莫斯科 1990 年版;З. С. 库利平:《社会自然史:对象、方法、概念》,莫斯科 1992 年版)。很多西方学者也仔细地对类似因素的作用进行研究,如:J. H. 斯图尔德《文化变化理论:多线演进的方法论》,厄巴纳 1955 年版;S. K. 桑德森《社会演进主义批判史》,马萨诸塞/坎布里奇/牛津 1990 年版;П. А. 索罗金《社会学通用教科书:不同年份的论文》,莫斯科 1994 年版,第 75～88 页。公正地说,有一大批学者相当彻底地研究了社会演进诸动力中的这个因素[如涂尔干的追随者们,莱斯利·怀特,当代著名社会学家克拉森(未把魏特夫列入自己的复杂关系演进模式),以及许多马克思主义者]。

作为历史学家，魏特夫选择了最复杂的历史文献之一《辽史》。早在1939年，在美国的中国学者冯家昇加入这一研究之中。他是最著名的辽史专家。10年后研究结束。[①]

从理论上说，这本书可以形象地说明魏特夫的观点。魏特夫在比较农业社会和畜牧社会时指出，在畜牧生活中产生专制主义的可能性要少。经济的特征产生出扩散和分立，而强有力政权的确立只能是在占领并定居在灌溉的土地上以后。特别是把重点放在了契丹社会及其社会层次的问题上。魏特夫特地说明，中国、埃及和印度的复杂的"官僚社会"，如果不考虑它们的政治机构是无法理解的。自然环境也对社会结构的特点产生影响。在这位研究者看来，在研究东方的历史时这种生态的方法是必需的。[②]

对中国其他时期的同样精细的研究必然会占去相当多的时间，魏特夫没有信心：他的一生对此是否够用。与此同时，对辽代这卷的工作接触了如此众多的历史资料和史学资料，以至于可以大胆地说，他在汉学方面已经拥有了足够广博的知识，而他也可完全地投身到他一生的主要著作——《东方专制主义——对于极权力量的比较研究》专著上去了。这部书是专门分析复杂的社会和国家的产生和演进的。不是研究不同王朝的系列单个著作，而是完成一部著作，但却是一部根本性的著作——在500页以上。[③]

出发的原则已经清楚：东方社会不是建立在所有制关系上，而是建立在非阶级的专制国家及其"官僚制"的存在上。专制国家政权产生后就成为一种不可遏止的力量：它调度农业，利用水，进行巨大的建设工作，在或多或少的程度上控制手工业和贸易。社会只划分为两大阶级：统治者和被管理者。属于统治阶级的有：专制君主和官僚，官僚包括底层官僚，其物质状况与普通人并无区别。被管理者阶级则包括农民、手工业者、商人、奴隶。

---

① 参见魏特夫、冯家昇《中国社会的历史：辽代(907～1125)》，纽约1949年版。此书获得许多西方汉学家的肯定，但在我国却出现了对此书的不留情面的评价："两个作者的方法和文本终究未能有机地统一起来。读者感到，大部分材料的作者是冯家昇。同时，在书中，魏特夫的理论结论不像应该是的那样，是从历史事实得出的，而好像是站在事实之外。不过恐怕未必能因此严格责怪作者们。这些粗糙之处只是强调说明了作者们所承担的任务的艰巨性。"参见 B. H. 尼基弗罗夫《卡尔·奥古斯特·魏特夫在"大辩论"历史中的地位》，载《亚非人民》1990年第5期。

② 参见魏特夫、冯家昇《中国社会的历史》，纽约1949年版，第25页；魏特夫《东方专制主义》，第204～207页。

③ K. A. Wittfogel, *Oriental Deslpotism: A Comparative Study of Total Power*, New Haven, 1957. 应该指出，在写作这部著作时，魏特夫不仅研究了中国史，1972年，他还发表了关于前西班牙美洲的论文，可以证明他早已对整个世界史有浓厚兴趣。在这篇论文中，他详细地述说了自己观点的长期形成过程。这个过程始于"上海时期"。

"国家机构人员是最直接意义上的统治阶级,而其他居民就是第二个基本阶级,即被管理者。"①

国家政权具有专制和独裁的性质。这是极权政权,它使一切的一切都服从自己。它执行两大功能:组织功能(组织经济和组织武装力量)和攫取收入。魏特夫把专制主义定义为一种政治制度,它有三个特点:①统治者的无限权力,这种权力依靠的是占统治地位的官僚;②国家在国内经济生活中作用巨大;③相对于国家,社会较弱。国家可以授予个别人或一群人以权力。最高权力拥有者既不受文化传统的限制,也不受自然法的限制,因为社会上不存在可以成为其抗衡力量的机构或居民集团。被神化的专制政权由常备军、警察和官僚支撑。

在魏特夫看来,专制统治的特征是不让所有者发展成为一支独立的政治力量。为此目的,就要阻碍大型产业的形成(这与亚洲国家不存在长子继承制有关)。魏特夫发现,在专制主义中有平均财产的趋势。这种社会组织形式是相对大的社会"毛细作用"所固有的。这样就存在出身低微的人们上升的可能,如果这些人在某一方面有能耐的话。②

魏特夫企图证明,在"东方社会"里,统治阶级的力量与生产资料私有制无关。他甚至声称,必须建立"新的阶级社会学",并断言,要定义阶级并没有统一的标准。魏特夫同意,用私有制观点定义阶级对分析有"强大的私有制"的社会有一定意义,但这个标准对分析"建立在国家政权基础上"(power-based societies)的社会是绝对不适用的:"国家政权——这是阶级结构的最重要的决定因素,不仅现在如此,过去也如此。"③魏特夫把自己的方法称作"机构分析",意思是首先考察政治机构,承认国家的决定性作用,承认"所有制的重要的,但是第二位的作用"④。

依照魏特夫的观点,"东方"社会,不仅不能独立地进入资本主义,而且不能独立地进入封建主义。他甚至否定下述问题的提出本身,即中国在受"西方影响"之前可以出现产生资本主义萌芽的趋势。⑤

根据中国、印度、苏美尔、埃及、墨西哥、秘鲁、拜占庭和俄国前资本主义

---

① 魏特夫:《东方专制主义》,第 303 页。

② 魏特夫在这里好像依据了帕列托的精英理论。参见帕列托《智慧与社会》(V. Pareto, *Mind and Society*),纽约 1935 年版。

③ 魏特夫:《东方专制主义》,第 302 页。

④ 魏特夫:《东方专制主义》,第 404 页。

⑤ 参见魏特夫《东方专制主义》,第 423 页。

时期的历史资料，魏特夫企图证明，在这些国家中都存在“东方专制主义”。在他看来，在每个个别国家，“水利农耕技术”（在小型灌溉基础上的村社农业）促使了“多中心”社会的发展。这种社会在封建欧洲最为成熟。因而他否认存在奴隶占有制的和封建的社会形态。①

在他看来，南亚和东亚的“治水的”帝国明显地表明自己有能力不仅可以对抗外来干涉，而且可以对抗内部冲突。魏特夫认为，中国的农民起义从来没有对专制主义程序造成威胁。魏特夫明确地声称，在“东方”社会里，有“许多社会对抗，但很少阶级斗争”。用他的话说，社会冲突只有在这样的时候才具有阶级冲突的性质，即当这些冲突的参加者是阶级的公认的和有代表性的部分的时候。因此，在中世纪东方国家数世纪的农民斗争不是阶级斗争，因为他不承认农民是阶级。而且一般说来，“阶级斗争是（西方）多中心的和自由的社会的一种奢侈”。②

在东方社会里，仿佛不存在作为社会经济概念的阶级，而只有“官僚”阶层。“治水社会”（hydraulic societies）的国家政权具有专制的、全面压制的、极权的性质。它只履行两大功能：组织的功能和国库的功能（攫取收入）。魏特夫在反对夸大经济因素作用的同时，否认国家的阶级性，认为古代国家的基础不是压制被剥削阶级的制度，而是“机构”国家的“组织的”、“超阶级的”的功能。在魏特夫看来，“治水社会”的实质是组织整个治水经济和灌溉农业的专制性质。魏特夫根据灌溉农业和未灌溉农业的相互关系来区分不同的国家。他把这种相互关系称作“治水强度”，而根据这种密度的不同区分出基本的“核心的”治水社会（在那里从领导灌溉的功能中产生了专制主义的国家政权），“中间的”和“边缘的”社会，在那里灌溉作用本身是不大的，但专制制度在邻近的“治水”社会的影响下得以建立。为了这样的分类，他用了一连串的符号，如 Cal，Ca2，Crl，M1，L2 等等。

魏特夫断言，他发现了决定专制政权活动的两大法则：“不可分割的权力的积累趋势”和“行政效果递减法则”。③ 第二个法则的出现是由于，在专制帝国内有这样一种趋势，即结果比所付出的努力是相等的，“甚至更少……当补充的花费不再带来任何补充的好处时，递降的运动就会停止。这

① 他的大部分研究用于分析马克思、恩格斯和列宁关于亚细亚社会和国家的思想。正如 B. H. 尼基弗罗夫指出的，他从经典作家早期的著作中得出了这些思想，而且认为，经典作家们在晚期的著作中弄乱了自己的观念。

② 参见魏特夫《东方专制主义》，第 423 页。

③ 参见魏特夫《东方专制主义》，第 106、109 页。

意味着，我们已达到行政的绝对失败点”。“不可分割的权力的积累趋势”，也就是专制主义有机地固有的一种无限集中化的愿望，只有唯一的一个限制，即“行政效果递减法则”（维持官员的费用不能超过国库的收入）。由于这个法则的客观作用，统治者容许一些次要的和政治上不重要的自治形式的出现和运作。魏特夫把这类机构称作“乞丐式的民主”。在它们不威胁社会安定时，它们被容许存在，但当它们有一丝反抗时就会被立即取缔。任何一种反对派都会被有组织的恐怖所镇压。其结果是社会上形成一种被魏特夫用“全面的恐怖——全面的屈从——全面的孤独”的公式加以形容的制度。①

专制国家是“治水”社会发展的决定因素。这种社会在其发展的早期阶段就已耗尽了它的创造性。成熟就意味着停滞的开始，经常还是直接退化的开始。这种“传统”社会到最后阶段会处于比开始时更低的水平。② 一些阶段的某种上升（例如 7～8 世纪上半叶的中国）的原因是“注入了新鲜血液”，即“新的占领和领土扩张”和把畜牧业纳入国家的生活空间。由此便有了建立在“野蛮”王朝更替基础上的“传统”社会的相应的历史分期。③

魏特夫列出专制国家的三种基本类型。第一种是埃及、巴比伦、中国、印度、墨西哥、秘鲁等古代“治水社会”的政治体制。这些体制具有最为明显的专制主义特征，并成为东方社会的“核心”（core）。这些文明产生于河边的沙漠或半沙漠地区。这些地区可以进行农业。第二类专制国家（边缘国家）形成于“治水”世界的边缘地区。在这些社会里，农业不受人工灌溉制约。水利措施仅限于获取饮用水。国家建造道路，收取税收，并关注社会程序。典型的例子是拜占庭。第三类专制国家（次边缘国家）是俄罗斯和土耳其类型的社会。在这样的社会里，国家功能仅限于收税和组织活动。魏特夫认为，这是维持专制主义必需的最低条件。

整个说来，根据西方史学的精神，他坚持俄罗斯政治传统的非欧洲性质。像马克思和英国的史学家蒂博尔·塞缪利（“警备”国家）一样，他认为，这个传统从性质上说是鞑靼人的。在某种程度上，他对俄罗斯历史的解释是与“欧亚主义”观念（韦尔纳茨基）相一致的：在蒙古入侵之前，俄罗斯仿佛

---

① 参见魏特夫《东方专制主义》，第 137 页。

② 参见魏特夫《东方专制主义》，第 422 页。

③ 参见魏特夫、冯家昇《中国社会的历史》，纽约 1949 年版，第 24～25 页；魏特夫《中国社会的历史概述》（K. A. Wittfogel, Chinese Society: A Historical Survey），载《亚洲研究杂志》（*The Journal of Asian Studies*），第 16 卷，1957 年第 3 期。

是西方的"边缘地区"，在蒙古人带来从中国借用的"东方的"秩序后，它又变成东方的"边缘地带"。根据魏特夫的说法，"治水"思想经历了如下道路：从古代两河流域到拜占庭，从中国到蒙古，此后随着成吉思汗的军队进入俄罗斯，在俄罗斯由沙皇们发展起来。A·汤因比竭力反对这种说法。他相信俄罗斯的观念源于拜占庭。在他看来，魏特夫在自己的书里想使希波战争时期古希腊关于"不好的亚洲"和"好的欧洲"的神话复活。事实上，早在远古由希罗多德和亚里士多德创立的"野蛮的亚洲"和"文明的欧洲"的二分法，经过中世纪欧洲的全部社会思想史，在孟德斯鸠的《法的精神》和托克维尔的著作里得到终结。后者的著作无疑对魏特夫产生了影响。理查德·派普斯认为俄罗斯政治传统是希腊化时代的，是"世袭的"。根据魏特夫的定义，俄罗斯的特征是"单中心的……半边缘的专制主义"[①]。"在沙皇制度建立的半管理的机构国家灭亡9个月后，布尔什维克革命为苏联的极权管理的机构国家扫清了道路。"他认为，苏联的社会主义建设是在当代工业的基础上回到"治水"秩序。[②] 他对中国革命也持类似的观点。

他划分出一种所谓的"自由飘浮的"(free-floating)文化因素。这些因素可以被有不同经济和社会结构的社会在有利的条件下借用。在他看来，专制主义在"治水社会"里产生后，就变成了一种最厉害的传染病，人类经常会害这种病。

尽管魏特夫的观念有多种的含义，但应该指出，他的很多思想还是值得仔细研究的。例如，他提出了"选择自由"概念，即人们在一定条件下可以自由选择这样或那样的历史道路。诚然，在魏特夫的观念中，"选择自由"思想起了双重作用：东方民族在这种思想的帮助下"选择"了专制主义，与西方"历来自由的"民族相对立。近来，学者们关于历史选择性问题谈得很多，也争论不休，但是他们忘了，从学术角度讲，这个问题正是魏特夫首先实际提出的。国家形式更替问题也同样重要。魏特夫提出这个问题，是想了解掌握所有生产资料的国家蜕化为专制主义国家的原因。

魏特夫是最早从学术上提出东方国家落后于欧洲的问题的学者之一。他认为，落后的原因之一是缺乏努力进行水利工作的必要性。他以中国为例指出由征服和领土扩张引起的"再生性"变化。在中国，最富创造性的可

---

① D. W. 特雷德戈德：《苏联的发展》，西雅图1964年版，第353页。

② 参见魏特夫《东方专制主义》，第441页。

能性只出现在东周(公元前8～3世纪)和"帝国阶段"初期(秦、汉)。[①] 在治水社会里,除了国家所有制外,也存在私人所有制,但它很弱,也受限制。因此,这些社会从根本上就与西方的"多中心"社会相对立,后者的特点是存在强大的私人所有制。"治水社会"不能独立地转变成"多中心的"社会。这只有在西方强大的影响下才会发生。他从前苏格拉底时期和克里特—迈锡尼时期的希腊、热那亚和威尼斯寻找欧洲超过东方的前提条件。

一个十分重要的问题(魏特夫为解决这个问题做出过贡献)曾经是,现在仍是轴心时期同步发展问题。这个问题最早是由K·雅斯贝斯明确提出的。[②] 在雅斯贝斯注意的三大文明中,魏特夫企图在印度和中国找到那个决定性的因素,即水利。如果说,雅斯贝斯出于自己的学术兴趣,把注意力主要放在社会意识的进步上(哲学的出现、宗教和伦理达到新的水准等等),最终坚持必须保持"在秘密面前感到惊讶"[③]的话,那么,魏特夫由于自己所受的马克思主义教育,企图在(经济)基础中寻找变化。他对工艺感兴趣不是偶然的。事实上,"在欧亚世界的对立两极——欧洲和中国,技术发明也起了特殊的'同步化因素'的作用,'铁器革命'等等。公元前1000年中期不同地区的技术水平拉平了"[④]。

魏特夫的观念可以看作是科学简化论的例子之一。在近几个世纪里,不止一次地出现了用某一种决定因素来解释社会关系的所有多样性的尝试(中世纪的基督教、地理决定论、达尔文主义、弗洛伊德主义、马克思主义等等)。如涂尔干当年宣称的那样,历史应是社会学的显微镜、工具:它帮助社会学家看到用"肉眼"看不到的东西。从原则上说,类似的观点也是马克思主义的特征。此外,马克思在建立东方专制主义模式时,是从一种先验的观念出发的,即人类的发展是普遍的,西方的社会进程很容易用东方的历史资料来证实。在当时,马克思主义是不同观点的一种极强的综合,并创建了十分严谨的不矛盾的人类历史图景。从这点上说,魏特夫的观念可以看作是(在变化了的现实、不同意识形态危机和历史资料空前积累的条件下)过渡到新的范型的合乎规律的一环。他的口号被布罗代尔明确地表达了出来:

---

① 参见魏特夫《东方专制主义》,第421～422页;魏特夫《中国社会的历史概述》,载《亚洲研究杂志》,1957年第3期。

② 参见雅斯贝斯《历史的起源和目的》(K. Jaspers, *Vom Ursprung und Ziel der Ceschichte*),苏黎世1949年版,第18～43、76～79页。

③ 雅斯贝斯:《历史的起源与目的》,苏黎世1949年版,第19～25、40、85～89页。

④ B. B. 丘巴罗夫:《中东的火车头:古代世界技术和工艺发展速度》,载《古代社会:发展社会学的主要问题论文集》第1卷,莫斯科1991年版。

“对我来说，历史是所有可能的历史、所有方法和观点的总和。”

魏特夫的这部著作（指《东方专制主义》——译者）在西方遭到了很多很多批评。后来，“治水”国家的概念（“治水社会”、“治水专制主义”、“治水国家”）在讨论东方国家政权产生和东方发展道路时依旧引起了兴趣。①

即使考虑到最小的可能，也要强调指出，魏特夫的观念不符合历史事实。他的观念的起源部分遭到了尖锐的批评。许多东方学家的著作批评了这样的概念，即在东方国家只有在人工灌溉的条件下才可能有农业。E·利奇、T·马苏布基、W·艾别尔哈特证实，能有效地组织水利农业的，不仅有国家，而且有家庭、氏族、部落、村社，这取决于灌溉方法（用井、梯田、运河、筑出高低层次的农田、多渠送水灌溉系统等等）。

迈斯纳评魏特夫这本书的评论的题目很有意思——《概念专制主义》。早在 1952 年，最有名的中国史专家之一 W·艾别尔哈特就批评了魏特夫的观念。艾别尔哈特也是从德国移民到美国的，从 1948 年起在加州大学伯克利分校工作。他认为，在中国经济史上，人工灌溉从来没有起过像魏特夫说

① 参见 Б. В. 安德里阿诺夫《魏特夫的“治水社会”观念和水利史的新资料》，载《国外民族学观念探讨》，莫斯科科学出版社 1976 年版，第 153～176 页；Л. А. 别兹内《美国研究中国的资产阶级史学方法论批判：19～20 世纪上半叶的社会发展问题》，列宁格勒大学出版社 1968 年版；Ю. А. 列瓦达《卡尔·A·魏特夫的〈东方专制主义〉》（书评），第 189～197 页；В. Н. 尼基弗罗夫《卡尔·奥古斯特·魏特夫在“大辩论”中的地位》，载《亚非人民》1990 年第 5 期；М. П. 帕甫洛娃—西尔万斯卡娅《国外对魏特夫〈东方专制主义〉一书的批评》，载《亚非人民》1971 年第 2 期；А. Н. 帕甫洛夫斯卡娅《论魏特夫的“治水社会”观念》，载《古代史导报》1965 年第 3 期；邦格汉《魏特夫著〈东方专制主义——对于极权力量的比较研究〉》（书评），载《太平洋历史评论》（*Pacific Historical Review*）第 27 卷，1958 年第 1 期；艾森施塔特《东方专制主义作为极权力量体系的研究》（S. Eisenstadt, The Study Of Oriental Despotism as System of Total Power），载《亚洲研究杂志》（*Journal of Asian Studies*）第 17 卷，1958 年第 3 期；列文《从“生产方式”到“治水社会”：一个叛徒的成长过程》（G. Lewin, Von der “asistischen Produktionsweise” zur “hydraulic society”, Der Werdegang eines renegaten），载《历史科学年鉴》（*Jahrbuch fur Wissenschaftsgeschihte*），1967 年第 4 卷；迈斯纳《概念专制主义：魏特夫和马克思论中国》（M. Meisner, The Despotism of Concepts: Wittfogel and Marx on China），载《中国季刊》（*The China Quarterly*），1963 年第 16 期；米切尔《再评治水的假设》（W. P. Mitchell, The hydraulic hypothesis: a reappraisal），载《通用人类学》（*Current Anthropology*），第 14 卷，1973 年第 5 期；索霍《魏特夫：知识分子的命运》（L. Sochor. K. A. Wittfogel, Osud jednoho intellektu），载 1966 年 9 月 12 日《文学报》（*Literami Noviny*）；汤因比《魏特夫：〈东方专制主义——对于极权力量的比较研究〉》（书评），载《美国政治学评论》（*American Political Science Review*）第 52 卷，1958 年第 1 期；乌尔曼《悼词》（G. L. Ulmen, Nekrolog），载《科隆社会学和社会心理学杂志》（*Koelner Zeitscgrift fur Sociologie und Sozialpsichlogie*），1989 年第 1 期；乌尔曼《社会的科学：对卡尔·奥古斯特·魏特夫生平和著作的了解》（*The Science of Society: Toward an Understanding of the Life and Work of Karl Augustus Wittfogel*），海牙 1978 年版。

的那种决定性作用。对艾别尔哈特来说，主要的不是人工灌溉，而是特殊的社会阶层——绅士。他特别重视汉代中国史上天文学的作用。[①] 美国东方学家N·佩弗也研究中国史。他认为，中国史终究是“文化史和这样的编年史，即人们如何发展机构的编年史。在这些机构里，他们建立自己的生活秩序、建立对他们生活其中的道德价值的信念”[②]。中国学家、历史学家O.M.格林承认文化思维是“文明的唯一经过检验的基础”。在中国史上，它赋予象形文字以决定意义，因为它“在中国的统一中是最强有力的因素之一”。[③]

英国研究人员E·普利布兰克指出了魏特夫统计资料的不可靠和判断的独断性。[④] 后来，英国著名学者约瑟夫·尼登写道：“在当代马克思主义著作提到魏特夫时，都是带着反感的。这是因为，在希特勒时期魏特夫移民美国，在那里……许多年来积极参加了精神上的冷战。那些把他不久前出版的书《东方专制主义》看作是对俄国和中国过去和现在的宣传攻击的作者，在许多方面无疑是正确的。现在魏特夫正忙于做这样的事，即企图把所有的滥用权力，不管是极权体制的还是其他任何体制的，都归咎于官僚主义原则……我赞赏他的第一本书(《中国的经济和社会》，1931年出版——本文作者注)，而拒绝最近这本。”[⑤]

许多研究人员(A·汤因比、D·尼登、R·亚当斯等)批评魏特夫选择事实的片面性和反科学性。他们说：“缺乏事实并没有使魏特夫不安，归根结底他的体系追求的不是科学目的，而是政治目的。”[⑥]换句话说，在魏特夫观念中提出的两大问题(形态学，即内部结构和功能作用，和东方专制主义的起源)中，第二个问题是特别尖锐的争论的对象，因为它更多地牵涉到当代。

---

① 参见艾别尔哈特《汉代中国天文学和天文学家的政治功能》(W. Eberhard, The Political Function of Astronomy and Astronomers in Han China)，载《中国的思想和机构》(*Chinese Thought and Institutions*)，芝加哥1959年版，第33～70页。

② 佩弗《远东近代史》(N. Peffer, *The Far East: A Modern History*)，安阿伯1958年版，第3页。

③ 参见格林《中国革命故事》(M. Green, *The Story of Chinese Revolution*)，伦敦/纽约(无年代)，第9～11页。

④ 参见普利布兰克《绅士社会：对艾别尔哈特近著的几点意见》(E. G. Puleyblank, Gentry Society: some remarks on recent works by Eberhatd)，载《东方学和非洲学学院学报》(*Bulletin of the School of Oriental and African Studies*)，伦敦1953年，第15卷第2部。

⑤ D·尼登：《东方和西方的社会和科学》，载《关于科学的科学》，莫斯科1966年版，第161～162页。

⑥ B. H. 尼基弗罗夫：《东方与世界历史》，莫斯科1977年版，第131页。

著名社会学家S·艾森施塔特对魏特夫的书进行了详细的批评。[①] 在指出这本书的无疑具有的优点(拒绝历史发展的单线论,承认政治领域的独立性和对东方社会机构的具体分析,关于东西方政治机构间的差异的一系列有意思的观察)的同时,他还是指出,把东方历史的全部问题归结为国家的万能是片面的。艾森施塔特认为,魏特夫的书的根本弱点在于他终究受到了马克思主义的影响。

然而,也有不少作者热烈支持魏特夫的结论。多半(Л·谢皮罗、M·别洛夫、O·斯皮特)赞扬他把“专制主义的东方”和“民主的西方”对立了起来。但也有其他的意见。总的说来,他的反对者承认,魏特夫收集了大量的事实材料。在这一点上,普林斯顿大学社会学教授M·列维提出这样一种想法,即世界上总共只有几个人(如A·汤因比)有资格从总体上评估他的观念。汤因比自己也强调这本书的“学术资料太多”。命运的戏弄却是,正是汤因比属于最尖锐地批判《东方专制主义》的人之一。对汤因比来说,《东方专制主义》作为把马克思主义关于生产资料相对于社会生活的所有其他因素具有决定作用的论点的尝试是不能接受的。而一般说来,魏特夫“咒骂的不是那棵树”,因为极权政权的最坏的形式并不产生于有灌溉农业的国家,而是雨水灌溉的国家。

围绕这本书的辩论逐渐停息了。多数学者认定,魏特夫终究未能证明自己的主要论点。正如M. П. 帕甫洛娃—西尔万斯卡娅所写的:“魏特夫试图构建一个亚非拉美国家社会发展的全球理论,其中包括东方专制主义理论,结果是失败了。”[②]看来,更为重要的是别的东西。在当时人们还不懂得这样的全球性理论著作。从第二次世界大战开始,很多人不得不从事东方语言的研究。语言学家们开始批评那些经常只是消极掌握东方语言的老东方学家们。结果是,除了继续从事古代和中世纪研究的东方学教研室外,在大学里开始建立新的机构,这些机构培养的是工商领域和外交领域的专家和只从事东方经济、政治和当代史研究的人。但是,大学里的东方研究机构逐渐地变成了研究口语的学院和完成华盛顿下达的任务的研究中心。这种情况引起了很多不满。[③]

① 参见艾森施塔特《东方专制主义作为极权力量体系的研究》,载《亚洲研究杂志》1958年第17卷。

② M. П. 帕甫洛娃—西尔万斯卡娅《国外对魏特夫〈东方专制主义〉一书的批评》,载《亚非人民》1971年第2期。

③ 参见P. H. 弗赖《美利坚合众国东方学的发展》,载《亚非人民》1966年第4期。

在我国，这本书也引起了很大兴趣。在一定意义上，它挑起了关于东方社会形态的“大辩论”的新浪潮。马克思主义作者通常不引用魏特夫的这本书。在苏联，它实际上属于被禁之列。在我国，魏特夫被牢牢地贴上了“反动的社会学家和历史学家”的标签。[①] 但是这本书还是有人读，尽管它被存放在特种书库中。例如，A. B. 梅利克谢托夫无疑是在魏特夫的影响下完成了自己的书。[②]

可惜的是，魏特夫实际上疏远了新的辩论。参加这些辩论的都是著名的专家，如匈牙利人 F・特凯(1960)、法国人 M・戈德利耶和 J・休雷—卡纳尔(1965)、德意志民主共和国的学者们、英国马克思主义者、我国的研究人员(E. C. 瓦尔加，1964)。魏特夫的孤立是由于政治的原因：苏共二十大、殖民主义体系的崩溃、中苏冲突等等。然而，魏特夫由于自己多年的活动、十分渊博的学术知识和独创的思想，在世界汉学界还是被认为是著名的权威之一。他堪与 A・汤因比并列。1976 年，对他 80 岁诞辰的庆贺显然表明了对他的尊敬。为庆贺魏特夫 90 岁诞辰，地理杂志《对趾》(*Antipode*)出了一期专号，标题是《卡尔・魏特夫的地理思想》。

1988 年 5 月 25 日，魏特夫死于纽约，享年 91 岁。

---

① 参见 B. H. 扎涅金《美利坚合众国中国学发展的基本阶段》，载《境外东方国家的当代史学》，第一部《中国》，莫斯科 1963 年版，第 61 页。

② 参见 A. B. 梅利克谢托夫《中国的官僚资本：国民党的经济政策和国家资本主义的发展(1927～1937)》，莫斯科科学出版社 1972 年版。

# 历史回忆

# 一个民族对其过去创伤的重新审视

## ——对1945～2001年捷克的总体回顾

[美]维尔玛·A·伊格尔斯　著
王洪波　译

写本文的想法产生于德国历史博物馆计划在2002年举办一个暂时定名为"民族的神话"的展览。该展览涉及三十多个民族，展示这些民族达成妥协的方式，并且仍然关注1945年以来存在于他们心灵中的创伤。尽管这些事情本身可能发生得更早一些。该计划的最初构想是关注(陈述)与战争、大屠杀以及驱逐有关的不同民族的忧虑，但是很快，当这些忧虑对德国来说变得极其重要时，很明显有必要考虑一下其他不同民族心理中的主要忧虑。

我很高兴分配我承担捷克人的工作，因为多年来我实际上已经不断地迷上了这些问题。通过绪论，我要说的是就我自己的认同来说，最重要的是捷克民族、日耳曼民族和犹太民族——我是按字母顺序排列这些民族的，因为我不能确信按其重要性如何排列这些民族。在过去的约六十年中，我进一步确定了这一认同。作为犹太人，我的童年时期和青年时期是在捷克人和日耳曼人中度过的。1938年秋天为逃避纳粹，我从苏台德区逃到北美。在随后的几年，我先是在加拿大，后又到了美国。我的学术兴趣集中围绕在我出生地的历史和文学，而且我一直与捷克人和德意志人的朋友保持联系并结识了新朋友。自1960年代以来，我的大量的时间是在捷克斯洛伐克、东德和西德度过的。

捷克人的历史与数量更多的欧洲人的历史不一样。在捷克人一千多年的历史中，他们主要是受害者而不是犯罪者(尽管我最崇敬的一些捷克人不同意这一点，并认为捷克人应该停止抱怨和感到委屈)。看一张欧洲地图，在欧洲中部、在波希米亚和摩拉维亚有1000万捷克人。从中世纪初以来，就有一支日耳曼少数民族居住在这些地区，其中许多人是13世纪时受到捷克国王的邀请而来的。波希米亚和摩拉维亚属于德意志神圣罗马帝国的一部分。这种关系是在10世纪当温塞斯拉斯(Wenceslas)国王请求德意志神圣罗马帝国皇帝给予保护，作为回报温塞斯拉斯同意每年向罗马帝国进贡而形成的。1306年捷克王室普雷米斯利斯(Premyslids)家族绝嗣后，来自有权势的统治家族之一的捷克人乔治·波德·布拉迪(Pode Brady)继承王位并统治波希米亚和摩拉维亚。15世纪经历了胡斯的血腥起义及其被镇压。从1526年起，除过很短一段时间，信奉天主教的哈布斯堡王朝统治着波希米亚和摩拉维亚，包括捷克人和一部分日耳曼人，从15世纪初期以来这些地区居民中的新教徒已经占据了优势。1620年白山战役失败后，哈布斯堡王朝以极其激烈的形式使捷克人重新天主教化，就像德意志化那样，不过也许少一些国家主义的目的，特别从18世纪以来手段更加残酷，目的在于使哈布斯堡帝国的管理完全德意志化，从那以后，捷克人经历了300年的压迫，在19世纪早期欧洲普遍发生的民族主义高涨期间，他们不断意识到这种压迫，而且他们的这种觉醒因1848年继位的弗兰西斯·约瑟夫皇帝没有加冕波希米亚国王而更加强烈。

捷克人的独立机会来自于第一次世界大战。当时好几万捷克人逃离奥匈帝国军队加入法国、俄国和意大利组成的协约国，称为捷克军团。他们与斯洛伐克人联合组成持续了近20年的捷克斯洛伐克共和国。这个共和国有几个少数民族，其中人数最多的少数民族是人数超过300万的日耳曼人。这些日耳曼人中的大多数居住在波希米亚的边疆山区，很少一部分居住在摩拉维亚。这20年是1989年以前捷克人民在现代而又民主稳定气氛下仅有的享有自决权的20年。1918年协约国胜利后，中欧的边界被重新划分，捷克斯洛伐克作为捷克人和斯洛伐克人的民族国家成立。斯洛伐克民族的语言与捷克人的相似，但有截然不同的历史。成立捷克斯洛伐克民族的想法是捷克斯洛伐克的创始人、第一任总统T. G. 马萨里克的发明。他是希望这

两个种族能够融合成一个民族而提出的。捷克斯洛伐克主义可以被看作我们将要提到的诸多神话之一。在我青年时，我经常听到人们说起捷克人和斯洛伐克人，但只有犹太人把自己看作捷克斯洛伐克人。捷克斯洛伐克是作为哲学家和政治家的马萨里克及其亲密合作者爱德华·贝奈斯[①]的极大的声望造就的吗？是第一次世界大战中作战的军团或者是协约国重新划分中欧的边界最应该为这一新国家的建立负责吗？如果给予300多万日耳曼人平等的权利——他们比斯洛伐克人多了一些权利，将会阻止1938年捷克斯洛伐克共和国的毁灭吗？

在战争期间的几年内，捷克斯洛伐克享有很好的国际声誉。我们很多次听到捷克人从胡斯时代起就有优良的民主传统，而且因为自17世纪的"三十年战争"以来，他们几乎没有资产阶级，没有贵族，因此不像其他许多民族，捷克人注定要建立一个民主的国家。是因为没有资产阶级和贵族导致了共产主义的吗(这同样可以被看作一个神话)？到1935年，共和国在政治家、学者和人类的杰出代表马萨里克总统的领导下，捷克斯洛伐克成为中欧国家中唯一的其民主机制保证了境内少数民族比欧洲其他国家的少数民族得到更好待遇的国家。而且其外交部长爱德华·贝奈斯在国际联盟中发挥着重要的作用。尽管并不是每件事情都是没问题，仍有贫穷，有法西斯匪徒，许多斯洛伐克人感到不满意，但我仍然同意这些评价。共和国的一个不稳定因素是，从其成立开始其境内的日耳曼人，被称为苏台德区日耳曼人，他们不能再像在奥匈帝国统治时期是统治国家的成员而产生怨恨。尽管他们有完全的公民权利，但是他们认为被迫交付了与捷克人同等的税款，而且比落后的斯洛伐克人缴得多。他们表明尽管他们是捷克斯洛伐克公民，但该国违背他们的意愿，例如没有邀请他们参加起草宪法。处于少数民族地位的匈牙利人也有类似的抱怨。捷克斯洛伐克是中央集权制的民族国家，而不是采用瑞士(更不是法国)的模式由具有广泛自治措施的种族组成的联邦制国家。捷克斯洛伐克的这种体制限制了包括许多斯洛伐克人在内的非捷克民族参与国家权力。到1920年代中期，捷克斯洛伐克的经济出现相对繁荣，日耳曼少数民族看不到从根本上改变现状的可能性，便与政府合作。1926年有两名日耳曼人被任命为内阁部长。

然而，非常短暂的几年之后，共和国的稳定受到了威胁。1929年爆发的经济大危机非常沉重地打击了操德语的边境地区。这些地区的工业极大地

---

① 捷克斯洛伐克第二任总统。——译者注

依赖于出口,比以农业为主的捷克内地受到的冲击大得多。因此苏台德地区的日耳曼人非常容易接受纳粹的宣传,特别是1933年希特勒担任德国元首后。康拉德·汉来因(Konrad Henlein)领导的苏台德党在30年代中期时要求的仍然是在日耳曼人居住区实行自治,但到1938年该党将自己的活动与德国境内的纳粹运动联系起来,要求将德意志人居住区并入德国。

在我们谈论那场冲突的不幸结果前,我想提及一件似乎不应该与政治事件放在一起谈论的事件,那就是1937年9月14日87岁的马萨里克总统的辞世。尽管他在辞世前的差不多两年时间里已经远离活跃的政治,但是他的辞世,我认为每一个人都感到自己一下子成了孤儿。局势变得不可预想的时期到来了。

1938年9月,在有法国特别是英国参加的无休止的谈判结束后,当时的总统贝奈斯作出了让步。这些让步包括给予波希米亚和摩拉维亚操德语的地区自治权、割让其他有大量日耳曼人居住的地区给德国。希特勒始终要求所有操德语地区成为德意志第三帝国的一部分。希特勒不仅得到他的盟友意大利的墨索里尼的全力支持,而且得到法国总理达拉第和英国同僚张伯伦的支持。

捷克人对他们的法国盟友坚信不移。法国曾许诺如果捷克斯洛伐克受到攻击,它会给予其全力的军事支持,英国也同意这样做。现在,在1938年9月29日的慕尼黑会议上,在没有一个捷克斯洛伐克代表被邀请参加该会议的情况下,捷克斯洛伐克被命令割让其操德语的边境地区。这些地区是山区,设有抵抗德国的大规模的防御工事。没有了它们,捷克斯洛伐克将失去防卫能力。尽管贝奈斯恳求情况能够逆转,一些政府高级官员也希望这样,但是1938年9月30日贝奈斯总统按照要求投降。

当时,我正在布拉格,我的家族留在了我的主要操德语的家乡。我记得当时大规模的人群聚集在街道上向贝奈斯总统居住的城堡挺进,人们高呼:"我们要战斗!"在1938年10月的第一周里,操德语地区以及一些捷克人地区被德国占领了。波兰和匈牙利人乘机掠取了与它们的领土相邻的捷克斯洛伐克大量的土地。

现在,捷克—斯洛伐克,如斯洛伐克人所愿,国名中间有了连字号,而且失去了防卫能力。捷克—斯洛伐克快速地改变了其特性。当它成为来自德国和奥地利难民的首要避难地时,它开始排斥外国人、排斥犹太人。尽管希特勒强调慕尼黑是他最后的领土要求,但这只是时间而已,1939年3月15日希特勒的军队开进了这个已经被截去头尾的国家。

德国军队占领捷克斯洛伐克

与此同时，斯洛伐克成为“一个独立的国家”，实际上是德意志第三帝国保护下的法西斯仆从。波希米亚和摩拉维亚被称为保护领地，其傀儡总统是年老的、以前受到人们尊重的法官埃米尔·哈赫。在处于保护领地期间，有一些抵抗组织试图和接近捷克斯洛伐克流亡政府的人进行合作，流亡政府是在英国成立的。但是他们(抵抗者)被发现后被投入监狱，或者被处死。这些抵抗组织不断地重新成立，不断地被告法、被破坏。大学被关闭了，人们没有别的选择只能维持低收入，而且人们不是在保护领地就是在德国为希特勒的战争干活。

应该在什么程度上评判捷克和德国人的合作？捷克人最重大的抵抗行动是1942年由流亡政府策划的、由受到当地抵抗组织支持的一名捷克和一名斯洛伐克伞兵执行的刺杀德国保护长官(Reichsprotektor)海德里希(Heydrich)的行动。随这次行动而来的是德国的残酷报复：成千的人被杀害，被送到集中营，并且利迪塞(Lidice)和莱扎基(Lezaky)两个村庄整个被毁灭。

贝奈斯总统在慕尼黑协定之后不久辞职，离开祖国到了英国，居住在伦敦。他最终成功地使几个主要大国承认了流亡政府。贝奈斯也与在英国的苏台德区德意志社会民主党人进行了谈判，谈判持续到他明确地看到，他们将不接受恢复到慕尼黑协定之前边界的捷克斯洛伐克，甚至不接受重组建的捷克斯洛伐克时停止了。如同第一次世界大战一样，捷克斯洛伐克战士在第二次世界大战与盟军并肩战斗。那些在苏联境内作战,并最终挺进斯洛伐克的人是受设在莫斯科的捷克斯洛伐克共产党组织领导的,该组织计划在捷克斯洛伐克解放后获取国家权力。

贝奈斯在他的关于战争年代的回忆录中,逐字记录了他与苏台德区社会民主党领导人文策尔·雅克施(Wenzel Jaksch)谈话的内容。双方都没有完全摊牌,但是贝奈斯反复强调了苏台德区日耳曼人在毁灭捷克斯洛伐克过程中所起作用的后果,以及战后的共和国将是斯拉夫人的——大多数犹太人不禁发出疑虑:他们将流向在哪里,国家将会有重要的社会、经济以及民族的变化。另一方面,雅克施从没有提到他愿意接受以战前的边界重建捷克斯洛伐克,而且他反对流亡的苏台德区日耳曼人在捷克斯洛伐克的各个单位中进行战斗。当贝奈斯意识到雅克施不仅把自己当作德意志社会民主党人的发言人,而且当作所有来自捷克斯洛伐克的和在捷克斯洛伐克境内的日耳曼人的发言人时,尽管贝奈斯从没有提到他赞成驱逐所有苏台德区的日耳曼人,但是他的立场越来越接近这一行动。与此同时,他设想到这样一个行动将会使二战后的德国成为(捷克斯洛伐克)一个残酷的敌人。因此,他将不得不依靠苏联将其当作一个可依赖的盟友。对他来说,无论斯大林的国内外政策有什么缺点,他都确信这些缺点是一个新秩序产生时的剧痛,将会消失的(这个词语在那些年代在东西方受到争论,是一种概括,例如两个体系将会以某种形式在中间融合的争论——另一个神话)。贝奈斯似乎真的相信斯大林将不会干涉捷克斯洛伐克的事务。到1947年底或是1948年初他意识到他错了时,他没有了权力,失望、病弱而且提前衰老。他曾经总是被认为是一个其行为受理智支配的人。但是他的两项决定——驱逐日耳曼人和把捷克斯洛伐克的命运放在斯大林的手里,我相信,产生于他对英国、对法国甚至对小小的苏台德区的日耳曼人左翼少数派的极端失望。他曾作为外交官有过辉煌的外交生涯,而且他被马萨里克说成是:"如果没有贝奈斯,我们将不会有共和国。"贝奈斯也曾留学法国,像许多捷克知识分子一样,他感到他和他的同胞与法国有一种特殊的关系。就像我们中的许多人一样,贝奈斯从没有忘记慕尼黑的背叛。另外,随着许多捷克人(也许人数还在增长)相信不应该向慕尼黑条款投降,(他对自己签署慕尼黑协定的)疑虑磨噬着他的内心。捷克人也对他们在从德国统治下解放出来中的作用感到了一些不安:斯洛伐克人1944年发动了著名的起义,而捷克人在1945年5月的起义被看成微不足道的,只是象征性的。

据一般的观察,当一个人对一方感到失望时,他通常会转向相反的一方。贝奈斯受到西方极深的伤害,他转而信任苏联。他到莫斯科旅行时曾力劝在那儿的捷克和斯洛伐克共产党人,并且战争结束时又从莫斯科到东斯洛伐克的科希策(Kosice)市,重申独立的捷克斯洛伐克的存在。他的这些步骤都是由莫斯科的捷克共产党人设计的,其目的在于给人们一个印象,那就是捷克斯洛伐克的解放来自于苏联的帮助(这个神话在整个共产党统治时期保留着,从不承认在解放中有美国的一份力量)。当贝奈斯从最初计划惩罚所有的与德国通敌者和叛徒,发展到驱逐所有德意志人的想法时,他不仅破坏了人们的生活,而且破坏了马萨里克创立的共和国的声誉。他在游说上的外交技巧成功地使他的驱逐计划在得到苏联人同意以前很久,就得到了美国、法国以及英国的同意。具有讽刺意味的是,如果说有一个国家从驱逐苏台德区日耳曼人这件事上获益的话,那它就是苏联。在捷克人对慕尼黑背叛及其后来的一切感到绝望的愤怒中,他们对那些其祖先已经与捷克人通婚的日耳曼人的驱逐使他们陷入了贫困,也使他们自己成为冷战时期苏联阵营的非常可怕的先锋。捷克斯洛伐克作为苏联阵营的一部分,当斯大林禁止它接受美国通过马歇尔计划提供的帮助时,其命运已经注定了。1948 年 2 月,12 个非共产党内阁成员因感到不能与他们的共产党同僚共事而提出辞职时,出乎他们的预料,贝奈斯接受了他们的辞职。这一举动使得共产党赢得了多数。这是一场没有流血的政变和国家的苏维埃化,(苏维埃化)开始于 1948 年,到目前已经完全结束了。贝奈斯在绝望而身体极度虚弱的情况下辞职,由克莱门特·哥特瓦尔德(Klement Gottwald)继任。就像以前捷克历史上重复出现的那样,成千上万的人又开始逃离祖国。

在为该计划查找材料期间,我找到了数量巨大的由捷克人写的东西,尽管很多书籍的出版是从 20 世纪 60 年代的解冻时期开始的,并且很多书籍是流放时期出版的,这一点可以从大部分书谴责驱逐看出来。通过与不同行业的人交谈,我感到许多人主要谴责的是 1945 年的所谓"野蛮"驱逐,一些认为当时别无选择的人也谴责这种有组织的驱逐的方式。

在 1946 年的选举中,共产党成为最大的党,拥有 38%的选票。

1945 年的共和国与战前的共和国相似的地方越来越少。工业在不断地国有化,大的农地产被分割成过小的单位难以生存,1948 年共产党的政变之后,它们要么加入农业合作社,要么加入大的国有农场。取代被驱逐的日耳曼人而担任新的所有者和新的管理者中的大多数,既对农业缺乏足够的了解,也对自己居住的社区缺乏足够的了解。在工业部门,所需的德国专家通常会被排除在被驱逐者之外。有新居民的城镇和乡村需要很长一段时间才会重新成为社区。最令人伤感的是边疆地区的普遍毁坏。从前没有田地的人将他们的好运气归功于共产党，因而投票给共产党。无数的村庄被抛弃并最终衰落了。在一些地区，较好一些建筑被占领了而其他建筑则任其腐朽。教堂不再举行宗教活动了，其金银财宝被抢劫一空，散落在乡村的许多以前由贵族居住的古堡里的金银财宝也被抢劫走。随着政府在1948年政变中的变化，发生了许多共产党希望的变化，特别是生产方式的国有化。现在，捷克斯洛伐克完全与莫斯科站在一起了。

我想，现在人们开始明白在1948年之前他们的生活已经发生了多少变化，以及变化的方式是需要一些时日的。除南斯拉夫和阿尔巴尼亚之外，与东欧其他所有国家不同的是，共产党政权在捷克斯洛伐克统治时，其境内没有苏联军队。苏联红军在1945年12月已经撤离了捷克斯洛伐克。

那些不赞同该政权的人、建议变化的人，甚至被怀疑有反政府情绪的人，不但失去了工作，他们的子女失去了接受高等教育的机会，而且要在牢狱里、在工矿里以及其他惩罚性的机构中呆上几年，或者甚至会被处决。就像1950处决议员、中央党的党员米拉达·霍拉科娃(Milada Horakoval)那样。米拉达·霍拉科娃是整个苏联集团中遭遇如此命运，且先前遭遇过纳粹牢狱之灾的仅有的女性。

恐怖的气氛造成了持久的创伤。但是，情况在赫鲁晓夫揭露斯大林的暴行后逐渐有了改善。政府开始有意识地在苏联集团有限的可能的范围内，尽力提供满足大多数人日常生活和经营其农场的足够消费品。那些对现实表达不满的人，也就是通常所说的持不同政见者，绝大多数是知识分子和被孤立的人。他们也失去了所擅长的专业工作，从事低贱的劳动，而且经常会被投入监狱。他们为地下文学(samizdat)写作——非法的出版物或者为由流亡者出版的书写作。除极少数人之外，这些持不同政见者也关注着一些令人不愉快的问题，诸如苏台德区日耳曼人的驱逐问题、与德国人合作或抵抗德国人的评价问题。

我不知道还有别的任何民族在其文化中，关于它的历史的含义以及它的民族的特性会像捷克人的那样被经常提出来。捷克人认为自己是热爱和平的人，而且把他们的英雄人物看作殉道者或者智者，有时二者皆有。他们曾经在奥地利继而在德国的统治之下，最近以来又在苏联的统治之下，但是自1620年以来他们从来没有用武力进行过反抗。

1946年底，捷克斯洛伐克有不到20万日耳曼族居民，大部分居住在波希米亚和摩拉维亚。随着数万德意志人的自愿离开，最终剩下的日耳曼居民人数更少了。捷克斯洛伐克的犹太人在德国的种族灭绝政策下损失了大部分人口，新政权进一步实施的反犹太主义政策导致犹太人口的继续萎缩。多数犹太人尽一切努力使自己不引人注目，例如，把他们的名字改成捷克人的名字，而且有许多人移居国外。除斯洛伐克人以外，在捷克的省份内，唯一的非捷克人口是吉普赛人，他们中的大部分是战争爆发以来从斯洛伐克、罗马尼亚以及匈牙利移居到这里的。至于提到大屠杀，捷克人处于一个不寻常的境地：他们不是直接的受害者，他们不像犹太人和吉普赛人那样被有组织地消灭，尽管德国有消灭捷克人中的一部分、德意志化其余部分的确切的计划。因此，对捷克人方面来说，问题就降到这样的疑问：他们在营救生命或减轻痛苦方面承担了什么风险，他们是如何接收从集中营返回的犹太人的，以及在我们的研究结构中最为重要的问题，即不仅在大屠杀发生时而且在回顾大屠杀时，大屠杀对他们心理影响的程度。对这一时期的大部分时间来说，新闻检查制度使得弄清大概的真相非常困难。而且，对媒体来说，对犹太人的同情问题是一个不受欢迎的主题。然而，当人们对犹太人及其遭受的伤害存在不同看法时，吉普赛人受到的迫害在关于大屠杀的记载和回忆中被忽视掉了。在捷克斯洛伐克（尤其在捷克），以及前属苏联集团的其他国家里，人们怀着对吉普赛人的敌意和歧视对其过去遭受的痛苦一代一代地忽视着。

捷克斯洛伐克曾像苏联那样，短暂地支持过以色列为独立和生存而进行的斗争。但是它这样做的原因，对英国殖民政策的敌视胜过对无家可归的犹太人的同情。随着苏联开始把反对犹太人复国运动与直白地（毫不忌讳地）反对犹太主义联结起来，与苏联保持一致的捷克斯洛伐克很快改变了对犹太人的态度。犹太人世界阴谋的观点，就像在伪造的“犹太人协定”①中所“阐述”的，也从苏联传到了捷克斯洛伐克。在受到公开审判的共产党高级官员中，最著名的是捷克斯洛伐克共产党无情的总书记鲁道夫·斯兰斯基（Rudolf Slansks），他和其他 10 个人（其中大多数经常被指出是犹太裔），一起被指控犯有叛国罪和与以色列阴谋反对捷克斯洛伐克。他们中的 8 个人被处决。与在纳粹统治时期相同，被指控者的名字后面用括弧括着他们最早的希伯来语名字。在严格的政治言论控制之下，人民没有任何抗议的声音。实际上，一些认为这些指控没有根据的捷克人在听到这些审判的消息时，有一定的满足感。因为他们相信也许斯兰斯基比哥特瓦尔德总统更

① 反犹主义宣传材料，以虚构的犹太人谋划统治世界的宣言为依据的小册子。——译者注

坏。但有趣的是,半个世纪之后的今天,人们对斯兰斯基的审判知道的要比对霍拉科娃的审判知道得多。不过,在20世纪50年代出现了由犹太人和非犹太人作者写的大量的以犹太人为主题的捷克反思(belletristic)书籍。其中一些书籍是关于集中营的经历的,关于特里津(Terezin)的生活的。特里津是波希米亚的一个城镇,被变成了一个集中营,从这里许多居住在一起的人被运送到东部被消灭掉。其他一些书是关于从集中营返回的受害者的生活的。20世纪60年代有许多关于大屠杀的电影,其中最著名的是以斯洛伐克为背景的电影《大街上的商铺》。令人吃惊的是,在共产党统治的几十年间及其之后,在印刷品和通信交流中,"犹太人的"(Jewish)字样仍然被广泛地回避,而是用"犹太裔的"(of Jewish origin)代替。即使在受到同情的环境下,"犹太人的"(Jewish)字样几乎总是不情愿地被接受。许多吸引人的有关犹太人艺术、建筑等的咖啡桌书籍(coffee table books)得到出版,而且政府不断引导游客参观以前犹太人居住区留下的艺术和建筑瑰宝。犹太人的教堂和古老的犹太人墓地成为国家可观的财政来源(只是自1989年以来这些建筑物和墓地才返还给犹太人社区)。一位捷克人在回答我的关于对大屠杀的受害者关注的程度问题时说:捷克人自己有如此多的问题需要考虑,不应该再指望他们去为其他人的问题过分担忧。

捷克斯洛伐克成为一个与德意志民主共和国(GDR)争当苏联卫星国中最斯大林主义(地位)的国家,也是在布拉格竖立最大的斯大林纪念碑的共产党国家。纪念碑建立在拉那(Latna)平原上,从远处可以看到它。赫鲁晓夫在苏共二十大上揭露斯大林的罪行后,该塑像在1956年被拆除(塑像的基座太大没能拆毁掉,仍然耸立在那儿,就像是对早期观念的一个提示性建筑)。

20世纪60年代,形势逐渐解冻。人们越来越勇敢地表达对政府的不满。1968年春,在大多数人民热烈的赞同下,斯洛瓦德·亚历山大·杜布切克(Slovad Alexander Dubcek)成为共产党的第一书记。文学和艺术开始了自第一共和国建立以来未曾有过的创新。政治审判的受害者从监狱里或其他地方被释放出来了,被恢复名誉,回到原地居住。一些被处决的人,此后希望得到平反。苏联对这些发展变化非常不满,于是它伙同波兰、匈牙利以及保加利亚的军队,在德意志民主共和国的支持下,于1968年8月21日入侵捷克斯洛伐克。随之而来的是对最直言支持"布拉格之春"的人实施逮捕。对因此事自杀的学生扬·帕拉契(Jan Palach)的回忆仍然是鲜活的,他成为持不同政见者的象征。就像1948年那样,随之发生的是又一次移民潮。但是早期的移民总体上是反对共产主义的,而第二次移民潮中的许多人需要经改革的共产主义，也就是“人道面孔”的共产主义。其他被排除在政治生活之外和从事低贱工作的人，在1977年的宣言(Charta)中提高了他们的声音，要求更多的民主。尽管有苏联的占领，但是70年代和80年代就其没有斯大林主义的恐怖，以及政府在苏联集团有限的范围内有意识地试图提供满足大多数人民日常生活和“耕种他们的农场”所需的足够消费品来说，是不同于50年代和60年代初的。不满意的群体，即持不同政见者，又绝大多数是被孤立的知识分子。他们失去了所擅长的工作，被投入监狱或被迫从事低贱的劳动，而且他们只为地下文学写作，偶尔也为由流亡的捷克人和斯洛伐克人出版的期刊和书写稿。

在1989年的“天鹅绒革命”时，人道的社会主义的信念受到致命打击。全球市场经济的力量把这些观念扫向一边，并且带来严重的经济问题，希望尽快成为美好西方一部分的愿望落空了。捷克共和国加入了北约(NATO)，并正在等待加入欧盟，尽管该共和国出现了分裂。

我们能把捷克斯洛伐克分裂成两个独立的国家看成是一种创伤吗？尽管斯洛伐克人说着一种(与捷克人)非常相似的语言，但是他们与捷克人非常不同，并且他们有一种独立的斯洛伐克民族本体的意识。1918年，T. G. 马萨里克建立一个捷克斯洛伐克来抵制一个捷克人本体和一个斯洛伐克人本体的努力只是部分地取得了成功。这两个民族人民的历史非常不同。斯洛伐克人在匈牙利人的统治下达1000年左右，缺乏使用他们语言的第二级和第三级的学校教育(中等教育和高等教育)。因此，当他们在1918年变成捷克斯洛伐克公民时，他们在教育上要做很多追赶工作。与捷克人不同，斯洛伐克人中的绝大多数——大约80%是信教的天主教徒，居少数地位的新教所发挥的作用与新教对更加世俗化的捷克人的作用相比要大。而且，除过以上的截然不同之处外，斯洛伐克是多岩石的山区，缺乏像布拉格那样的大都市，境内日耳曼人口比捷克少得多，而且当时其工业与波希米亚和摩拉维亚相比是落后的。1992年12月31日午夜时分，当时称为捷克—斯洛伐克的国家变成为两个独立的国家，这一分裂尽管是捷克总理克劳斯(Kaus)和斯洛伐克共产党领导人米西尔(Meciar)期望的，而不是民众期望的——没有举行公民投票，但是，它是和平发生的，是一场没有暴力和怨恨的“天鹅绒似的离异”。暴力和怨恨则造成了南斯拉夫的分裂。

苏联解体10年后的今天，捷克人似乎与第一共和国时期相比更缺乏自信心。但是有史以来第一次，他们没有了外国的控制，而且第一次没有了来自国外的威胁。

1993 年 1 月 1 日，在斯洛伐克和匈牙利边境地区的一个村庄，一名斯洛伐克边防士兵取下写有“捷克和斯洛伐克”字样的边境徽章。从 1993 年 1 月 1 日起，捷克和斯洛伐克解体为两个独立的主权国家。

从这种必要的对最近捷克历史中主要创伤的简要列举，我们回到手头的任务上来，我们试图揭示这些创伤在捷克人的记忆中是如何发展和变化的，以及他们为自己的哪些行为感到骄傲，为哪些行为感到耻辱。由于这一时期的多数统计资料当然地全部不可靠，因此我们大量地依赖于印象。现在，更多的人似乎认为捷克斯洛伐克 1938 年应该进行战争。马萨里克的观点似乎不被人们接受，由于资本主义不能解决所有老问题，却带来了新问题，因此共产主义统治的几十年被认为是很积极的。人们的看法随着新信息的出现发生了变化。比如，新闻检查制度在“布拉格之春”之际暂时放松和 1989 年秋季以来的再次放松都会对人们的看法产生影响。比如说，政府的宣传关注东部战线上英雄的捷克斯洛伐克战士，而不关注西部战线上的情况。实际上，在 1989 年之前的几十年里，移居到西方被看作人生记录中的污点。我通过和一些在共产主义制度下被迫生存的人交谈，得出了不同的印象：在共产党政权存在时，他们维护它，而在它灭亡后他们又假装自己一直在憎恨它。他们是有意识地撒谎还是在欺骗自己？关于苏台德区日耳曼

人的驱逐事件，人们已经写得很多了，而且可能仍然会激起最强烈的情绪。他们通常以防卫的态度表达自己的看法，诸如，“其他人做了一样的坏事或者更坏的事”，“一个人在谈论这个问题前，应该先指出日耳曼人对我们所做的”，或者“日耳曼人伪造了驱逐导致的死亡人数”。在这一点上，哈韦尔(Havel)总统[①]就驱逐事件向日耳曼人道歉后，从他在民众中声望的下降也可看出来。当德国占领期间在波希米亚设有一个针对吉普赛人的集中营一事披露出来后，在许多情况下，捷克人的反应是予以否认。

几乎同等重要的问题是按照慕尼黑协定投降的问题，有许多问题与之联系在一起。诸如，“我们装备了足够好的军事与德国作战吗?”“贝奈斯在没有与议会协商的情况下作出按要求投降的决定在当时环境下是防卫吗?”“怎样看待贝奈斯强烈谴责他的继任者哈恰(Hacha)1939 年 3 月不进行战斗?”当时的捷克斯洛伐克与 1938 年 9 月相比更为衰弱。

看来，保护领地时期在人们的记忆中正迅速地消失(被遗忘)。在某些方面，这次与 1968 年苏联入侵后的“正常化”时期相似:眼前迷茫，未来暗淡。但是人民相对较多地获得了消费品。这是一个想起就令人感到痛苦的时期，而且统治这个国家四十多年的力量对于在媒体中提起会使人回忆过去的事情没有特别的兴趣。

基尔娜·西克洛娃(Jirna Siklova)是近几十年来对捷克境况最敏锐的观察者之一。她非常热衷于与和捷克人接触最多的外国人——德国人交谈，她时刻关注着那些已发生的不幸事件。因为捷克人对德国所知甚少，德国人对捷克土地所知更少。但是，德国人和捷克人比以往更加冷静地审视对方，而且对外部世界有了更多的了解。狭隘的民族主义的时代似乎已经至少在中欧消失了。

---

① 1990～1993 年任捷克斯洛伐克总统，1993 年起任捷克共和国总统。——译者注